Twelve Years A Slave

par

Sue Lyles Eakin

Traduit en français par Scottye Sanders Eakin

Eakin Films & Publishing

Louange pour douze ans un esclave

À la louange de Douze ans un esclave « Je ne peux jamais lire son récit de ses jours en esclavage, de son indépendance d'esprit, de sa détermination d'être libre… sans croire que cela ferait une différence dans le monde actuel si nos contemporains connaissaient un homme tel que Solomon Northup. »
—*Dr. John Hope Franklin*

d'une lettre écrite à son amie et collègue historienne Mme le Docteur Sue Eakin. Le Dr Franklin était Professeur émérite d'histoire à l'Université Duke, auteur à gros tirage, ancien président de l'American Historical Association et qui a reçu le Presidential Medal of Freedom, l'honneur civil le plus élevé de la nation.

« C'est un portrait contexture qui refuse de connaître l'issu en absolu. L'auteur est articulé et fier, et Louis Gosset le jeune tient ce ton à travers sa lecture. Northup écrit d'un style direct, permettant aux faits et aux détails de s'exprimer plus éloquemment que l'émotion. Bien, c'est Gossett qui capture cette émotion. Mais quand l'auteur est porté à l'émotion, Gossett verse les paroles d'une puissance modeste mais bouillante. »
—<u>Audio File Magazine</u> (2013)

Critique de notre audio-livre lu par l'acteur célèbre Louis Gossett, Jr.

« Sa vérité dépasse la fiction. Pensez-y. Pendant trente ans un homme, avec toutes ses espérances, ses craintes, ses aspirations…Puis pendant douze ans, une chose, un bien personnel, classé avec les mulets et les chevaux… Cela vous glace le sang. »
—*Frederick Douglass (1853)*

Commentaire sur le récit originel.

AUDIOBOOK DE 5 ETOILES : AMAZON (AUDIBLE)
DOWNPOUR 9BBC), ITUNES
AUDIBLE.COM « MEILLEUR DE 2013 » CHOIX DE L'EDITEUR
DOWNPOUR.COM CHOIX DE L'EDITEUR
Pour bien plus de critiques, voir le web page de l'auteur :
www.TwelveYearsASlave.org

★★★★★

THE LIBERATOR.

Our Country is the World, our Countrymen are all Mankind.

BOSTON, FRIDAY, AUGUST 26, 1853.

TWELVE YEARS A SLAVE – ORIGINAL REVIEWS

When originally published, Solomon Northup's autobiography validated the portrayal of slavery depicted in the fictional *Uncle Tom's Cabin* and produced a bombshell in the national political debate over slavery. Here are reviews that appeared in William Lloyd Garrison's famous abolitionist newspaper, *The Liberator*, when the book was released in 1853:

"Next to *Uncle Tom's Cabin*, the extraordinary narrative of Solomon Northup is the most remarkable book that was ever issued from the American press."
-Detroit Tribune

"It is one of the most exciting narratives, full of thrilling incidents... with all the marks of truth. Such a tale is more powerful than any fiction which can be conceived and elaborated."
-Cincinnati Journal

"We hope it will be universally read. If we do not sadly err, it will prove of vast service in the great cause of freedom. If there are those who can peruse it unmoved, we pity them."
-Buffalo Express

"It is a strange history; its truth is far greater than fiction. Think of it. For thirty years a man, with all a man's hopes, fears and aspirations—with a wife and children who call him by the endearing names of husband and father—with a home, humble it may be, but still a home, beneath the shelter of whose roof none had a right to molest or make him afraid. Then for twelve years a thing, a chattel personal, classed with mules and horses, and treated with less consideration than they, torn from his home and family, and the free labor by which he earned their bread, and driven into unremitting, unrequited toil in a cotton field, under a burning Southern sun, by the lash of an inhuman master. It is horrible. It chills the blood to think that such are."
-Frederick Douglass, writer, orator, former slave and abolitionist

"It will be read extensively, both at the North and South. No one can contemplate the scenes which are here so naturally set forth, without a new conviction of the hideousness of the institution from which the subject of the narrative has happily escaped."
-New York Tribune (influential newspaper published by Horace Greeley)

"The narrative will be read with interest by everyone who can sympathize with the human being struggling for freedom."
-Buffalo Courier

"What a tale it tells; what inexpressible reproofs against slavery; what occasion for shame and tears on the part of all! We think the story is affecting as any tale of sorrow could be. We believe its perusal will not only excite an absorbing interest, but minister powerfully to the sound, intelligent anti-slavery sentiment of the country."
-New York Evangelist

HARRIET BEECHER STOWE

"It is a singular coincidence, that Solomon Northup was carried to a plantation in the Red River country—that same region where the scene of Uncle Tom's captivity was laid—and his account of this plantation, and the mode of life there, and some incidents which he describes, form a striking parallel to that history."
-Harriett Beecher Stowe, author of Uncle Tom's Cabin (published in 1852)

Stowe's highly influential work of fiction changed the way many Americans viewed the life of a slave and became the best-selling book of all time in the U.S. (after the Bible). Northup's narrative, published in 1853, closely paralleled aspects of Stowe's novel. It is said that when President Lincoln first met Mrs. Stowe, he shook her hand, smiled and said, "So you're the little woman who wrote the book that started this great war."

Sue Lyles Eakin:
Le Projet de sa Vie

Quand *Douze Ans comme Esclave* ne se trouvait pas dans les bibliothèques, dans les librairies, dans les magasins ou dans les catalogues, on croyait que cet œuvre était perdu à l'histoire. Puis, une jeune lectrice âgée de douze ans dans la Louisiane centrale—la future Dr. Sue Eakin—a étendu la main vers le rayon d'une bibliothèque d'une maison de plantation et a découvert une vieille copie de ce livre qui allait déterminer le chemin de sa vie.

Sue Lyles Eakin

Mme le Docteur Eakin a continué par écrire son thèse de maîtrise au sujet de Solomon Northup, et après des douzaines d'années de recherche, a produit la première édition authentiquée de ce texte en 1968. En 2007, à l'âge de 88 ans, elle a achevé l'édition définitive et finale avec plus de cent pages de nouveaux renseignements fascinants, des photographies jamais publiées et des cartes uniques qui s'agissaient de l'histoire; ce livre électronique est la première grande publication de cette édition finale.

En route à ce point, Mme le Dr. Eakin a écrit plus d'une douzaine livres d'histoire acclamés et est devenue professeur d'histoire, gagnant beaucoup de prix, un journaliste appartenant à le « Hall of Fame », chef régional des droits civils, et une autorité d'un renommé mondial au sujet de la vie de plantation avant la Guerre Civile Américain. Sa carrière académique a duré plus de vingt ans avec une recherche historique intensive soutenue par des subventions de la Dotation Nationale pour les Humanités, l'Association de Femmes Universitaires Américaine, la Fondation LSU [Université de l'état de la Louisiane], et autres. Elle a établi et a dirigé la Conférence Mondiale des Plantations, où des savants éminents de tous les pays ont participé, a servi sur les conseils d'administration de beaucoup de fondations historiques, et a présenté des centaines de discours autour du pays au sujet de ses recherches et perspectives uniques. Un professeur populaire parmi ses étudiants, ses courses de voyage dans la Louisiane et dans l'histoire américaine et méridionale ont attiré beaucoup de gens, et elle a été reconnue comme une Membre Distinguée de la Faculté du Système de LSU et le Professeur Proéminent de l'Histoire Américaine par les Filles de la Révolution Américaine.

Après sa mort en 2009 à l'âge de quatre-vingt-dix ans, ses enfants ont légué ses archives inestimables à l'Université de Louisiane à Alexandria. L'Institut Smithsonian à Washington est en train de créer une exposition permanente qui mettra en vedette une portion de ses matières de recherche concernant *Twelve Years a Slave (Douze Ans comme Esclave)*, et sa famille continue ses travaux et son esprit dans sa préservation passionnée de l'histoire de Solomon et le soutien des droits civils.

Note de la traductrice:

J'ai lu ce livre pour la première fois il y a plus de quarante ans, quand je me suis mariée avec mon époux, le fils ainé de Mme le Docteur Eakin. J'étais intriguée, bien sûr, par l'histoire de Solomon, et j'ai bientôt appris que les enfants Eakin considéraient Solomon comme un autre frère, parce qu'il figurait dans leurs conversations quotidiennes.

Ce livre était difficile à lire, même en anglais, à cause de ses longues phrases sinueuses, et le vocabulaire de l'époque que Solomon et Wilson ont utilisé. Je n'imaginais jamais écrire un roman français, donc j'ai fait des rêveries, peut-être, pendant les classes où mes professeurs ont discuté *le passé simple*. J'ai donc essayé de garder le ton conversationnel et l'esprit, si pas les mots exacts, pour vous présenter cette histoire intéressante.

Je voudrais bien remercier mes collègues, Betty Dean Coleman, Betty Mills, Dale Henley et Cathy Nohe pour leurs efforts de corriger ce que j'ai écrit. Ils étaient bien gentils de m'aider un peu dans cet effort. Je suis particulière reconnaissante à mon cher mari, Paul, pour ses conseils et ses explications patientes concernant la vie à la plantation dans la Louisiane, où il est né et a grandi.

Scottye Sanders Eakin

Avant-propos
par Sue Eakin, Ph.D.

Note: Les chiffres de fin de document dans cette section n'ont pas de hyperliens vers leur documentation dans les notes de section Introduction à la fin du livre. Cependant, les chiffres dans le récit ont des hyperliens à la section Contexte historique Notes de Chapitre à la fin du livre.

L'histoire tragique de Solomon Northup racontée dans *Douze ans comme esclave* est un classique dans l'histoire américaine. Cette nouvelle édition du livre montre dans une large mesure les limites à la liberté et à la justice souffertes par un homme de couleur libre dans la société avant la Guerre Civile Américaine.

La tension entre le Nord et le Sud forme l'arrière-fond à l'histoire de Solomon Northup, qui fournit des aperçus uniques à ce conflit croissant sur l'esclavage, tandis que le pays s'est approché chaque année vers une guerre civile. Le commencement de l'histoire éclaircit ce syndicat criminel qui a kidnappé des gens de couleur et les a vendus en esclavage dans la capitale de cette nation. Leurs opérations étaient si habillement arrangées que les criminels n'étaient presque jamais amenés à la justice, comme ils se sont protégés avec l'aide de leurs liaisons politiques puissants, et eux-mêmes ont gagné des positions importantes dans l'exécution de la loi, et ils ont manipulé les règles du système judiciaire. L'esprit supérieur de ce chemin de fer souterrain renversé était James Birch, à Washington, D.C. qui a décrit sa position dans des documents légaux subséquents:

> *Le Maire de Washington, D.C. m'a nommé au Commandement du Département de la Garde Auxiliaire en juin, 1853, laquelle est une partie de la Police de la ville et du District déjà nommé, et quel poste je continue à maintenir ...*[1]

Quand Birch et le trafiquant notoire d'esclaves à la Nouvelle-Orléans, Theophilus Freeman, ont commencé comme partenaires aussi tôt que 1840, Birch poursuivait ce commerce depuis plus de dix ans [2] Pendant cette période de sentiments aigus entre le Nord et le Sud, alimentés de plus par le Compromise de 1850 et son Acte des Esclaves Fugitifs, la fiction de *Uncle Tom's Cabin* de Harriet Beecher Stowe, publié en 1852, a enflammé en outre les masses pour la cause des abolitionnistes.

Bien que ce soit un œuvre de fiction, *Uncle Tom's Cabin* avait un tel impact qu'il a inspiré la citation apocryphe du Président Lincoln : «Donc c'est vous la petite femme qui a écrit le livre qui a donné naissance à cette grande guerre !»

Ce livre de Harriet Beecher Stowe a vendu 10,000 copies pendant sa première semaine de publication et 300,000 par la fin de sa première année. Plus d'un million de copies se sont vendues en Angleterre. Les redevances que Stowe a reçues de $10,000 des trois premiers mois de vents était «la plus grande somme d'argent jamais reçue par aucun auteur, soit américain, soit européen, de la vente d'un seul œuvre pendant une tellement courte période.»[3]

Étant donné le record établi par le roman de Stowe, David Wilson, l'écrivain-secrétaire de Solomon Northup pour *Twelve Years a Slave*, devrait être très excité quand l'avocat Henry Northup, avec Solomon, lui a présenté la proposition d'écrire un livre qui pourrait peut-être apporter une récompense fantastique. Wilson avait tous les ingrédients pour un livre couronné de succès. Imaginez ce que l'on peut faire avec une histoire établie sur le vrai kidnapping d'un homme de couleur libre de l'état de New-York qui a été mis en chaînes dans un enclos d'esclaves dans la capitale de la nation, puis vendu en esclavage dans la Nouvelle Orléans!

Ce qui a vraiment attiré l'attention publique de l'histoire de Solomon était que les environs du bayou Bœuf dans la Louisiane, ou il a vraiment servi douze ans comme Platt l'esclave, se trouvaient, par coïncidence, à seulement soixante miles de la plantation fictionnelle de Simon Legree. Les gens décrit par Solomon, en plus, ont beaucoup ressemblé aux personnages fictifs de Stowe.

En 1853, l'autobiographie de Solomon a apporté une réaction immédiate des journaux au New York, et son récit de première main a été aperçu comme une validation du tableau de Stowe de l'esclavage dans le Sud. *Twelve Years a Slave* s'est publié moins d'un an après la fiction de Stowe, laquelle a reçu une réussite spectaculaire. On calcule qu'il y avait environ 8,000 copies du roman de Solomon vendues pendant le premier mois, et plusieurs éditions subséquentes ont apparus jusqu'à ce que l'édition est épuisée en 1856. On n'a publié aucune autre copie avant que j'aie achevé la première édition moderne en 1968 après des décades de recherche.[4]

La documentation de cette édition, c'est la culmination de l'œuvre de ma vie. Elle représente des heures sans fin, et des dizaines de milliers de dollars dépensés à la poursuite des documents nécessaires pour confirmer ou pour réfuter certains éléments de l'histoire. Les chiffres de fin de cette édition sont expansives et donne l'arrière-fond fascinant de l'histoire et les intrigues de la société de plantation dans les environs du bayou Bœuf.

Ma découverte de l'histoire de Solomon Northup a commencé par hasard il y a plus de soixante-dix ans quand j'avais douze ans. Un jour chaud de l'été, ma mère, mes frères et sœurs cadets et moi rentrions chez nous d'une promenade en camion avec notre père sur le bayou Bœuf. Papa conduisait un camion long et ouvert. Quand nous sommes arrivés, Papa a arrêté le camion et Mama en est descendue avec les autres enfants pour se promener le long de la ruelle à notre maison. Papa avait l'idée de continuer quelques miles de plus vers le sud pour discuter des affaires avec Sam Haas, dont la famille possédait une grande plantation. En descendant du camion, Mama a demandé, «Pourquoi n'emmènes-tu pas Sue avec toi ?» C'était comme ça que je me suis trouvée à côté de Papa dans le grand camion, très heureuse d'être en route à la plantation Oak Hill. Quand nous y sommes arrivés, les hommes se sont demandés pendant un moment ce qu'ils feraient avec moi pendant qu'ils parlaient. M. Haas m'a invitée d'y entrer avec quelques plans de me donner un livre à lire pendant qu'ils faisaient leurs commerces.

Quelle gloire! M. Haas a tendu la main vers le rayon de sa bibliothèque familiale et m'a donné la copie rare de l'édition originale de *Twelve Years a Slave* de Solomon Northup. La première chose que j'ai vue dans le feuillet de garde de ce vieux livre était une inscription dans l'écriture soignée de son père, le Dr. W.D. Haas (1868-1940). J'ai commencé à lire le livre aussi rapidement que possible, devenant de plus en plus excitée à chaque moment. J'ai reconnu les noms de lieux à Cheneyville, à un court distance de chez nous, où nous avons reçu le courrier gratuit du facteur rural ; Lecompte, où j'étais écolière ; et le bayou Bœuf—tous qui m'ont ravie. Les noms des familles bien-connues dans ce pays—les Tanner, les Ford, les McCoy, et d'autres—m'ont forcé de faire des notes mentales pour demander plus tard de ces gens de l'histoire de Northup. Je n'avais jamais vu un livre écrit par un auteur qui connaissait vraiment notre pays de plantations tellement éloigné.

J'ai lu aussi vite que possible, mais je n'ai pas pu le finir avant que les hommes avaient fini leur conversation et étaient prêts à partir. Cela signifiait que je devais céder le livre, et le désappointement aurait dû se montrer dans mon visage. Mme Haas, la mère de Sam Haas, m'a demandé si je voulais revenir passer la journée avec elle pour que je puisse lire le livre pendant toute la journée. Je lui ai répondu que « Oui » et *Twelve Years a Slave* m'a enveloppé dès ce jour-là.

Pendant des années j'ai cherché ma propre copie de ce livre, mais il n'y en avait aucun. Puis, quand j'ai immatriculé à l'Université de l'Etat de la Louisiane [LSU] en 1936, j'ai fouillé dans la librairie d'Otto Claitor, avec son entrepôt de bouquins répandant de sa gallérie. Soudainement, j'ai aperçu *Twelve Years a Slave* et, avec trépidation, ai demandé le prix. « Pourquoi voulez-vous ce bouquin ?» a demandé M. Claitor, connu comme autorité de vieux livres rares. « Il n'y a rien de ce vieux livre. Ce n'est que de la fiction pure. Vous pouvez l'avoir pour vingt-cinq centimes.» C'est donc a commencé ma vie avec Solomon Northup.

Au Sujet du Secrétaire-Écrivain

David Wilson, de Whitehall, New York, un homme doué et bien instruit, qui avait trente-deux ans quand il a servi comme secrétaire-écrivain de l'histoire de Northup, était avocat. Il écrivait de la poésie, rédigeait des journaux et travaillait sur des livres comme passe-temps. [5]

David Wilson, Secrétaire-Écrivain

Wilson est né le 21 septembre, 1821, à Hebron, New York, à Benjamin et à Margaret Flack Wilson. [6] Gradué en 1840 du prestigieux Union College à Schenectady, New York, il a étudié le droit pendant trois ans avec l'Honorable Orville Clark, qui a soumis l'une des attestations à la fin de *Twelve Years a Slave*. Le *Whitehall Democrat* a écrit de lui, « …M. Wilson n'est pas seulement l'un des orateurs les plus éloquents du barreau, mais l'un des poètes les plus purs et les plus doux du nord de l'état de New York. Nous sommes désolés qu'il soit Whig. »[7]

Clarence E. Holden, qui a écrit des biographies brèves des citoyens les plus proéminents dans ses "Local History Sketches" a écrit après la mort de Wilson en 1870:

David Wilson était un avocat proéminé du mi- siècle à Whitehall. Il était quelque peu un auteur et un politique, aussi. Avant tout, c'était un homme on ne peut plus génial et social, et tout à fait un brave type. Il rédigeait la plupart des journaux locaux, l'un aussi bien que l'autre, et il pouvait écrire un argument de la partie démocrate avec tant de facilité qu'il pouvait en faire pour les Whigs, bien qu'il se soit professé d'être membre de celle-ci. Il est venu à Whitehall très tôt dans sa vie... dans l'année 1843 il a été élu comme secrétaire de la compagnie Torrent Hose. Auparavant, il n'était pas beaucoup comme pompier....[8]

Conventions de Typographie et d'Orthographie dans cette Edition

Publié en 1853, l'édition originale de *Twelve Years a Slave* de Solomon Northup's reflète la typographie et les conventions de langage utilisées par les imprimeurs de cette époque. Par exemple, dans l'originel, il y a des points après chaque titre, et il y a un fount assez orné. Nous, les éditeurs de cette édition ont choisi de préserver le caractère de l'œuvre fait avec celle de 1853, en changeant à une version qui est plus compatible avec le lecteur, si, à notre avis, un choix particulier peut le déranger. Cette édition, donc, bien qu'elle soit comparable à l'originelle, n'est pas une copie exacte.

De plus, l'orthographie de noms propres varie entre *Twelve Years a Slave* et d'autres sources primaires écrits à l'époque. Northup, certes, n'aurait pas eu l'occasion de voir la plupart, si presque aucun de ces noms écrits, donc il aurait dû utiliser son meilleure estimation, ou plutôt, celle de David Wilson. Il existe beaucoup d'épellations pour le même son, donc il n'est pas surprenant que, surtout avec les noms de famille, qu'on avait choisi une épellation différente de celle utilisée par la famille. En addition, si Solomon Northup avait mal prononcé le nom, cette prononciation se reflète dans l'orthographie. C'est bien le cas avec le bayou Cocodrie, que Solomon aurait dû entendre avec un «P».

Ci-dessus se trouve une liste d'épellations alternatives de quelques noms propres utilisés dans l'édition de 1853. Il y en a, quelquefois, plus de deux, parce que d'autres épellations peuvent se trouver dans des documents écrits pendant ce siècle-là qui mentionnent ces familles:

- Burch, Birch
- Buford, Burford
- Carey, Kery, Keary
- Carnal, Carnel, Carnel
- Dunwoodie, Dunwoody
- Eldret, Eldred
- Fogaman, Fogleman
- Wines
- Pacoudrie in text is actually Cocodrie Bayou
- Pine Woods, Piney woods, pineywoods
- Tibeats, Tibaut
- Windes,

Nous vous remercions pour l'achat de l'édition définitive de Douze ans un esclave par Mme le Dr Eakin.

Vous pourriez considérer, peut-être, faire référence souvent à notre web site pour quelque contenu d'extra, y compris des images, des cartes, des renseignements d'arrière-fond et des clips audio des scènes faites par l'acteur célèbre Louis Gossett, Jr.

www.TwelveYearsASlave.org

Note : La superscription dans le texte est hyper-liée aux Notes de Chapitre et de Contexte Historique au fin du texte, qui contiennent des détails fascinants au sujet des gens, des lieux et des événements, aussi bien que le système des plantations qui gardait tant de personnes en esclavage. Le lecteur peut se rendre au texte en cliquant sur le chiffre lié à chaque note, puis cliquant sur le clé [Back] sur leur truc e-reader.

Conception numérique par Telemachus Press, LLC: www.TelemachusPress.com

Pour les dossiers de presse et les entrevues, veuillez nous contacter via notre site Web à www.TwelveYearsASlave.org. Georgiann Gullett, Publiciste.

Version 2017.07.07

Solomon Northup

IN HIS PLANTATION SUIT

DANS SON HABILLEMENT DE PLANTATION

FIFTH THOUSAND.

TWELVE YEARS A SLAVE.

NARRATIVE

OF

SOLOMON NORTHUP,

A CITIZEN OF NEW-YORK,

KIDNAPPED IN WASHINGTON CITY IN 1841,

AND

RESCUED IN 1853,

FROM A COTTON PLANTATION NEAR THE RED RIVER,
IN LOUISIANA.

AUBURN:
DERBY AND MILLER.
BUFFALO:
DERBY, ORTON AND MULLIGAN.
LONDON:
SAMPSON LOW, SON & COMPANY, 47 LUDGATE HILL.
1853.

À
Harriett Beecher Stowe
DONT LE NOM
PARTOUT DANS LE MONDE
S'IDENTIFIE AVEC
LA GRANDE REFORME :
CE RÉCIT, QUI DONNE UNE AUTRE
Clé à Uncle Tom's Cabin
EST RESPECTUEUSEMENT DÉDIÉ.

— *La dédicace de Solomon Northup à Harriet Beecher Stowe dans la*
deuxième version de son autobiographie.

« *Donc vous êtes la petite dame*
Qui a écrit le livre
Qui a donné naissance à cette guerre énorme. »

— *L'observation du Président Lincoln à Harriet Beecher Stowe,*
auteur de Uncle Tom's Cabin

"De tels dupes sont des hommes à la coutume, et si tenaces
A la révérence de ce qui est antique, et qui peuvent plaider
Un cours de longue observation pour son usage,
Que même la servitude, le pire des maux
Parce que livré de sire au fils, est gardée et protégée comme une
chose sacrée.
Mais est-il apte ou peut-il soutenir le choc
De la discussion rationnelle, qu'un homme
Combiné et composé, comme d'autres hommes,
Des éléments tumultueux, en qui la convoitise et la folie dans mesure
aussi large se rencontrent,
Comme au sein de l'esclave qu'il règle,
Doit être un despote absolu et se vanter
Lui-même le seul citoyen de sa terre ?"

— Cowper
Poème d'une publication originelle de 1853
Traduite par SSE

DOUZE ANS UN ESCLAVE
de Solomon NORTHUP

Table de Matières

Epps s'enrage—Patsey nie ses accusations—Elle est liée nue à quatre pieux—Flagellation inhumaine—Écorchement de Patsey—Beauté de la journée—Seau d'eau salée—Robe raide de sang—Patsey devient mélancolique—Son idée de Dieu et de l'éternité—Du ciel et de la liberté—L'Effet des fouettements des esclaves—Fils ainé d'Epps—«Tel père, tel fils»

L'AVANT-PROPOS DE LA RÉDACTION

Lorsque l'éditeur a commencé la préparation de la narration suivante, il ne supposait pas qu'il atteindrait la taille de ce volume. Afin, toutefois, de présenter tous les faits qui lui aient été communiqués, il nous a semblé nécessaire de l'étendre à sa longueur actuelle.

Beaucoup des déclarations contenues dans les pages suivantes sont corroborées par d'autres preuves abondantes reposant entièrement sur l'affirmation de Solomon. Qu'il a adhéré strictement à la vérité, le rédacteur en chef, au moins, qui a eu l'occasion de détecter toute contradiction ou de divergence dans ses déclarations, est satisfait. Il a toujours répété la même histoire sans s'écarter le moins particulier, et a également parcouru soigneusement le manuscrit, l'imposition d'un changement où l'inexactitude plus trivial.

C'était la fortune de Solomon à être détenu, pendant sa captivité, par plusieurs maîtres. Le traitement qu'il a reçu alors que dans le «La Pinède» révèle que, parmi les esclavagistes il y a des hommes de l'humanité ainsi que de la cruauté. Certains entre eux sont discutés avec des sentiments de reconnaissance, d'autres dans un esprit d'amertume. On croit que le récit suivant de son expérience sur bayou Bœuf présente une image correcte de l'esclavage, sous toutes ses lumières et ses ombres, telle qu'elle existe actuellement dans cette localité. Impartiale, telle qu'il la conçoit, par les préventions et les préjugés, le seul objet de l'éditeur a été de donner une histoire fidèle de Solomon. Dans l'accomplissement de cet objet, il croit d'avoir réussi, en dépit des fautes de style et d'expressions nombreuse qui puissent s'y trouver.

DAVID WILSON
Whitehall, N.Y., Mai, 1853

Northup, Solomon; Dr. Sue Eakin (2013-08-08). Twelve Years a Slave – Enhanced Edition by Dr. Sue Eakin based on a Lifetime Project. New Info, Images, Maps (Kindle Locations 315-316). Eakin Films & Publishing. Kindle Edition.

i

CHAPITRE I.

Étant né un homme libre, et pendant plus de trente ans, ayant joui des bienfaits de la liberté dans un État libre et ayant à la fin de l'époque été enlevé et vendu comme esclave, où je suis resté, jusqu'à ce quand j'ai été sauvé heureusement au mois de janvier, 1853, après une servitude de douze ans, il a été suggéré que le récit de ma vie et de ma fortune ne seraient pas sans intérêt pour le public. [1]

Depuis mon retour à la liberté, je n'ai pas manqué de percevoir l'intérêt croissant dans tous les États du Nord, en ce qui concerne la question de l'esclavage. Les œuvres de fiction, professant à dépeindre leurs caractéristiques dans leurs aspects les plus agréables ainsi que les plus répugnants, ont été distribués dans une mesure sans précédent, et, si je comprends bien, ont créé un sujet fécond de commentaire et de discussion. [2]

Je peux parler de l'esclavage uniquement dans la mesure qu'il est venu sous ma propre observation, uniquement pour autant que je l'ai connu et vécu dans ma propre personne. [3] Mon but est de faire une déclaration sincère et véridique des faits: à répéter l'histoire de ma vie, sans exagération, laissant aux autres de déterminer, si même les pages de fiction présentent une image d'un plus cruel mal ou d'une servitude plus sévère. [4]

Aussi loin que j'ai pu constater, mes ancêtres du côté paternel étaient des esclaves dans le Rhode Island. Ils appartenaient à une famille du nom de Northup, l'un d'eux, après avoir déménagé dans l'Etat de New-York, s'est installé à Hoosic, dans le comté de Rensselaer. Il a amené avec lui Mintus Northup, mon père. [5] A la mort de ce monsieur, qui doit avoir eu lieu il y a une cinquantaine d'années, mon père est devenu libre, ayant été émancipé par une direction dans son testament.

Peu de temps après la libération de mon père, il est allé à la ville de Minerve, dans le comté d'Essex, NY, où je suis né, dans le mois de juillet 1808.[7] Combien de temps il est resté dans ce dernier endroit je n'ai pas les moyens de déterminer définitivement. De là, il s'est installé à Granville, comté de Washington, à proximité d'un lieu connu sous le nom Slyborough, où, depuis quelques années, il a travaillé sur la ferme de Clark Northup [8], également un parent de son ancien maître. À partir de là, il a déménagé à la ferme Alden, à Moss Street, à une courte distance au nord du village de Sandy Hill; [9] et de là à la ferme maintenant possédé par Russel Pratt, située sur la route menant de Fort Edward à Argyle, où il a continué à résider jusqu'à sa mort, qui a eu lieu le 22 novembre, 1829. Il a laissé une veuve et deux enfants, moi et Joseph, un frère aîné. Ce dernier est toujours vivant dans le comté d'Oswego, près de la ville du même nom, ma mère est morte pendant la durée de ma captivité.

Bien qu'il soit né esclave, et travaillant sous les désavantages dont ma race malheureuse est soumise, mon père était un homme respecté pour son industrie et son intégrité, comme beaucoup qui vivent aujourd'hui, qui se souviennent bien de lui, sont prêts à témoigner. Sa vie entière a été passée dans les activités paisibles de l'agriculture, jamais recherchant d'emploi dans les postes plus subalternes, qui semblent être surtout attribués aux enfants d'Afrique. En plus de nous donner une éducation surpassant celle habituellement décernée à des enfants de notre état, il a acquis, par sa diligence et économie, une qualification de biens suffisants pour lui donner la droite au suffrage.[10] Il avait l'habitude de nous parler de son enfance, et, quoique à tout moment chérissant les émotions les plus chaudes de la bonté, et même d'affection envers la famille, dans la maison de laquelle il avait été esclave, il a néanmoins compris le système de l'esclavage, et pensait avec tristesse sur la dégradation de sa race. Il s'est efforcé d'imprégner nos esprits avec des sentiments de moralité, et pour nous apprendre à placer notre confiance en Lui qui voit le plus humble aussi bien que le plus grand de ses créatures. Combien de fois depuis ce temps, le souvenir de son conseil paternel est venu à mon esprit, tout en me reposant dans une cabane d'esclave dans les régions éloignées et maladives de la Louisiane[11] cuisant avec les blessures imméritées qu'un maître inhumain avait infligées, et nostalgique pour la tombe qui l'avait couvert, à me protéger aussi du fouet de l'oppresseur. Dans le cimetière de Sandy Hill, une humble pierre marque l'endroit où il repose, après avoir dignement exécuté des tâches relevant de la sphère modeste dans laquelle Dieu l'avait nommé à marcher.

Jusqu'à cette période, j'avais été principalement engagé avec mon père dans les travaux de la ferme. Les heures de loisir qui m'étaient permises étaient généralement utilisées soit sur mes livres, soit sur la pratique du violon—un amusement qui était la passion dominante de ma jeunesse.[12] Depuis ce temps-là, le violon a également été la source de consolation, offrant du plaisir aux êtres simples avec lesquels mon sort a été jeté, et séduisant mes propres pensées, pendant plusieurs heures, de la contemplation douloureuse de mon destin.[13]

Le jour de Noël 1829, je me suis marié avec Anne Hampton, une fille de couleur qui vivait alors près de notre résidence. La cérémonie a été réalisée à Fort Edward, par Timothy Eddy, Esq., magistrat de cette ville, et encore un éminent citoyen de l'endroit. Elle avait résidé longtemps à Sandy Hill, avec M. Baird, propriétaire de la taverne Aigle, et également dans la famille du révérend Alexander Proudfit, de Salem. Ce monsieur depuis de nombreuses années avait présidé à la société presbytérienne à ce dernier endroit, et a été bien distingué par son érudition et sa piété. Anne retient toujours un souvenir reconnaissant de la gentillesse extrême et d'excellents conseils de cet homme bon. Elle ne peut pas déterminer la ligne exacte de sa descente, mais le sang de trois races est mêlé dans ses veines. Il est difficile de dire si le rouge, le blanc ou le noir prédomine. L'union de tous les trois, cependant, dans son origine, lui a donné une expression singulière mais agréable, rarement vue. Elle ne peut pas être correctement nommée quarteron, (une catégorie à laquelle, j'ai omis de mentionner, ma mère appartenait) bien qu'elle y ressemblait un peu.

Je venais maintenant de passer la période de ma minorité, ayant atteint l'âge de vingt et un ans dans le mois de juillet précédent. Privé de l'aide et des conseils de mon père, avec une femme qui dépendait de moi pour le soutien, je me suis décidé à entrer dans la vie laborieuse, et, malgré l'obstacle de la couleur, et la conscience de mon état humble, je me suis livré à de beaux rêves d'un bon temps à venir, lorsque la possession d'une habitation humble, avec quelques hectares environnants, devrait récompenser mes travaux, et m'apporter les moyens de bonheur et de confort.

Depuis l'époque de mon mariage à ce jour, l'amour que j'ai eu pour ma femme a été sincère et sans relâche, et seuls ceux qui ont ressenti la tendresse éclatante qu'un père chérit pour sa progéniture, peuvent apprécier mon affection pour les enfants bien-aimés qui nous ont été nés. C'est ce que je juge approprié et nécessaire à dire, afin que ceux qui lisent ces pages puissent comprendre le caractère poignant de ces souffrances que j'ai été condamné à supporter.

Immédiatement après notre mariage, nous sommes entrés en ménage, dans l'ancien bâtiment jaune, qui, en ce temps-là, se situait à l'extrémité sud du village de Fort Edward, et qui depuis lors a été transformé en un hôtel moderne, et dernièrement occupé par le capitaine Lathrop. Il est connu comme le Fort House.[14] Dans ce bâtiment, les tribunaux ont parfois eu lieu après l'organisation du pays. Il a été également occupé par Burgoyne en 1777, étant situé près du vieux fort sur la rive gauche de la rivière Hudson.

Pendant l'hiver, j'ai travaillé avec d'autres dans la réparation du canal Champlain, sur ce tronçon sur lequel William Van Nortwick était surintendant. David McEachron avait la charge immédiate des hommes en compagnie desquels j'ai travaillé. Au moment où le canal s'est ouvert au printemps, j'ai pu, grâce aux économies de mon salaire, acheter une paire de chevaux et d'autres choses absolument nécessaires dans le commerce de navigation.[15]

Après avoir embauché plusieurs ouvriers efficaces pour m'aider, je suis entré dans les contrats pour le transport de grands radeaux de bois en provenance du lac Champlain à Troy. Dyer Beckwith et M. Bartemy, de Whitehall, m'ont accompagné lors de plusieurs voyages. Pendant la saison, je suis devenu parfaitement familier avec l'art et les mystères du radeau—une connaissance qui m'a permis par la suite de rendre un service rentable à un maître digne, et d'étonner les bûcherons de simple esprit sur les bords du bayou Bœuf.[16]

Pendant un de mes voyages vers le bas du lac Champlain, j'ai été persuadé de faire une visite au Canada. Me rendant à Montréal, j'ai visité la cathédrale et d'autres lieux d'intérêt dans cette ville, d'où j'ai continué mon excursion à Kingston et aux autres villes, gagnant une connaissance des localités, qui était également à mon service par la suite, comme cela apparaîtra vers la fin de ce récit.

Après avoir achevé mes contrats sur le canal, ayant satisfait et moi et mon employeur, et ne voulant pas rester inactif, maintenant que la navigation sur le canal a été de nouveau suspendue, je suis entré dans un autre contrat avec Médad Gunn, pour couper une grande quantité de bois. Dans cette entreprise, j'ai été engagé au cours de l'hiver 1831-1832.

Avec le retour du printemps, Anne et moi avons conçu le projet de prendre une ferme dans le quartier. J'avais été habitué dès le plus jeune âge à des travaux agricoles, et c'était une occupation agréable à mes goûts. Je suis entré en conséquence dans des arrangements pour une partie de la vieille ferme Alden, sur laquelle mon père avait autrefois résidé. Avec une vache, un porc, une paire de bœufs excellents que j'avais achetés récemment de Lewis Brown, à Hartford, et d'autres biens et effets personnels, nous avons procédé à notre nouvelle maison à Kingsbury. Cette année, j'ai planté vingt-cinq hectares de maïs, j'ai semé de grands champs d'avoine, et j'ai commencé l'élevage sur la plus grande échelle que mes moyens les plus extrêmes permettraient. Anne était diligente avec le ménage, alors que j'ai travaillé laborieusement dans les champs.

C'était ici où nous avons continué à résider jusqu'en 1834. Dans la saison d'hiver, j'ai eu de nombreux appels à jouer du violon. Partout où les jeunes se sont rassemblés à la danse, j'étais presque toujours là. Tout au long des villages environnants, mon violon était bien connu. Anne, également, au cours de son long séjour à la taverne Aigle, était devenue quelque peu célèbre en tant que cuisinière. Au cours des semaines de la cour, et des occasions publiques, elle a été employée avec un salaire élevé dans la cuisine du Café de Sherrill.

Nous rentrions toujours à partir de la performance de ces services avec de l'argent dans nos poches, de sorte que, avec le violon, la cuisine et l'agriculture, nous nous sommes trouvés bientôt en possession d'abondance, et, en fait, nous menions une vie heureuse et prospère. Il aurait été heureux pour nous si nous étions restés à la ferme à Kingsbury, mais le temps est venu où la prochaine étape devait être prise vers le cruel destin qui m'attendait.

En mars, 1834, nous avons déménagé à Saratoga Springs.[7] Nous nous sommes installés dans une maison appartenant à Daniel O'Brien sur le côté nord de la rue Washington. A cette époque, Isaac Taylor maintenait une grande pension de famille, connue sous le nom de Washington Hall à l'extrémité nord de Broadway. Il m'a employé à conduire un fiacre, et c'était dans ce poste que j'ai travaillé pour lui pendant une période de deux ans. Après cette époque, j'étais généralement employé pendant la saison de visite, comme Anne aussi, à l'Hôtel États-Unis et aux autres maisons publiques de l'endroit.[18] Pendant l'hiver, j'ai compté sur mon violon, mais lors de la construction du chemin de fer Troy et Saratoga, j'y ai effectué le travail de beaucoup de jours difficiles.

J'avais l'habitude, à Saratoga, d'acheter des articles nécessaires pour ma famille dans les magasins de M. Cephas Parker et M. William Perry, des messieurs envers qui, pour de nombreux actes de bonté, j'ai ressenti des sentiments de fort égard. C'est pour cette raison que, douze ans plus tard, j'ai fait diriger vers eux la lettre, insérée ci-après, qui était le moyen, quand mise entre les mains de M. Northup, de ma délivrance fortunée.

Pendant ce séjour à l'Hôtel Etats-Unis, j'ai rencontré fréquemment des esclaves qui avaient accompagné leurs maîtres du Sud. Ils étaient toujours bien habillés et bien pourvus, menant apparemment une vie facile, mais avec peu de soucis ordinaires à les embrouiller. Ils entraient souvent en conversation avec moi sur le sujet de l'esclavage. Presque uniformément j'ai trouvé qu'ils chérissaient un secret désir de liberté. Certains d'entre eux ont exprimé le désir le plus ardent de s'échapper, et m'ont consulté sur la meilleure méthode de l'effectuer. La crainte de la punition, cependant, qu'ils savaient était certain d'accompagner leur reprise et retour, dans tous les cas a suffi à les dissuader de l'expérience. Ayant toute ma vie respiré l'air libre du Nord, et consciente que je possédais les mêmes sentiments et les affections qui demeurent dans le sein de l'homme blanc, conscient, par ailleurs, d'une intelligence égale à celle de certains hommes, au moins, avec une peau plus clair, j'étais trop ignorant, peut-être trop indépendant, de concevoir comment on pourrait se contenter de vivre dans la condition abjecte d'un esclave. Je ne pouvais pas comprendre la justice de cette loi, ou celle de la religion, qui soutient ou reconnaît le principe de l'esclavage, et jamais une fois, je suis fier de dire, ne suis-je pas arrivé à conseiller toute personne qui est venue me voir, et de lui recommander de regarder sa chance, et d'essayer d'atteindre sa liberté. [19]

J'ai continué à résider à Saratoga jusqu'au printemps de 1841. Les anticipations flatteuses qui, sept ans auparavant, nous avait séduits à partir de la ferme au calme, sur le côté est de la rivière Hudson, n'avaient pas été réalisées. Bien que toujours dans des conditions confortables, nous n'avions pas prospéré. La société et les associations à cette ville d'eaux de renommée mondiale, n'ont pas été calculées à préserver les habitudes simples de l'industrie et de l'économie auxquelles je m'étais habitué, mais, au contre, d'y substituer d'autres, qui menaient à la lassitude et à l'extravagance.[20]

À cette époque, nous étions les parents de trois enfants, Elizabeth, Margaret, et Alonzo. Elizabeth, l'aînée, était dans sa dixième année, Margaret était deux ans plus jeune, et le petit Alonzo venait d'avoir son cinquième anniversaire. Ils ont rempli notre maison avec joie. Leurs jeunes voix étaient comme de la musique à nos oreilles. Leur mère et moi avons construit de nombreux beaux châteaux en Espagne pour nos petits innocents. Lorsque je n'étais pas au travail, je me promenais toujours avec eux, vêtus de leurs plus belles parures, dans les rues et les bosquets de Saratoga. Leur présence était mon plus grand plaisir, et je les ai serrés contre ma poitrine avec l'amour tendre et chaleureux, comme si leurs peaux assombries avaient été blanches comme la neige.[21]

Jusqu'à présent, l'histoire de ma vie ne présente absolument rien d'insolite—rien sauf les espoirs communs, les amours, et les souffrances d'un obscur homme de couleur, qui achève sa progression humble dans le monde. Mais maintenant, j'avais atteint un tournant dans mon existence, atteint le seuil d'indicible mal, de la douleur et du désespoir. Maintenant, je me suis approché de l'ombre du nuage, dans l'obscurité épaisse où j'étais bientôt à disparaître, dès lors être caché aux yeux de tous mes parents, et exclu de la lumière douce de la liberté, pour beaucoup d'années lasses.

CHAPITRE II.

LES DEUX ÉTRANGERS—LA SOCIÉTÉ DU CIRQUE—LE DÉPART
DE SARATOGA—VENTRILOQUIE ET LÉGERDEMAIN—VOYAGE À
NEW-YORK—PAPIERS   D'AFFRANCHISSEMENT—BROWN   ET
HAMILTON—LA HÂTE POUR ATTEINDRE LE CIRQUE—ARRIVÉE À
WASHINGTON—FUNÉRAILLES   DE   HARRISON—UN   COUP
SOUDAIN DE MALADIE—LE TOURMENT DE LA SOIF—LA
LUMIÈRE S'ÉLOIGNANT—INSENSIBILITÉ—DES CHAÎNES ET DES
TÉNÈBRES.

Un matin, vers la fin du mois de mars 1841, ayant à ce moment
aucune entreprise en particulier pour engager mon attention, je me
promenais dans le village de Saratoga Springs, en pensant à moi-
même où je pourrais obtenir quelque emploi actuel, jusqu'à ce que la
haute saison arrive. Anne, comme c'était son habitude, était allée à
Sandy Hill, à une distance d'une vingtaine de miles, pour prendre en
charge le département culinaire du Café de Sherrill, pendant la
session de la cour. Elizabeth, je pense, l'avait accompagnée. Margaret
et Alonzo étaient chez leur tante à Saratoga.

    Au carrefour de la rue Broadway et de Congrès, près de la
taverne, alors, et pour autant que je sache au contraire, toujours tenu
par M. Moon, j'ai été accueilli par deux hommes d'apparence
respectable, tous les deux m'étant totalement inconnus.[22] J'ai
l'impression qu'ils ont été présentés à moi par quelqu'un de mes
connaissances, mais qui, je dois m'efforcer en vain de me rappeler,
avec la remarque que j'étais un joueur expert du violon.

    En tout cas, ils sont entrés immédiatement dans la conversation
sur ce sujet, faisant de nombreuses demandes de renseignements
touchant ma compétence à cet égard. Mes réponses étant
satisfaisantes en toute apparence, ils ont proposé d'engager mes
services pour une courte période, en indiquant, dans le même temps,
que j'étais juste la personne dont leur entreprise avait besoin. Leurs
noms, car ils me les ont donnés quelque temps après, étaient Merrill
Brown et Abram Hamilton, bien que si ce soit leurs véritables

appellations, j'ai de fortes raisons de m'en douter.[23] Celui-là était un homme apparemment de quarante ans d'âge, un peu court et trapu, avec un visage indiquant finesse et intelligence. Il portait une redingote noire et chapeau noir, et a dit qu'il résidait soit à Rochester soit à Syracuse. Celui-ci était un jeune homme de teint clair et aux yeux clairs, et, je dois juger, n'avait pas dépassé l'âge de vingt-cinq ans. Il était grand et mince, vêtu d'un habit couleur de tabac, avec un chapeau brillant, et un gilet de modèle élégant. Tout son vêtement était à l'extrême de la mode. Son apparence était quelque peu efféminée, mais avenante, et il y avait autour de lui un air facile, qui a montré qu'il avait mêlé avec le monde. Ils étaient liés, comme ils m'ont informé, avec une compagnie de cirque, couramment dans la ville de Washington, et ils étaient en route de le rejoindre, l'ayant quitté pour un peu de temps pour faire une excursion vers le nord, dans le but de voir le pays, et ils payaient leurs dépenses par une exposition occasionnelle. Ils ont également remarqué qu'ils avaient trouvé beaucoup de difficultés à se procurer de la musique pour leurs divertissements, et que si je voulais les accompagner aussi loin que New-York, ils me donneraient un dollar pour les services de chaque jour, et trois dollars en plus pour chaque nuit où je jouerais à leurs spectacles, en plus suffisant pour payer les frais de mon retour de New-York à Saratoga.

J'ai tout de suite accepté l'offre séduisante, tant pour la récompense qu'il a promise, et d'un désir de visiter la métropole. Ils avaient hâte de quitter les lieux immédiatement. Pensant que mon absence serait de courte durée, je ne l'ai pas jugé nécessaire d'écrire à Anne où je m'étais rendu, en fait en supposant que mon retour, peut-être, serait dès le sien. Donc, en prenant un changement de linge et mon violon, j'étais prêt à partir.[24]

La voiture a été amené—une couverte, tirée par une paire de nobles baies, formant ensemble un établissement élégant. Leurs bagages, composés de trois gros troncs, ont été fixés sur la grille, montant au siège du conducteur, alors qu'ils prenaient place à l'arrière, j'ai conduit loin de Saratoga sur la route à Albany, exalté avec mon nouveau poste, et heureux comme je n'avais jamais été, tous les jours de ma vie.

Nous sommes passés par Ballston, et en achevant la route des crêtes, comme on l'appelle, si ma mémoire est bonne, nous l'avons suivie à Albany. Nous sommes arrivés à cette ville avant la nuit, et nous sommes descendus dans un hôtel au sud du musée.

Ce soir, j'ai eu l'occasion d'assister à l'un de leurs exercices, le seul, pendant toute la période que j'étais avec eux. Hamilton était stationné à la porte, j'ai formé l'orchestre, tandis que Brown a fourni le divertissement. Il a consisté à lancer des boules, à danser sur la corde, à faire frire des crêpes dans un chapeau, à provoquer des porcs invisibles à pousser des cris, et d'autres exploits de ventriloquie et prestidigitation. Le public était extraordinairement rare, et non du caractère select; le rapport de Hamilton des produits présentés était que nous n'avons gagné qu'un «compte de misérables cases vides."

Tôt le lendemain matin, nous avons renouvelé notre voyage. Le fardeau de leur conversation était désormais l'expression d'une inquiétude pour atteindre le cirque sans délai. Ils se sont précipités en avant, sans s'arrêter à nouveau pour exposer, et après un certain temps, nous avons atteint New-York, en gîtes dans une maison sur le côté ouest de la ville, dans une rue allant de Broadway à la rivière. J'ai imaginé que mon voyage touchait à sa fin, et je m'attendais à un jour ou deux au moins, pour revenir à mes amis et la famille a Saratoga. Brown et Hamilton, cependant, ont commencé à m'importuner de continuer avec eux à Washington. Ils ont allégué que dès leur arrivée, maintenant que la saison estivale approchait, le cirque partirait pour le nord. Ils m'ont promis une situation et des salaires élevés si je voulais les accompagner. Largement se sont-ils étendus sur les avantages qui en résulteraient pour moi, et telles étaient les représentations flatteuses qu'ils ont faites, que j'ai finalement conclu à accepter l'offre.

Le lendemain matin, ils ont suggéré que, dans la mesure où nous étions sur le point d'entrer dans un État esclavagiste, il serait bon, avant de quitter New-York, de me procurer des papiers d'affranchissement. L'idée m'a frappé comme prudente même si je pense que cela ne me serait pas arrivé, s'ils ne l'avaient pas proposée. Nous avons procédé tout de suite à ce que j'ai compris d'être la Customs House (la douane). Ils ont pris le serment sur certains faits démontrant que j'étais un homme libre. Un document a été rédigé et remis à nous, avec la direction de le prendre au bureau du greffier. Nous l'avons fait, et le greffier ayant ajouté quelque chose, pour lequel il a été payé six shillings, nous sommes retournés à la Custom House. Certaines autres formalités ont été finies avant qu'elle ne soit terminée, lorsque, versant à l'agent deux dollars, j'ai placé les papiers dans ma poche, et je suis parti avec mes deux amis à notre hôtel. Je pensais à l'époque, je dois avouer, que les papiers valaient à peine le coût de leur obtention, et la peur d'un danger pour ma sécurité personnelle ne m'est jamais venue à l'esprit, dans la manière la plus lointaine. Le greffier, à qui nous avons été dirigés, je me souviens, a fait une note dans un grand livre, qui, je présume, est encore dans le bureau. Une référence aux entrées durant la dernière partie de mars, ou premier avril 1841, je n'ai aucun doute satisfera les incrédules, au moins autant que cette transaction est concernée.

Avec la preuve de liberté en ma possession, le lendemain de notre arrivée à New-York, nous avons pris le ferry pour Jersey City, et avons pris la route de Philadelphie. Ici, nous sommes restés une nuit, en continuant notre route vers Baltimore tôt le lendemain matin. En temps opportun, nous sommes arrivés dans cette dernière ville, et sommes arrêtés dans un hôtel près du dépôt de chemin de fer, soit tenu par un certain M. Rathbone, soit connu sous le nom de Rathbone House. Tout en faisant le chemin de New-York, leur anxiété pour atteindre le cirque semblait devenir de plus en plus intense. Nous avons laissé la voiture à Baltimore, et entrant dans les wagons, avons procédé à Washington, où nous sommes arrivés à la tombée de la nuit, la veille de l'enterrement du général Harrison, et nous sommes descendus à l'Hôtel Gadsby, dans l'avenue Pennsylvania .[25]

Après le souper, ils m'ont appelé dans leurs appartements, et m'ont payé quarante-trois dollars, une somme supérieure à mon salaire; cet acte de générosité était en conséquence, ont-ils dit, de ne pas avoir exposé aussi souvent qu'ils me l'avaient dit d'anticiper, au cours de notre voyage de Saratoga. Ils m'ont fait savoir d'ailleurs, qu'il avait été l'intention de la compagnie de cirque de quitter Washington le lendemain matin, mais en raison de l'enterrement, ils avaient décidé d'y rester encore un jour. Ils étaient alors, comme ils l'avaient été depuis notre première rencontre, extrêmement gentils. Aucune occasion n'a été omise de m'adresser dans la langue de l'approbation; tandis que, d'autre part, j'étais certainement beaucoup prévenu en leur faveur. Je leur ai donné ma confiance sans réserve, et j'aurais mis ma confiance en eux librement à presque n'importe quelle mesure. Leur conversation constante et leur manière envers moi—leur clairvoyance en suggérant l'idée des papiers d'affranchissement, et une centaine d'autres petits actes, inutile d'être

répétés—tous ont indiqué qu'ils étaient en effet des amis,
sincèrement soucieux de mon bien-être. Je ne sais pas, mais ils
l'étaient. Je ne sais pas, mais ils étaient innocents de la grande
méchanceté dont je les crois maintenant coupables. Qu'ils aient été
complice de mes malheurs—subtiles et monstres inhumains sous la
forme d'hommes à dessein me leurrant loin de la maison et de la
famille, et de la liberté, pour l'amour de l'or—ceux qui lisent ces
pages auront le même moyen de déterminer que moi . S'ils étaient
innocents, ma disparition soudaine devrait être inexplicable en effet,
mais tournant dans mon esprit toutes les circonstances qui
l'entourent, je n'ai jamais encore pu me livrer, à leur égard, une si
charitable supposition.

Après avoir reçu l'argent de leur part, dont ils semblaient avoir
une abondance, ils m'ont conseillé de ne pas descendre dans la rue ce
soir-là, dans la mesure où je ne connaissais pas les coutumes de la
ville. Promettant de me souvenir de leur conseil, je les ai laissés
ensemble, et peu de temps après, un domestique de couleur m'a
montré une chambre à coucher dans la partie arrière de l'hôtel, au
rez-de-chaussée. Je me suis couché au repos, en pensant à la maison
et à ma femme, et à nos enfants, et à la longue distance qui s'étendait
entre nous, jusqu'à ce que je me sois endormi. Mais aucun bon ange
de la pitié n'est venu à mon chevet, me commandant de m'enfuir—
aucune voix de la miséricorde ne m'a pas prévenu dans mes rêves des
épreuves qui étaient juste à la portée.

Le lendemain, il y avait un grand spectacle à Washington. Le
bruit du canon et le tintement des cloches remplissaient l'air, tandis
que de nombreuses maisons ont été entourées d'un crêpe, et les rues
étaient noires de monde. Alors que la journée avançait, le cortège a
fait son apparition, venant lentement dans l'avenue, voiture après
voiture, dans une longue succession, tandis que des milliers et des
milliers ont suivi à pied, se déplaçant au son d'une musique
mélancolique. Ils portaient le cadavre de Harrison à la tombe.

Depuis le début de la matinée, j'étais constamment en
compagnie de Hamilton et Brown. Ils étaient les seules personnes
que je connaissais à Washington. Nous étions ensemble quand la
pompe funèbre est passée. Je me souviens distinctement comment la
vitre briserait et claquerait à la terre, après chaque coup de canon
qu'ils tiraient dans le cimetière. Nous sommes allés au Capitole, et
nous nous sommes promenés longtemps sur le terrain. L'après-midi,

ils flânaient vers la Maison du Président, tout le temps me gardant près d'eux, et en indiquant des endroits d'intérêt divers. Pour l'instant, je n'avais rien vu du cirque. En fait, je n'y avais pensé mais peu, voire pas du tout, au milieu de l'effervescence de la journée.

Mes amis, plusieurs fois au cours de l'après-midi, sont entrés dans les bars, et ont commandé de l'alcool. Ce n'étaient pas leur habitude, mais, autant que je les connaissais, de se livrer à l'excès. À ces occasions, après s'être servis, ils versaient un verre et le remettaient à moi. Je ne suis pas devenu ivre, comme on peut le déduire de ce qui s'est ensuite réalisé. Vers le soir, et bientôt après avoir pris une de ces libations, j'ai commencé à éprouver des sensations les plus désagréables. Je me sentais très mal. Ma tête a commencé à me faire mal, une douleur sourde et lourde, indiciblement désagréable. A la table du souper, j'étais sans appétit, la vue et le goût de nourriture étaient nauséeux. À l'heure du coucher le même domestique m'a conduit dans la chambre que j'avais occupée la nuit précédente. Brown et Hamilton m'ont conseillé de prendre ma retraite, m'ont gentiment plaint, exprimant l'espoir que j'irais mieux le matin. Enlevant mon manteau et mes bottes seulement, je me suis jeté au lit. Il était impossible de dormir. La douleur dans ma tête a continué à augmenter, jusqu'à ce qu'elle devienne presque insupportable. En peu de temps, je suis devenu assoiffé. Mes lèvres étaient desséchées. Je ne pouvais penser à rien d'autre que l'eau des lacs et des rivières, des ruisseaux où je me baissais à boire, et du seau ruisselant, se levant avec son nectar frais et débordant, du fond du puits. Vers minuit, autant que je puisse en juger, je me suis levé, ne pouvant plus supporter une telle intensité de la soif. J'étais un étranger dans la maison, et je ne savais rien de ses appartements. Il n'y avait personne que j'ai pu observer. Tâtonnant au hasard, je ne savais pas où, j'ai enfin trouvé le passage à une cuisine au sous-sol. Deux ou trois domestiques de couleur allaient çà et là, l'une d'eux, une femme, m'a donné deux verres d'eau. Cela a offert un soulagement momentané, main une fois arrivé à ma chambre, le même désir ardent de boisson, la même soif tourmentante, était de nouveau revenue. C'était encore plus torturant que jamais, comme c'était également la douleur sauvage dans ma tête, si une telle chose pouvait être. J'étais en forte détresse—l'agonie la plus atroce! J'avais l'impression de me tenir au bord de la folie! Le souvenir de cette nuit d'horribles souffrances me suivra jusqu'à la tombe.[26]

Au cours d'une heure ou plus après mon retour de la cuisine, j'étais conscient de quelqu'un qui est entré dans ma chambre. Il semblait y avoir plusieurs—un mélange des différentes voix, - mais combien, ni qui c'étaient, je ne peux pas dire. Si Brown et Hamilton étaient parmi eux, c'est une simple question de conjecture. Je me souviens, avec un degré de distinction, que l'on m'a dit qu'il était nécessaire d'aller chez un médecin et de me procurer des médicaments, et que tirant mes bottes, sans manteau ni chapeau, je les ai suivis à travers un long passage ou ruelle, dans la pleine rue. Il est sorti à angle droit de l'avenue Pennsylvania. De l'autre côté il y avait une lumière allumée dans une fenêtre. Mon impression est qu'il y avait alors trois personnes avec moi, mais il est tout à fait incertain et vague, et comme le souvenir d'un rêve pénible. Allant vers la lumière, que j'imaginais provenait du bureau d'un médecin, et qui semblait s'éloigner à mesure que j'avançais, est le dernier souvenir scintillant que je peux maintenant me rappeler. A partir de ce moment, j'étais insensible. Combien de temps je suis resté dans cet état, que ce soit uniquement une nuit, ou plusieurs jours et nuits, je ne sais pas, mais quand la conscience est revenue, je me suis retrouvé seul, dans l'obscurité totale et dans des chaînes.

La douleur dans ma tête avait diminué dans une certaine mesure, mais j'étais très faible et débile. J'étais assis sur un petit banc, fait de planches brutes et sans manteau ou chapeau. J'étais menotté. Autour de mes chevilles étaient également une paire de lourdes chaînes. Une extrémité d'une chaîne a été fixée à un grand anneau dans le plancher, l'autre aux fers sur mes chevilles. J'ai essayé en vain de me tenir sur les pieds. Me réveillant d'une telle transe douloureuse, il se passa quelque temps avant que j'aie pu reprendre mes esprits. Où étais-je? Quel était le sens de ces chaînes? Où étaient Brown et Hamilton? Qu'avais-je fait pour mériter l'emprisonnement dans un tel donjon? Je ne pouvais pas comprendre.

Il y avait un vide de quelque durée indéterminée, précédant mon éveil dans ce lieu solitaire; j'étais incapable de me rappeler la plus grande partie de ces événements. J'ai écouté attentivement pour un signe ou un bruit de la vie, mais rien n'a rompu le silence oppressant, sauf le cliquetis de mes chaînes, chaque fois qu'il m'est arrivé à bouger. J'ai parlé à haute voix, mais le son de ma voix m'a fait sursauter. J'ai fouillé dans mes poches, autant que les fers permettaient—assez loin, en effet, de constater que l'on m'a non seulement volé la liberté, mais que mon argent et des papiers d'affranchissement avaient également disparus! Puis l'idée a commencé à pénétrer dans mon esprit, d'abord vague et confus, que j'avais été kidnappé. Mais je pensais que cela était incroyable. Il doit y avoir quelque malentendu, une erreur regrettable. Ce ne pouvait pas être qu'un citoyen libre de New-York, qui n'avait fait du mal à personne, ni violé aucune loi, devrait être traité ainsi inhumainement. Plus je contemplais ma situation, cependant, plus je devenais confirmé dans mes soupçons. C'était une pensée désolée, en effet. Je sentais qu'il n'y avait pas de confiance ou de pitié chez l'homme insensible, et me recommandant au Dieu des opprimés, j'ai baissé la tête dans mes mains enchaînées, et j'ai pleuré amèrement.

CHAPITRE III.

DES MÉDITATIONS DOULOUREUSES—JAMES H. BURCH—
L'ENCLOS AUX ESCLAVES DE WILLIAMS À WASHINGTON—LE
LAQUAIS, RADBURN—AFFIRMATION DE MA LIBERTÉ—LA
COLÈRE DU TRAITANT—LA PALETTE ET LE MARTINET—LA
FLAGELLATION—DE NOUVELLES CONNAISSANCES—RAY,
WILLIAMS, ET RANDALL—ARRIVÉE DE LA PETITE EMILY ET SA
MÈRE DANS L'ENCLOS—CHAGRINS MATERNELS—L'HISTOIRE
D'ELIZA.

Environ trois heures se sont écoulées, pendant lesquelles je suis resté assis sur le petit banc, absorbé dans des méditations douloureuses. Enfin, j'ai entendu le chant d'un coq, et bientôt un grondement lointain, comme des voitures se pressant dans les rues, est venu à mes oreilles, et je savais que c'était le jour. Aucun rayon de lumière, cependant, n'a pénétré dans ma prison. Enfin, j'ai entendu des pas immédiatement au-dessus de la tête, comme de quelqu'un qui marchait de long en large. Il m'est apparu alors que je devais être dans un appartement souterrain, et les odeurs humides et moisies de l'endroit ont confirmé la supposition. Le bruit au-dessus a continué pendant au moins une heure, quand j'ai entendu des pas qui s'approchaient de l'extérieur. Une clé a secoué dans la serrure; une porte lourde a pivoté sur ses gonds, en admettant un flot de lumière, et deux hommes sont entrés et se tenaient devant moi. L'un d'eux était un homme grand, puissant, âgé de quarante ans, peut-être, aux cheveux châtain foncé, légèrement parsemés de gris. Son visage était plein, au teint vermeil, ses traits grossièrement vulgaires, expressive de rien d'autre que la cruauté et la ruse. Il avait environ cinq pieds dix pouces de haut, colérique et robuste et, sans préjudice, je dois être autorisé à dire que c'était un homme dont l'aspect était tout sinistre et répugnant. Il s'appelait James H. Burch, [27] comme je l'ai appris plus tard, un marchand d'esclaves bien connu à Washington, et alors ou dernièrement, relié en entreprise en tant que partenaire avec Theophilus Freeman, de la Nouvelle-Orléans.[28] La personne qui l'accompagnait était un simple laquais, nommé Ebenezer Radburn qui a agi uniquement en qualité de porte-clefs.[29] Ces deux hommes vivent encore à Washington, ou y ont vécu, au moment de mon retour de l'esclavage à cette ville en janvier dernier.

La lumière admise par la porte ouverte m'a permis d'observer la pièce dans laquelle j'étais enfermé. Elle mesurait d'environ douze pieds carrés—les murs d'une maçonnerie massive. Le sol était de planches lourdes. Il y avait une petite fenêtre traversée de grandes barres de fer avec un volet extérieur solidement fixé.

Une porte bardée de fer a conduit dans une cellule voisine, ou un caveau, entièrement dépourvu de fenêtres, ou de tout autre moyen de laisser passer la lumière. Le mobilier de la chambre dans laquelle j'étais se composait d'un banc de bois sur laquelle j'étais assis et d'un ancien poêle sale et démodé; sauf pour ces deux choses, ni dans une cellule ni dans l'autre, il n'y avait ni lit, ni couverture, ni rien du tout. La porte par laquelle Burch et Radburn sont entrés menait à travers un petit passage, montant un escalier dans une cour entourée d'un mur de briques de dix ou douze pieds de haut immédiatement à l'arrière d'un immeuble de la même largeur que lui-même. La cour prolongeait d'environ trente pieds vers l'arrière de la maison. Dans une partie du mur, il y avait une porte fortement cuirassée, débouchant dans un étroit passage couvert, menant le long d'un côté de la maison dans la rue. Le malheur de l'homme de couleur, à qui la porte menant hors de ce passage étroit était fermée, a été scellé. Le sommet de la paroi a soutenu une extrémité d'un toit, qui est monté vers l'intérieur, formant une sorte d'appentis ouvert. Sous le toit il y avait une galerie folle tout autour, où les esclaves, si disposés, pourraient dormir la nuit, ou en cas d'intempéries chercher refuge de la tempête. C'était comme la basse-cour d'une ferme dans la plupart des égards, sauf c'était construite de telle sorte que le monde extérieur ne pourrait jamais voir le bétail humain qui y vivait en troupeau.

Le bâtiment, auquel était fixée la cour, était haut de deux étages, donnant sur une des rues publiques de Washington. Son extérieur n'a présenté que l'apparence d'une calme résidence privée. Un étranger, la regardant, n'aurait jamais rêvé de ses utilisations exécrables. Aussi étrange que cela puisse paraître, dans la vue de cette même maison regardant vers le bas à partir de sa hauteur commandant sur lui, était le Capitole. Les voix des représentants patriotiques vantant de la liberté et de l'égalité, et le cliquetis des chaînes de la pauvre esclave, se sont presque mêlés. Un enclos d'esclaves à l'ombre même du Capitole! Telle est la description correcte telle qu'elle était en 1841, de l'enclos d'esclaves de Williams à Washington, dans l'une des caves duquel je me trouvais si inexplicablement confiné. [30]

«Eh bien, mon garçon, comment te sens-tu maintenant?» a déclaré Burch, comme il est entré par la porte ouverte. Je lui ai répondu que j'étais malade, et lui ai demandé la cause de mon emprisonnement. Il m'a répondu que j'étais son esclave—qu'il m'avait acheté, et qu'il allait m'envoyer à la Nouvelle-Orléans. J'ai affirmé, à haute voix et avec audace, que j'étais un homme libre, un résident de Saratoga, où j'avais une femme et des enfants, qui étaient également libres et que mon nom était Northup. Je me suis plaint amèrement du traitement étrange que j'avais reçu, et j'ai menacé, à ma libération, d'avoir satisfaction pour ce mal. Il a nié que j'étais libre, et avec un gros juron emphatique, a déclaré que je venais de Géorgie. Encore et encore, j'ai affirmé que je n'étais l'esclave de personne, et j'ai insisté qu'il ôte mes chaînes sur le champ. Il a essayé de m'étouffer comme s'il craignait que ma voix ne soit entendue. Mais je ne me taisais pas et j'ai dénoncé les auteurs de mon emprisonnement, qui qu'ils soient, comme les méchants atténués. Voyant qu'il ne pouvait pas me calmer, il s'emportait dans une colère bleue. Avec des jurons blasphématoires, il m'a appelé un menteur noir, un esclave fugitif de la Géorgie, et toute autre épithète profane et vulgaire que la fantaisie la plus indécente pouvait concevoir.

Pendant ce temps Radburn se tenait silencieusement. Son entreprise était de surveiller cette écurie humaine, ou plutôt inhumaine, de recevoir des esclaves, de s'occuper de leur alimentation et de leur donner des coups de fouet, au taux de deux shillings par tête par jour. Se tournant vers lui, Burch a ordonné que la pagaie et martinet soient apportés. Il a disparu, et en quelques instants est retourné avec ces instruments de torture. La pagaie, comme on dit dans le jargon de ceux qui battent les esclaves—ou au moins ceux dont j'ai fait la connaissance—c'était un morceau de planche en bois dur, dix-huit ou vingt pouces de long, moulé à la forme d'un bâton de boudin à l'ancienne, ou rame ordinaire. La partie aplatie, qui était de la taille de la circonférence de deux mains ouvertes, était percée avec une petite vis dans de nombreux endroits. Le martinet (ang. *Cat-o-nine-tails*, chat à neuf queues) était une grosse corde de plusieurs brins démêlés, avec un nœud attaché à l'extrémité de chacun.

Dès que ces redoutables fouets ont apparu, j'étais saisi par les deux hommes, et à peu près dépouillé de mes vêtements. Mes pieds, comme cela a été dit, ont été fixés au plancher. Me tirant sur le banc, le visage vers le bas, Radburn a posé le pied lourd sur les entraves, entre mes poignets, les tenants péniblement au plancher. Avec la pagaie, Burch a commencé à me frapper. Coup après coup a été infligé à mon corps nu. Quand son bras implacable s'est lassé, il s'est arrêté et m'a demandé si j'insistais à être un homme libre. J'y ai insisté, et puis les coups ont été renouvelés, plus rapidement et plus énergiquement, si possible, qu'avant. Quand encore fatigué, il a répété la même question, et recevant la même réponse, a poursuivi son travail cruel. Pendant tout ce temps, le diable incarné prononçait les plus diaboliques des serments. Enfin, la palette a éclaté, laissant la poignée inutile dans sa main. Cependant, je ne voulais pas céder. Tous ses coups brutaux ne pouvaient pas forcer de mes lèvres le mensonge grossier que j'étais un esclave. Jetant follement sur le sol la poignée de la raquette cassée, il saisit la corde. Ce fut beaucoup plus douloureux que l'autre. J'ai lutté de toutes mes forces, mais c'était en vain. J'ai prié pour la pitié, mais ma prière n'a trouvé comme réponse que des imprécations et des rayures. Je pensais mourir sous les coups de cette brute maudite. Même maintenant, la chair se traîne sur mes os, si je me souviens de la scène. J'étais tout en feu. Mes souffrances—je ne peux les comparer à rien d'autre que les agonies brûlantes de l'enfer!

Enfin, je suis devenu silencieux devant ses questions répétées. Je ne voulais faire aucune réponse. En fait, je suis devenu presque incapable de parler. Pourtant, il a exercé le fouet sans compter sur mon pauvre corps, jusqu'à ce qu'il ait semblé que la chair lacérée a été dépouillé de mes os à chaque coup [31] Un homme avec une particule de pitié dans son âme n'aurait pas battu même un chien si cruellement. Enfin Radburn a dit qu'il était inutile de me fouetter plus-que je serais assez douloureux. Là-dessus, Burch a renoncé, en disant, avec une secousse de poing au visage, et sifflant les mots à travers les dents bien serrées, que si jamais j'osais prononcer encore une fois que j'ai eu droit à ma liberté, que j'avais été kidnappé, ou quelque autre chose de la sorte, le châtiment que je venais de recevoir ne serait rien en comparaison avec ce qui allait suivre. Il a juré qu'il allait me vaincre ou me tuer. Avec ces paroles de consolation, les fers ont été enlevés de mes poignets, mes pieds restant attachés à l'anneau; le volet de la petite fenêtre barrée, qui avait été ouverte, a été de nouveau fermé, ils en sont sortis, fermant à clef la grande porte derrière eux, et je suis resté dans l'obscurité comme avant.

Une heure, peut-être deux, plus tard, mon cœur a bondi dans ma gorge, comme la clé a secoué dans la porte. Moi qui avais été si seul, et qui avais tant désiré ardemment de voir quelqu'un, je me souciais pas qui, maintenant ai frémi à la pensée de l'approche de l'homme. Un visage humain me donnait peur, surtout un blanc. Radburn est entré, apportant avec lui, sur une plaque d'étain, un morceau de porc frit ratatiné, une tranche de pain et un verre d'eau. Il m'a demandé comment je me sentais, et a fait remarquer que j'avais reçu une flagellation assez sévère. Il a protesté avec moi contre la propriété d'affirmer ma liberté. En une manière plutôt condescendante et confidentielle, il m'a donné comme ses conseils, que le moins que j'ai dit à ce sujet le mieux ce serait pour moi. L'homme évidemment a cherché à apparaître gentil, soit touché à la vue de ma triste condition, soit dans le but de faire taire, pour ma part, toute autre expression de mes droits, il n'est pas nécessaire maintenant de conjecturer. Il a ouvert les fers de mes chevilles, a ouvert les volets de la petite fenêtre, et est parti, me laissant seul de nouveau.

A cette époque, j'étais devenu raide et douloureux, mon corps était couvert de cloques, et ce n'était qu'avec une grande douleur et de la peine que je pouvais bouger. De la fenêtre, je ne pouvais rien observer sauf le toit reposant sur le mur adjacent. La nuit, je me suis couché sur le sol dur et moite, sans oreiller ou autre couverture. Ponctuellement, deux fois par jour, Radburn est arrivé, avec du porc, du pain et de l'eau. Je n'avais que peu d'appétit, même si j'étais tourmenté par la soif continuelle. Mes blessures ne me permettaient pas de rester que quelques minutes dans n'importe quelle position, donc, assis, ou debout, ou me déplaçant lentement autour, j'ai passé des jours et des nuits. J'étais affligé et découragé. Les pensées de ma famille, de ma femme et de mes enfants, ont occupé mon esprit continuellement. Quand le sommeil m'a maîtrisé, j'ai rêvé d'eux— que j'étais encore à Saratoga—que je pouvais voir leurs visages, et entendre leurs voix qui m'appelaient. M'éveillant des fantasmes agréables de sommeil aux réalités amères autour de moi, je ne pouvais que gémir et pleurer. Mais encore mon esprit n'a pas été brisé. Je me suis livré à l'anticipation d'évasion, et qu'elle soit rapide. Il était impossible, je raisonnais, que les hommes puissent être assez injustes pour me retenir comme un esclave, lorsque la vérité de mon affaire a été connue. Burch, constatant que je n'étais pas un esclave fugitif de la Géorgie, m'aurait certainement laissé partir. Bien que les soupçons de Brown et Hamilton n'aient pas été rares, je ne pouvais pas me résigner à l'idée qu'ils ont joué un rôle dans ma prison. Sûrement ils allaient me chercher—ils me délivreraient de servitude. Hélas! Je n'avais pas encore appris la mesure de «l'inhumanité de l'homme envers l'homme», ni dans quelle mesure illimitée de méchanceté, il irait pour l'amour du gain.

Au cours de plusieurs jours la porte extérieure a été ouverte, me permettant la liberté de la cour. Là, j'ai trouvé trois esclaves—le premier était un garçon de dix ans, les autres jeunes hommes d'environ vingt à vingt-cinq ans. Je n'ai pas tardé à former une connaissance et d'apprendre leurs noms et les détails de leur histoire.

L'aîné était un homme de couleur nommé Clemens Ray.[32] Il avait vécu à Washington, avait conduit un fiacre, et y a travaillé longtemps dans une écurie de louage. Il était très intelligent et a compris sa situation entièrement. L'idée d'aller au sud l'a accablé de douleur. Burch l'avait acheté quelques jours auparavant et l'avait placé là jusqu'au moment où il était prêt à l'envoyer au marché dans la Nouvelle-Orléans. De lui, j'ai appris—pour la première fois—que j'étais dans l'enclos d'esclaves de Williams, un endroit dont je n'avais jamais entendu parler auparavant. Il m'a décrit les usages pour lesquels il a été conçu. Je lui ai répété les détails de mon histoire malheureuse, mais il ne pouvait que me donner la consolation de sa sympathie. Il m'a aussi conseillé de se taire désormais sur le sujet de ma liberté; car, connaissant le caractère de Burch, il m'a assuré qu'il ne serait assisté qu'avec encore des coups de fouet. Le prochain s'appelait John Williams. [33] Il a grandi en Virginie, non loin de Washington. Burch l'avait pris en paiement d'une dette, et il a constamment gardé l'espoir que son maître le rachèterait—un espoir qui a été réalisé ensuite. Le jeune garçon était un enfant vif, qui répondait au nom de Randall.[34] La plupart du temps, il jouait dans la cour, mais parfois pleurait, appelant sa mère, et je me demandais quand elle viendrait. L'absence de sa mère semblait être le grand et unique chagrin dans son petit cœur. Il était trop jeune pour se rendre compte de son état, et quand la mémoire de sa mère n'était pas dans son esprit, il nous amusait avec ses farces agréables.

La nuit, Ray, Williams, et le garçon, dormaient dans le grenier de l'appentis, alors que j'étais enfermé dans la cellule. Enfin, nous étions munis chacun de couvertures, tels que celles utilisées sur des chevaux, la seule literie que l'on m'a permise pendant douze ans de suite. Ray et Williams m'ont posé beaucoup de questions au sujet de New-York—comment étaient traités les gens de couleur, comment ils ne pouvaient pas avoir leurs propres maisons et leurs propres familles, sans personne pour les déranger ni pour les opprimer; et Ray, en particulier, soupirait pour la liberté. Ces conversations, cependant, n'étaient pas à l'ouïe de Burch, ou de Radburn le gardien. Des aspirations comme celles-ci nous auraient fait tomber le fouet sur le dos.

Il est nécessaire dans ce récit, afin de présenter un exposé complet et véridique de tous les principaux événements de l'histoire de ma vie, et de représenter l'institution de l'esclavage comme je l'ai vue et connue, de parler des lieux bien connus, et de nombreuses personnes qui sont encore vivants. Je suis, et ai toujours été, complètement étranger à Washington et ses environs—à part de Burch et Radburn, n'y connaissant aucun homme, sauf ceux dont j'ai entendu parler grâce à mes compagnons captivés. Ce que je m'apprête à dire, si elle est fausse, peut facilement être contredit.

Je suis resté dans l'enclos d'esclaves de Williams pour environ deux semaines. La nuit précédente de mon départ, une femme y a été introduite en pleurant, et menant par la main une petite enfant. C'étaient la mère de Randall et sa demi-sœur. En les rencontrant, il était fou de joie, s'accrochant à sa robe, embrassant l'enfant, et présentant toutes les manifestations de joie. La mère aussi l'a pris dans ses bras, l'a embrassé tendrement, et l'a regardé avec tendresse à travers ses larmes, l'appelant par maints noms tendres. Emily, l'enfant, avait sept ou huit ans, était d'un teint clair, et avait un visage d'une beauté admirable.[35] Ses cheveux tombaient en boucles autour de son cou, tandis que le style et la richesse de sa robe, et la propreté de toute son apparence a indiqué qu'elle avait été élevée au milieu de la richesse. Elle était un enfant doux en effet. La femme était également vêtue de soie, avec des bagues sur les doigts, et les ornements d'or suspendue des oreilles. Son air et ses manières, l'exactitude et la régularité de sa langue tous montraient, évidemment, qu'elle se trouvait autrefois au-dessus du niveau commun d'un esclave. Elle semblait être étonnée de se trouver dans un endroit comme cela. C'était clairement un virage de fortune brusque et inattendu qui l'y avait amenée. Remplissant l'air de ses plaintes, elle a été bousculée, avec les enfants et moi-même, dans la cellule. La langue ne peut transmettre qu'une impression insuffisante des lamentations auxquelles elle donnait l'expression incessante. Se jetant sur le sol, et prenant les enfants dans ses bras, elle répandait des paroles touchantes ce que seul l'amour maternel et la bonté peuvent suggérer. Ils se sont nichés près d'elle, comme s'il n'y était que là de sécurité ou de protection quelconque. Enfin, ils ont dormi, la tête appuyée sur ses genoux. Pendant qu'ils dormaient, elle a lissé les cheveux de leurs petits fronts, et leur a parlé toute la nuit. Elle les a appelés ses chouchous—ses doux pauvres bébés innocents, qui ne connaissaient pas la misère qu'ils étaient destinés à supporter. Bientôt, ils n'auraient pas de mère pour les réconforter, ils seraient pris d'elle. Que deviendraient-ils? Oh! Elle ne pouvait pas vivre loin de sa petite Emmy et son cher garçon. Ils avaient toujours été de bons enfants, et avaient de si bonnes manières aimables. Cela lui briserait le cœur, Dieu savait, a-t-elle dit, s'ils étaient pris d'elle, et pourtant elle savait que l'on voulait les vendre, et peut-être, ils seraient séparés, et ne pourraient jamais plus se voir. C'était assez pour faire fondre un cœur de pierre pour écouter les expressions pitoyables de cette mère désolée et distraite. Elle s'appelait Eliza, et ce fut l'histoire de sa vie, comme elle le raconta ensuite:[36]

Elle était l'esclave d'Elisha Berry, un homme riche, vivant dans un quartier de Washington.[37] Elle est née, je crois qu'elle a dit, dans sa plantation à lui. Des années auparavant, il était tombé dans les habitudes dissipées, et s'est disputé avec sa femme. En fait, peu de temps après la naissance de Randall, ils se sont séparés. Laissant sa femme et sa fille dans la maison qu'ils avaient toujours occupée, il a fait ériger une de neuve tout près sur le domaine. Dans cette maison, il a emmené Eliza, et, à condition qu'elle habite avec lui, ses enfants et elle devaient être émancipés. Elle a résidé avec lui pendant neuf ans avec des domestiques pour la servir, et était fournie avec tout le confort et le luxe de la vie. Emily était l'enfant de Berry! Enfin, sa fille à lui, qui était toujours restée avec sa mère à la ferme, a épousé un M. Jacob Brooks.[38] Finalement, pour quelque cause, (comme je l'ai recueilli de son rapport), au-delà du contrôle de Berry, on a fait diviser ses biens. Elle et ses enfants sont tombés à la part de M. Brooks. Pendant les neuf années qu'elle avait vécues avec Berry, en

conséquence de la position dans laquelle elle a été contrainte
d'occuper, Emily et elle étaient devenues l'objet de la haine et
l'aversion de Mme Berry et de sa fille. Berry lui-même, selon Eliza,
était représenté comme un homme naturellement de bon cœur, qui
lui a toujours promis qu'elle aurait sa liberté. Il la lui accorderait sans
doute, si c'était en son pouvoir. Dès qu'ils se sont trouvés ainsi dans
la possession et sous le contrôle de la fille, il est devenu très évident
qu'ils ne vivraient pas longtemps ensemble. La vue d'Eliza semblait
être odieuse à Mme Brooks. Elle ne pouvait pas supporter de
regarder l'enfant, sa demi-sœur, belle comme elle était!

Le jour où elle a été menée dans l'enclos, Brooks l'avait emmenée
du domaine dans la ville, sous prétexte que le temps était venu où ses
papiers libres devaient être exécutés, dans l'accomplissement de la
promesse de son maître. Enthousiasmée à l'idée de liberté immédiate,
Emmy et elle se sont parées de leurs meilleurs vêtements, et l'ont
accompagné avec un cœur joyeux. A leur arrivée dans la ville, au lieu
d'être baptisées dans la famille des hommes libres, elles ont été remises
au commerçant Burch. Le document qui a été exécuté était un acte de
vente. L'espoir des années a été ruiné dans un instant. Du haut d'un
bonheur le plus exultant à la plus grande profondeur de la misère, elle
était descendue ce jour-là. Pas étonnant qu'elle ait pleuré et rempli
l'enclos avec des gémissements et des expressions du malheur
déchirants.

Eliza est maintenant morte. En amont de la rivière Rouge, où
elle se déverse lentement de ses eaux à travers les basses terres
malsaines de la Louisiane, [39] elle se repose dans la tombe enfin—le
seul endroit de repos du pauvre esclave! Comme toutes ses craintes
étaient réalisées—elle se lamentait jour et nuit, et ne serait jamais
consolée—comme elle l'avait prédit, son cœur était en effet brisé avec
la charge de la douleur maternelle, ce qui sera vu comme le récit
continue.

Dans l'enclos d'esclaves à Washington

CHAPITRE IV.

LES DOULEURS D'ELIZA-PRÉPARATION À EMBARQUER—
ENTRAINÉ À TRAVERS LES RUES DE WASHINGTON—HAIL,
COLUMBIA—LE TOMBEAU DE WASHINGTON—CLEM RAY—PETIT
DÉJEUNER SUR LE BATEAU À VAPEUR—LES OISEAUX CONTENTS
- LA CRIQUE AQUIA—FREDERICKSBURGH—ARRIVÉE À
RICHMOND- GOODIN ET SON ENCLOS D'ESCLAVES—ROBERT, DE
CINCINNATI—DAVID ET SON ÉPOUSE—MARY ET LETHE—LE
RETOUR DE CLEM—SON ÉVASION SUBSEQUENTE AU CANADA—
LE BRICK *ORLÉANS*—JAMES H. BURCH.

Par intervalles pendant la première nuit de l'incarcération d'Eliza dans
l'enclos, elle s'est plainte amèrement de Jacob Brooks, le mari de sa
jeune maîtresse. [40] Elle a déclaré que si elle avait été au courant de la
déception dont il avait l'intention de pratiquer sur elle, il ne l'y aurait
jamais amenée vivante. Ils avaient choisi la possibilité de l'enlever
quand Maître Berry était absent de la plantation.[41] Il avait toujours été
gentil envers elle. Elle a souhaité le voir, mais elle savait que même lui
était incapable maintenant de la sauver. Alors elle commençait à
pleurer à nouveau—embrassant les enfants dormants—parlant
d'abord à l'un, puis à l'autre, alors qu'ils étaient étendus dans leur
sommeil inconscient, la tête sur ses genoux. Alors passait la longue
nuit, et quand le jour a paru, et la nuit était revenue, elle pleurait
encore, incapable d'être consolée.

Vers minuit, la porte de la cellule s'est ouverte et Burch et
Radburn sont entrés, avec des lanternes à la main. Burch, avec un
serment, nous a ordonné de retrousser nos couvertures sans délai, de
nous apprêter à monter à bord du bateau. Il a juré que l'on nous
laisserait à moins que nous ne nous dépêchions. Il a éveillé les
enfants de leur sommeil avec une secousse rude, et dit qu'ils étaient
diablement somnolents, il lui semblait. Sortant dans la cour, il a
appelé Clem Ray, l'ordonnant de quitter le loft et d'entrer dans la
cellule, et d'apporter sa couverture avec lui. Lorsque Clem a apparu, il
nous a placés côte à côte, et nous a fixés ensemble avec des menottes,
ma main gauche liée à sa droite. John Williams avait été remporté un

ou deux jours avant, son maître l'ayant racheté, à sa grande joie. Clem et moi avons été condamnés à marcher, Eliza et les enfants suivant Nous avons été conduits dans la cour, à partir de là dans le passage couvert, et puis nous sommes montés sur un perron, à travers une porte latérale dans la chambre haute, où j'avais entendu la marche de long en large. Son mobilier était un poêle, quelques vieilles chaises, et une longue table couverte de papiers. C'était une chambre blanchie à la chaux, sans tapis sur le sol, et semblait être une sorte de bureau. A côté d'une des fenêtres, je me souviens, pendait une épée rouillée, qui a attiré mon attention. Le coffre de Burch était là. Dans l'obéissance à ses ordres, j'ai pris une de ses poignées avec ma main libre, alors qu'il s'est emparé de l'autre, nous sommes sortis par la porte d'entrée dans la rue dans le même ordre que nous avions quitté la cellule.

C'était une nuit sombre. Tout était calme. Je pouvais voir les lumières, ou leur reflet, vers l'avenue Pennsylvania, mais il n'y avait personne, pas même un traînard. J'étais presque décidé à tenter de m'évader. Si je n'avais pas été menotté, le coup aurait certainement été fait, malgré toutes les conséquences. Radburn était à l'arrière, portant un grand bâton, et pressant les enfants aussi vite qu'ils pouvaient marcher. Donc, nous sommes passés, menottés et en silence, dans les rues de Washington à travers la capitale d'une nation, dont la théorie du gouvernement, on nous a dit, repose sur le fondement de droit inaliénable de l'homme à la vie, à la liberté et à la poursuite du bonheur! Hail! Columbia, terre heureuse, en effet!

Atteignant le bateau à vapeur, nous avons été rapidement bousculés dans la cale, parmi les barils et les boîtes de marchandises. Un serviteur de couleur lui a apporté une lumière; une cloche a sonné, et bientôt le navire a commencé à descendre le Potomac, nous transportant nous ne savions pas où. La cloche a sonné pendant que nous passions le tombeau de Washington! Burch, sans doute, la tête découverte, aurait salué respectueusement devant les cendres sacrées de l'homme qui a consacré sa vie illustre à la liberté de son pays.

Aucun de nous n'a dormi cette nuit sauf Randall et Emmy. Pour la première fois Clem Ray a été entièrement bouleversé. Pour lui, l'idée d'aller au sud était terrible à l'extrême. Il quittait les amis et les associations de jeunesse—tout ce qui était cher et précieux à son cœur—selon toute probabilité, de n'y jamais revenir. Lui et Eliza ont mêlé leurs larmes ensemble, déplorant leur sort cruel. Pour ma part, aussi difficile qu'il était, je me suis efforcé de garder mes esprits. Je repassais dans mon esprit une centaine de plans d'évasion, et bien résolu à tenter l'aventure de la première chance désespérée qui s'est offerte. A cette époque, je suis devenu convaincu toutefois que ma vraie politique était de ne plus rien dire sur le sujet de ma naissance comme homme libre. Cela m'exposerait au mauvais traitement, et diminuerait les chances de libération.

Après le lever du soleil, on nous a appelés sur le pont pour le petit déjeuner. Burch a enlevé nos menottes, et nous nous sommes assis à la table. Il a demandé à Eliza si elle voulait prendre un petit verre. Elle a refusé, en le remerciant poliment. Pendant le repas, nous nous sommes tus, pas un mot n'est passé entre nous. Une mulâtresse qui a servi à la table semblait s'intéresser à notre compte—nous a dit de remonter le moral, et de ne pas être si abattu. Le déjeuner terminé, les menottes ont été remises, et Burch nous a ordonné de sortir sur le pont arrière. Nous nous sommes assis ensemble sur quelques boîtes, toujours sans rien dire en présence de Burch. Parfois, un passager se promenait à l'endroit où nous étions, nous a regardés pendant un moment, puis est retourné silencieusement.

C'était une matinée très agréable. Les champs le long de la rivière étaient couverts de verdure, très en avance sur ce que j'avais l'habitude de voir à cette époque de l'année. Le soleil brillait vivement; les oiseaux chantaient dans les arbres. Les oiseaux heureux—je les enviais. Je souhaitais des ailes comme eux, que je puisse fendre l'air à l'endroit où mes oisillons attendaient en vain la rentrée de leur père, dans la région froide du Nord.

Dans la matinée, le bateau a atteint Aquia Creek. Là, les passagers ont pris des diligences--Burch et ses cinq esclaves en occupant une exclusivement. Il a ri avec les enfants, et à un point d'arrêt leur a même acheté un morceau de pain d'épice. Il m'a dit de tenir ma tête et d'avoir l'air intelligent. Que je pourrais peut-être obtenir un bon maître si je me comportais bien. Je ne lui ai fait aucune réponse. Son visage m'était détestable, et je ne pouvais pas supporter le regarder. Je me suis assis dans le coin, chérissant dans mon cœur l'espoir, pas encore éteint, de rencontrer un jour le tyran sur le sol de mon état natal.

À Fredericksburgh nous avons été transférés de la diligence dans un char, et avant la nuit sommes arrivés à Richmond, la ville principale de la Virginie. C'était ici que nous avons été enlevés des chars, et poussés dans la rue à un enclos d'esclaves, entre le dépôt de chemin de fer et le fleuve, tenu par un M. Goodin. Cet enclos était semblable à celui de Williams à Washington, sauf qu'il était un peu plus grand, et d'ailleurs, il y avait deux petites maisons qui se tenaient aux coins opposés de la cour. Ces maisons se trouvent généralement dans des enclos d'esclaves, étant utilisées comme pièces pour l'examen des esclaves par les acheteurs avant de conclure une bonne affaire. L'imperfection dans un esclave, ainsi que dans un cheval, amoindrit sensiblement de sa valeur. Si aucune garantie n'est donnée, un examen attentif est une question d'une importance particulière pour le trafiquant des nègres.

Nous avons été accueillis à la porte de la cour de Goodin par ce monsieur lui-même, un petit homme gras, au visage rond et dodu, aux cheveux et moustache noirs, et d'un teint presque aussi sombre que certains de ses propres nègres. Il avait un regard sévère et dur, et avait peut-être une cinquantaine d'années d'âge. Burch et lui se sont entretenus avec une grande cordialité.[42] Ils étaient évidemment de vieux amis. Secouant la main de l'autre chaleureusement, Burch a remarqué qu'il avait apporté un peu de compagnie, a demandé à quel moment le brick [bateau] partirait, et on lui a répondu que ce serait probablement au lendemain qu'il embarquerait à une telle heure. Goodin s'est tourné vers moi, m'a pris le bras, m'a fait faire un demi-tour, m'a regardé fortement avec l'air de quelqu'un qui se considère un bon juge de la propriété, et comme s'il l'estimait ma valeur dans sa propre tête. «Eh bien, mon garçon, d'où venez-vous?»

M'oubliant, pour un moment, je lui ai répondu, «De New-York.»

«New-York! Diable!! Qu'est-ce que tu as fait là?» était sa question étonnée.

Observant Burch en ce moment me regarder avec une expression de colère qui a transmis un sens qui n'était pas difficile à comprendre, j'ai tout de suite dit: «0, j'ai été là-haut juste un peu,» d'une manière destinée à signifier que même si je pourrais avoir été aussi loin que New-York, je voulais bien faire entendre distinctement que je n'appartenais pas à cet État libre, ni à aucun autre.

Goodin s'est tourné vers Clem, puis à Eliza et aux enfants, pour les examiner séparément, et en posant de diverses questions. Il était heureux avec Emily, comme était tout le monde qui a vu le doux visage de l'enfant. Elle n'était pas aussi soignée que quand je l'ai vue la première fois, ses cheveux étaient maintenant un peu dépeignés, mais cependant à travers leur profusion négligée et douce rayonnait un petit visage d'une beauté sans pareil. En tous, nous étions un groupe passable,« diablement bons », a-t-il dit, soulignant cette opinion avec plus d'un adjectif emphatique qui ne figure pas dans le vocabulaire chrétien. Alors nous sommes passés dans la cour. Un assez grand nombre d'esclaves, autant que trente, devrais-je dire, allaient et venaient, ou étaient assis sur des bancs sous l'appentis. Ils étaient tous proprement habillés: les hommes avec des chapeaux, des femmes avec des mouchoirs noués autour de la tête.

Burch et Goodin, après nous avoir séparés, ont monté les marches à la partie arrière du bâtiment principal, et se sont assis au seuil de la porte. Ils sont entrés dans la conversation, mais le sujet de celle-ci je n'ai pas pu entendre. Bientôt Burch est descendu dans la cour, seul, et m'a conduit dans une des petites maisons.

«Tu as dit à l'homme que tu viens de New--York, » a-t-il dit.

Je lui ai répondu: «Je lui ai dit que j'avais été aussi loin que New-York, certes, mais je n'ai pas dit que j'en venais, ni que j'étais un homme libre. Je ne voulais pas mal du tout, Maître Burch. Je ne l'aurais pas dit si j'avais pensé.»

Il m'a regardé un instant, comme s'il était prêt à me dévorer, puis, en se retournant est sorti. En quelques minutes, il est revenu. «Si jamais je vous entends dire un mot à propos de New-York, ou au sujet de votre liberté, je serai ta mort, je vais te tuer, tu peux compter sur cela,» s'est-il écrié d'un ton farouche.

Je ne doute pas qu'il comprenait mieux que moi, le danger et la peine de vendre un homme libre en esclavage. Il a senti la nécessité de fermer ma bouche contre la criminalité qu'il savait qu'il commettait. Bien sûr, ma vie n'aurait pas pesé une plume, de toute urgence réclamant un tel sacrifice. Sans doute, il voulait dire précisément ce qu'il a dit.

Sous l'appentis d'un côté de la cour, il y avait une table grossière, tandis que au-dessus il y avait des galeries pour dormir—le même que dans l'enclos à Washington. Après avoir pris à cette table notre souper du porc et du pain, j'ai été menotté à un grand homme jaune, assez gros et charnu, avec un visage expressif de la plus grande mélancolie. C'était un homme d'une intelligence et d'information. Enchaînés, il n'y avait pas longtemps avant que nous nous informions de l'histoire l'un de l'autre. Il s'appelait Robert. Comme moi, il était né libre, et avait une femme et deux enfants à Cincinnati. Il a dit qu'il était venu au sud avec deux hommes, qui l'avaient engagé dans sa ville de résidence. Sans papiers d'affranchissement, il avait été saisi à Fredericksburgh, emprisonné, et battu jusqu'à ce qu'il ait appris, comme je l'avais fait, la nécessité et la politique du silence.[43] Il avait été à l'enclos de Goodin environ trois semaines. Je suis devenu très attaché à cet homme. Nous pouvions nous sympathiser, et nous comprendre. C'est avec ces larmes et le cœur lourd, pas beaucoup de jours après, que je l'ai vu mourir, et j'ai regardé pour la dernière fois son corps inanimé !

Robert et moi, avec Clem, Eliza et ses enfants, avons dormi cette nuit sur nos couvertures, dans une des petites maisons dans la cour. Il y avait quatre autres personnes, toutes de la même plantation, qui avaient été vendues, et étaient maintenant sur leur chemin vers le sud, qui l'ont également occupée avec nous. David et sa femme, Caroline, deux mulâtres, ont été extrêmement touchés. [44] Ils redoutaient la pensée d'être mis dans les champs de canne à sucre et dans les champs de coton, mais leur plus grande source d'inquiétude était la crainte d'être séparés. Mary, une grande fille svelte, d'un noir comme du jais, était apathique et indifférente apparemment. [45] Comme beaucoup de cette classe, elle savait à peine qu'il y avait un mot tel que la liberté. Elevée dans l'ignorance d'une brute, elle possédait un peu plus de l'intelligence qu'une brute. Elle était une de ces personnes, et elles sont très nombreuses, qui ne craignent rien que le fouet de leur maître, et ne connaissent aucun autre devoir que d'obéir à sa voix. L'autre était Lethe.[46] Elle était d'un tout autre caractère. Elle avait de longs cheveux raides, et avait plus l'apparence d'une Indienne que celle d'une femme nègre. Elle avait des yeux vifs et rancuniers et proférait continuellement la langue de haine et de vengeance. Son mari avait été vendu. Elle ne savait pas où elle était. Un échange de maîtres, elle en était sûre, ne pouvait pas être pour le pire. Elle ne se souciait pas du lieu où ils la porteraient. Montrant les cicatrices sur son visage, la créature désespérée a souhaité qu'elle puisse voir le jour où elle pourrait les effacer dans le sang d'un homme!

Alors que nous apprenions ainsi l'histoire de la misère de l'autre, Eliza était assise dans un coin en chantant des cantiques et en priant pour ses enfants. Fatigué de la perte de tant de sommeil, je ne pouvais plus résister les progrès de ce «restaurateur doux», et me couchant à côté de Robert, à l'étage, j'ai bientôt oublié mes ennuis, et j'ai dormi jusqu'à l'aube

Le matin, après avoir balayé la cour, et nous être lavés, sous la surveillance de Goodin, nous avons reçu l'ordre de retrousser les couvertures, et de nous préparer pour la continuation de notre voyage. Clem Ray a été informé qu'il n'irait pas plus loin—Burch, pour quelque raison, avait conclu de le ramener à Washington. Clem s'en est beaucoup réjoui. En nous serrant la main, nous nous sommes quittés dans l'enclos d'esclaves à Richmond, et je ne l'ai plus revu depuis. Mais, à ma grande surprise, depuis mon retour, j'ai appris qu'il s'était échappé de l'esclavage, et sur son chemin vers le sol libre du Canada, a passé une nuit dans la maison de mon beau-frère à Saratoga, en informant ma famille du lieu et de l'état dans lesquels m'a laissé.

Dans l'après-midi nous étions rangés en double file, Robert et moi à l'avance, et dans cet ordre, poussés par Burch et Goodin de la cour, puis dans les rues de Richmond au brick-*Orléans*. [47] Elle était un navire de taille respectable, bien voilé et chargé principalement de tabac. Nous étions tous à bord vers cinq heures de l'après-midi. Burch nous a apporté chacun une tasse en étain et une cuillère. Nous étions quarante dans le brick; tous, sauf Clem, qui avaient été ensembles dans l'enclos.

Avec un petit couteau de poche que l'on ne n'avait pas pris, j'ai commencé à couper les initiales de mon nom sur la coupe d'étain. Les autres se sont assemblés immédiatement autour de moi, me demandant de les leurs marquer d'une manière semblable. Au bout de quelque temps, je les ai gratifiés tous—un acte qu'ils n'ont jamais oublié.

Nous avons été tous rangés dans la cale pendant la nuit, et dans l'écoutille fermée à barres. Nous nous sommes couchés sur les boîtes, ou où qu'il y ait assez de place pour allonger nos couvertures au plancher.

Burch ne nous accompagnait pas plus loin que Richmond, en revenant de ce point à la capitale avec Clem. Ce n'était qu'après avoir passé près de douze ans, c'est à dire, en janvier dernier, au bureau de police de Washington, que j'ai mis mes regards encore une fois sur son visage.

James H. Burch était un trafiquant d'esclaves—achetant des hommes, des femmes et des enfants à bas prix, les vendant à profit. C'était un spéculateur en chair humaine—une vocation de mauvaise réputation—si considéré dans le Sud. Pour le moment, il disparaît des scènes enregistrées dans ce récit, mais il va se présenter de nouveau avant sa fin, pas dans le caractère d'un tyran qui donne des coups de fouet aux autres hommes, mais comme un arrêté, un criminel servile et craintif, dans une cour de justice, qui a échoué de lui rendre justice.

CHAPITRE V.

L'ARRIVÉE À NORFOLK—FREDERICK ET MARIA—ARTHUR, L'HOMME LIBRE—NOMMÉ STEWARD—JIM, CUFFEE, ET JENNY—L'ORAGE—BAHAMA BANKS—LE CALME—LA CONSPIRATION—LA CHALOUPE— LA VARIOLE—LE DÉCÈS DE ROBERT—MANNING, LE MARIN—LA RÉUNION DANS LE PONT DE GAILLARD—LA LETTRE—L'ARRIVÉE À LA NOUVELLE ORLÉANS—LE SAUVETAGE D'ARTHUR—THEOPHILIS FREEMAN, LE CONSIGNATAIRE—PLATT—PREMIÈRE NUIT DANS L'ENCLOS D'ESCLAVES À LA NOUVELLE ORLEANS

Après que nous étions tous à bord, le brick *Orléans* a descendu la rivière James.[48] Passant dans la baie de Chesapeake, nous sommes arrivés le lendemain dans le port de Norfolk. Tout en se trouvant à l'ancre, un chaland nous a approchés de la ville, apportant quatre autres esclaves. Frédéric, un garçon de dix-huit ans, était né esclave, comme aussi avait été Henry, qui était un peu plus âgé.[49] Ils avaient été tous les deux des employés de maison dans la ville. Maria était une fille de couleur distinguée, avec une forme irréprochable, mais ignorante et extrêmement vaine.[50] L'idée d'aller à la Nouvelle Orléans a été agréable pour elle. Elle tenait une opinion extravagamment élevée de ses propres attractions. En prenant un air hautain, elle a déclaré à ses compagnons, que lors de notre arrivée à la Nouvelle Orléans, elle n'avait aucun doute, que quelque galant riche de bon goût l'achèterait sur le champ!

Mais le plus important des quatre, c'était un homme appelé Arthur.[51] Comme le briquet s'est approché, il a lutté vaillamment contre ses gardiens. C'est avec une force vive qu'il a été traîné à bord du brick. Il a protesté, à haute voix, contre le traitement qu'il recevait, et a demandé à être libéré. Son visage était enflé et couvert de plaies et de contusions, et, en effet, d'un côté de celui-ci était une plaie crue. Il a été contraint, en toute hâte, vers le bas de l'écoutille dans la cale. J'ai entendu un résumé de son histoire comme il a été porté en luttant, dont il m'a donné ensuite un rapport plus complet, et c'était la suivante: il avait longtemps résidé dans la ville de Norfolk, et était un homme libre. Il avait une famille qui y vivait, et était un maçon de métier. Ayant été exceptionnellement détenu, il est rentré tard dans la nuit à son domicile dans la barlieue de la ville, quand il a été attaqué par une bande de personnes dans une rue peu fréquentée. Il s'est battu jusqu'à ce que les forces lui aient manquées. Accablé enfin, il a été bâillonné et lié avec des cordes, et battu, jusqu'à ce qu'il devienne insensible. Pendant plusieurs jours, ils l'ont sécrété dans l'enclos des esclaves à Norfolk—un établissement très commun, il apparaît, dans les villes du Sud. La veille, il avait été retiré et mis à bord du chaland, lequel, poussant du rivage, avait attendu notre arrivée. Depuis quelque temps, il a poursuivi ses protestations, et était tout à fait inconciliable. A la longue, cependant, il s'est tu. Il est tombé dans une humeur sombre et pensive, et semblait se conseiller. Il y avait dans le visage déterminé de l'homme, quelque chose qui a suggéré l'idée de désespoir.

Après avoir quitté Norfolk, on nous a retiré les menottes, et pendant la journée nous étions autorisés à rester sur le pont. Le commandant de bord a choisi Robert comme son garçon, et j'ai été nommé de diriger le département de la cuisine, et chargé de la distribution de nourriture et d'eau. J'avais trois assistants, Jim, Cuffee, et Jenny.[52] L'activité de Jenny était de préparer le café, qui se composait de farine de maïs brûlée dans une chaudière, bouillie et sucrée avec de la mélasse. Jim et Cuffee ont fait cuire le hoe-cake [crêpe au maïs] et ont fait bouillir le bacon.

Debout à côté d'une table, formée d'une grande planche reposant sur les têtes des barils, j'ai coupé et remis à chacun une tranche de viande et une galette de pain et de la bouilloire de Jenny j'ai également chuté une tasse de café pour chacun. L'utilisation d'assiettes a été supprimée, et leurs doigts noirs ont pris la place des couteaux et des fourchettes. Jim et Cuffee étaient très sages et attentifs aux affaires, un peu gonflés avec leurs situations comme deuxième cuisiniers, et sans doute ayant le sentiment qu'il y avait une grande responsabilité reposant sur eux. J'ai été appelé steward—un nom me donné par le commandant.

Les esclaves étaient nourris deux fois par jour à dix heures et à cinq heures de l'après-midi, recevant toujours le même genre et la même quantité de plats et dans la même manière comme décrit ci-dessus. La nuit, nous avons été conduits dans la cale et bien fixés.

A peine étions-nous hors de la vue de la terre avant que nous avons été surpris par un violent orage. Le brick a roulé et a plongé

jusqu'à ce que nous craignions qu'elle coule à fond. Certains avaient le
mal de mer, d'autres étaient sur leurs genoux en prière, tandis que
d'autres se tenaient ferme les uns aux autres paralysés par la peur. Le
mal de mer a rendu le lieu de notre détention détestable et dégoûtant.
Cela aurait été une bonne chose pour la plupart d'entre nous, il nous
aurait sauvés de l'agonie de plusieurs centaines de coups de fouet et
de la mort misérable enfin, si la mer compatissante nous avait
arrachés ce jour-là des griffes des hommes impitoyables. La pensée
de Randall et de la petite Emmy s'enfonçant parmi les monstres de
l'abîme, est une plus agréable contemplation que de penser à eux
comme ils sont maintenant, peut-être traînant une vie de labeur sans
retour.

Lorsqu'ils étaient en vue de Bahama Banks à un endroit appelé
Old Point Compass ou le Trou dans le Mur, nous avons été abrités
trois jours. Il y avait à peine un souffle d'air. Les eaux du golfe ont
présenté un aspect singulièrement blanc, comme de l'eau de chaux.

Dans l'ordre des événements, j'arrive maintenant à la relation
d'un événement, dont je ne me souviens jamais sans des sensations
de regret. Je remercie le bon Dieu, qui m'a permis depuis de
m'échapper de la servitude de l'esclavage, qui, par son interposition
miséricordieuse m'a empêché de tremper les mains dans le sang de
ses créatures. Que ceux qui n'ont jamais été placés dans des telles
circonstances me jugent sévèrement. Jusqu'à ce qu'ils aient été
enchaînés et battus—jusqu'à ce qu'ils se retrouvent dans la situation
où j'étais, porté loin de la maison et de la famille vers une terre de
servitude—laissez-les s'empêcher de dire ce qu'ils ne feraient pas
pour la liberté. Dans quelle mesure, j'aurais été justifié aux yeux de
Dieu et de l'homme, il est inutile désormais d'y spéculer. Il suffit de
dire que je suis capable de me féliciter de la cessation inoffensive
d'une affaire qui menaçait pour un temps, d'avoir des résultats
sérieux.

Vers le soir du premier jour du calme, Arthur et moi étions à la
proue du navire, assis sur le guindeau. Nous causions ensemble du
destin probable qui nous attendait et nous déplorions ensemble nos
malheurs. Arthur a dit, et j'étais d'accord avec lui que la mort était
beaucoup moins terrible que la perspective de la vie qui était devant
nous. Pendant longtemps, nous avons parlé de nos enfants, de nos
vies passées, et des probabilités de fuite. L'un de nous a suggéré
obtenir la possession du brick. Nous avons discuté de la possibilité de

pouvoir, en mesure dans un tel cas, faire notre chemin vers le port de New York. Je savais peu de la boussole, mais l'idée de risquer l'expérience a été reçu ardemment. Les chances, pour et contre nous, dans une rencontre avec l'équipage ont été examinées. Sur qui pourrions-nous compter ou non, le bon moment et la manière de l'attaque, nous les avons discutés maintes et maintes fois. Dès l'instant où l'intrigue s'est suggérée, j'ai commencé à espérer. Je l'ai roulé constamment dans mon esprit. Quand difficulté après difficulté a surgit, quelque autre idée était à portée de main, démontrant comment il pourrait être surmonté. Alors que les autres dormaient, Arthur et moi avons fait mûrir nos plans. A la longue, avec beaucoup de prudence, Robert a été progressivement mis au courant de nos intentions. Il y a approuvé immédiatement, et est entré dans la conspiration avec zèle. Il n'y avait pas d'autre esclave à qui nous avons osé faire confiance. Elevés dans la peur et l'ignorance comme ils sont, on ne peut guère se concevoir comment ils vont ramper servilement devant le regard d'un homme blanc. Il n'était pas sûr de déposer un secret si audacieux avec quiconque, et enfin nous trois avons décidé de prendre sur nous-mêmes la responsabilité terrible de l'attentat.

La nuit, comme cela a été dit, nous avons été conduits dans la cale, et l'écoutille fermée à barres. Comment atteindre le pont était la première difficulté qui s'est présentée. Sur la proue du brick, cependant, j'avais remarqué le petit bateau qui pendait bas vers le haut. Il m'est apparu qu'en nous nous cachant dessous, nous ne serions pas manqués de la foule, car ils ont été précipités dans la cale pendant la nuit. J'ai été choisi pour faire l'expérience, afin de nous assurer de sa faisabilité. Le lendemain soir, en conséquence, après le souper, en veillant sur ma chance, je me suis vite caché en dessous. Me trouvant près du pont, je pouvais voir ce qui se passait autour de moi, alors que j'étais totalement inaperçu, moi. Le lendemain matin, comme les autres sont montés, j'ai glissé de ma cachette sans être observé. Le résultat a été tout à fait satisfaisant.

Le capitaine et le second ont dormi dans la cabine de celui-là. De Robert, qui a eu souvent l'occasion, en son poste de serviteur, de faire des observations dans ce quartier, nous avons constaté la position exacte de leurs couchettes respectives. Il nous a, en outre, informés qu'il y avait toujours deux pistolets et un sabre d'abordage posés sur la table. Le cuisinier de l'équipage dormait dans la cuisine sur le pont, une sorte de véhicule sur roues, qui pourrait être déplacé si la nécessité l'exigeait, tandis que les matelots, au nombre de six seulement, dormait soit dans le gaillard d'avant, soit dans des hamacs balancés entre le gréement.

Enfin nos arrangements ont été tous réalisés. Arthur et moi avions à nous faufiler silencieusement dans la cabine du capitaine, saisir les pistolets et le sabre d'abordage, et, aussi rapidement que possible, expédier lui et son compagnon. Robert, armé d'une massue, devait se tenir près de la porte menant du pont dans la cabine, et, en cas de nécessité, repousser les marins, jusqu'à ce que nous puissions nous dépêcher à son secours. Nous devions alors procéder comme les circonstances peuvent exiger. Si l'attaque était si soudaine et réussi à prévenir la résistance, la trappe devrait rester barrée,   sinon les esclaves devraient être appelés, et dans la foule, et le tumulte, et la confusion, nous pourrions regagner notre liberté ou perdre la vie. C'était donc à moi de prendre la place extraordinaire de pilote, et, en direction du nord, nous avons espéré que quelque bon vent pourrait nous délivrer à la terre de liberté.

Le compagnon s'appelait Biddee; je ne peux pas maintenant rappeler le nom du capitaine, même que j'oublie rarement un nom une fois entendu. Le capitaine était un petit homme distingué, droit et ponctuel, d'une allure fière, qui semblait être la personnification même de courage. S'il est encore en vie, et ces pages aient l'occasion de passer sous son regard, il va apprendre un fait lié à la traversée du brick, de Richmond à la Nouvelle-Orléans, en 1841, pas écrit sur son journal de bord.

Nous étions tous prêts et attendions avec impatience l'occasion de mettre nos conceptions en exécution, quand ils ont été frustrés par un événement triste et imprévu. Robert est tombé malade. On a bientôt annoncé qu'il avait la variole. Il a continué à s'aggraver et quatre jours avant notre arrivée à la Nouvelle Orléans, il est mort. Un des matelots l'a cousu dans sa couverture, avec une grosse pierre du ballast à ses pieds, puis le mettant sur une écoutille, et l'élevant par des cordages dessus la rambarde, le corps inanimé du pauvre Robert était consigné dans les eaux blanches du golfe.[53]

Nous étions tous pris de panique par l'apparence de la variole Le capitaine a ordonné que la chaux soit dispersée à travers la cale, et de prendre d'autres précautions prudentes. La mort de Robert, cependant, et la présence de la maladie, m'ont opprimé tristement, et j'ai considéré cette énorme étendue d'eaux d'un esprit qui était vraiment inconsolable.

Une soirée ou deux après l'enterrement de Robert, je me penchais sur l'écoutille près du gaillard, plein de pensées découragées, quand un marin d'une voix aimable m'a demandé pourquoi j'étais si découragé. Le ton et la manière de l'homme m'ont assuré, et j'ai répondu que c'était parce que j'étais un homme libre, et avais été enlevé. Il a remarqué que c'était assez pour décourager une personne quiconque, et a continué à m'interroger jusqu'à ce qu'il ait appris les détails de toute mon histoire. Il était évidemment très intéressé à mon sujet, et, dans le discours franc d'un marin, a juré de m'aider tout ce qu'il pouvait, si cela lui «scindé les bois». Je lui ai demandé une plume, de l'encre et quelque papier, afin que je puisse écrire à certains de mes amis. Il a promis de les obtenir, mais comment pourrais-je les utiliser sans être découvert serait une difficulté. Si seulement je pouvais entrer dans le gaillard tandis que sa veille était terminé, et les autres marins dormaient encore, la chose pourrait se faire. Le petit bateau est venu immédiatement à mon esprit. Il pensait que nous n'étions pas loin de la Balize à l'embouchure du Mississippi, et il était nécessaire que la lettre soit rédigée bientôt ou l'occasion serait perdue. En conséquence, par arrangement, j'ai réussi la nuit suivante à me secréter de nouveau sous la chaloupe. Sa veille a terminé à minuit. Je l'ai vu passer dans le gaillard et en une heure à peu près, je l'ai suivi. A moitié endormi, il a penché la tête au-dessus d'une table, sur laquelle vacillait une lumière maladive et où se trouvaient aussi un stylo et une feuille de papier. Comme je suis entré il s'est éveillé, a fait signe à un siège à côté de lui et a indiqué le journal. J'ai dirigé la lettre à Henry B. Northup de Sandy Hill—lui disant que j'avais été enlevé, était alors à bord du brick *Orléans*, à destination de la Nouvelle-Orléans, qu'il m'était impossible de deviner la destination finale et en lui demandant qu'il prenne des mesures pour me sauver. La lettre a été scellé et dirigée, et Manning, l'ayant lue, a promis de la déposer au bureau de poste de la Nouvelle Orléans. Je me suis empressé de retourner dans ma place dans la chaloupe et le matin quand les esclaves sont venus et se promenaient, j'ai glissé inaperçu et je me suis mêlé avec eux.

Mon bon ami, appelé John Manning, était un Anglais de naissance, et un marin, généreux de cœur comme n'ait jamais marché sur le pont. Il avait vécu à Boston, était un homme bien bâti d'environ vingt-quatre ans au visage un peu grêlé mais pleine d'expression bienveillante.

Il n'y avait rien à faire pour varier la monotonie de notre vie quotidienne, jusqu'à ce que nous ayons atteint la Nouvelle-Orléans. En arrivant dans la digue et avant que le navire soit amarré, j'ai vu Manning sauter sur le rivage et se dépêcher en ville. Comme il a démarré il a regardé au-dessus de son épaule de façon significative, me donnant à entendre l'objet de sa course.[54] Bientôt il est retourné, et, passant près de moi, m'a coudoyé et m'a fait un clin d'œil particulier, comme pour dire: «tout va bien».

La lettre, comme je l'ai appris plus tard a atteint Sandy Hill. M. Northup a visité Albany et l'a posée devant le gouverneur Seward, mais dans la mesure où elle n'a donné aucune information précise quant à ma localité probable, ce n'était pas à ce moment jugé opportun de mettre en place des mesures pour ma libération. Il a été décidé de tarder, confiant que la connaissance de l'endroit où je pourrais être soit obtenue éventuellement.

Une scène heureuse et touchante a été vue dès notre arrivée à la digue. Au moment où Manning a quitté la prison, en route à la poste, deux hommes sont venus et ont demandé Arthur à haute voix. Ce dernier, comme il les a reconnus était presque fou de joie. On ne pouvait guère l'empêcher de sauter par-dessus le côté du brick, et quand ils se sont rencontrés peu de temps après il les a saisis par la main et s'est accroché à eux pendant un très long moment. Ils étaient des hommes de Norfolk qui étaient venus à la Nouvelle-Orléans pour le sauver. Ses ravisseurs, ils l'ont informé, avaient été arrêtés et ensuite ont été enfermés dans la prison de Norfolk. Ils ont conversé quelques instants avec le capitaine, puis ils sont partis avec Arthur qui était plein de réjouissance.

Mais dans toute la foule qui se pressait sur le quai, il n'y avait personne qui me connaissait ou qui se souciait de moi. Pas un seul. Aucune voix familière n'a salué mes oreilles, et il n'y avait pas un seul visage que j'aie jamais vu. Bientôt Arthur rejoindrait sa famille, et aurait la satisfaction de voir ses torts vengés; ma famille, hélas, devrais-je jamais la voir encore? Il y avait un sentiment de désolation le plus profond dans mon cœur, le remplissant d'un sentiment de désespoir et de regrets, que je n'étais pas descendu avec Robert au fond de la mer.

Très vite, les commerçants et consignataires sont venus à bord. L'un entre eux était un homme grand, au visage maigre, au teint clair et un peu courbé, qui a apparu, un papier à la main. La bande de Burch, composée de moi-même, Eliza et ses enfants, [55] Harry, Lethe, et quelques autres, qui nous avaient rejoints à Richmond, lui ont été consignés. Ce monsieur était M. Theophilus Freeman. Lisant de sa feuille, il a appelé, «Platt». Personne n'a répondu. Le nom a été appelé à plusieurs reprises, mais il n'y avait toujours pas de réponse. Puis Lethe a été appelé, Eliza, Harry, jusqu'à ce que la liste soit terminée, chacun avançant comme son nom a été appelé. [56]

«Capitaine, où est Platt?» a demandé Theophilus Freeman.

Le capitaine était incapable de l'informer, sans que personne ne soit à bord qui répondait à ce nom.

« Qui a expédié ce nègre-là?» il a demandé de nouveau au capitaine, en me désignant.

« Burch,» a répondu le capitaine.

«Ton nom est Platt. Tu réponds à ma description. Pourquoi ne t'avances-tu pas ?» il m'a demandé d'un ton irrité.

Je lui ai dit que ce n'était pas mon nom, que je n'avais jamais été appelé par ce nom, et que je n'avais aucune objection à ce nom telle que je connaissais.

«Eh bien, je vais t'apprendre ton nom», dit-il, «et d'une manière à ce que tu ne l'oublieras pas non plus, par _____, » a-t-il ajouté.

M. Theophilus Freeman, en passant, n'était pas le moins du monde derrière son partenaire, Burch, dans l'affaire de blasphème. Sur le navire on m'appelait «Commissaire», et c'était la première fois que j'ai jamais été désigné comme Platt—le nom transmis par Burch à son destinataire. De la cuve j'ai observé la chaine de galériens au travail sur la digue. Nous sommes passés près d'eux comme nous avons été conduits à l'enclos d'esclaves de Freeman. Cet enclos était très semblable à ceux de Goodin et de Richmond, sauf la cour était entourée de planches, debout, avec des extrémités taillées en pointe, au lieu de murs en briques.

Y comprenant nous, il y avait maintenant au moins cinquante dans cet enclos. Déposant nos couvertures dans l'un des petits bâtiments dans la cour, et étant appelés et nourris, nous avons été autorisés à déambuler dans l'enceinte jusqu'au soir, quand nous nous sommes enveloppés dans nos couvertures et sommes couchés sous

l'appentis, ou dans le grenier, ou dans la cour ouverte, chacun à son
gout.

C'était en peu de temps que j'ai fermé les yeux cette nuit-là. La
pensée était en mouvement dans mon cerveau. Était-il possible que
j'étais des milliers de miles de chez moi, que j'avais été entraîné à
travers les rues comme une sale bête—que j'avais été enchaîné et
battu sans pitié, que j'étais même rassemblé en troupeau d'esclaves,
un esclave moi-même? Est-ce que les événements de ces dernières
semaines étaient quelques réalités en effet - ou est-ce que je passais
seulement par les phases sombres d'un long rêve prolongé? Ce n'était
pas une illusion. Ma tasse de douleur était pleine à déborder. Alors j'ai
levé les mains vers le bon Dieu, et dans les veilles calmes de la nuit,
entouré par les formes somnolentes de mes compagnons, ai demandé
grâce pour le pauvre captif abandonné. Au Père Tout-Puissant de
nous tous, l'homme libre et l'esclave, j'ai répandu les supplications
d'un esprit brisé, implorant la force d'en haut pour résister au fardeau
de mes peines, jusqu'à ce que la lumière du matin ait éveillé les
dormeurs, ouvrant la voie à un autre jour de servitude.

CHAPITRE VI.

L' INDUSTRIE DE FREEMAN—LA PROPRETÉ ET LES VÊTEMENTS—EXERCER DANS L'ARÈNE DE VENTE —LA DANSE— BOB, LE VIOLONISTE—ARRIVÉE DES CLIENTS—EXAMINATION DES ESCLAVES—LE VIEIL HOMME DE LA NOUVELLE-ORLÉANS— LA VENTE DE DAVID, CAROLINE ET LETHE—SÉPARATION DE RANDALL D' ELIZA—LA VARIOLE—L'HÔPITAL—RÉCUPERATION ET RETOUR À L'ENCLOS DE FREEMAN—L'ACHETEUR D'ELIZA, HARRY ET PLATT—L'AGONIE D'ELIZA À SA SÉPARATION DE LA PETITE ÉMILIE

Le très aimable M. Theophilus Freeman, d'un cœur pieux, un partenaire ou le destinataire de James H. Burch, et le gardien de l'enclos d'esclaves à la Nouvelle Orléans, était parmi ses animaux tôt le matin.[57] Avec un coup occasionnel aux hommes et aux femmes âgés, et plus d'un claquement sec du fouet dans les oreilles de jeunes esclaves, il ne fallait pas longtemps avant qu'ils ne soient tous en mouvement, et éveillés. M. Theophilus Freeman s'empressait d'une manière très industrieuse pour préparer sa propriété pour la salle des ventes, avec l'intention, sans doute, de faire ce jour-là une entreprise vibrante.

D'abord, nous étions obligés de nous laver soigneusement, et ceux qui étaient barbus, de se raser. Nous avons ensuite été fournis d'un nouveau costume chacun, pas cher, mais propre. Les hommes avaient un chapeau, un manteau, une chemise, un pantalon et des chaussures; on a donné aux femmes des robes de calicot, et des mouchoirs pour lier autour de la tête. Nous étions maintenant menés dans une grande salle dans la partie avant de l'édifice auquel la cour s'était jointe, afin d'être correctement alignés, avant l'entrée des clients. Les hommes ont été disposés sur un côté de la salle, les femmes de l'autre. Le plus grand a été placé à la tête de la ligne, puis le prochain de plus grand, et ainsi de suite dans l'ordre de leurs hauteurs respectives. Emily se trouvait à la fin de la ligne des femmes. Freeman nous a demandé de nous rappeler nos places; nous a exhortés à paraître intelligents et vifs - parfois menaçant, et encore, proférant de diverses incitations. Pendant la journée, il nous a exercés dans l'art d' «apparaître intelligente» et de passer à nos places avec une précision exacte.

Après avoir été nourris, cet après-midi, nous étions de nouveau paradé et forcé de danser. Bob, un garçon de couleur, qui avait appartenu à Freeman pendant un certain temps, a joué du violon. Debout près de lui, j'ai pris la liberté de demander s'il pouvait jouer le «Virginia Reel.» À moitié endormi, il a répondu qu'il ne pouvait pas, et m'a demandé si je pouvais le faire. Répondant par l'affirmative, il m'a passé le violon. J'ai commencé à jouer la mélodie, et je l'ai achevée. Freeman m'a ordonné de continuer à jouer, et semblait être bien heureux, disant à Bob que j'ai beaucoup excellé, une remarque qui semblait chagriner beaucoup mon compagnon musical.

Le lendemain, de nombreux clients ont appelé pour examiner le «nouveau lot» de Freeman. Le dernier homme a été très loquace, discutant longtemps nos quelques bons points et qualités. Il nous a fait lever la tête, marcher rapidement d'avant et en arrière, tandis que les clients nous ont touché les mains et les bras et le corps, nous ont tournés, nous ont demandé ce que nous pouvions faire; ils nous ont fait ouvrir la bouche pour montrer les dents, exactement comme un jockey examine un cheval qu'il est en train de troquer ou d'acheter. Parfois, un homme ou une femme a été ramené à la petite maison dans la cour, déshabillé, et inspecté minutieusement encore. Les cicatrices sur le dos d'un esclave ont été considérées comme des preuves d'un esprit rebelle ou indiscipliné et nuirait à sa vente.[58] L'un entre eux était un vieux monsieur, qui a dit qu'il voulait un cocher, semblait me prendre en affection. De sa conversation avec Burch, j'ai appris qu'il était un résident de la ville. J'ai beaucoup désiré qu'il m'achète, parce que je concevais qu'il ne serait pas difficile de faire mon évasion de la Nouvelle-Orléans sur quelque vaisseau du Nord. Freeman lui a demandé quinze cents dollars pour moi. Le vieux monsieur a insisté que c'était trop, que les temps étaient très durs. Freeman, néanmoins, a déclaré que j'étais saine et solide, de bonne constitution, et intelligent. Il a fait un point d'étendre sur mes réalisations musicales. Le vieux monsieur a soutenu assez adroitement qu'il n'y avait rien d'extraordinaire dans ce nègre, et enfin, à mon grand regret, est sorti, disant qu'il allait appeler à nouveau. Au cours de la journée, cependant, un certain nombre de ventes ont été réalisées. David et Caroline ont été achetés ensemble par un planteur de Natchez. Ils nous ont quittés avec un large sourire, et dans l'état le plus heureux de l'esprit, causé par le fait de ne pas être séparés. Lethe a été vendue à un planteur de Bâton Rouge, les yeux brillants de colère, comme elle a été emmenée de ce lieu.

Le même homme a acheté Randall aussi. On a fait sauter le petit garçon et courir à travers le sol, et effectuant de nombreuses autres exploits, présentant son activité et son état. Tout le temps pendant lequel se passait le commerce, Eliza pleurait à haute voix, en se tordant les mains. Elle a imploré l'homme de ne pas l'acheter, à moins qu'elle et Emily ne soient également achetées. Elle a promis, dans ce cas, d'être l'esclave le plus fidèle qui ait jamais vécu. L'homme a répondu qu'il n'avait pas les moyens de se permettre de le faire, et Eliza a fondu dans un paroxysme de douleur, pleurant plaintivement. Freeman s'est tourné vers elle, sauvagement, son fouet à la main levée, lui ordonnant de cesser son bruit, ou il la fouetterait. Il n'aurait pas de telles affaires, de telle pleurnicherie, et si elle ne cessait pas immédiatement, il lui faudrait la mener à la cour pour lui donner cent coups de fouet. Oui, il lui ôterait ses absurdités rapidement, et s'il n'y est pas arrivé, pourrait-il aller au diable. Eliza a rétréci devant lui, et a essayé d'essuyer ses larmes, mais c'était en vain. Elle voulait être avec ses enfants, a-t-elle dit, le peu de temps qu'elle avait pour vivre. Tous les regards courroucés, et les menaces de Freeman, ne pouvaient pas tout à fait faire taire la mère affligée. Elle n'arrêtait pas de les prier et de les supplier, piteusement, de ne pas séparer les trois. Maintes et maintes fois, elle leur a dit comme elle aimait son garçon. Un grand nombre de fois elle a répété son ancien promesse d'être très fidèle et obéissante; à quel point elle travaillerait jour et nuit, jusqu'au dernier moment de sa vie, s'il voulait les acheter tous ensemble. Mais c'était en vain ; l'homme n'avait pas les moyens de le faire. Le marché a été conclu, et Randall devait y aller seul. Puis Eliza a couru à lui; l'a embrassé avec passion; l'a embrassé encore et encore; lui a dit de se souvenir d'elle—pendant tout ce temps ses larmes tombaient sur le visage de l'enfant comme la pluie.

Freeman l'a maudite, l'a appelée une donzelle chialante et gueulante, et l'a ordonné d'aller à sa place, et de se comporter bien, et d'être quelqu'un. Il a juré qu'il ne tolérerait ses bêtises, qu'un peu plus longtemps. Il allait bientôt lui donner quelque chose à pleurer, si elle n'était pas prudente, et qu'elle pouvait y compter.

Le planteur de Bâton Rouge, avec ses nouveaux achats, était prêt à partir.

«Ne pleure pas, maman. Je serai un bon garçon. Ne pleure pas », a déclaré Randall, en regardant en arrière, en passant par la porte.

Ce qui est devenu de ce jeune homme, Dieu le sait. C'était une scène bien triste en effet. J'aurais pleuré si j'avais osé.

Cette nuit-là, presque tous ceux qui venaient à bord du brick *Orléans*, sont tombés malades. Ils se sont plaints de violentes douleurs à la tête et au dos. La petite Émilie, chose inhabituelle avec elle, s'écriait constamment. D'abord la matinée, un médecin a été appelé, mais a été incapable de déterminer la nature de notre plainte. En m'examinant, et posant des questions touchant mes symptômes, je lui ai donné mon avis: qu'il s'agissait d'une attaque de variole, mentionnant le fait de la mort de Robert étant la raison de ma croyance. Il pourrait être tellement en effet, pensait-il, et qu'il a envoyé chercher le médecin-chef de l'hôpital. Peu de temps après, le médecin-chef est venu. C'était un petit homme aux cheveux clairs, qu'ils appelaient le Dr Carr. [59] Il a prononcé la variole, après quoi il y avait beaucoup d'alarme dans la cour. Peu de temps après le départ du Dr Carr, Eliza, Emmy, Harry et moi avons été mis dans un hack and conduits à l'hôpital, un grand bâtiment en marbre blanc, debout sur la périphérie de la ville. [60] Harry et moi avons été placés dans une chambre dans l'un des étages supérieurs. Je suis tombé très malade. Pendant trois jours, j'étais complètement aveuglé. En me couchant dans cet état un jour, Bob est entré, en disant au Dr Carr que Freeman l'avait envoyé pour trouver comment nous étions. Dites-lui, dit le docteur, ce Platt est très mauvais, que s'il survit jusqu'à neuf heures, il se peut qu'il récupère. [61]

Je m'attendais à mourir. Bien qu'il y ait peu dans la perspective devant moi qui valait la peine de vivre, l'approche près de la mort m'a consterné. Je pensais que j'aurais pu être résigné à céder ma vie dans le sein de ma famille, mais expirer parmi des étrangers, dans de telles circonstances, était une réflexion amère.

Il y avait un grand nombre de personnes à l'hôpital, des deux sexes et tous âges. À l'arrière du bâtiment, on fabriquait des cercueils. Quand on est mort, la cloche a sonné un signal à l'entrepreneur de pompes funèbres à venir et faire transporter le cadavre au champ du potier. Plusieurs fois, chaque jour et nuit, une cloche a sonné, envoyant sa voix mélancolique, annonçant un autre mort. Mais mon heure n'était pas encore venue. La crise passée, j'ai commencé à revivre, et au bout de deux semaines et deux jours, je suis revenu avec Harry à l'enclos, portant sur mon visage les effets de la maladie, qui à ce jour continuent à le défigurer. Eliza et Emily ont été également ramenées le lendemain dans un fiacre, [62] et nous avons été de nouveau paradés dans la salle des ventes, pour l'inspection et l'examen des acheteurs. Je me suis livré à l'espoir que le vieux monsieur à la recherche d'un cocher appellerait encore une fois, comme il l'avait promis, pour m'acheter. Dans ce cas, j'ai éprouvé une confiance respectueux que j'allais bientôt retrouver ma liberté. Client après client est entré, mais le vieux monsieur n'a jamais reparu.

Enfin, un jour, alors que nous étions dans la cour, Freeman est sorti et nous a ordonnés de prendre nos places, dans la grande salle. Un monsieur nous attendait quand nous sommes entrés, et dans la mesure où il sera souvent mentionné dans l'avancement de ce récit, une description de son apparence personnelle, et mon estimation de son caractère, à première vue, ne sont, peut-être pas, inopportunes.

C'était un homme d'une taille un peu plus grande qu'ordinaire, un peu courbé et penché vers l'avant. C'était un homme de bonne mine, et semblait d'être entre deux âges. Il n'y avait rien de répulsion en sa présence, mais d'une autre côté, il y avait quelque chose de gai et attrayant dans son visage et dans son ton de voix. Les éléments les plus fins étaient gentiment mêlés dans son sein, comme l'on pouvait voir. Il se déplaçait parmi nous, posant de nombreuses questions, à ce que nous pourrions faire, et à quel travail nous étions habitués, si nous pensions que nous voudrions vivre avec lui, et si nous serions de bons garçons s'il voulait nous acheter, et d'autres renseignements de nature comparable.

Après d'autres inspections et la conversation au sujet des prix, il a finalement offert à Freeman mille dollars pour moi, neuf cent pour Harry, et sept cent pour Eliza. Que la variole ait déprécié notre valeur, ou de quelle cause Freeman avait conclu à soustraire cinq cents dollars par rapport au prix que j'avais autrefois tenue, je ne peux pas dire. En tout cas, après un peu de réflexion très fine, il a annoncé son approbation de l'offre. [63]

Dès qu'Eliza l'a entendu, elle était dans une agonie de nouveau. A cette époque, elle était devenue hagard et avait les yeux creux de la maladie et de la douleur. Ce serait un soulagement si je pouvais toujours passer silencieusement de la scène qui s'est ensuivie maintenant. Il me rappelle des souvenirs plus bien tristes et touchants que n'importe quelle langue ne peut représenter. J'ai vu des mères embrasser pour la dernière fois le visage de leurs enfants morts, je les ai vues en regardant dans la tombe, quand la terre est tombé avec un bruit sourd sur leurs cercueils, les cachant de leurs yeux pour toujours; mais je n'ai jamais vu une telle exposition de douleur intense, démesurée, et sans limite, comme quand Eliza était séparée de son enfant. Elle a éclaté de sa place dans la ligne des femmes, et se précipitant vers l'endroit où Emily était debout, l'a attrapée dans ses bras. L'enfant, sensible d'un danger imminent, instinctivement a fixé ses mains autour du cou de sa mère, et a niché sa petite tête sur sa poitrine. Freeman lui a ordonné sévèrement de se taire, mais elle n'a pas tenu compte de lui. Il l'a prise par le bras et l'a entraînée brutalement, mais elle se collait plus proche de l'enfant. Puis, avec une volée de grands serments, il l'a frappée d'un coup si lâche, qu'elle a chancelé en arrière, et a failli tomber. Oh! Comme elle a supplié et a imploré et a prié piteusement pour qu'elles ne soient pas séparées. Pourquoi ne pourraient-elles pas être achetées ensemble? Pourquoi ne pas lui laisser un de ses chers enfants? «Pitié, pitié, maître,» a-t-elle crié en tombant à genoux. «S'il vous plaît, maître, achetez Emily. Je ne pourrai jamais travailler si elle est prise de moi: je vais mourir.»

Freeman est intervenu de nouveau, la regardant avec indifférence, mais elle a plaidé avec ferveur, en racontant comment Randall lui avait été pris—comme elle ne le reverrait jamais—et maintenant il était trop mauvais, oh, mon Dieu! Qu'il était trop mauvais, trop cruel, de l'emmener loin de Emily-sa gloire, sa chérie— qui ne pourrait pas vivre, elle était si jeune, sans sa mère!

Finalement, après beaucoup plus de supplication, l'acheteur d'Eliza s'est avancé, évidemment touché, et a dit à Freeman qu'il achèterait Emily, et lui a demandé son prix.

«Quel est son prix? L'achetez?» était la réponse de Theophilus Freeman. Et répondant à sa propre enquête, a-t-il ajouté, «Je ne vais pas la vendre. Elle n'est pas à vendre »[64].

L'homme a remarqué qu'il n'avait pas besoin d'une si jeune – qu'elle ne serait d'aucun profit pour lui, mais depuis que la mère l'aimait tant, au lieu de les voir séparées, il paierait un prix raisonnable. Mais à cette proposition humaine Freeman était entièrement sourd. Il ne voulait pas la vendre sous aucun prétexte quelconque. Il y avait des tas et des tas d'argent à faire d'elle, dit-il, quand elle aurait quelques années de plus. Il y avait suffisamment d'hommes de la Nouvelle-Orléans qui donneraient cinq mille dollars pour une telle beauté extraordinaire et fantastique comme Emily serait, au lieu de ne pas l'obtenir. Non, non, il ne voulait pas la vendre. Elle était une beauté—une photographie—une poupée—pas une de ces sangs réguliers, rien de lèvres épaisses, à la tête pointue, des nègres qui ne font rien que le récolte du coton, si elle l'était peut-il être damné.

Quand Eliza a entendu la détermination de Freeman de ne pas se défaire d'Emily, elle est devenue absolument frénétique.

«Je ne vais pas aller sans elle. Ils ne doivent pas me la prendre.» a-t-elle presque hurlé, ses cris confondant avec la voix forte et courroucée de Freeman, qui l'a ordonnée de se taire.

Pendant ce temps, Harry et moi étions dans la cour et sommes revenus avec nos couvertures, et étions à la porte prêt à partir. Notre acheteur se tenait près de nous, en regardant Eliza avec une expression indicative du regret de l'avoir achetée aux dépens de tant de chagrin. Nous avons attendu un certain temps, quand, enfin, Freeman, à bout de patience, a arraché Emily violemment de sa mère, les deux s'accrochant l'une à l'autre de toutes leurs forces.

«Ne me quitte pas, maman-ne me quitte pas», a crié l'enfant, comme sa mère a été poussée brutalement vers l'avant. «Ne me quitte pas—reviens, maman,» elle a pleuré encore, étendant ses petits bras suppliants.[65] Mais elle a pleuré en vain. Hors de la porte et dans la rue, on nous a rapidement dépêchés. Mais encore, nous pouvions entendre son appel à sa mère, «Reviens! Ne me quitte pas! Reviens, maman,» jusqu'à ce que sa voix d'enfant soit devenue de plus en plus faible, et peu à peu s'est éteinte, la distance étant intervenue, et finalement totalement perdue.

Eliza n'a jamais ni vu ni entendu parler d'Emily ni de Randall. Ni jour ni nuit, cependant, n'ont-ils jamais été absents de son mémoire. Aux champs de coton, dans la cabine, toujours et partout, elle parlait d'eux, souvent à eux, comme s'ils étaient réellement présents. Ce n'était que lorsque absorbée dans cette illusion, ou endormie, a-t-elle jamais eu du confort.

Elle n'était pas une simple esclave, comme cela a été dit. À une grande partie de l'intelligence naturelle qu'elle possédait, on a ajouté une connaissance générale et des informations sur la plupart des sujets. Elle a bénéficié d'occasions telles que celles dont bénéficient très peu de sa classe opprimée. Elle avait été élevée dans les régions d'une vie supérieure. La liberté—liberté pour elle et pour ses enfants, pendant de nombreuses années avait été son nuage de jour, sa colonne de feu la nuit. Pendant son pèlerinage à travers le désert de l'esclavage, les yeux fixés sur ce phare d'espoir inspirant, elle est enfin montée au «sommet du Pisga,» et a vu «la terre promise.» Dans un moment inattendu, elle était complètement accablée de déception et de désespoir. La vision glorieuse de la liberté a disparu de sa vue comme on l'a emmenée en captivité. Maintenant «elle pleure cruellement dans la nuit, et les larmes sont sur ses joues: tous ses amis auraient agi perfidement avec elle; ils sont devenus ses ennemis.»

Séparation d'Eliza de son dernier enfant

CHAPITRE VII.

LE BATEAU À VAPEUR *RODOLPH*—DÉPART DE LA NOUVELLE-ORLÉANS—WILLIAM FORD—ARRIVÉE À ALEXANDRIA, SUR LA RIVIÈRE ROUGE—RÉSOLUTIONS—LA PINÈDE—BÉTAIL SAUVAGE—RÉSIDENCE D'ÉTÉ DE MARTIN—THE TEXAS ROAD—ARRIVÉE CHEZ MASTER FORD—ROSE—MISTRESS FORD—SALLY, ET SES ENFANTS—JOHN, LE CUISINIER—WALTER, SAM, ET ANTOINE—LES MOULINS SUR INDIAN CREEK—JOURS DE SABBAT—CONVERSION DE SAM—LE PROFIT DE TENDRESSE—FLOTTAGE EN TRAIN—ADAM TAYDEM, LE PETIT BLANC—CASCALLA ET SA TRIBU—LE BALL INDIEN—JOHN M. TIBEATS—LA TEMPÊTE APPROCHE

En quittant l'enclos d'esclaves à la Nouvelle-Orléans, Harry et moi avons suivi notre nouveau maître dans les rues, tandis qu'Eliza, pleurant et tournant le dos, a été poussée par Freeman et ses subordonnés, jusqu'à ce que nous nous soyons retrouvés à bord du bateau à vapeur *Rodolph*, se trouvant à la digue.[66] Au cours d'une demi-heure nous nous dirigions vivement le long du Mississippi, dans la direction de la rivière Rouge. Il y avait un assez grand nombre d'esclaves à bord outre que nous, récemment achetés au marché de la Nouvelle Orléans. Je me souviens d'un monsieur Kelsow, dit d'être un planteur de vaste champs et bien connu, qui avait en charge une troupe de femmes [67]

Notre maitre s'appelait William Ford.[68] Il résidait dans «La Pinède», la grande bois de pins, dans la paroisse d'Avoyelles, situé sur la rive droite de la rivière Rouge, au cœur de la Louisiane.[69] Il est maintenant un pasteur baptiste. Dans toute la paroisse Avoyelles, et en particulier tout au long des deux rives du bayou Bœuf, où il est plus intimement connu, il est représenté par ses concitoyens comme un ministre d'une manière digne de Dieu. Dans beaucoup d'esprits du Nord, peut-être, l'idée d'un homme tenant ses confrères dans la servitude, et le trafic de chair humaine, peut sembler tout à fait incompatible avec leurs conceptions de la vie morale ou religieuse. De la description des hommes tels que Burch et Freeman, et d'autres mentionnés ci-après, ces gens du Nord sont amenés à mépriser et exécrer toute la classe des propriétaires d'esclaves, sans discernement. Mais j'étais son esclave, et avais l'occasion d'apprendre bien son caractère et sa disposition, et ce n'est que simple justice à lui quand e dis à mon avis, qu'il n'y a jamais eu un homme plus gentil, noble, et sincère, un homme plus chrétien que William Ford. Les influences et les associations qui l'avaient toujours entouré, l'ont aveuglé au mal inhérent au fond du système de l'esclavage. Il n'a jamais douté du droit moral d'un homme tenant un autre dans la soumission. En regardant à travers le même milieu avec ses pères avant lui, il a vu les choses sous le même angle. Élevé dans d'autres circonstances et d'autres influences, ses notions auraient sans doute été différentes. Néanmoins, c'était un maître modèle, qui marchait dans l'intégrité, conformément à la lumière de sa compréhension, et heureux était l'esclave qui est venu à sa possession. Si tous les hommes étaient tels que lui, l'esclavage serait privé de plus de la moitié de son amertume.

Nous étions deux jours et trois nuits à bord du bateau à vapeur *Rodolph*, période durant laquelle rien de particulièrement intéressant ne s'est produit. J'étais maintenant connue comme Platt—le nom que Burch m'a confié, et par lequel j'ai été désigné pendant l'ensemble de la période de ma servitude. Eliza a été vendue sous le nom de «Dradey.» Elle était tellement distinguée dans le transfert à Ford, maintenant au dossier dans le bureau de l'enregistreur d'hommes de la Nouvelle-Orléans.

Lors de notre passage j'ai constamment réfléchi à ma situation, et en consultant avec moi-même sur la meilleure voie à suivre afin d'effectuer l'ultime évasion. Parfois, non seulement à cette époque-là, mais ensuite, j'étais presque sur le point de révéler à Ford les faits de mon histoire. Je m'incline maintenant à l'avis qu'elle aurait abouti à mon avantage. Ce cours a été souvent considéré, mais par crainte de son insuccès, mis à exécution, jusqu'à ce que finalement mon transfert et ses embarras pécuniaires l'ont rendu évidemment dangereux. Ensuite, sous d'autres maîtres, tout à fait différents de William Ford, je connaissais assez bien la moindre connaissance de mon caractère réel me reléguerait dans les profondeurs les plus reculées de l'esclavage. J'étais trop valable un effet à perdre, et tout à fait conscient que je serais pris plus loin, dans un autre lieu, sur la frontière avec le Texas, peut-être, et vendu; que je serais éliminé comme le voleur dispose de son cheval volé, si mon droit à la liberté se murmurait. J'ai décidé donc de verrouiller jalousement le secret dans mon cœur—de ne jamais prononcer une parole ou une syllabe de qui ou de quoi j'étais—j'ai mis ma confiance en la Providence et dans ma propre astuce pour la délivrance.

Enfin, nous avons quitté le bateau à vapeur *Rodolph* à un endroit appelé Alexandria, à plusieurs centaines de miles de la Nouvelle Orléans.[70] C'est une petite ville sur la rive sud de la rivière Rouge. Après y être restés pendant la nuit, nous sommes entrés le matin dans le train de wagons, et bientôt sommes arrivés à bayou Lamourie, un endroit encore plus petit, à dix-huit miles d'Alexandria. [71] À cette époque, c'était la fin de la voie ferrée.[72] La plantation de Ford était située sur la Route du Texas, à douze miles de Lamourie, dans La Pinède.[73] Cette distance, on nous a annoncé, doit être parcourue à pied, qu'il n'y avait pas de moyens de transport public plus loin. En conséquence, nous sommes partis tous en compagnie de Ford. C'était une journée excessivement chaude. Harry, Eliza et moi étions encore sans force, et le fond de nos pieds était très tendre contre les effets de la variole. Nous avons procédé lentement, Ford nous disant de prendre notre temps et de nous asseoir et de nous reposer chaque fois que nous voulions—privilège dont nous avons profité assez fréquemment. Après avoir quitté Lamourie et avoir croisé deux autres plantations, l'un appartenant à un M. Carnell, l'autre à un certain M. Flint, [74] nous avons atteint La Pinède, un lieu désert qui s'étend à la rivière Sabine.

Le pays tout autour de la rivière Rouge est bas et marécageux.[75] La Pinède, comme on l'appelle, est formée relativement de hautes terres, avec de petits intervalles fréquents, cependant, les traversant. Ces hautes terres sont recouvertes de nombreux arbres,—le chêne blanc, le chincopin, qui ressemble le châtaignier—mais principalement le pin jaune. Ils sont de grande taille, mesurant soixante pieds de haut, et parfaitement droite. Les bois étaient pleins de bétail, très timide et sauvage, se précipitant loin de nous dans les troupeaux, proférant un lumignon fort à notre approche. Certains entre eux ont été marqués de fer chaud ou marqués d'une autre façon; les autres semblaient être dans leur état sauvage et indompté. Ils sont beaucoup plus petits que les races du Nord, et la particularité à leur sujet qui a attiré mon attention, c'est leurs cornes. Elles saillissent des côtés de la tête précisément droite, comme deux longues pointes de fer .[76]

A midi, nous sommes arrivés à un morceau de terrain défriché, contenant trois ou quatre arpents. C'était ici où se trouvaient une petite maison en bois, non peinte, une crèche de maïs, ou comme nous dirions une grange, et une cuisine en bûches, qui était à une distance d'une perche de la maison. C'était la résidence d'été de M. Martin.[77] Les planteurs riches, ayant de grands établissements sur le bayou Bœuf, sont habitués à passer la saison chaude dans ces bois. C'est ici qu'ils trouvent de l'eau claire et des ombres délicieuses. En fait, ces retraites sont pour les planteurs de cette partie du pays ce que sont Newport et Saratoga pour les habitants les plus riches des villes du nord.

Nous avons été envoyés dans la cuisine, et fournis avec des patates douces, du pain au maïs, et du bacon, tandis que le Maître Ford a dîné avec Martin dans la maison. Il y avait plusieurs esclaves sur les lieux. Martin est sorti et nous a jeté un coup d'œil, demandant à Ford le prix de chacun, si nous étions mains vertes et ainsi de suite et se renseignant par rapport au marché des esclaves en général.

Après un long repos, nous nous sommes mis en marche de nouveau, suivant la route du Texas, qui avait l'apparence d'être très rarement visitée. Pendant cinq miles nous sommes passés à travers les bois continus sans observer une seule habitation. Enfin, juste au moment du coucher du soleil, nous sommes entrés dans une autre éclaircie, contenant environ douze ou quinze arpents.

Dans cette éclaircie se trouvait une maison beaucoup plus grande que celle de M. Martin. C'était haut de deux étages, avec une piazza à l'avant. À l'arrière de celle-ci était également une cuisine en bois, un poulailler, des crèches de maïs, et plusieurs cabines pour les nègres. Près de la maison étaient un verger de pêchers et des jardins d'orangers et de grenadiers. L'espace a été entièrement entouré de bois et recouvert d'un tapis de verdure riche et luxuriant. C'était une espace solitaire et agréable—littéralement un lieu de verdure dans le désert. C'était la résidence de mon maître, William Ford.

Comme nous approchions, une fille jaune—elle s'appelait Rose—se tenait sur la piazza. Se rendant à la porte, elle a appelé sa maîtresse, qui, dans peu de temps, est sortie en courant pour rencontrer son Seigneur. Elle l'a embrassé, et en riant, lui a demandé s'il avait acheté «ces nègres.» Ford a dit oui, et nous a dit d'aller dans la cabine de Sally et de nous reposer. En tournant le coin de la maison, nous avons découvert Sally, occupée à se laver—ses deux tout-petits près d'elle, roulant sur l'herbe. Ils ont sauté et ont trottiné vers nous, nous ont regardés un moment comme une paire de lapins, puis ont couru vers leur mère comme s'ils avaient peur de nous.

Sally nous a conduits dans la cabine, nous a dit de laisser nos paquets et de nous asseoir, car elle était sûre que nous étions fatigués. En ce moment, John, le cuisinier, un garçon de quelques seize ans et plus noir que tout corbeau, est arrivé en courant, nous a regardés fixement au visage, puis se retournant, sans dire autant que «comment vous portez-vous» a couru de nouveau à la cuisine, riant aux éclats, comme si notre venue était une bonne blague en effet.

Bien fatigués de notre promenade, dès qu'il faisait noir, Harry et moi avons enveloppé nos couvertures autour de nous, et nous nous sommes reposés sur le plancher de la cabine. Mes pensées, comme d'habitude, divaguaient à ma femme et à mes enfants. La connaissance de ma situation réelle, le désespoir de tout effort pour m'échapper à travers les vastes forêts d'Avoyelles, ont pressé lourdement sur moi, mais mon cœur était chez moi à Saratoga.

J'ai été réveillé tôt le matin par la voix du Maître Ford, appelant Rose. Elle a couru dans la maison pour habiller les enfants; Sally aux champs pour traire les vaches, tandis que John était occupé à préparer le petit déjeuner dans la cuisine. En attendant, Harry et moi avons flâné dans la cour, tout en regardant nos nouveaux quartiers. Juste après le petit déjeuner, un homme de couleur, conduisant trois paires de bœufs, attachées à un wagon chargé de bois, a conduit dans l'ouverture. C'était un esclave de Ford, appelé Walton, le mari de Rose. Par ailleurs, Rose était originaire de Washington, et avait été amenée à partir de là, cinq ans auparavant. Elle n'avait jamais vu Eliza, mais elle avait entendu parler de Berry, et elles connaissaient les mêmes rues, connaissaient les mêmes personnes, soit personnellement, soit par réputation. Elles sont devenues de bonnes amies immédiatement, et ont beaucoup parlé ensemble des temps anciens, et des amis qu'elles avaient abandonnés.

Ford était un homme riche à cette époque. Outre que son siège dans la pinède, il possédait un grand établissement forestier sur Indian Creek, à quatre miles de distance, et également, dans le droit de son épouse, une vaste plantation et beaucoup d'esclaves sur bayou Bœuf.[78]

Walton était venu avec son chargement de bois des moulins sur Indian Creek. Ford nous a dit de retourner avec lui, disant qu'il allait nous suivre dès que possible. Avant de partir, la Maîtresse Ford m'a appelé dans l'office, et m'a remis, comme il y est appelé, un seau en étain rempli de mélasse pour Harry et pour moi.

Eliza tordait toujours ses mains et déplorait la perte de ses enfants. Ford a essayé autant que possible de la consoler—lui a dit qu'elle n'a pas dû travailler très dur, qu'elle pourrait rester avec Rose, et aider la patronne dans les affaires de la maison.

Montés dans le wagon avec Walton, Harry et moi avons assez bientôt fait connaissance de lui pas longtemps avant d'arriver à Indian Creek. Il était né en asservissement» à Ford, et a parlé avec bonté et tendresse de lui, comme un enfant parlerait de son propre père. En réponse à ses demandes d'où je suis, je lui ai dit de Washington. De cette ville, il avait entendu beaucoup de sa femme, Rose, et pendant tout le voyage m'a pressé de nombreuses questions extravagantes et absurdes.

En arrivant aux moulins à Indian Creek, nous avons trouvé deux autres des esclaves de Ford, Sam et Antony. Sam, aussi, était de Washington, étant amené ici avec la même bande que Rose. Il avait travaillé sur une ferme près de Georgetown. Antoine était forgeron, du Kentucky, qui avait été au service de son maître présent pendant une dizaine d'années. Sam connaissait Burch, et lorsqu'il a été informé qu'il était le trafiquant qui m'avait envoyé de Washington, il était remarquable de voir comme nous nous sommes très bien entendus sur le sujet de sa fourberie superlative. Il avait transmis Sam, aussi.

A l'arrivée de Ford aux moulins, nous étions employés à empiler le bois, et hacher les bûches, une besogne que nous avons continuée pendant le reste de l'été.

Nous avions l'habitude de passer nos sabbats à l'éclaircie, les jours où notre maître réunirait tous ses esclaves autour de lui, pour leur lire et expliquer les Écritures. Il a cherché à inculquer à nos esprits un sentiment de bonté les uns envers les autres, de la dépendance de Dieu, énonçant les récompenses promises à ceux qui mènent une vie droite et priante. Assis sur le seuil de sa maison, entouré de ses hommes-serviteurs et ses servantes, qui ont considéré sérieusement le visage de ce brave homme, il a parlé de la bonté du Créateur et de la vie qui est à venir. Souvent la voix de la prière est montée de ses lèvres vers le ciel, le seul bruit qui a brisé la solitude de l'endroit.

Au cours de l'été, Sam est devenu profondément convaincu, son esprit restant intensément sur le sujet de la religion. Sa maîtresse lui a donné une Bible, qu'il portait avec lui à son travail. Quel que soit le temps libre lui permis, il a passé, en lisant cela, si ce n'était qu'avec beaucoup de peine qu'il pouvait en maîtriser une partie. [79] Je lui lisais souvent, une faveur qu'il m'a remboursé par de nombreux témoignages de gratitude. La piété de Sam a été fréquemment observée par des hommes blancs qui sont venus au moulin, et la remarque la plus généralement provoquée était qu'un homme comme Ford, qui a permis à ses esclaves d'avoir des Bibles, n'était «pas jugé bon de posséder un nègre».

Lui, cependant, n'a rien perdu de sa gentillesse. C'est un fait que j'ai plus d'une fois observé que ceux qui ont traité leurs esclaves avec le plus d'indulgence, ont été récompensés par la plus grande quantité de travail. Je le sais par ma propre expérience. C'était une source de plaisir de surprendre le Maître Ford d'un travail plus grand d'une journée que ce qui était nécessaire ; alors que, sous des maîtres ultérieurs, il n'y avait pas d'inspiration à l'effort supplémentaire, sauf le fouet du contremaître.

C'était le désir de la voix approuvant de Ford qui m'a suggéré une idée qui a abouti à son profit. Le bois que nous produisions a été confié à être livré à Lamourie. Il avait été transporté par voie terrestre, et a été un élément important de la dépense. Indian Creek, sur laquelle se trouvaient les moulins, était un ruisseau étroit mais profond qui se déversait dans le bayou Bœuf. Dans certains endroits, il n'avait pas plus de douze pieds de large, et était beaucoup encombrée par des troncs d'arbres. Le bayou Bœuf était lié à bayou Lamourie. J'ai constaté que la distance entre les moulins au point sur ce bayou-ci, où notre bois devait être livré, était à quelques miles de moins par terre que par eau. Pourvu que le ruisseau puisse être rendu navigable pour les radeaux, il m'est apparu que les frais de transport seraient diminués considérablement.

Adam Taydem, un petit homme blanc, qui avait été soldat en Floride, et avait flâné dans cette région lointaine, était contremaître et surintendant des moulins. [80] Il a repoussé l'idée, mais Ford, lorsque je l'ai posée devant lui, l'a reçue favorablement, et m'a permis de tenter l'expérience.

Après avoir enlevé les obstacles, j'ai fait un radeau étroit, composé de douze crèches. Lors de cette entreprise, je pense que j'étais assez habile, n'ayant pas oublié mes expériences aux années avant sur le canal de Champlain. J'ai travaillé dur, étant extrêmement soucieux de réussir, à la fois d'un désir de faire plaisir à mon maître, et pour montrer à Adam Taydem que mon projet n'était pas si visionnaire comme il le prononçait sans cesse. Un homme peut gérer trois crèches. Je me suis chargé des trois en avant, et ai commencé à les faire avancer en aval du ruisseau au moyen d'une perche. En temps opportun nous sommes entrés dans le premier bayou, et enfin sommes arrivés à notre destination en moins de temps de que je n'avais prévu.

L'arrivée du radeau à Lamourie a créé une sensation, tandis que M. Ford m'a chargé de louanges.[81] De tous côtés, j'ai entendu que le Platt de Ford a été prononcé le "le nègre le plus intelligent de la pinède", en fait j'étais le Fulton d'Indian Creek. Je n'étais pas insensible à la louange m'accordée, et j'ai apprécié, en particulier, mon triomphe sur Taydem, dont le ridicule à demi malveillant avait piqué ma fierté. A partir de ce moment le contrôle entier de mettre le bois à Lamourie a été placé dans mes mains jusqu'à ce que le contrat a été remplie.

Indian Creek, dans toute sa longueur, traverse une magnifique forêt. Il y habite sur la rive une tribu d'Indiens, un vestige des Chicachas ou Chickopees, si je me souviens bien.[82] Ils vivent dans ces huttes simples, de dix ou douze pieds carrés, construits en perches de pin et recouverts d'écorce. Ils subsistent principalement sur la chair du cerf, du raton laveur, et de l'opossum, qui sont abondants dans ces bois. Parfois, ils échangent de la venaison pour un peu de maïs et de whisky des planteurs sur les bayous. Leur habillement habituel est une culotte de daim et une chemise de chasse en calicot de couleurs fantastiques, boutonnée de la ceinture au menton. Ils portent des anneaux en laiton sur leurs poignets, et dans leurs nez et aux oreilles. Le costume des squaws est pareil. Ils sont friands de chiens et de chevaux—possédant beaucoup de ce dernier, d'une petite race dure, et sont des cavaliers habiles. Leurs brides, leurs sangles et leurs selles sont faites de peaux brutes d'animaux, leurs étriers d'un certain type de bois. Montés à califourchon sur leurs poneys, les hommes et les femmes, je les ai vus se jeter dans les bois à toute vitesse, suivant des trajectoires sinueuses et étroites, et en esquivant les arbres, d'une manière qui a éclipsé les exploits les plus miraculeuses de l'équitation civilisée. S'éloignant dans de différentes directions, la forêt faisant écho de leurs huées, ils reviendraient présentement à la même vitesse fougueuse et impétueuse avec laquelle ils ont commencé. Leur village était sur Indian Creek, connu comme le château Indien, mais leur portée s'étendait jusqu'à la rivière Sabine. Parfois, une tribu du Texas viendrait en visite, et puis il y aurait en effet un carnaval dans la pinède. Le chef de la tribu était Cascalla; en second, John Baltese, son beau-fils, dont, comme avec beaucoup d'autres de la tribu, j'ai fait la connaissance au cours de mes fréquents voyages sur le ruisseau en radeau. Sam et moi leur rendions souvent visite quand la tâche du jour a été accomplie. Ils obéissaient au chef—la parole de Cascalla, c'était leur loi. Ils étaient un peuple grossier mais inoffensif, et ont apprécié leur mode de vie sauvage. Ils avaient peu de fantaisie pour la campagne ouverte, les terres défrichées sur les rives des bayous, mais ont préféré se cacher dans les ombres de la forêt. Ils adoraient le Grand Esprit, aimaient le whisky, et étaient heureux.

Une fois, j'ai assisté à un bal, quand un troupeau itinérant du Texas avait campé dans leur village. Ils ont fait rôtir la carcasse entière d'un cerf devant un grand feu, qui a jeté sa lumière sur une longue distance entre les arbres sous lesquels ils se sont assemblés. Quand ils s'étaient formés dans un cercle, les hommes et les femmes alternativement, une sorte de violon indien a commencé un air indicible. C'était un son ondulant, continu et triste, sans la moindre variation. A la première note, si effectivement il y avait plus d'une note dans l'ensemble du morceau, ils tournaient autour, au trot l'un après l'autre, donnant expression à un chant monotone et rauque, tout aussi indéfinissable que la musique du violon. A la fin du troisième circuit, ils cessaient subitement, s'éclataient comme si leurs poumons se fissuraient, puis se brisaient du cercle, formant des couples, l'homme et la femme, chacun sautant en arrière aussi loin que possible de l'autre, puis vers l'avant—quel exploit gracieux ayant été accompli deux ou trois fois, ils reformaient dans un cercle, et tournoyaient encore en rond. Le meilleur danseur semblait être considéré celui qui pourrait huer le plus fort, sauter le plus loin, et prononcer le bruit le plus atroce. Par intervalles, un ou plusieurs quittaient le cercle de la danse, et allant au feu, pour couper un morceau de venaison de la carcasse rôtissant.

Dans un trou, en forme de mortier, taillé dans le tronc d'un arbre tombé, ils ont pilonné le maïs avec un pilon en bois, et de la farine ont fait du gâteau. Tour à tour, ils ont dansé et mangé. Ainsi étaient les visiteurs du Texas divertis par les fils et les filles noirâtres des Chicopées, et telle est la description, comme je l'ai vu, d'un bal indien dans la pinède d'Avoyelles.[83]

En automne, j'ai quitté les moulins, et travaillais à l'éclaircie. Un jour, la maîtresse a exhorté Ford de se procurer un métier à tisser, afin que Sally puisse commencer le tissage pour les vêtements d'hiver pour les esclaves. Il ne pouvait pas imaginer où l'on devait être trouvé, lorsque j'ai suggéré que la meilleure façon d'en obtenir un serait de le fabriquer, l'informant en même temps, que j'étais une sorte de «maitre Jacques» (de tout métier), et le tenterais, avec sa permission. Cela a été accordé très facilement, et j'ai été autorisé à aller chez un planteur voisin pour en inspecter un avant de commencer l'entreprise. Enfin, je l'ai terminé et Sally a prononcé qu'il était parfait. Elle pourrait facilement tisser sa tâche quotidienne de quatorze mètres, traire les vaches, et avoir du temps de loisirs en plus chaque jour. Il a tellement bien fonctionné, que j'ai été demandé de continuer dans l'emploi de fabriquer des métiers à tisser qui ont été emmenés jusqu'à la plantation sur le bayou.

C'était à cette époque qu'un certain John M. Tibeats, un charpentier, est venu à l'éclaircie pour effectuer un certain travail sur la maison du maître. On m'a dit d'abandonner les métiers à tisser et de l'aider. Pendant deux semaines, j'étais en sa compagnie, faisant le rabotage et bouvetant les planches correspondantes pour le plafond, une salle plâtrée étant une chose rare dans la paroisse d'Avoyelles.

John M. Tibeats était à l'opposé de Ford à tous égards. Il était un petit homme, bourru, colérique et rancunier.[84] Il n'avait pas de domicile fixe dont j'ai jamais entendu parler, mais est passé d'une plantation à l'autre, partout où il pouvait trouver un emploi. Il était sans place dans la communauté, et non estimé par des hommes blancs, ni même respecté par les esclaves. Il était ignorant, en outre, et était d'un caractère vindicatif. Il a quitté la paroisse longtemps avant que je l'ai fait, et je ne sais pas s'il est actuellement vivant ou mort. Certainement, c'était un jour malchanceux pour moi qui nous a réunis. Pendant mon séjour avec Maître Ford je n'avais vu que le côté lumineux de l'esclavage. La sienne n'était pas la main lourde qui nous a écrasés. Il a indiqué vers le haut, et avec des mots bienveillants et des acclamations adressé à nous comme ses compagnons mortels, responsables, comme lui, au Créateur de nous tous. Je pense à lui avec affection, et si ma famille avait été avec moi, j'aurais pu porter sa servitude douce, sans murmurer, tous mes jours. Mais les nuages s'amoncelaient à l'horizon—précurseurs de l'orage impitoyable qui ne tardait pas à se briser sur moi. J'étais condamné à endurer de telles épreuves amères que seul le pauvre esclave connait, et de ne plus mener la vie relativement heureuse que j'avais menée dans «da Pinède».

CHAPITRE VIII.

LES EMBARRAS DE FORD—LA VENTE À TIBEATS—HYPOTHÈQUE
MOBILIÈRE—LA PLANTATION DE LA MAÎTRESSE FORD AU
BAYOU BOEUF—DESCRIPTION DE CELUI-LÀ—PETER TANNER,
BEAU-FRÈRE DE FORD—RENCONTRE AVEC ELIZA—ELLE
PLEURE ENCORE POUR SES ENFANTS—CHAPIN, SURVEILLANT
DE FORD – ABUS PAR TIBEATS—LE TONNELET DE CLOUS—LA
PREMIÈRE LUTTE AVEC TIBEATS—SA DÉCONVENUE ET
CHÂTIMENT—LA TENTATIVE DE ME PENDRE—
L'INTERVENTION DE CHAPIN ET SA PROCLAMATION—
RÉFLEXIONS MALHEUREUSES—DÉPART BRUSQUE DE TIBEATS,
COOK ET RAMSEY—LAWSON ET LE MULE BRUN – MESSAGE À LA
PINEDE.

Malheureusement, William Ford est devenu gêné dans ses affaires
pécuniaires. Un jugement lourd a été rendu contre lui en raison d'être
devenu sa garantie pour son frère, Franklin Ford, résidant sur la
rivière Rouge, au nord d'Alexandrie, et qui avait manqué à ses
dettes.[85] Il était aussi redevable à John M. Tibeats d'un montant
considérable en considération de ses services dans la construction des
moulins sur Indian Creek, et aussi une maison, un moulin à maïs et
d'autres constructions sur la plantation sur le bayou Bœuf, qui
n'étaient pas encore terminées. Il était donc nécessaire, afin de
répondre à ces exigences, de disposer de dix-huit esclaves, y compris
moi. Dix-sept entre eux, y comprenant Sam et Harry, ont été achetés
par Peter Compton, un planteur résidant également sur la rivière
Rouge.[86]

J'ai été vendu à Tibeats en conséquence, sans doute de mon
habileté légère comme charpentier. C'était pendant l'hiver 1842.
L'acte de ma vente de Freeman à Ford, comme je l'ai constaté dans
les dossiers publics de la Nouvelle-Orléans à mon retour, est daté le
23 juin 1841. Au moment de ma vente à Tibeats le prix convenu à
donner pour moi étant plus que la dette, Ford a pris une hypothèque
mobilière de quatre cents dollars.[87] Je suis redevable de ma vie,
comme on peut le voir ci-après à cette hypothèque.

J'ai dit adieu à mes bons amis à l'éclaircie, et je suis parti avec mon nouveau maitre Tibeats. Nous sommes allés à la plantation sur le bayou Bœuf, éloignée à vingt-sept -miles de la pinède, pour exécuter le contrat inachevé. Le bayou Bœuf est un courant lent et sinueux—une de ces eaux stagnantes communes dans cette région, reculant de la rivière Rouge.[88] Il s'étend d'un point non loin d'Alexandria, dans une direction sud-est, et suivant son cours tortueux, à plus de cinquante miles de longueur. De grandes plantations de coton et de sucre bordent chaque rive, remontant jusqu'aux frontières des marécages interminables. Il est vivant d'alligators, le rendant dangereux pour les porcs, ou pour les enfants esclaves de se promener le long de ses rives sans y penser. Après un virage dans ce bayou, à une courte distance de Cheneyville, était située la plantation de Madame Ford dont le frère, Peter Tanner, un grand propriétaire foncier, vivait en face.[89]

A mon arrivée au bayou Bœuf, j'ai eu le plaisir de rencontrer Eliza, que je n'avais pas vue depuis plusieurs mois. Elle n'avait pas satisfait Mme Ford, étant plus occupée à ruminer sur ses chagrins que de s'appliquer à son entreprise, et avait, en conséquence, été envoyée à travailler dans les champs de la plantation. Elle était devenue faible et émaciée, et avait toujours le deuil de ses enfants. Elle m'a demandé si je les avais oubliés, et un grand nombre de fois m'a demandé si je me souvenais encore de la beauté de la petite Emily—comme Randall l'aimait—et se demandait s'ils vivaient encore, et où les chouchous pourraient alors être. Elle avait succombé sous le poids d'une douleur excessive. Sa forme abattue et ses joues creuses ont indiqué trop clairement qu'elle avait bien presqu'atteint la fin de sa route fatigante.

Le contremaître de Ford sur cette plantation, et qui avaient la responsabilité exclusive de celle-ci, était un M. Chapin, un homme bienveillant, et originaire de Pennsylvania.[90] En commun avec d'autres, il n'avait que la moindre estimation de Tibeats, ce qui était, en conjonction avec l'hypothèque de quatre cents dollars, heureux pour moi.

J'étais maintenant obligé de travailler très dur. De l'aube le plus tôt jusqu'à une heure avancée, je n'avais pas le droit d'avoir un moment d'inactivité. Malgré tout cela, Tibeats n'était jamais satisfait. Il a maudit continuellement et s'est plaint. Il ne m'a jamais proféré un mot gentil. J'étais son fidèle esclave, et lui ai gagné de grands salaires tous les jours, et pourtant je suis allé dans ma cabine tous les soirs, chargé de violence et d'insultes cuisantes.

Nous avions terminé le moulin à maïs, la cuisine, et ainsi de suite, et étions en train de travailler sur la maison à tisser, quand j'étais coupable d'un acte, dans cet État punissable de mort. C'était mon premier combat avec Tibeats. La maison à tisser que nous érigions se tenait dans le verger à quelques verges de la résidence de Chapin, ou la «grande maison», comme on l'appelait.[91] Une nuit, après avoir travaillé jusqu'à ce qu'il faisait trop sombre pour voir, j'ai été ordonné par Tibeats à me lever très tôt le matin, pour lui procurer un baril de clous de Chapin, et pour commencer la mise des bardeaux. Je me suis retiré dans la cabine extrêmement fatigué, et après avoir fait cuire un repas de bacon et de gâteau de maïs, et conversé un certain temps avec Eliza, qui occupait la même cabine, (comme aussi Lawson et son épouse Marie, et un esclave nommé Bristol), je me suis couché au plancher, rêvant peu aux souffrances qui m'attendraient le lendemain. Avant le jour, j'étais sur la piazza de la «grande maison», en attendant venir le contremaître Chapin.[92] Pour l'avoir éveillé de son sommeil et déclarer ma commission, aurait été une audace impardonnable. Enfin, il est sorti. Prenant mon chapeau, je l'ai informé que le Maître Tibeats m'avait dirigé de faire appel à lui pour un baril de clous. Entrant dans le cellier, il en a sorti un, disant, en même temps que, si Tibeats préférait une taille différente, il s'efforcerait d'en fournir, mais que je pourrais utiliser ceux qu'il m'avait donnés jusqu'à ce que j'aie reçu de nouveaux ordres. Puis montant à cheval, qui était sellé et bridé à la porte, il est parti dans le champ, où les esclaves l'avaient précédé, tandis que j'ai pris le baril sur mon épaule, et ai procédé à la maison à tisser. J'ai brisé le fond du baril, et j'ai commencé à clouer les bardeaux.

Comme le jour commençait à ouvrir, Tibeats est sorti de la maison où j'étais, en plein travail. Il semblait être ce matin encore plus morose et désagréable que d'habitude. Il était mon maître, ayant légalement droit à ma chair et à mon sang, et d'exercer sur moi un tel contrôle tyrannique que sa nature cruelle a inspiré, mais il n'y avait pas de loi qui pourrait m'empêcher de le regarder avec un mépris intense. Je détestais à la fois son caractère et son intelligence. Je venais d'approcher le baril pour une nouvelle fourniture de clous, comme il a atteint la maison à tisser.

«Je pensais que je t'ai dit de commencer à mettre sur bardeaux ce matin,» a-t-il fait remarquer.

«Oui, mon maître, et je suis en train de le faire», ai-je répondu.

«Où?» a-t-il demandé.

« De l'autre côté,» a été ma réponse.

Il a fait le tour de l'autre côté, a examiné mon travail pendant un certain temps, en murmurant d'un ton critique.

«Ne t'ai-je pas dit hier soir d'obtenir un baril de clous de Chapin?» a-t-il éclaté de nouveau.

«Oui, mon maître, et je l'ai fait, et le contremaître a dit qu'il allait obtenir un autre taille pour vous, si vous le vouliez, quand il est rentré des champs.»

Tibeats s'est dirigé vers le baril, a regardé un instant le contenu, puis y a donné un violent coup de pied. M'approchant dans une grande passion, il s'écria: «Sacré ! Je croyais que tu savais quelque chose.»

Je lui ai répondu: «J'ai essayé de faire ce que vous m'avez dit, maître. Je ne voulais pas quelque chose de mal. Le contremaitre a dit…» Mais il m'a interrompu avec un tel flot d'injures que je n'ai pas pu finir la phrase. Enfin, il a couru vers la maison, et en allant à la piazza, a décroché un des fouets du contremaître. Le fouet avait un manche en bois court, tressé de cuir, et était chargé à la crosse. Le fouet avait trois pieds de long, ou à peu près, et était fait de brins en cuir vert.

Au début, j'étais un peu effrayé, et mon coup de tête était de courir. Il n'y avait personne sauf Rachel, la cuisinière, et la femme de Chapin, et aucune d'elles n'étaient en vue. Les autres étaient aux champs. Je savais qu'il voulait me fouetter, et c'était la première fois que quelqu'un avait essayé de le faire depuis mon arrivée à Avoyelles. Je me suis senti, en outre, que j'avais été fidèle, que je n'étais pas coupable d'aucun mal que ce soit, et que je méritais des éloges plutôt que la punition. Ma peur a changé en colère, et c'était avant qu'il ne me soit parvenu que j'avais bien pris ma décision de ne pas être fouetté, que le résultat soit la vie ou la mort.

Roulant la mèche autour de sa main, et s'emparant de la petite extrémité du manche, il s'est approché de moi, et d'un regard malin, m'a ordonné de me déshabiller.

«Maître Tibeats,» ai-je dit, le regardant hardiment au visage, «je ne vais pas.» J'étais sur le point de dire quelque chose de plus comme justification, mais avec une vengeance concentrée, il s'est jeté sur moi, me saisissant par la gorge d'une seule main, soulevant le fouet de l'autre, dans l'acte de frapper. Avant que le coup ne soit descendu, cependant, je l'avais attrapé par le col du manteau, et l'ai tiré près de moi. Étendant ma main, je l'ai saisi par la cheville, et le repoussant avec l'autre main, il est tombé par terre. Mettant un bras autour de sa jambe, et en la tenant sur ma poitrine, de sorte que sa tête et ses épaules ne touchaient que le sol, j'ai mis mon pied sur son cou. Il était complètement en mon pouvoir. Mon sang a monté. Il semblait courir dans mes veines comme le feu. Dans la frénésie de ma folie, j'ai arraché le fouet de sa main. Il a lutté de toutes ses forces; il a juré que je ne devrais pas vivre pour voir un autre jour, et qu'il allait m'arracher le cœur. Mais ses luttes et ses menaces étaient toutes en vain. Je ne peux pas dire combien de fois je l'ai frappé. Coup après coup est tombé rapidement et lourdement sur sa forme frétillante. Enfin, il a hurlé—il s'est écrié « à l'assassin»—et enfin le tyran blasphématoire a appelé la miséricorde de Dieu. Mais celui qui n'avait jamais montré la miséricorde ne l'a pas reçue. Le manche raide de fouet a dévié autour de son corps craintif jusqu'à ce que mon bras droit me fasse mal.

Jusqu'à cette époque, j'avais été trop occupé pour regarder autour de moi. Cessant pendant un moment, j'ai vu Mme Chapin regarder par la fenêtre, et Rachel debout dans la porte de la cuisine. Leurs attitudes ont exprimé la plus grande excitation et alarme. Ses cris avaient été entendus dans le champ. Chapin venait à toute vitesse. Je l'ai frappé d'un ou deux coups de plus, puis l'ai repoussé de moi avec un coup si bien dirigé qu'il a roulé sur le sol.

Se relevant sur ses pieds, et se brossant la crotte de ses cheveux, il se tenait devant moi, pâle de rage. Nous nous sommes regardés l'un l'autre en silence. Pas une parole n'était prononcée jusqu'à ce que Chapin ait galopé jusqu'à nous.

«Quel est le problème?» a-t-il crié.

«Maître Tibeats veut me fouetter pour avoir utilisé les clous que vous m'avez donnés,» lui ai-je répondu.

«Quel est le problème avec les clous?"» m'a-t-il demandé, se tournant vers Tibeats.

Tibeats a répondu à l'effet qu'ils étaient trop grands, en accordant peu d'attention, cependant, à la question de Chapin, tout en gardant ses yeux rusés fixés malicieusement sur moi.

«Je suis le contremaître ici,» a commencé Chapin. «J'ai dit à Platt de les prendre et de les utiliser, et s'ils n'étaient pas d'une taille appropriée j'en obtiendrais d'autres en revenant du champ. Ce n'est pas sa faute. D'ailleurs, je vais fournir de tels clous comme je veux. J'espère que vous comprendrez cela M. Tibeats.»

Tibeats ne lui a pas répondu, mais en grinçant les dents et en me montrant le poing, jura qu'il aurait satisfaction, et que ce n'était pas à moitié terminée. Là-dessus, il est parti, suivi par le contremaître, et est entré dans la maison, celui-ci lui parlant tout le temps à voix basse, et avec des gestes sérieux.

Je suis resté là où j'étais, doutant que si c'était mieux de m'envoler ou de respecter le résultat, quel qu'il soit. Présentement Tibeats est sorti de la maison, et, sellant son cheval, la seule propriété qu'il possédait en outre que moi, est parti sur la route de Cheneyville.

Quand il était parti, Chapin est sorti, visiblement excité, en me disant de ne pas bouger, ne pas tenter de quitter la plantation sous aucun prétexte que ce soit. Il s'est ensuite rendu à la cuisine, et appelant à Rachel, conversait avec elle quelque temps. A son retour, il m'a encore chargé avec une grande ferveur de ne pas courir, disant que mon maître était vil, qu'il était parti sur aucune bonne commission, et qu'il pourrait y avoir des problèmes avant la nuit. Mais en tout cas, et il a insisté fermement que je ne devais pas bouger.

Comme je me tenais là, les sentiments d'angoisse indicible m'ont accablé. J'étais conscient que je m'étais soumis à une peine inimaginable. La réaction qui a suivi mon extrême ébullition de colère a produit les sensations les plus douloureuses de regret. Un esclave, impuissant et sans amis—qu'est-ce que je pourrais faire, que pourrais-je dire, pour justifier, de la manière la plus vague, l'acte odieux que j'avais commis, de ressentir le mépris et l'abus d'un homme blanc .[93] J'ai essayé de prier, j'ai essayé de supplier mon Père divin de me soutenir dans mon comble cruel, mais l'émotion a étranglé mes paroles, et je ne pouvais que m'incliner la tête sur les mains et pleurer. Pendant au moins une heure je suis resté dans cette situation, trouvant de soulagement seulement en larmes, lorsque, levant les yeux, j'ai aperçu Tibeats, accompagné de deux cavaliers, descendant le bayou. Ils sont entrés dans la cour, ont sauté de leurs chevaux, et m'ont approché avec de grands fouets, l'un d'eux portant également un rouleau de corde.

«Crois les mains», a commandé Tibeats, avec l'ajout d'une telle expression frissonnant de blasphème qui n'est pas convenable de répéter.

« Vous n'avez pas besoin de me lier, Maître Tibeats, je suis prêt à aller avec vous n'importe où,» ai-je déclaré.

Un de ses compagnons s'est avancé donc, jurant que si je faisais la moindre résistance, il me briserait la tête—qu'il allait me déchirer membre du membre—qu'il me couperait la gorge noire—et menaçant avec d'autres expressions comparables. Percevant toute importunité comme tout à fait vain, j'ai croisé les mains, en soumettant humblement à n'importe quelle disposition ils choisiraient de faire de moi. Puis Tibeats m'a attaché les poignets, en tirant la corde autour d'eux avec sa plus grande force. Alors il a lié mes chevilles de la même manière. En attendant, les deux autres avaient glissé une corde autour de mes coudes, traversant mon dos, et l'attachant fermement. Il était tout à fait impossible de bouger la main ou le pied. Avec le morceau de corde qui restait, Tibeats a fait un lacet maladroit, et l'a placé autour de mon cou.

«Maintenant,» a demandé l'un des compagnons de Tibeats, «où allons-nous accrocher le nègre?»

On a proposé une grosse branche, s'étendant du corps d'un pêcher, près de l'endroit où nous nous trouvions. Son camarade y a différé, alléguant qu'elle allait se briser, et a proposé une autre. Enfin ils ont décidé sur celle-ci.

Au cours de cette conversation, et tout le temps qu'ils me liaient, je n'ai prononcé aucune parole. Le contremaitre Chapin, pendant le déroulement de la scène, se promenait hâtivement de long en large sur la piazza. Rachel pleurait près de la porte de la cuisine, et Mme Chapin regardait toujours par la fenêtre. L'espoir est mort dans mon cœur. Sûrement mon heure était venue. Je n'aurais jamais plus pu contempler la lumière d'un autre jour ni regarder les visages de mes enfants—la douce espérance que j'avais entretenue avec une telle tendresse. Je devrais lutter pendant cette heure contre des agonies effrayantes de la mort! Personne ne pleurerait pour moi—personne ne me vengerait. Bientôt mon corps tomberait en poussière dans ce sol lointain, ou, peut-être, serait jeté aux reptiles gluants qui remplissaient les eaux stagnantes du bayou! Les larmes coulaient sur mes joues, mais elles n'ont accordé qu'un sujet de commentaires insultants à mes bourreaux.

Enfin, comme ils me traînaient vers l'arbre, Chapin, qui avait momentanément disparu de la place, est sorti de la maison et s'est dirigé vers nous. Il tenait un pistolet dans chaque main, et aussi bien que je peux maintenant rappeler à l'esprit, a parlé dans une manière ferme et déterminée, comme suit:

«Messieurs, j'ai quelques mots à dire. Vous devriez les écouter. Celui qui déplace cet esclave un autre pied de l'endroit où il se trouve est un homme mort. En premier lieu, il ne mérite pas ce traitement. C'est une honte de le tuer de cette manière. Je n'ai jamais connu un garçon plus fidèle que Platt. Vous, Tibeats, êtes vous-même en défaut. Vous êtes quasiment un scélérat, et je le sais, et vous méritez bien la flagellation que vous avez reçue. En second lieu, je suis contremaître de cette plantation depuis sept ans, et, en l'absence de William Ford, je suis maître ici. Mon devoir est de protéger ses intérêts, et c'est ce devoir que je dois effectuer. Vous n'êtes pas responsable—vous êtes vaurien. Ford détient une hypothèque sur Platt de quatre cents dollars. Si vous le pendez, il perd sa dette. Tant que cela n'est pas annulé, vous n'avez pas le droit de prendre sa vie. Vous n'avez pas le droit de la prendre quoi que ce soit. Il y a une loi pour l'esclave, ainsi que pour l'homme blanc. Vous n'êtes pas mieux qu'un meurtrier.

«Quant à vous,» s'adressant à Cook et à Ramsay, des surveillants des plantations voisines , «quant à vous—-Allez-vous-en!! Si vous avez aucune considération pour votre propre sécurité, je dis, allez-vous-en!»[94]

Cook et Ramsay, sans mot de plus, sont montés à cheval et se sont éloignés. Tibeats, en quelques minutes, est monté à cheval et a suivi ses compagnons, évidemment par crainte; et étant intimidé par le ton décidé de Chapin, est sorti furtivement comme le lâche qu'il était. Je suis resté debout là où j'étais, toujours lié avec la corde autour de mon cou. Dès qu'ils étaient partis, Chapin a appelé Rachel, l'ordonnant de courir aux champs, et de dire à Lawson de se dépêcher à la maison sans tarder, et de ramener le mulet brun avec lui, un animal très prisé pour sa vitesse insolite. Bientôt, le garçon est apparu.

« Lawson», a déclaré Chapin, « tu dois aller dans la pinède. Dis à ton maître Ford de venir ici à la fois, qu'il ne doit pas tarder un seul instant. Dis-lui qu'ils essaient de tuer Platt. Maintenant dépêche-toi, garçon. Sois dans la pinède avant midi, même si tu tues le mulet !»

Chapin est entré dans la maison et a écrit une passe. Quand il y est revenu, Lawson était à la porte, monté sur sa mule. Recevant la passe, il a exercé le fouet vivement sur la bête, s'est précipité hors de la cour, et montant le bayou sur grand galop, en moins de temps qu'il m'a fallu pour décrire la scène, était hors de vue.[95]

Chapin sauve Solomon d'être pendu

CHAPITRE IX.

LE CHAUD SOLEIL—ENCORE LIÉ—LES CORDONS S'ENFONCE
DANS MA CHAIR—SPÉCULATION—RACHEL ET SA TASSE D'EAU- -
LA SOUFFRANCE AUGMENTE—LE BONHEUR DE L'ESCLAVAGE—
L'ARRIVÉE DE FORD—IL COUPE LES CORDES QUI ME LIENT, ET
PREND LA CORDE DE MON COU—MISÈRE—LE RASSEMBLEMENT
DES ESCLAVES DANS LA CABINE D'ELIZA—LEUR GENTILLESSE—
RACHEL RACONTE LES OCCURRENCES DE CE JOUR-LÀ—LAWSON
RÉGALE SES COMPAGNONS D'UN RÉCIT DE SA COURSE—
APPRÉHENSIONS DE CHAPIN VIS À VIS TIBEATS—EMBAUCHÉ À
PETER TANNER—PETER EXPLIQUE L' ÉCRITURE SAINTE—
DESCRIPTION DES CHANTIERS

Comme le soleil approchait du méridien ce jour-là, il est devenu
insupportablement chaud. Ses rayons chauds ont brûlé le sol. La terre
a failli bruler les pieds de celui qui s'y tenait. J'étais sans manteau ou
chapeau, debout, tête nue, exposé à son éclat brûlant. De grosses
gouttes de sueur coulaient sur mon visage, inondant les vêtements
maigres avec lesquels j'étais habillé. Au-delà de la clôture, un peu plus
loin, les pêchers jetaient leurs ombres frais et délicieux sur l'herbe.
J'aurais donné volontiers une longue année de service pour avoir être
permis d'échanger le four encore chaud, pour ainsi dire, où je me
trouvais, pour un siège sous leurs branches. Mais j'étais encore lié, la
corde pendait encore de mon cou, et debout dans le même endroit
où Tibeats et ses camarades m'ont laissé. Je ne pouvais pas bouger
d'un pouce, si bien j'avais été lié. Avoir été permis de me pencher
contre la maison à tisser aurait été un luxe en effet. Mais c'était bien
au-delà de ma portée, bien éloignée de moins de vingt pieds. Je
voulais m'allonger, mais je savais que je ne pouvais pas remonter. Le
sol était si sec et chaud à bouillir, je savais qu'il ajouterait simplement
à l'inconfort de ma situation. Si j'avais pu seulement me déplacer un
très petit peu, mais légèrement, il aurait été un soulagement indicible.
Mais les rayons chauds d'un soleil méridional, battant tout le jour
d'été sur ma tête nue, n'ont pas produit la moitié de la souffrance que
j'ai vécue de mes douleurs dans mes extrémités. Mes poignets et mes

chevilles, et les cordons de mes jambes et de mes bras ont commencé à gonfler, y ensevelant la corde qui les liait dans la chair gonflée.

Toute la journée Chapin allait et venait sur le perron, mais pas une seule fois ne s'est approché de moi. Il semblait être dans un état de grande inquiétude, en regardant d'abord vers moi, et puis vers la route, comme s'il attendait quelque arrivée à chaque moment. Il n'est pas allé dans les champs, comme d'habitude. Il était évident de sa manière qu'il supposait que Tibeats reviendrait avec davantage d'assistance et mieux armé, peut-être, pour renouveler la querelle, et il était également évident qu'il avait préparé son esprit à défendre ma vie à n'importe quel danger. Pourquoi il ne m'a pas dégagé—pourquoi il m'a fait souffrir de rester à l'agonie toute la journée fatigante, je ne savais pas. Ce n'était pas par manque de sympathie, j'en suis certain. Peut-être qu'il voulait que Ford voie la corde autour de mon cou, et la manière brutale avec laquelle j'avais été lié; peut-être son ingérence dans la propriété d'une autre dans laquelle il n'avait aucun intérêt juridique pourrait avoir été une transgression, qui l'aurait soumis à la peine de la loi. Un autre mystère que je n'ai jamais pu deviner était pourquoi Tibeats s'est absenté toute la journée. Il savait très bien que Chapin ne lui ferait pas de mal, sauf qu'il s'obstinait dans son dessein contre moi. Lawson m'a dit par la suite que, comme il passait par la plantation de John David Cheney, [96] il les a vus, tous les trois, et qu'ils se sont retournés et l'ont regardé se presser par cet endroit-là. Je pense que sa supposition était que lui, Lawson, avait été envoyé par le contremaitre Chapin pour éveiller les planteurs voisins, et de les inviter à venir à son secours. Il a, par conséquent, et sans aucun doute, agi sur ce principe, que «la discrétion est la meilleure partie du courage», et s'est tenu à l'écart.

Mais peu importe le motif qui peut avoir gouverné le tyran lâche et malin, il est sans importance. Là, je me tenais encore dans le soleil de midi, gémissant de douleur. Depuis l'aube, je n'avais pas mangé un morceau. J'étais affaibli par la douleur, la soif et la faim. Une seule fois, dans la partie la plus chaude de la journée, Rachel, à moitié craintive qu'elle a agi contre la volonté du contremaître, s'est hasardée près de moi, et a tenu une tasse d'eau à mes lèvres. La créature humble n'a jamais su, ni pourrait-elle comprendre si elle les avait entendues, les bénédictions que j'ai invoquées sur elle, pour ce coup embaumé. Elle ne pouvait dire que, «Oh, Platt, comme je te plains», puis s'est hâtée de revenir à ses travaux dans la cuisine.

Jamais n'a le soleil traversé le ciel si lentement, jamais n'a-t-il versé ses rayons ardents et fougueux, comme il l'a fait ce jour-là. Au moins, c'est comme il m'a apparu. Quelles étaient mes méditations—les innombrables pensées qui se pressaient dans mon cerveau distrait—je ne vais pas tenter d'y donner expression. Qu'il suffise de dire, que pendant toute la journée, je ne suis pas venu à la conclusion, même une seule fois, que l'esclave du Sud, nourri, vêtu, fouetté et protégé par son maître, est plus heureux que le citoyen de couleur libre du Nord. À cette conclusion, je ne suis jamais arrivé depuis. Il y a beaucoup d'hommes, cependant, même dans les États du Nord, bienveillants et bien intentionnés, qui prononceront mon opinion erronée, et gravement procéderont pour confirmer l'affirmation par un argument. Hélas! Ils n'ont jamais bu, comme je l'ai fait, de la coupe amère de l'esclavage. Juste au coucher du soleil mon cœur a bondi de joie sans bornes, quand Ford est arrivé à cheval dans la cour, son cheval couvert d'écume. Chapin l'a rencontré à la porte, et après avoir causé un peu de temps, il s'est dirigé directement vers moi.

«Mon pauvre Platt, tu es dans un mauvais état,» était la seule expression qui a échappé de ses lèvres.

«Dieu merci!» ai-je dit, «Dieu merci, Maître Ford, que vous êtes enfin venu.»

Tirant un couteau de sa poche, il a coupé le cordon avec indignation de mes poignets, de mes bras et chevilles, et a glissé la corde de mon cou. J'ai essayé de marcher, mais j'ai chancelé comme un homme ivre, et je suis tombé partiellement sur le sol.

Ford est retourné immédiatement à la maison, me laissant seul. Comme il atteignait la piazza, Tibeats et ses deux amis sont arrivés. Un long dialogue a suivi. J'ai pu entendre le son de leurs voix, les tons légers de Ford se mêlant aux accents fâchés de Tibeats, mais incapable de distinguer ce qu'ils ont dit. Enfin, les trois s'en sont allés encore, apparemment pas très heureux.

J'ai essayé de soulever le marteau, pensant à montrer à Ford que je voudrais travailler, en procédant à mes travaux sur la maison à tisser, mais il est tombé de ma main sans nerfs. Ce soir-là, je me suis trainé dans la cabine, et je me suis allongé. J'étais dans une grande misère,—tout douloureux et enflé—le moindre mouvement produisant une souffrance atroce. Bientôt, les ouvriers sont venus des champs. Rachel, quand elle est allée chercher Lawson, leur avait dit ce qui s'était passé. Eliza et Mary ont grillé un morceau de lard pour moi, mais mon appétit avait disparu. Puis elles ont brûlé quelque farine de maïs pour faire du café. C'était tout ce que je pouvais prendre. Eliza m'a consolé et était très gentille. Il ne fallut pas longtemps avant que la cabine était pleine d'esclaves. Ils se sont rassemblés autour de moi, posant de nombreuses questions au sujet de la difficulté avec Tibeats dans la matinée et les détails de tous les événements de la journée. Puis Rachel est entrée, et dans son langage simple, a répété maintes fois—insistant sur le coup qui a roulé Tibeats sur le sol, après quoi il y avait un ricanement général tout au long de la foule. Puis elle a décrit comment Chapin est sorti avec ses pistolets et m'a sauvé, et comment le Maître Ford a coupé les cordes avec son couteau, comme s'il était furieux.

À ce moment Lawson est revenu. Il les a régalés avec un compte de son voyage à la pinède—le mulet brun l'a porté plus rapidement qu'un «coup de foudre» ; il a étonné tout le monde comme il s'est envolé—comme le Maître Ford a commencé tout de suite—comment il a déclaré que Platt était un bon nègre, et ils ne doivent pas le tuer, concluant avec des allusions assez fortes qu'il n'y avait pas un autre être humain comparable dans le monde entier, qui aurait pu créer une telle sensation universelle sur la route, ou effectué un tel exploit merveilleux à John Gilpin, comme il avait fait ce jour-là sur le mulet brun.[97]

Ces êtres aimables m'ont chargé de l'expression de leur sympathie—disant que Tibeats était un homme cruel et dur, et en espérant que le «Massa Ford» me récupérerait de nouveau. De cette manière, ils ont passé le temps à discuter, à bavarder, à parler encore et encore de l'affaire passionnante, jusque soudainement Chapin s'est présenté à la porte de la cabine et m'a appelé.

«Platt», a-t-il dit, «tu dormiras sur le sol dans la grande maison ce soir; apporte ta couverture avec toi.»

Je me suis levé aussi vite que possible, j'ai pris ma couverture dans ma main, et je l'ai suivi. En route, il m'a informé qu'il ne devrait pas se demander si Tibeats serait de retour avant le matin—qu'il avait l'intention de me tuer—et qu'il ne voulait pas dire qu'il le ferait sans témoins. S'il m'avait percé le cœur, en présence d'une centaine d'esclaves, pas un seul d'entre eux, par les lois de la Louisiane, pourrait avoir témoigné contre lui.[98] Je me suis allongé par terre dans la «grande maison», le premier et la dernière fois qu'un tel lieu de repos somptueux m'a été accordé au cours de mes douze années d'esclavage et j'ai essayé de dormir. Vers minuit le chien s'est mis à aboyer. Chapin s'est levé, a regardé par la fenêtre, mais n'a pu rien découvrir. Enfin, le chien était calme. Comme il retournait à sa chambre, il a dit: «Je crois, Platt, que ce coquin rôde sur les lieux quelque part. Si le chien aboie encore, et je dors, réveille-moi.»

J'ai promis de le faire. Au bout d'une heure ou plus, le chien a recommencé sa clameur, courant vers la porte, puis revenant, tout en aboyant furieusement.

Chapin était sorti de son lit sans attendre d'être appelé. Cette fois, il s'est avancé sur la piazza, et il y est resté debout longtemps. Rien, cependant, ne pouvait être vu, et le chien est retourné à son chenil. Nous n'avons pas été dérangés de nouveau pendant la nuit. La douleur excessive que j'ai soufert, et la crainte d'un danger imminent, ont empêché tout repos quelle que soit. Que Tibeats est effectivement revenu à la plantation dans la nuit ou non, cherchant une occasion de se venger sur moi, c'est un secret connu à lui seul, peut-être. Je pensais alors, cependant, et j'ai encore la forte impression, qu'il était là. Dans tous les cas, il avait la disposition d'un assassin—se blottissant devant les paroles d'un homme courageux, mais prêt à frapper sa victime sans défense ou sans soupçon dans le dos, comme j'ai eu raison par la suite de le savoir.

Au point du jour, le matin, je me suis levé, douloureux et fatigué, après m'être peu reposé. Néanmoins, après avoir pris le petit déjeuner que Marie et Eliza avaient préparé pour moi dans la cabine, j'ai procédé à la maison à tisser et j'ai commencé les travaux d'un autre jour. C'était l'habitude de Chapin, comme c'est la pratique de contremaîtres en général, immédiatement au lever, d'enfourcher le cheval, toujours sellé et bridé et prêt pour lui—l'entreprise particulière d'un certain esclave—et de se promener dans le champ. Ce matin, au contraire, il est venu à la maison à tisser, me demandant si je n'avais encore rien vu de Tibeats. Répondant par la négative, il a remarqué qu'il y avait quelque chose qui n'allait pas bien chez ce coquin—il y avait de mauvais sang en lui—que je dois le guetter bien, ou il me ferait mal un jour où je m'y attendais le moins.

Tandis qu'il parlait encore, Tibeats est arrivé, a mis son cheval à l'attache, et est entré dans la maison. J'ai eu peu de peur de lui alors que Ford et Chapin étaient à portée de main, mais ils ne pouvaient pas être près de moi toujours.

Oh! Comme le poids de l'esclavage pesait fortement sur moi alors. Je devais peiner jour après jour, endurer les abus et les railleries et les moqueries, dormir sur le sol dur, survivre sur une nourriture grossière, et non seulement cela, mais vivre comme l'esclave d'un malheureux, sadique et lâche, dont je dois me tenir désormais dans la peur et la terreur continuelles. Pourquoi n'étais-je pas mort pendant mes jeunes ans,—avant que le bon Dieu m'ait donné des enfants à aimer et pour lesquels vivre? Quel malheur, quelle souffrance, quelle douleur il aurait empêché. J'ai soupiré pour la liberté, mais la chaîne de l'esclave était autour de moi, et il était impossible de m'en débarrasser. Je ne pouvais que regarder avec nostalgie vers le Nord, et penser à des milliers de miles qui s'étendaient entre moi et la terre de la liberté, sur laquelle un homme libre *noir* ne peut pas passer.

Tibeats, au cours d'une demi-heure, s'est dirigé vers la maison à tisser, m'a regardé brusquement, puis est revenu sans rien dire. La plupart de l'avant-midi, il était assis sur la piazza, en lisant un journal et conversant avec Ford. Après le dîner, celui-ci est parti pour la pinède, et c'était en effet avec regret que je l'ai vu s'éloigner de la plantation.

Une fois de plus pendant la journée, Tibeats est venu me voir, m'a donné un ordre quelconque, et est retourné.

Pendant la semaine, la maison à tisser a été achevée. Tibeats, dans l'intervalle, ne faisait aucune allusion quelconque à la difficulté, quand on m'a informé que Peter Tanner m'avait embauché, pour travailler sous la direction d'un autre charpentier du nom de Myers.[99] Cette annonce a été accueillie avec satisfaction, parce que n'importe quel endroit qui me soulagerait de son odieuse présence serait souhaitable.

Peter Tanner, comme le lecteur a déjà été informé, demeurait sur la rive opposée, et était le frère de la Maîtresse Ford.[100] Il est un des plus vastes planteurs sur bayou Bœuf, et possède un grand nombre d'esclaves.

Donc, je suis allé chez Tanner, assez joyeusement. Il avait entendu parler de mes difficultés récentes, en fait, et je me suis assuré que la flagellation de Tibeats serait bientôt proclamée au loin. Cette affaire, avec mon expérience du flottage en train, m'avait rendu un peu notoire. Plus d'une fois j'ai entendu dire que Platt Ford, maintenant Platt Tibeats—le nom d'un esclave change avec son changement de maître—était «un diable d'un nègre.» Mais j'étais destiné à faire encore du bruit, comme nous allons voir, à travers tout le petit monde de bayou Boeuf.

Peter Tanner s'est efforcé de me faire comprendre l'idée qu'il était assez sévère, mais je pouvais percevoir qu'il y avait une veine de bonne humeur dans ce vieux, après tout.

«C'est toi, ce nègre?», me dit-il à mon arrivée: «Tu es le nègre qui a fouetté votre maître, hein? Tu es ce nègre qui a donné le coup de pied, et a détenu Tibeats par la jambe, et l'a rossé, toi? Je voudrais voir que tu me tiennes par la jambe—oui, je voudrais le voir. Tu es un <caractère importante>--tu es un grand nègre—très remarquable, n'es-tu pas? Je te fouetterais—Je t'ôterais de tes mauvaises humeurs. Essaie de me tenir par la jambe, s'il te plaît. Aucun de tes farces ici, mon garçon, n'oublie pas cela. Maintenant, va au travail, toi, <le coquin frappant> », a conclu Peter Tanner, incapable de supprimer un sourire à demi-comique à son propre l'esprit et sarcasme.

Après avoir écouté ce salut, j'ai été pris en charge par Myers et j'ai peiné sous sa direction pendant un mois, à sa propre satisfaction et à la mienne.

Comme William Ford, son beau-frère, Tanner avait l'habitude de lire la Bible à ses serviteurs le jour du sabbat, mais dans un esprit un peu différent. Il était un commentateur impressionnant sur le Nouveau Testament. Le premier dimanche après mon arrivée à la plantation, il nous a rassemblés, et a commencé à lire le douzième chapitre de Luc. Quand il est arrivé au verset 47, il a regardé délibérément autour de lui et a continué—«Le serviteur qui a connu *la volonté* de son maître»—là il s'est arrêté, regardant autour de lui plus délibérément qu'avant, et de nouveau a procédé, «qui a connu *la volonté* de son maître, et ne s'est pas *préparé* »—il a fait ici une autre pause—«ne s'est pas *préparé*, ni a agi *selon* sa volonté, sera battu d'un grand nombre de *coups*.»

«On a entendu cela?» a demandé Peter, avec insistance. «*Coups*», a-t-il répété lentement et distinctement, ôtant ses lunettes, préparatoires à faire quelques remarques.

«C'est ce nègre qui ne prend pas les soins—qui n'obéit pas à son maître—c'est son maître-vous comprenez?—Ce nègre sera battu de plusieurs coups. Maintenant, «beaucoup» signifie un grand nombre— quarante, cent, cent cinquante coups de fouet. C'est l'Ecriture! » C'est ainsi que Peter a continué à élucider le sujet pour une longue durée de temps, à la grande édification de son auditoire noir.

À la fin des exercices, appelant trois de ses esclaves, Warner, Will et Major, il m'a crié : «Voilà, Platt, tu as tenu Tibeats par les jambes, maintenant je vais voir si tu peux tenir ces coquins de la même manière, jusqu'à ce que je rentrerai de l'assemblée.»

Là-dessus, il les a ordonnés aux chantiers—une chose commune dans les plantations de la région de la rivière Rouge .[101] Les chantiers sont constitués de deux planches, l'inférieure amarrée à l'extrémité de deux poteaux courts, poussés fermement dans le sol. À des distances régulières il y a des demi-cercles découpés dans la planche supérieure. L'autre planche est fixée à l'un des postes par une charnière, de sorte qu'elle peut être ouverte ou fermée, de la même manière que la lame d'un couteau de poche est fermée ou ouverte. Dans la partie inférieure de la planche supérieure, les demi-cercles correspondants sont également coupés, de sorte que quand ils ferment, une rangée de trous est formée, assez grande pour admettre la jambe d'un nègre au-dessus de la cheville, mais pas assez grand pour lui permettre d'en tirer le pied. L'autre extrémité de la planche, opposée à la charnière, est fixée à son poste par clé. On fait s'asseoir l'esclave sur le sol, lorsque la planche supérieure est élevée; ses jambes, juste au-dessus des chevilles, sont placés aux milieux d'un demi-cercle et le fermant de nouveau, et le verrouillant, il est tenu ferme et solidement. Très souvent c'est le cou au lieu de la cheville qui est enfermé. De cette manière, ils sont tenus au cours de l'opération de fouetter.

Warner, Will et Major, comme Tanner les a décrits, étaient des voleurs de melons, des nègres qui ne respectaient pas le Sabbat; et n'approuvant pas de telles méchancetés, il a estimé comme son devoir de les mettre dans les chantiers. Me remettant la clé, lui, Myers, la Maîtresse Tanner, et les enfants sont montés dans la voiture et sont partis à l'église à Cheneyville.[102] Quand ils étaient partis, les garçons m'ont supplié de les laisser sortir. Je me suis senti désolé pour les voir assis sur le sol chaud, et j'ai pensé à mes propres souffrances au soleil. À leur promesse de revenir aux stocks à tout moment où ils étaient demandés de le faire, j'ai consenti à les libérer. Reconnaissants pour la douceur montrée à eux, et dans une certaine mesure de la rembourser, ils ne pouvaient pas faire moins, bien sûr, que de me piloter dans la melonnière. Peu de temps avant le retour de Tanner, ils étaient dans stocks de nouveau. Enfin, il y est arrivé; et en regardant les garçons; dit avec un petit rire :

«Aha! Vous ne vous êtes pas beaucoup promenés aujourd'hui, quand même. Je vais vous apprendre ce qui est quoi. Je vais vous fatiguer de manger des melons d'eau le jour de l'Éternel, vous violateurs nègres du Sabbat ».

Peter Tanner se vantait de ses observances religieuses strictes, il était diacre dans l'eglise.[103]

Mais j'ai maintenant atteint un point dans l'évolution de mon récit, quand il devient nécessaire de se détourner de ces descriptions légères, à la question plus grave et lourde de la deuxième bataille avec le maître Tibeats, et le vol à travers le grand marais Pacoudrie.

CHAPITRE X.

RETOUR DE TIBEATS—IMPOSSIBILITÉ DE LUI FAIRE PLAISIR—IL M'ATTAQUE AUX COUPS DE HACHE—LA LUTTE POUR LE GRANDE AXE—LA TENTATION DE L'ASSASSINER—ÉVASION À TRAVERS LA PLANTATION—OBSERVATIONS DE LA CLÔTURE—TIBEATS S'APPROCHE, SUIVI PAR LES CHIENS—ILS SUIVENT MES TRACES—LEUR GRANDS CRIS—ILS FAILLENT M'ATTRAPER—J'ATTEINS L'EAU—LES CHIENS SE CONFONDENT—SERPENTS MOCASINS ET ALLIGATORS—NUIT DANS LE MARAIS "GRANDE PACOUDRIE "—LES SONS DE LA VIE—LA COURSE DU NORD-OUEST—ÉMERGENCE DANS LA PINÈDE—L' ESCLAVE ET SON JEUNE MAÎTRE—ARRIVÉE CHEZ FORD—NOURRITURE ET REPOS

Au bout d'un mois, mes services n'étant plus requis chez Tanner, on m'a envoyé à travers le bayou de nouveau à mon maître, que j'ai trouvé engagé dans la construction de la presse de coton. Cela était situé à quelque distance de la grande maison, dans un lieu écarté.[104] J'ai commencé à travailler une fois de plus en compagnie de Tibeats, étant entièrement seul avec lui la plupart du temps. Je me suis souvenu des paroles de Chapin, ses précautions, ses conseils de me méfier, de peur que dans un moment non soupçonné, qu'il pourrait me nuire. Elles étaient toujours dans mon esprit, de sorte que je vivais dans un état le plus mal à l'aise d'appréhension et de peur. Un œil était sur mon travail, l'autre sur mon maître. J'ai décidé de lui donner aucune cause d'infraction, de travailler avec plus de diligence, si possible, que je ne l'avais jamais fait, à supporter tous les abus qu'il pourrait entasser sur moi, d'endurer les blessures, humblement et patiemment, espérant ainsi d'amollir à un certain degré sa manière vers moi, jusqu'à ce que vienne le temps béni quand je serais délivré de ses griffes.

Le matin du troisième jour après mon retour, Chapin a quitté la plantation pour Cheneyville, pour être absent jusqu'à la nuit. Tibeats, ce matin, avait été attaqué par un de ces accès périodiques de spleen et de mauvaise humeur auquel il était souvent l'objet, le rendant plus désagréable et empoisonné que d'habitude.

Il était environ neuf heures du matin, lorsque j'étais fort occupé avec le rabot sur un des mouvements. Tibeats était debout près de la table de travail, fixant une poignée au ciseau, dont il avait été engagé précédemment à couper le filet de la vis.

«Tu ne l'aplanis pas assez, » a-t-il dit.

«Il est au niveau avec la ligne», lui ai-je répondu.

«Tu es un sacre menteur», il s'est exclamé avec passion.

«Oh, eh bien, maître,» je lui ai dit, doucement: «Je vais le raboter plus si vous le dites,» dans le même temps procédant à faire ce que je supposais qu'il désirait. Avant qu'un seul rasage ait été enlevé, cependant, il a crié, disant que je l'avais maintenant raboté trop profondément, qu'il était trop petit—j'avais gâché le mouvement entièrement. Puis ont suivi les malédictions et les imprécations. J'avais essayé de faire exactement comme il a dirigé, mais rien ne répondrait à cet homme déraisonnable. Dans le silence et dans la crainte je suis resté debout à côté du mouvement, tenant le rabot dans ma main, ne sachant pas quoi faire, et n'osant pas être inactif. Sa colère est devenue de plus en plus violent jusqu'à ce que, finalement, par un serment, si amer, un serment si terrible que seul Tibeats puisse prononcer, il a saisi une hache de la table de travail et s'est précipité vers moi, jurant qu'il allait me fendre la tête.

C'était un moment de vie ou de mort. La lumineuse lame aiguë de la hache brillait au soleil. Dans un autre instant, elle serait enfoncée dans mon cerveau, et pourtant, à cet instant—si rapides seront les pensées d'un homme qui lui viendront dans un tel détroit—j'ai raisonné que si je me tenais immobile, mon destin était certain ; si je m'enfuyais, avec dix chances contre une en faveur de la hache, laquelle, sortant de ses mains, visée mortellement et infailliblement, me frapperait au dos. Il n'y avait qu'une voie à prendre. M'élançant vers lui de tout mon pouvoir, et le rencontrant plein à mi-chemin, avant qu'il ne puisse faire baisser le coup, avec une main j'ai attrapé son bras levé, et avec l'autre je l'ai saisi à la gorge. Nous sommes restés là, fixant les yeux l'un de l'autre. J'ai pu y voir le meurtre. Je croyais avoir un serpent par le cou, attendant le moindre relâchement de ma prise, pour s'enrouler autour de mon corps, l'écrasant et le picotant à mourir. Je pensais à crier à haute voix, espérant que certains oreilles puissent entendre le son—mais Chapin n'était pas là, les ouvriers étaient dans les champs; il n'y avait pas d'âme qui vive ni en vue ni à portée de la voix.

Le bon génie, qui jusqu'ici dans la vie m'a sauvé des mains de la violence, à ce moment a suggéré une pensée heureuse. Avec un coup de pied vigoureux et soudain, qui l'a amené sur un genou, avec un gémissement, j'ai lâché ma prise sur sa gorge, j'ai arraché la hache de sa main, et je l'ai jetée hors de portée.

Ivre de rage, et fou hors de contrôle, il a saisi un bâton en chêne blanc, cinq pieds de long, peut-être, aussi grand en circonférence que sa main pouvait saisir, qui gisait sur le sol. Encore une fois, il s'est précipité vers moi, et encore une fois je l'ai rencontré, l'ai saisi par la taille, et étant le plus fort des deux, l'ai porté à la terre. Tandis qu'il était dans cette position, j'ai pris possession du bâton, et me levant, je l'ai lancé loin de moi aussi.

Lui aussi s'est levé et a couru vers la large hache, sur l'établi. Heureusement, il y avait une lourde planche se trouvant sur sa large lame, de telle sorte qu'il ne pouvait pas la dégager, avant que je n'aie sauté sur son dos. Le serrant étroitement sur la planche, de sorte que la hache s'est tenue plus fermement à sa place, je me suis efforcé, mais en vain, de briser sa prise sur la poignée. Dans cette position, nous sommes restés quelques minutes.

Il y a eu des heures de ma vie malheureuse, beaucoup d'entre elles, où la contemplation de la mort comme la fin des chagrins terrestres—de la tombe comme un lieu de repos pour les corps fatigués et usés—a été agréable d'y insister. Mais ces contemplations disparaissent pendant l'heure du péril. Aucun homme, même en pleine force, ne peut se tenir sans se laisser effrayer, dans la présence du "roi des terreurs." La vie est chère à tous les êtres vivants; le ver qui rampe sur le sol va se battre pour sa vie. A ce moment-là, cela m'était clair, asservi et mal traité comme j'étais.

Pas capable de déchaîner sa main, une fois de plus je l'ai saisi à la gorge, et cette fois-ci, avec une prise comme un étau, et bientôt il a lâché prise, lui. Il est devenu souple et détendu. Son visage, qui avait été blanc avec passion, était maintenant noir de suffocation. Ces petits yeux de serpent qui avaient vomi ce venin, étaient maintenant plein d'horreur, deux grands globes blancs sortant de leurs orbites!

Il y avait "un diable caché" dans mon cœur que m'a incité à tuer ce limier d'homme sur place—à maintenir la main mise sur sa maudite gorge jusqu'à ce que le souffle de vie ait disparu! Je n'ai osé ni le tuer, ni le laisser vivre. Si je le tuais, ma vie serait perdue, s'il vivait, seule ma vie pourrait satisfaire sa vengeance. Une voix intérieure m'a chuchoté à m'enfuir. Être un vagabond parmi les marécages, un vagabond fugitif sur la face de la terre, était préférable à la vie que je menais.

Ma résolution était bientôt formée, et le balançant de la table de travail au sol, j'ai sauté au-dessus d'une clôture tout près, et j'ai couru à travers la plantation, en passant par les esclaves au travail dans les champs de coton. À la fin d'un quart de mile j'ai atteint le bois-pâturage, et c'était un peu de temps en effet que j'avais couru. Grimpant sur une haute clôture, je pouvais voir la presse de coton, la grande maison, et l'espace entre les deux. C'était un endroit bien visible, d'où on pouvait voir toute la plantation. J'ai vu Tibeats qui traversait le champ vers la maison, et y est entré—puis il est sorti, portant sa selle, et a monté son cheval présentement et est parti au galop.

J'étais désolé, mais reconnaissant. Reconnaissant que ma vie a été épargnée—désolé et découragé par la perspective devant moi. Que deviendrais-je? Qui pourrait me traiter en ami? Où devrais-je voler? Oh, mon Dieu! Toi qui m'as donné la vie, implanté dans mon sein l'amour de la vie—qui l'a rempli des émotions comme chez les autres hommes, tes créatures—ne m'abandonne pas. Aie pitié de pauvres esclaves—ne me laisse pas périr. Si tu ne me protège pas, je suis perdu, perdu! De telles supplications, en silence inexprimé, sont montées du fond de mon cœur vers le ciel. Mais il n'y avait pas de voix qui répondait—aucune voix douce et basse, venant d'en haut, chuchotant à mon âme: «C'est moi, n'aie pas peur.» J'étais abandonné de Dieu, me semblait-il, méprisé et haï des hommes !

Dans environ trois quarts d'heure, plusieurs esclaves ont crié et ont fait des signes pour que je coure. Actuellement, regardant en arrière sur le bayou, j'ai vu Tibeats et deux autres hommes à cheval, venant à une allure rapide, suivi d'une troupe de chiens. Il y en avait au moins huit ou dix. Aussi distant d'eux comme j'étais, je les connaissais. Ils appartenaient à la plantation voisine. Les chiens utilisés sur le bayou Boeuf pour la chasse des esclaves sont une sorte de limier, mais d'une race beaucoup plus sauvage que ceux qui se trouvent dans les États du Nord. Ils attaquent un nègre, sur l'ordre de leur maître, et s'accrochent à lui comme le bouledogue s'accroche à un animal à quatre pattes. Fréquemment leurs aboiements forts se font entendre dans les marais, et puis il y a la spéculation à quel point le fuyard sera rattrapé—même comme un chasseur de New-York s'arrêtera pour écouter les chiens qui parcourent le long des coteaux, et suggèrera à son compagnon que le renard sera pris à un tel endroit. Je ne savais jamais d'un esclave qui s'est échappé du bayou Bœuf avec sa vie ! Une des raisons est qu'ils ne sont pas autorisés à apprendre l'art de la natation, et sont incapables de franchir le courant le plus négligeable.[105] Dans leur vol, ils ne peuvent aller dans aucune direction, mais qu'un petit distance sans arriver à un bayou, quand l'alternative inévitable se présente : de se noyer ou être atteint par les chiens. Dans ma jeunesse, j'avais pratiqué dans les cours d'eau limpides qui coulent dans mon pays natal, jusqu'à ce que je sois devenu un nageur expert, et je me suis senti à l'aise dans l'élément liquide.

Je me tenais sur la clôture jusqu'à ce que les chiens aient atteint la presse de coton. En un instant de plus leurs longs hurlements sauvages ont annoncé qu'ils étaient sur ma piste. Sautant de mon poste, j'ai couru vers le marais. La peur m'a donné la force et je l'ai exercée à l'extrême. Toutes les quelques instants, je pouvais entendre les aboiements des chiens. Ils gagnaient sur moi. Chaque hurlement était de plus en plus proche. Chaque moment j'attendais qu'ils s'élanceraient sur mon dos—j'ai attendu sentir leurs longues dents s'enfoncer dans ma chair. Il y avait tant d'entre eux, je savais qu'ils allaient me déchirer aux morceaux, qu'ils allaient me tourmenter toute de suite, à la mort. J'ai ouvert la bouche pour respirer—haleté une prière étouffée, mi- prononcée au Tout-Puissant de me sauver, me donner la force pour atteindre quelque bayou large et profond, où je pourrais les jeter hors de ma piste ou m'enfoncer dans ses eaux. Présentement je suis arrivé à un fond de palmette épaisse. Comme je m'y enfuyais, les feuilles faisaient un bruit de froissement fort, pas assez fort, cependant de noyer les voix des chiens.

Poursuivant ma route tout droit au sud, autant que je puisse en juger, je suis arrivé longuement à l'eau un peu plus profonde que ma chaussure. Les chiens à ce moment n'auraient pas pu être à cinq perches derrière moi. Je pouvais les entendre s'écraser et plonger à travers les palmettes; leurs cris, forts et désireux, ont rendu l'ensemble du marais bruyant avec le son. Mon espoir s'est ranimé un peu comme je suis arrivé à l'eau. Si elle n'avait été qu'un petit peu plus profonde, ils auraient pu perdre la senteur de ma piste, et donc déconcertés, m'auraient offert l'occasion de les éluder. Heureusement, ces eaux se sont approfondies le plus loin que j'ai procédé—maintenant sur mes chevilles, maintenant à mi-chemin de mes genoux, maintenant pour un instant à ma taille, puis j'ai émergé présentement dans un endroit peu profond. Les chiens n'avaient pas pris sur moi depuis que je suis parvenu à l'eau. Évidemment, ils étaient confus. Maintenant, leurs intonations sauvages devenaient de plus en plus distantes, en m'assurant que je les quittais. Finalement, je me suis arrêté pour écouter, mais le long hurlement est revenu encore en plein essor sur l'air, me disant que je n'étais pas encore hors de danger. D'une tourbière à l'autre, où j'avais marché, ils ont pu toujours garder la piste, bien qu'ils aient été gênés par l'eau. Enfin, à ma grande joie, je suis arrivé à un large bayou, et m'y plongeant, n'avait pas tardé à refouler son courant lent et je suis sorti sur l'autre rive. Là, certainement, les chiens se confondraient—le courant emporterait toutes les traces de ce léger odeur mystérieux, qui permet au chien de chasse de suivre la piste du fugitif.

Après avoir traversé ce bayou dont l'eau est devenue si profonde que je ne pouvais pas courir. J'étais maintenant dans ce que j'ai appris plus tard était le «grand marais Pacoudrie.» [106] Il était rempli d'arbres immenses—le sycomore, la gomme, le bois de coton et de cyprès, et s'étendait, je suis informé, au bord de la rivière Calcasieu. Pour trente ou quarante miles, ce bayou est sans habitants, sauf les bêtes sauvages: l'ours, le chat sauvage, le tigre, et de grands reptiles gluants, qui rampent partout.[107] Bien avant que j'aie atteint le bayou, en fait, depuis que je suis parvenu à l'eau jusqu'à ce que je sois sorti du marais à mon retour, ces reptiles m'ont entouré. J'ai vu des centaines de serpents mocassins. Chaque bûche et tourbière—chaque tronc d'arbre tombé, sur lequel j'ai été obligé de marcher ou de monter, fourmillaient d'eux. Ils ont glissé loin de moi à mon approche, mais parfois dans ma hâte, j'ai failli mettre la main ou le pied sur eux. Ce sont des serpents venimeux—leur morsure étant plus funeste que celle du serpent à sonnettes. D'ailleurs, j'avais perdu une chaussure, la semelle s'étant détachée entièrement, laissant la partie supérieure seulement à balancer à ma cheville.

J'ai vu aussi beaucoup d'alligators, grands et petits, se trouvant dans l'eau ou sur des morceaux de bois flottant. Le bruit que j'ai fait les a généralement surpris, quand ils se sont déplacés et ont plongé dans les endroits les plus profonds. Parfois, cependant, je suis arrivé directement tout près d'un monstre avant de l'observer. Dans ce cas, je voulais reculer, exécuter une sorte de courte ronde, et de cette façon les éviter. Simple, ils allaient courir sur une courte distance rapidement mais ils ne possédaient pas le pouvoir de tourner. Dans une course tortueuse, il n'était pas difficile d'y échapper.

Vers deux heures de l'après-midi, j'ai entendu le dernier des chiens. Probablement, ils n'ont pas franchi le bayou. Mouillé et fatigué, mais soulagé du sentiment de péril instant, j'ai continué, plus prudent et peureux, cependant, des serpents et des alligators que j'avais été dans la première partie de mon vol. Maintenant, avant d'entrer dans une mare boueuse, je frappais l'eau avec un bâton. Si les eaux se sont déplacées, j'allais autour d'elles, sinon, j'osais de les traverser.

Enfin le soleil s'est couché, et le manteau de nuit trainant a enveloppé le grand marais en ténèbres. Cependant, je me suis éloigné en chancelant, craignant à chaque instant, que je sente l'aiguillon terrible du mocassin, ou sois écrasé dans les mâchoires de quelque alligator dérangé. La peur d'eux maintenant a presque égalé la peur des chiens poursuivants. La lune s'est levée après un certain temps, sa douce lumière rampant à travers les branches étalées, tapissées de longs mousses. J'ai continué à avancer jusqu'après minuit, espérant toujours que j'émergerai bientôt dans une région moins désolée et moins dangereuse. Mais l'eau a approfondi plus et la marche est devenue plus difficile que jamais. Je me suis aperçu qu'il serait impossible de procéder beaucoup plus loin, et je ne savais pas, d'ailleurs, dans quelles mains je pourrais tomber, dois-je réussir à atteindre une habitation humaine. Pas muni d'un laissez-passer, un homme blanc serait à la liberté de m'arrêter et de me placer en détention jusqu'à ce que mon maître doive «prouver sa propriété, payer les frais, et m'emmener.» J'étais une bête épave, et si j'avais le malheur de rencontrer un citoyen respectueux des lois de la Louisiane, il jugerait son devoir envers son voisin, peut-être, de me mettre immédiatement dans la fourrière. Vraiment, il était difficile de déterminer lequel j'avais plus de raison de craindre : les chiens, les alligators ou les hommes!

Après minuit, cependant, je me suis arrêté. L'imagination ne peut pas imaginer l'aspect morne de la scène. Le marais était en résonance avec le caquetage d'innombrables canards! Depuis la création de la terre, selon toute probabilité, un pied humain n'avait jamais pénétré jusqu'ici dans les recoins du marais. Ce n'était pas silencieux maintenant—silencieux à un degré qui l'a rendu oppressante—

comme il était quand le soleil brillait dans le ciel. Mon intrusion de minuit avait réveillé les tribus emplumés, qui semblaient se presser dans les marais par des centaines de milliers, et leurs gorges loquaces ont répandu ces innombrables sons—il y avait un tel battement d'ailes—tels plongés maussades dans l'eau tout autour de moi, que j'étais effrayé et choqué. Tous les oiseaux du ciel et tous les reptiles de la terre semblaient être assemblés dans ce lieu particulier, dans le but de le remplir de clameur et de confusion. Pas à côté des logements humains—pas seulement dans les villes surpeuplées, se trouvent les images et les sons de la vie. Les endroits les plus sauvages de la terre sont pleins d'eux. Même au cœur de ce lugubre marais, le bon Dieu avait fourni un refuge et un lieu d'habitation pour des millions d'êtres vivants.

La lune s'était levée au-dessus des arbres, quand je me suis décidé sur un nouveau projet. Jusqu'à présent, j'avais essayé de voyager vers le sud autant que possible. C'était en tournant que j'ai procédé dans une direction vers le nord-ouest, mon but étant de trouver la pinède à proximité de la plantation du Maître Ford. Une fois sous l'ombre de sa protection, je me sentais que je serais relativement hors de danger.

Mes vêtements étaient en lambeaux, les mains, le visage et le corps couverts d'égratignures, reçues des nœuds aigus des arbres tombés, et en escaladant des tas de broussailles et de bois d'inondation. Mon pied nu était plein d'épines. J'étais souillé de fange et de boue, et la vase verte qui avait flotté sur la surface de l'eau morte, dans laquelle j'avais été plongé jusqu'au cou plusieurs fois pendant la journée et la nuit. Heure après heure, et en effet elles étaient devenues ennuyeuses, j'ai continué à avancer péniblement sur mon parcours de nord-ouest. L'eau est devenue moins profonde, et le sol plus ferme sous mes pieds. Enfin je suis arrivé à la Pacoudrie, le même grand bayou que j'avais nagé tout en échappant les chiens. Je l'ai nagé encore, et peu de temps après, j'ai pensé entendre le chant du coq, mais le son était faible, et il aurait pu être une parodie de l'oreille. L'eau s'est retirée de mes pas avançants—maintenant que j'avais laissé le marais derrière moi—maintenant j'étais sur la terre ferme qui est montée petit à petit dans la plaine, et je savais que j'étais quelque part dans la grande pinède.

Juste au lever du jour, je suis arrivé à une ouverture, une sorte de petite plantation—mais une que je n'avais jamais vue avant. Dans la lisière de la forêt, je suis tombé sur deux hommes, un esclave et son jeune maître, engagés dans la prise de porcs sauvages. L'homme blanc, je savais, exigerait mon laissez-passer, et car je n'étais pas capable de lui en donner un, me prendrait en possession. J'étais trop las pour continuer à courir, et trop désespéré à être capturé, donc j'ai adopté une ruse qui s'est montrée tout à fait réussie. Affectant une expression féroce, j'ai marché directement vers lui, le regardant dans les yeux. Comme je me suis approché de lui, il a reculé avec un air d'alarme. Il était évident qu'il était beaucoup effrayé—qu'il me regardait comme quelque gobelin infernal, qui vient de surgir des entrailles du marais!

« Où habite-t-il, William Ford ?» ai-je demandé, en aucun accent doux.

«Il demeure à sept miles d'ici» était la réponse.

«Quel est le chemin à sa place?» j'ai demandai de nouveau, essayant de paraître plus féroce que jamais.

« Vois-tu ces pins, là-bas? » il m'a demandé, en montrant deux du doigt, à un mile de distance, qui s'élevaient au-dessus de leurs semblables, comme un couple de grands sentinelles, surveillant la vaste étendue de forêt.

«Je les vois», était ma réponse.

«Aux pieds de ces arbres de pin,» a-t-il poursuivi, «passe la route du Texas. Tourne à gauche, elle te mènera chez William Ford.»[108]

Sans autre forme de négociation, je me suis hâté de fuir, heureux comme il l'était, sans doute, de mettre de la distance la plus large possible entre nous. Frappant la route du Texas, je me suis tourné vers la gauche, comme indiqué, et j'ai passé bientôt un grand feu, où brûlaient un tas de bûches. Je m'y suis approché, pensant que j'allais sécher mes vêtements, mais la lumière grise du matin commençait à poindre rapidement—et certains hommes blancs en passant pourraient m'observer; d'ailleurs, la chaleur m'a maîtrisé du désir de dormir, donc, et ne m'attardant plus, j'ai continué mes voyages, et enfin, vers huit heures du matin, je suis arrivé chez le maître Ford.

Les esclaves étaient tous absents de leurs logements, à leur travail. Mettant le pied sur la piazza, j'ai frappé à la porte, qui était bientôt ouverte par la Maîtresse Ford. Mon apparence était tellement changé—j'étais dans un tel état abattu et désespéré, elle ne me connaissait pas. Demandant si le Maître Ford était à la maison, ce brave homme a fait son apparition, avant que l'on ait pu répondre à la question. Je lui ai raconté mon vol, avec tous les détails qui s'y rattachaient. Il a écouté attentivement, et quand j'avais conclu, m'a parlé gentiment et avec bienveillance, et m'a conduit dans la cuisine, a appelé John, et l'a ordonné de me préparer de la nourriture. Je n'avais goûté à rien depuis la lumière du jour le matin précédent.

Quand John avait mis le repas devant moi, Madame est sortie avec un bol de lait, et de nombreuses petites friandises délicieuses, comme celles qui charment rarement la bouche d'un esclave. J'avais faim, et j'étais fatigué, mais ni nourriture ni repos m'ont accordé la moitié du plaisir tout comme les voix bénies parlant avec gentillesse et avec consolation. C'était l'huile et le vin que le Bon Samaritain dans la pinède était prêt à verser dans l'esprit blessé de l'esclave, qui est venu à lui, dépouillé de ses vêtements et à moitié mort.

Ils m'ont laissé dans la cabine, où je pourrais reposer. Béni soit le sommeil! Il nous visite tous semblables, descendant comme la rosée du ciel sur ceux qui sont tenus et ceux qui sont libres. Bientôt, il a niché sur mon sein, chassant les troubles qui l'ont opprimé, et me portant vers cette région ténébreuse, où j'ai revu des visages, et écouté les voix de mes enfants, qui, hélas, pour autant que je sache dans mes heures éveillées, étaient tombés dans les bras de cet *autre* sommeil, d'où ils ne seraient *jamais* réveiller.

CHAPITRE XI.

Après un long sommeil, je me suis réveillé en plein après-midi, rafraîchi, mais très douloureux et raide. Sally est entrée et a parlé avec moi, tandis que John m'a préparé un dîner. Sally était en grande difficulté, ainsi que moi-même—un de ses enfants étant malade, et elle craignait qu'il ne puisse pas survivre. Le dîner terminé, après avoir marché autour des logements pendant un certain temps, visitant la cabine de Sally et regardant l'enfant malade, je me suis promené dans le jardin de la Maitresse. Bien que ce soit une saison de l'année où les voix des oiseaux se taisent, et les arbres sont dépouillés de leurs gloires d'été dans les climats glacials, pourtant toutes les variétés de roses ont ensuite fleuri ici, leurs longues vignes luxuriantes rampant sur les cadres. Le fruit cramoisi et doré pendait à moitié caché parmi les fleurs—et les plus jeunes et les plus âgés—du pêcher, de l'oranger, du prunier, du grenadier; car, dans cette région de chaleur presque perpétuelle, les feuilles tombent et les bourgeons éclatent en fleur tout le long de l'année.

Je me suis livré aux sentiments les plus reconnaissants envers le Maître et la Maitresse Ford, et voulant en quelque sorte rembourser leur gentillesse, j'ai commencé à tailler les vignes, et ensuite ai sarclé l'herbe parmi les orangers et les grenadiers. Ce dernier pousse huit ou dix pieds de haut, et son fruit, bien étant plus grand, est semblable en apparence à celui du raisin. Il a le goût succulent de la fraise. Les oranges, les pêches, les prunes, et la plupart des autres fruits sont indigènes au sol riche et chaleureux d'Avoyelles, mais la pomme, la plus commune de tous dans les latitudes plus froides, est rarement vue.[109]

La Maitresse Ford est sortie tout à l'heure, en disant qu'il était louable en moi, mais je n'étais pas en état de travailler, et je pourrais me reposer dans les quartiers jusqu'à ce que le maître doive descendre au bayou Bœuf, qui ne serait pas ce jour-là, et il pourrait ne pas être le lendemain. Je lui ai dit—pour être sûr, que je me sentais mal, et que j'étais raide, et que mon pied me faisait mal, les souches et les épines y ayant déchiré—mais j'ai pensé que cet exercice ne me ferait pas de mal, et que c'était un grand plaisir de travailler pour une si bonne maîtresse. Là-dessus, elle est revenue à la grande maison, et pendant trois jours, j'étais diligent dans le jardin, nettoyant les promenades, désherbant les parterres, et arrachant l'herbe grossier sous les vignes de jasmin, que la main douce et généreuse de ma protectrice avait enseigné à grimper le long des murs.

Le matin du quatrième jour, après avoir été recruté et rafraîchi, le Maître Ford m'a ordonné de me préparer à l'accompagner au bayou. Il n'y avait qu'un cheval de selle à l'éclaircie, tous les autres avec les mules ayant été envoyés vers la plantation. J'ai dit que je pouvais marcher, et faisant mes adieux à Sally et à John, ai quitté l'éclaircie, trottant à côté du cheval.

Ce petit coin de paradis dans les grands bois était l'oasis dans le désert, vers lequel mon cœur s'est tourné tendrement, pendant de nombreuses années de servitude. J'en suis sorti maintenant avec regret et tristesse, pas si écrasants, cependant, que si l'on m'avait dit que je ne pourrais jamais y revenir de nouveau.

Le Maître Ford m'a encouragé à prendre sa place de temps en temps sur le cheval, pour me reposer; mais j'ai dit que non, que je n'étais pas fatigué, qu'il valait mieux pour moi de marcher que lui. Il m'a dit beaucoup de bonnes choses encourageantes sur le chemin, se promenant lentement, afin que je puisse marcher de pair avec lui. La bonté de Dieu a été manifesté, il a déclaré, dans mon évasion miraculeuse du marais. Comme Daniel est sorti indemne de l'antre aux lions, que Jonas avait été sauvé dans le ventre de la baleine, même si j'avais été délivré du mal par le Tout-Puissant. Il m'a interrogé à propos des différentes peurs et les émotions que j'avais vécu durant la journée et la nuit, et si j'avais senti, à tout moment, un désir de prier. Je me sentais abandonné de tout le monde, lui ai-je répondu, et priais mentalement tout le temps. Dans ces moments, a-t-il dit, le cœur de l'homme se tourne instinctivement vers son Créateur. Dans la prospérité, et quand il n'y a rien de le blesser ou de lui faire peur, il ne se souvient pas de Lui , et est prêt à Le défier; mais le placer au milieu de dangers, le couper de l'aide humaine, que la tombe s'ouvre devant lui—il est, alors, au temps de sa tribulation que le moqueur et l'homme incrédule se tournent vers Dieu pour l'aide, estimant qu'il n'y a pas d'autre espoir, ou de refuge, ou de sécurité, sauf dans Son bras protecteur.

C'est alors que cet homme bienveillant m'a parlé de cette vie et de la vie après la mort, de la bonté et de la puissance de Dieu, et de la vanité des choses terrestres, tandis que nous voyagions le long de la route solitaire vers le bayou Boeuf.

Lorsque nous nous sommes trouvés à quelque cinq miles de la plantation, nous avons découvert un homme à cheval distant, galopant vers nous. Comme il approchait, j'ai vu que c'était Tibeats! Il m'a regardé un moment, mais ne m'a pas répondu, et se retournant, s'est promené côte à côte avec Ford. J'ai trotté silencieusement aux talons de leurs chevaux, énumérant leur conversation. Ford l'a informé de mon arrivée dans la pinède, trois jours avant, de la triste situation où j'étais, et des difficultés et des dangers que j'avais rencontrés.

«Eh bien», s'est exclamé Tibeats, en omettant ses serments d'habitude en présence de Ford, «Je n'ai jamais vu une telle course avant. Je vais le parier contre une centaine de dollars, il va battre n'importe quel nègre en Louisiane. J'ai offert à John David Cheney[110] vingt-cinq dollars pour l'attraper, mort ou vivant, mais il a distancé ses chiens dans une course équitable. Les chiens de Cheney ne sont pas beaucoup, après tout. Les chiens courants [111] de Dunwoodie l'aurait dû faire descendre avant de toucher les palmettes. D'une certaine manière les chiens ont perdu la piste, et nous avons dû abandonner la chasse. Nous avons pris nos montures autant que nous le pouvions, et ensuite avons continué à pied jusqu'à ce que l'eau ait trois pieds de profondeur. Les garçons ont dit qu'il a été noyé, bien sûr. Je permets que je veuille bien faire un tir à lui. Depuis ce jour-là, j'ai roulé de haut en bas du bayou, mais je n'avais pas eu beaucoup d'espoir de l'attraper -pensant qu'il était mort, sartin. Oh, c'est un juron à chasser, ce nègre! »

C'était dans cette manière que Tibeats a continué, décrivant sa recherche dans le marais, la vitesse merveilleux avec laquelle j'avais fui devant les chiens, et quand il avait fini, Maître Ford a répondu en disant que j'avais toujours été un fidèle garçon de bon cœur avec lui; qu'il était désolé que nous ayons eu tant de mal; que, selon le récit de Platt, il avait été traité inhumainement, et que lui, Tibeats, lui-même était en défaut. L'utilisation des haches et de large-axes sur les esclaves est honteux, et ne devrait pas être autorisée, il a remarqué. «Ce n'est pas une bonne façon de les traiter, quand ils sont récemment introduits dans le pays. Il aura une influence pernicieuse, et les mettra tous à s'enfuir. Les marais seront pleins d'eux. Un peu de gentillesse serait beaucoup plus efficace en les retenant et en les rendant obéissant, que l'utilisation de ces armes mortelles. Chaque planteur sur le bayou devrait désapprouver d'une telle inhumanité. Il est dans l'intérêt de tous de le faire. Il est assez évident, M. Tibeats, que vous et Platt ne peuvent pas vivre ensemble. Vous ne l'aimez pas, et n'hésiterez pas à le tuer, et le sachant, il sera capable de s'échapper de vous encore par la peur de sa vie. Maintenant, Tibeats, vous devez le vendre, ou louer, au moins. À moins que vous ne le fassiez, je vais prendre des mesures pour le faire sortir de votre possession.»[112]

Dans cet esprit, Ford s'est adressé à lui le reste de la distance. Je n'ai pas ouvert ma bouche. En arrivant à la plantation, ils sont entrés dans la grande maison, alors que j'ai réparé à la cabine d'Eliza. Les esclaves étaient étonnés de me trouver là, en rentrant sur le terrain, en supposant que j'étais noyé. Cette nuit-là, encore une fois, ils se sont réunis dans la cabine pour écouter le récit de mon aventure. Ils étaient persuadés que je serais fouettée, et qu'il serait sévère, la peine bien connue de la fugue étant cinq cents coups de fouet.

«Pauvre garçon», a dit Eliza, me prenant par la main, «il aurait été mieux pour toi si tu étais noyé. Tu as un maître cruel, et il te tuera encore, je le crains. »

Lawson a suggéré que peut-être, il serait le contremaître Chapin nommé pour infliger la punition, auquel cas il ne serait pas grave, après quoi Marie, Rachel, Bristol, et d'autres espéraient qu'il serait le maître Ford, et puis il n'y aurait pas de flagellation de tout. Ils m'ont tous pitié et ont essayé de me consoler, et étaient tristes en vue de ce châtiment qui m'attendait, sauf Kentucky John. Il n'avait pas de limites à son rire; il a rempli la cabine avec ses cachinnations, tenant ses côtés pour empêcher une explosion, et la cause de son hilarité bruyante était l'idée que j'avais dépassé les chiens. D'une certaine manière, il a regardé le sujet sous un angle comique. «Je s'vais qu'ils ne l' attrap'rait, quand il a traversé la plantation. O, mon Di'u, Plat n'a-t-il pas r'levé ses pieds, quoique, hein? Lorsque ces chiens sont arrivés où 'il était, il n'était pas là—haw, haw, haw! O, mon Di'u Tou' Puissan' » Et puis Kentucky John est retombé dans un autre de ses crises bruyants.

Tôt le lendemain matin, Tibeats a quitté la plantation. Au cours de la matinée, tandis que je flânais autour de la maison à égrener, un homme bien habillé est venu me voir, et a demandé si j'étais le garçon de Tibeats, cette appellation de jeunesse étant appliquée indistinctement aux esclaves, même s'ils ont passé le nombre de trois fois vingt ans et dix. J'ai enlevé mon chapeau, et j'ai répondu que oui.

«Veux-tu travailler pour moi? » a-t-il demandé.

« Oh, je voudrais bien, bien sûr» ai-je dit, inspiré soudainement d'un espoir soudain d'échapper à Tibeats.

« Tu as travaillé pour Myers, chez Peter Tanner, n'est-ce pas? »

Je lui ai répondu que oui, ajoutant quelques remarques flatteuses que Myers avait faites à mon égard.

« Bien, fiston,» a-t-il dit, «Je t'ai engagé de ton maître à travailler pour moi dans le Grand Hallier de canne à sucre, à une distance de trente-huit miles d'ici, sur la rivière Rouge.[113]

Cet homme était un certain M. Eldret, qui habitait au-delà de chez Ford, au même côté du bayou.[114] Je l'ai accompagné à sa plantation, et le lendemain matin, ai commencé avec son esclave, Sam, et une voiture pleine de provisions, tirée de quatre mulets, pour le Grand Hallier, Eldret et Myers nous précédant, étant montés à cheval. Ce Sam était originaire de Charleston, où il avait sa mère, son frère et des sœurs. Il a «accordé»—un mot commun parmi et les blancs et les noirs—que Tibeats était un homme cruel, et a espéré, comme je l'ai fait aussi avec empressement, que son maître à lui m'achèterait.

Nous avons procédé par la rive sud du bayou, le traversant à la plantation de Carey,[115] puis à Huff Power, et l'ayant traversé, nous sommes arrivés sur la route bayou Rouge, qui coule vers la rivière Rouge. Après être passés par le marais du bayou Rouge, et juste au

coucher du soleil, détournant de la route, nous sommes entrés dans
«le Grand Hallier» de canne à sucre. Nous avons suivi une piste non-
battue, à peine assez large pour admettre la charrette. Les cannes,
comme on les emploie pour les cannes à pêche, étaient aussi épaisses,
qu'elles pouvaient se tenir droit. A travers d'elles, on ne pouvait pas
voir une personne d'une distance d'une perche. Les sentiers des
animaux sauvages les ont parcourues dans toutes directions—l'ours
et le tigre américain abondants dans ces halliers, et où qu'il y ait un
bassin d'eau flaque, il en est plein d'alligators.[116]

Nous avons continué notre course solitaire à travers le «Grand
Hallier» pour quelques miles, quand nous sommes entrés dans une
éclaircie, connue comme «le champ de Sutton». Long avant, un
homme au nom de Sutton avait pénétré dans ce désert de canne,
pour arriver à ce lieu solitaire. Selon la tradition, il s'était enfui ici,
fugitif, pas de service, mais de justice. C'était ici qu'il avait vécu
seul—reclus et ermite du marais—et de ses propres mains, plantant
les graines et faisant la récolte. Un jour une troupe d'Indiens s'est
glissé furtivement sur sa solitude, et, après une bataille sanglante, l'a
vaincu et l'a massacré. Partout dans cette campagne, aux logements
des esclaves, et sur les piazzas des «grandes maisons», ou les enfants
blancs écoutent des contes superstitieux, selon l'histoire, que dans ce
lieu, au cœur de la «Grande Canne», se trouve un endroit hanté.
Pendant plus d'un quart de siècle, les voix humaines n'avaient que
rarement, si jamais, dérangé le silence de l'éclaircie. Des herbes
grossières et nuisibles ont couvert le champ, anciennement cultivé—
des serpents se sont exposés au soleil sur le seuil de la cabine
croulante. C'était vraiment un tableau de désolation morne.

En passant par le «champ de Sutton», nous avons suivi une
nouvelle route, récemment taillée, qui nous a menés à notre
destination. Nous avons maintenant achevé les terres sauvages du M.
Eldret, où il a contemplé défricher une large plantation. Nous nous
sommes mis à travailler avec nos couteaux à canne, et avons nettoyé
une espace assez grande pour permettre la construction de deux
cabines—l'une pour Myers et Eldret, l'autre pour Sam, moi et les
esclaves qui nous joindraient. Nous étions maintenant entourés
d'énormes arbres, dont les branches répandues ont failli exclure la
lumière du soleil, pendant que l'espace entre les troncs était une masse
impénétrable de canne, avec une palmette occasionnelle çà et là.

Le laurier, le sycomore, le chêne et le cyprès achèvent une croissance sans pareil, dans ces terres basses qui bordent la rivière Rouge. De chaque arbre, d'ailleurs, pendent des masses de mousse, longues et larges, qui présentent une apparence remarquable et singulière à l'œil qui n'y est pas accoutumé. Cette mousse, dans de grandes quantités, est envoyée au nord, et y est utilisée pour les manufactures.

Nous avons abattu des chênes, les ont fendus en barreaux, et avec ceux-ci ont érigé des cabines provisoires. Nous en avons couvert le toit des feuilles larges des palmettes, un substitut excellent pour des bardeaux, aussi longtemps qu'elles durent.

Mon plus grand chagrin ici était les petites mouches, les moucherons et les moustiques. Ils ont essaimé dans l'air. Ils ont pénétré les porches de l'oreille, du nez, des yeux, de la bouche. Ils se sont absorbés sous la peau. Il était impossible de les essuyer ou de les repousser. Il semblait, bien sûr, qu'ils nous dévoreraient—nous emporteraient par morceaux, dans leurs petites bouches tourmentantes.

D'un coin plus isolé, ou plus désagréable, que le centre du «Grand Hallier», il serait difficile de concevoir ; mais à mon avis, c'était un paradis, comparé à tout autre lieu dans la compagnie du Maître Tibeats. J'ai travaillé dur, et souvent était las et fatigué, mais je pouvais me coucher le soir en paix, et me lever le matin sans peur.

Au cours de quinze jours, quatre filles noires sont descendues de la plantation d'Eldret—Charlotte, Fanny, Cresia et Nelly. Elles étaient toutes grandes et robustes. On a mis des haches dans leurs mains, et elles ont été envoyées avec Sam et moi pour abattre des arbres. Elles étaient d'excellentes couperets, le chêne ou le sycomore le plus grand ne se tenant qu'un bref saison devant leurs lourds coups bien-dirigés. En entassant des bûches, elles s'égalent à tout homme. Dans les forêts du Sud, il y a des bûcherons-femmes aussi bien que ces bûcherons. Au fait, dans la région du bayou Bœuf, elles font leur part de tout le travail nécessaire à la plantation. Elles font passer la charrue, trainent, conduisent l'attelage, défrichent les terres sauvages, travaillent sur les grandes routes, ainsi de suite. Quelques planteurs, qui possèdent de grandes plantations de coton et du sucre, n'ont aucun labour sauf celui de femmes-esclaves. Un de ceux-là s'appelle Jim Burns, [117] qui habite sur la rive du nord du bayou, en face de la plantation de John Fogaman. [118]

A notre arrivée dans le hallier, Eldret m'a promis, si je travaillais dur, que je pourrais rendre visite à mes amis chez Ford après quatre semaines. Samedi soir de la cinquième semaine, je lui ai rappelé de sa promesse, quand il m'a dit que j'avais travaillé si bien, que je pourrais y aller. Je le désirais vivement, et l'annonce d'Eldret m'a fait frissonner de plaisir. Je devrais retourner bien à temps pour commencer les travaux du jour mardi matin.

Tout en profitant de l'anticipation agréable de sitôt rencontrer mes vieux amis, tout à coup la forme odieuse de Tibeats a apparu parmi nous. Il a demandé comment Myers et Platt s'entendaient, et on lui a dit très bien, et que Platt allait jusqu'à la plantation de Ford le lendemain matin pour une visite.

«Bah!» a ricané Tibeats; «Ça ne vaut pas la peine—ce nègre deviendra irrésolu. Il ne peut pas y aller.»

Mais Eldret a insisté sur le fait que j'avais travaillé loyalement— qu'il m'avait donné sa promesse, et que, dans les circonstances je ne dois pas être déçu. Le jour baissant, ils sont ensuite entrés dans une cabine et moi dans l'autre. Je ne pouvais pas abandonner l'idée d'aller, c'était une déception amère. Avant le matin je me suis résolu, que si Eldret ne faisait aucune objection, de partir à tout hasard. Au point du jour, j'étais à sa porte, avec ma couverture roulée en boule et au bout d'un bâton au-dessus de mon épaule en l'attente d'un laissez-passer. Tibeats est sorti présentement dans une de ses humeurs désagréables, s'est lavé le visage, et allant à une souche tout près, s'y est assis, apparemment occupé à penser à lui-même. Après y être resté debout longtemps, poussé par une impulsion soudaine d'impatience je me suis mis en route.

«Tu pars sans laissez-passer? » il m'a crié.

«Oui, maître, je pensais que oui, » ai-je répondu.

«Comment penses-tu y arriver? a-t-il demandé.

«Sais pas,» était toute la réponse que je lui ai donnée

«Tu seras capturé et envoyé en prison, où tu dois être, avant que tu n'arrives à mi-chemin», a-t-il ajouté, en passant dans la cabine en même temps qu'il l'a dit. Il est sorti bientôt avec le laissez-passer à la main, et m'appelant «un sacre nègre qui méritait cent coups de fouet», l'a jeté par la terre. Je l'ai ramassé, et me suis enfui bien rapidement.

Un esclave capturé au large de la plantation de son maître sans laissez-passer, pourra être saisi et fouetté par tout homme blanc qu'il rencontre. Le permis que j'ai reçu maintenant était daté, et se lisait comme suit:

«Platt a la permission d'aller à la plantation de Ford, sur le bayou Bœuf, et de revenir ici mardi matin. John M. TIBEATS ».

C'est la forme habituelle. En route, un grand nombre d'hommes l'a exigé, l'a lu, et a continué. Ceux qui avaient l'air et l'apparence des messieurs, dont la robe a indiqué la possession de la richesse, souvent ne faisaient pas attention à moi que ce soit; mais un maraud, un fainéant sans équivoque, n'a jamais manqué de me saluer, et de m'examiner d'une manière la plus complète. Attraper des fugueurs est parfois une entreprise qui peut gagner de l'argent. Si, après la publicité, nul propriétaire n'apparaît, les fugueurs peuvent être vendus au plus grand prix offert, et certains frais sont autorisés au viseur pour ses services, à toute occasion, même si récupéré. «Un blanc cruel», donc, un nom donné à cet espèce de badaud—le considère comme une aubaine de rencontrer un homme de couleur inconnu sans laissez-passer.

Il n'y a pas d'auberges le long des routes dans cette partie du pays où je séjournais. J'étais totalement dépourvu d'argent, et je n'avais pas de possessions à porter, sur mon chemin de la Grande Canne au bayou Bœuf. Néanmoins, avec une passe à la main, un esclave ne devez jamais souffrir ni de faim ni de soif. Il est seulement nécessaire de la présenter au maître ou au surveillant d'une plantation, et préciser ses besoins, quand il sera envoyé à la cuisine et fourni avec de la nourriture ou un abri, selon le cas. Le voyageur s'arrête à une maison et demande un repas avec autant de liberté que s'il s'agissait d'une taverne publique. C'est la coutume générale du pays. Quelles que soient leurs défauts, il est certain que les habitants le long de la rivière Rouge et dans les bayous à l'intérieur de la Louisiane ne manquent pas en matière d'hospitalité.

Je suis arrivé à la plantation de Ford vers la fin de l'après-midi, passant la soirée dans la cabine d'Eliza, avec Lawson, Rachel, et d'autres de ma connaissance. Lorsque nous avons quitté Washington, la forme d'Eliza était ronde et dodue. Elle se tenait debout, parée de ses soies et de bijoux, et a présenté une image de force gracieuse et d'élégance. Maintenant, elle n'était que l'ombre mince d'elle-même. Son visage était devenu affreusement hagard, et sa forme une fois droite et active était maintenant courbée, comme si elle portait le poids d'une centaine d'années. Accroupie au plancher de la cabine, et vêtue des habits grossiers d'un esclave, le vieil Elisha Berry n'aurait pas reconnu la mère de son enfant. Je ne l'ai jamais vue de suite. Devenue inutile dans le champ de coton, elle a été troquée pour une bagatelle, à un homme résidant dans le voisinage de Peter Compton.[119] Le douleur avait rongé sans remords à son cœur, jusqu'à ce que sa force ait disparu, et pour cela, son dernier maître, on a dit, l'a fouettée et l'a abusée impitoyablement. Mais il ne pouvait faire rebondir la vigueur de sa jeunesse, ni redresser ce corps courbé à sa pleine hauteur, telle qu'elle était lorsque ses enfants étaient autour d'elle, et la lumière de la liberté brillait sur son chemin.

J'ai appris les détails relatifs à son départ de ce monde, à partir de certains des esclaves de Compton, qui étaient venus de la rivière Rouge au bayou, pour aider la jeune Madame Tanner pendant la «haute saison». [120] Eliza est devenue à la longue, ils ont dit, tout à fait impuissante, pendant plusieurs semaines, gisant sur le sol dans une cabane délabrée, dépendante de la miséricorde de ses compatriotes en esclavage pour une goutte occasionnelle d'eau et un morceau de nourriture. Son maître ne l'a pas «frappée sur la tête», comme on le fait parfois pour mettre un animal souffrant hors de la misère, mais l'a laissée démunie, et non protégée, s'attarder jusqu'à la fin naturelle d'une vie de douleur et de misère. Quand les ouvriers sont retournés du champ une nuit, ils l'ont trouvée morte! Pendant la journée, l'Ange du Seigneur, qui se meut invisiblement sur toute la terre, rassemblant sa moisson d'âmes, était entré silencieusement dans la cabine de la mourante, et l'en a emmenée. Elle était enfin libre!

Le lendemain, retroussant ma couverture, j'ai commencé mon retour à la Grande Canne. Après avoir voyagé cinq miles, au lieu dit Huff Power, le toujours présent Tibeats m'a rencontré sur la route.[121] Il a demandé pourquoi j'allais revenir si tôt, et lorsqu'il a été informé que j'étais impatient de revenir au moment précis, il m'a dit que je n'avais pas besoin d'aller plus loin que la prochaine plantation, comme il m'avait ce jour-là vendu à Edwin Epps.[122] Nous sommes descendus dans la cour, où nous avons rencontré ce dernier, qui m'a examiné et m'a posé les questions habituelles défendues par les acheteurs. Ayant été dûment livré, on m'a ordonné aux logements, et en même temps m'a chargé de me fabriquer une houe et un manche de hache.

Maintenant, je n'étais plus la propriété de Tibeats—son chien, sa brute, redoutant sa colère et sa cruauté jour et nuit; et quiconque ou quoi que mon nouveau maître puisse démontrer d'être, je ne pouvais pas, certes, regretter ce changement. Donc, c'était de bonnes nouvelles lorsque la vente a été annoncée, et avec un soupir de soulagement je me suis assis pour la première fois dans ma nouvelle demeure.

Tibeats a bientôt disparu de cette partie du pays. Une fois après, et c'était une fois seulement, je l'ai revu. C'était à beaucoup de miles du bayou Boeuf. Il était assis dans la portière d'un bas débit de liqueurs. Je passais à travers la paroisse de Ste. Marie au milieu d'une troupe d'esclaves.

CHAPITRE XII.

Edwin Epps, dont beaucoup sera dit pendant le reste de cette histoire, est un homme grand et corpulent, de grosse taille aux cheveux blonds, aux pommettes hautes, d'un nez romain de dimensions extraordinaires. Il a les yeux bleus, le teint clair, et, comme je devrais dire, plein de six pieds de haut. Il a l'expression vive et curieuse d'un jockey. Ses manières sont répulsives et grossières, et son langage donne un témoignage rapide et sans équivoque qu'il n'a jamais connu les avantages d'une éducation. Il a la faculté de dire les choses les plus provoquantes, à cet égard, même surpassant celles du vieux Peter Tanner. Au moment où je suis venu en sa possession, Edwin Epps aimait la bouteille et ses «folies» qui s'étendaient parfois sur l'espace de deux semaines entières. Plus récemment, cependant, il a réformé ses habitudes, et quand je l'ai quitté, était aussi strict un spécimen de la tempérance que l'on pouvait trouver sur bayou Boeuf. Quand il était ivre, le Maître Epps était un camarade tapageur, bravache et bruyant, dont le plaisir principal était de danser avec ses «nègres», ou de les fouetter dans la cour avec son fouet long, juste pour le plaisir de les entendre pousser des cris perçants et de crier, comme les grandes raies de coups ont été plantés sur leur dos. Quand sobre, il était silencieux, réservé et rusé; il ne nous frappait pas au hasard, comme dans ses moments ivres, mais il envoyait la fin de son cuir vert à un certain endroit sensible d'un esclave à la traîne, avec une dextérité malin qui lui est particulière.

Il avait été un conducteur et un contremaitre dans ses jeunes années, mais à cette époque était en possession d'une plantation sur le bayou Huff Power, à deux miles et demi de Holmesville, dix-huit miles à partir de Marksville, et douze de Cheneyville. Cette plantation appartenait à Joseph B. Roberts, l'oncle de sa femme, et a été louée par Epps.[123] Son activité principale était l'élevage de coton, et dans la mesure où certains peuvent lire ce livre qui n'ont jamais vu un champ de coton, une description de la manière de sa culture ne peut pas être inopportune.[124]

Le terrain est préparé en jetant des couches ou des sillons, avec la charrue —sillonnant à rebours—on dit. Les bœufs et les mulets, ce dernier presque exclusivement, sont utilisés dans les labeurs. Les femmes aussi souvent que les hommes effectuent ce travail d'alimenter, de corroyer, et de prendre soin de leurs équipes, et à tous égards faisant le travail de terrain et de l'étable, exactement comme les valets de ferme du Nord le font.

Les couches, ou les sillons, ont six pieds de large, c'est à dire, d'un sillon d'eau à un autre. Une charrue tirée par une mule est ensuite trainée le long du sommet de la crête ou le centre de la couche, ce qui rend un autre sillon peu profond, dans lequel une jeune fille laisse tomber généralement la graine, qu'elle porte dans un sac suspendu autour de son cou. Derrière elle vient une mule et une herse, couvrant la graine; de sorte que deux mules, trois esclaves, une charrue et une herse, sont utilisés dans la plantation d'une rangée de coton. Cela se fait dans les mois de mars et avril. Le maïs est planté en février. Quand il n'y a pas de pluies froides, le coton fait habituellement son apparition dans une semaine. Au cours de huit ou dix jours après, le premier sarclage est commencé. Ceci est réalisé en partie, également, à l'aide de la charrue et du mulet. Une seule tige, la plus grande, est maintenant laissée debout dans chaque colline. Dans une quinzaine de jours, on fait le sarclage une troisième fois, en jetant le sillon vers le coton de la même manière qu'avant, et pour tuer toute herbe entre les rangs. Vers le premier juillet, quand le coton mesure un pied ou à peu près, il est sarclé une quatrième et dernière fois. Maintenant tout l'espace entre les lignes est labouré, laissant un sillon à eau profonde dans le centre. Pendant tous ces binages, le contremaître ou le conducteur suit les esclaves à cheval avec un fouet, comme cela a été décrit. Le sarcleur le plus rapide prend la première rangée. Il se trouve généralement à une perche à l'avance de ses compagnons. Si l'un d'eux le dépasse, il est fouetté.[125] Si l'on tombe en arrière ou montre un moment d'inactivité, il est fouetté. En fait, la mèche est en vol du matin jusqu'au soir, toute la journée. La saison de binage continue donc d'avril en juillet, un champ étant à peine terminé une fois, que tout cela recommence.

Dans la dernière partie d'août commence la saison de la récolte du coton. À ce moment on donne un sac à chaque esclave. Une courroie y est attachée, qui passe au-dessus du cou, tenant l'embouchure du sac aussi haut que la poitrine, alors que le fond atteint à peu près le sol. Chacun d'eux est également présenté avec un grand panier qui tiendra presque deux barils. Il s'agit d'y mettre le coton lorsque le sac est rempli. Les paniers sont portés dans le champ et placés à la tête des lignes.

Quand un nouvel ouvrier, un qui est peu habitué à l'entreprise, est envoyé pour la première fois dans le champ, il est fouetté rudement et est forcé de cueillir aussi vite qu'il peut pendant toute la journée.[126] La nuit, le coton est pesé, de sorte que sa capacité dans la récolte du coton est connue. Il doit apporter le même poids chaque nuit suivante. Si ce poids ne correspond pas, on le considère d'être traînard et un certain nombre de coups plus ou moins de fouet en est la peine.

Le travail d'un jour ordinaire est environ deux cent livres. Un esclave qui est habitué à la cueillette, est puni, si il ou elle apporte une quantité moins que cela. Il y a une grande différence entre eux en ce qui concerne ce genre de travail. Certains entre eux semblent avoir un talent naturel, ou la rapidité, ce qui leur permet de cueillir avec une grande célérité et avec les deux mains, tandis que d'autres, avec de la pratique ou de l'industrie quelconque sont totalement incapables d'arriver à la norme ordinaire. Ces ouvriers sont enlevés du champ de coton et utilisés dans d'autres affaires. Patsey, de laquelle j'aurai plus à dire, était connue comme la cueilleuse de coton la plus remarquable sur le bayou Boeuf. Elle a ramassé des deux mains et avec une telle rapidité surprenante que cinq cents livres par jour n'était pas inhabituel pour elle.[127]

Chacun est chargé, par conséquent, en fonction de ses capacités de cueillette, ayant un minimum, cependant, de deux cents livres. Moi, étant toujours maladroit dans cette entreprise aurait satisfait mon maître en apportant cette dernière quantité, tandis que d'autre part Patsey aurait été sûrement battue si elle avait omis de produire deux fois de plus.

Le coton croît de cinq à sept pieds de haut, chaque tige ayant un grand nombre de branches, se repliant dans toutes les directions et recouvrant un autre au-dessus du sillon d'eau.

Il y a peu de vues plus agréables à l'œil qu'un large champ de coton quand il est en fleur. Il présente une apparence de pureté, comme une étendue immaculée, de la neige légère et fraîchement tombée.

Parfois, l'esclave cueille sur un côté d'une ligne, et retour sur l'autre, mais plus souvent, il y a un esclave sur chaque côté, rassemblant tout ce qui avait fleuri, laissant les capsules non ouvertes pour une deuxième cueillette. Lorsque le sac est rempli, il est vidé dans le panier et piétinée. Il faut être extrêmement prudent pour la première fois en passant par le terrain, afin de ne pas casser les branches des tiges. Le coton ne fleurit pas sur une branche cassée. Epps ne manquait jamais d'infliger le châtiment le plus sévère sur le serviteur malheureux qui était coupable au moindre degré à cet égard, soit négligemment soit inévitablement.

Les esclaves doivent être dans le champ de coton dès qu'il fasse jour et à l'exception d'un repos de dix ou quinze minutes, ce qui leur est donné à midi pour avaler leur allocation de lard froid, ils ne sont pas autorisés d'être oisif pendant un moment jusqu'à ce qu'il soit trop sombre pour voir et quand la lune est pleine ils travaillent souvent jusqu'au milieu de la nuit.[128] Ils n'osent ni s'arrêter, même à l'heure du dîner, ni retourner dans les logements bien qu'il fasse très tard, jusqu'à ce que l'ordre de mettre fin soit donné par le surveillant.

Ayant fini le travail de la journée, on «tote», c'est-à-dire, on porte les paniers à l'égrener, on l'on pèse le coton. N'importe si l'esclave pourrait être fatigué et las, n'importe s'il soupire après le sommeil et le repos—un esclave ne s'approche jamais à la maison à égrener avec son panier de coton qu'avec de la peur. Si ce panier manque de poids—si l'esclave n'a pas satisfait cette tâche qui lui est accordée, il sait qu'il doit souffrir. Et s'il l'a surpassée de dix ou vingt livres, il est certain que son maître mesurera ainsi la tâche du lendemain. Donc, soit qu'il n'en ait pas assez soit qu'il en ait trop, son approche à la maison d'égrener est toujours avec peur et tremblement. Souvent, ils n'en ont pas assez, donc c'est pourquoi ils ne s'attendent pas à quitter le champ. Après le pesage suivent les flagellations; puis on rentre les paniers dans la maison à coton, et on amasse leur contenu comme le foin, tous les esclaves étant faits entrer pour le piétiner. Si le coton n'est pas sec, au lieu de le porter immédiatement à la maison à égrener, on le met sur des estrades, d'une hauteur de deux pieds, et quelques-unes ayant trois fois la largeur, couvertes de madriers ou de planches, séparées d'étroites allées.

Cela fait, les travaux de la journée ne sont pas encore terminés par aucun moyen. Chacun doit alors faire face à ses tâches respectives. On alimente les mules, un autre les pourceaux, un autre coupe le bois, et ainsi de suite; d'ailleurs, l'emballage du coton est fait par la lumière de la bougie. Enfin, à une heure tardive, ils atteignent les logements, somnolents et surmontés du labeur de la journée. Puis un feu doit être allumé dans la cabine, le maïs moulu dans le petit moulin à main et le souper et le dîner pour le lendemain au champ, préparés. Tout ce qui leur est permis est le maïs et le bacon, qui est remis à la crèche de maïs [corncrib] et à la maison à fumer tous les matins de dimanche .[129] Chacun reçoit, comme son allocation hebdomadaire, trois livres et demie de lard et autant de maïs pour en faire un picotin de farine. C'est tout: ni thé, ni café, ni sucre, et à l'exception d'une pincée très rare ici et là, pas de sel. Je peux dire, à partir d'avoir résidé pour dix ans avec Maître Epps, qu'aucun de ses esclaves n'est toujours susceptible de souffrir de la goutte, superposée par des excès d'un niveau de vie élevé. Les cochons du Maître Epps ont été nourris de maïs décortiqué—ce qui a été jeté vers ses «nègres», en épi. Le premier, pensait-il, engraisserait plus rapidement par faire égrener le maïs, et le tremper dans l'eau—le dernier, peut-être, si traité de la même manière, pourrait devenir trop gros pour travailler. Le Maître Epps est un calculateur très sagace, et savait bien gérer ses propres animaux, bien qu'il soit ivre ou sobre.

Le moulin à maïs se trouve dans la cour sous un abri. Il est comme un moulin à café commune, la trémie tenant environ un gallon et demi. Il y avait un privilège que le Maître Epps a accordé gratuitement à chaque esclave qu'il avait. Ils pourraient moudre leur grain chaque nuit, dans ces petites quantités que leur besoin quotidien a requis, ou ils pourraient rectifier l'allocation de toute la semaine à un moment donné, le dimanche, tout comme ils préféraient. Un homme très généreux était le Maître Epps!

J'ai gardé mon maïs dans une petite boîte en bois, la farine dans une gourde; et, en passant, la gourde est l'un des ustensiles les plus commodes et nécessaires sur une plantation. En plus d'y fournir de toutes sortes de vaisselle dans une cabane d'esclave, elle est utilisée pour transporter de l'eau dans les champs. Une autre, également, contient le dîner. Elle dispense entièrement de la nécessité de seaux, de louches, de bassins, et de telles superfluités en étain et bois.

Lorsque le maïs est broyé, et le feu est faite, le bacon est descendu du clou sur lequel il pend, une tranche coupée et jetée sur les charbons pour se faire griller. La majorité des esclaves n'ont pas de couteau, et encore moins de fourchette. Ils coupent leur lard avec la hache au tas de bois. La farine de maïs est mélangée avec un peu d'eau, placé dans le feu, et cuit au four. Quand il est «faite brun,» les cendres sont grattées, et étant placés sur un copeau, qui sert comme table, le locataire de la hutte d'esclave est prêt à s'asseoir sur le sol pour souper. Maintenant, il est généralement minuit. La même crainte de punition avec laquelle ils abordent la maison à égrener, les possède à nouveau en se couchant pour obtenir un moment de repos. C'est la peur de dormir trop longtemps. Une telle infraction ne gagnerait certainement pas moins de vingt coups de fouet. Avec une prière qu'il peut être sur ses pieds et éveillé au premier son de la trompette, il s'enfonce dans son sommeil nocturne.

Les canapés les plus doux du monde ne se trouvent pas dans le manoir en bûches de l'esclave. Le lit sur lequel je me suis incliné année après année, était une planche de douze pouces de large et dix pieds de long. Mon oreiller était un bâton de bois. La literie était une couverture grossière, sans chiffon ou lambeau de plus. La mousse pourrait être utilisée, mais cela engendrait directement un essaim de puces.[130]

La cabine est construite en bûches, sans plancher ou fenêtre. Celle-ci n'est absolument pas nécessaire, les crevasses entre les bûches admettant une lumière suffisante. Dans les saisons pluvieuses, la pluie s'enfonce entre elles, la rendant sans confort et extrêmement désagréable. La porte rude pend sur de grands gonds en bois. Au bout se trouve une cheminée inconvenient.[131]

Une heure avant l'aube, on sonne le cor. Puis les esclaves se lèvent, se préparent le déjeuner, remplissent une gourde d'eau, et dans une autre mettent leur dîner de lard froid et une galette de maïs, puis se dépêchent encore aux champs. Être trouvé dans les logements après le lever du soleil est une offense uniformément suivi d'une flagellation. C'est ensuite que commencent les peurs et les travaux d'un autre jour, et jusqu'à sa fin, il n'existe pas une chose telle comme le repos. L'esclave craint d'être surpris se traînant pendant la journée; il craint de s'approcher de la maison à égrener avec son panier de coton le soir; la nuit, quand il se couche, il craint de dormir tard le lendemain matin. Voici la description et le tableau de la vie d'un esclave—vrai, fidèle, sans exagération—au moment de la récolte de coton, sur les rives du bayou Bœuf.

Au mois de janvier, généralement, on achève la quatrième et dernière cueillette. Puis la récolte de maïs commence. On le considère comme une récolte secondaire, et reçoit beaucoup moins attention que le coton. On le plante, comme déjà mentionné, au mois de février. On fait pousser le maïs dans cette région pour engraisser les cochons et pour nourrir les esclaves; très peu, si presque pas de maïs est envoyé au marché. C'est de la variété blanche, l'épi d'une grande taille, et la tige croissant à une hauteur de huit, et souvent dix, pieds. En août, on en arrache les feuilles, les sèche au soleil, les roule en petites moyettes, et l'amasse comme fourrage pour les mules et les bœufs. Après cela, les esclaves passent dans les champs, pliant les épis, pour défendre aux pluies de pénétrer aux graines. On laisse le maïs dans cette condition jusqu'après la récolte du coton, soit plus tôt, soit plus tard. Puis on sépare les épis des tiges, et les met, sans être écossés dans la crèche à maïs; autrement, étant écossé, le charançon les détruirait.

On fait croître la Caroline, ou la patate douce, à quelque mesure, dans cette région.[132] On ne les donne pas, néanmoins, aux cochons ou aux bœufs, et elles n'ont que peu d'importance. Elles sont préservées en les plaçant par terre, et les couvrant légèrement de sol or de tiges de maïs. Il n'y a pas de cellier sur le bayou Bœuf.[133] La terre est si basse qu'elle remplirait d'eau. Les patates valent de deux à trois «bits», ou shillings le baril; le maïs, sauf quand il y a une rareté inattendue, se vend pour le même prix.

Aussitôt que les récoltes de coton et de maïs sont sûres, les tiges sont arrachées, jetées dans les tas, et brûlées. On recommence à passer la charrue, rétablissant les couches, en préparation pour un autre plantage. Le sol, dans les paroisses de Rapides et d'Avoyelles, et partout dans toute la campagne, aussi loin que mes observations se sont étendues, est d'une richesse et fertilité extrême. C'est une sorte de marne, d'une couleur brune ou rouge. Il n'exige pas ces terreaux fortifiants qui sont nécessaires pour les terres plus infertiles, et dans le même champ, on peut cultiver la même récolte pour beaucoup d'années successives.

Sillonner, planter, cueillir le coton, récolter le maïs, arracher et brûler les tiges occupent toutes les quatre saisons de l'année. Tirer et couper le bois, presser le coton et engraisser et abattre les cochons ne sont que des travaux accessoires.

Au mois de septembre ou d'octobre, les cochons sont chassés des marais par les chiens, et enfermés dans des enclos. Un matin très froid, généralement vers le Jour de l'An, ils sont abattus. Chaque carcasse est coupée dans six parties, et entassée l'une sur l'autre en sel, sur des grandes tables dans la maison à fumer. Une carcasse reste dans cette condition pendant quinze jours, quand elle est pendue, et on fait un feu qui continue plus que la moitié du temps pour le reste de l'année. Cette action de fumer en entière est nécessaire pour prévenir que le bacon soit infesté de vers. Dans un climat si doux, il est difficile de le préserver, et mainte fois, moi et mes compagnons avons reçu notre allocation hebdomadaire de trois livres et demi, quand elle était toute verminuese.[134]

Bien que les marais regorgent de bétail, on n'en fait jamais la provenance de quelque profit, à un degré considérable. Le plantier coupe sa marque sur l'oreille, ou marque au fer chaud sa sigle au flanc, et les met au vert dans le marais, à errer sans restriction dans leurs confins presque sans limites. C'est une race espagnole, petite, aux cornes aiguës. J'ai entendu parler des troupeaux étant enlevés du bayou Bœuf, mais cela se voit bien rarement. Les meilleures vaches valent à peu près cinq dollars chacune. Si l'on pouvait en traire deux litres de lait pendant une session serait considéré comme une quantité d'une grandeur exceptionnelle. Ces vaches produisent peu de de suif, celui-ci étant d'une qualité molle et inférieure.[135] Malgré le grand nombre de vaches qui encombre les marais, les plantiers sont redevables au Nord pour leur fromage et leur beurre, achetés au marché de la Nouvelle Orléans. Le bœuf salé ne figure pas comme comestible ni dans la grande maison ni dans la cabine.

Le Maître Epps s'était accoutumé à assister aux matches de ti- pour obtenir le bœuf frais dont il avait besoin. Ces sports avaient lieu chaque semaine dans les voisinages d'Holmesville. Les bœufs gras sont conduits là, et on y vise, un prix stipulé étant requis pour ce privilège. Le bon tireur heureux partage la chair entre ses semblables, et c'est dans cette manière que les planteurs qui sont en assistance s'en fournissent.

Le grand nombre de bétail—domestiqué et sauvage—qui grouille les bois et les marais de bayou Bœuf a probablement suggéré cette appellation au Français, tandis que le terme, traduit, signifie la crique, or la rivière du bœuf sauvage.

Les produits du jardin, comme le choux, le navet, ainsi de suite, sont cultivés pour la consommation par le maître et sa famille. Ils ont des herbes potagères et des légumes tous le temps en toute saison de l'année. «L'herbe se dessèche et la fleur se fane» devant les vents ravageants de l'automne dans le froid des latitudes septentrionales, mais la verdure perpétuelle se répand sur les basses plaines chaudes, et des plantes fleurissent en plein hiver, dans la région du bayou Bœuf. [136]

Il n'y a pas de prés appropriées à la culture de l'herbe. Les feuilles de maïs fournissent autant de nourriture pour le bétail labourant, tandis que les autres vaches se pourvoient toute l'année dans les pâturages toujours vertes.

Il y a d'autres particularités du climat, de l'habit, de la coutume et de la manière de vivre et de travailler dans le sud, mais ceux que j'ai mentionné, je suppose, donneront au lecteur un aperçu et une idée générale de la vie dans une plantation de coton dans la Louisiane. Le mode de la culture de la canne, et le procédé de la manufacture de sucre, seront mentionnés ailleurs.

CHAPTER XIII.

Dès mon arrivée chez le Maître Epps, en obéissance à son ordre, la première affaire que j'ai abordée était la fabrication d'un manche d'hache. Les manches tels que l'on y utilise sont tout simplement un bâton, rond et droit. J'en ai fait un de courbé, taillé comme ceux auxquels je m'étais accoutumé dans le Nord. L'ayant achevé, et le présentant à Epps, il l'a regardé avec étonnement, pas capable de déterminer exactement ce que c'était. Il n'a jamais vu un tel manche, et quand je lui ai expliqué ses convenances, il était forcément frappé de la nouveauté de l'idée. Il l'a gardé longtemps dans la maison, et quand ses amis sont venus, avait l'habitude de l'exposer comme curiosité.

C'était maintenant la saison de sarclage. J'ai été d'abord envoyé dans le champ à maïs, et après, mis à râcler le coton.[137] Je suis resté dans cet emploi presqu'au moment où le sarclage a passé, quand j'ai commencé à éprouver les symptômes d'une maladie approchante. J'ai été saisi de frissons, suivis d'une fièvre brulante. Je suis devenu faible et émacié, et fréquemment si pris d'étourdissements qu'il m'a occasionné de trébucher et de chanceler comme un ivre. Néanmoins, j'ai dû garder ma rangée. Quand en bonne santé, j'ai trouvé peu de difficulté en suivant mes frères en labeur, mais maintenant il semblait être complètement impossible. C'était souvent que je retardais, quand le fouet du conducteur était sûr de trouver mon dos, infusant un peu d'énergie temporaire dans mon corps, malade et languissant.[138]

J'ai continué à décliner jusqu'enfin le fouet est devenu entièrement inefficace. Les aiguillons les plus aigus ne pouvaient pas me provoquer. Finalement, en septembre, quand la saison la plus empressée s'est approchée, je n'ai pas pu sortir de ma cabine. Jusqu'ici, je n'ai reçu aucun médicament, ni aucune attention ni de mon maître ni de ma maîtresse. Le vieux cuisiner m'a rendu visite de temps en temps, préparant pour moi du café de maïs, et quelquefois, bouillant un morceau de bacon, quand je suis devenu trop affaibli pour le faire moi-même.

Quand on a dit que je mourrais, le Maître Epps, peu disposé de souffrir la perte, que la mort d'un animal qui valait mille dollars lui porterait, a conclu de courir les frais d'envoyer chercher le Dr. Wines à Holmesville. [139] Il a annoncé à Epps que c'était l'effet du climat, et qu'il y avait une probabilité de me perdre. Il m'a chargé de ne manger aucune viande, et de ne pas consommer plus de nourriture que celle qui était absolument nécessaire pour maintenir ma vie. Plusieurs semaines sont passées, pendant quel temps, avec le maigre régime auquel j'ai été exposé, j'ai partiellement retrouvé ma santé. Un matin, bien long avant que j'ai retrouvé une condition convenable pour travailler, Epps a apparu à la porte de la cabine, et me présentant un sac, m'a commandé d'aller dans le champ de coton. C'était une situation fâcheuse, bien sûr. Pendant que les autres ont utilisé les deux mains, arrachant le coton et le mettant dans l'embouchure du sac, d'une précision et d'une dextérité qui m'était incompréhensible, j'ai dû saisir la capsule d'une main, et en tirer la fleur blanche et bouillonnante de l'autre.

Déposant le coton dans le sac, d'ailleurs, était une difficulté qui exigeait l'exercice et des deux yeux et des deux mains. J'ai dû le ramasser du sol où il tomberait, presqu'aussi souvent que de la tige où il avait poussé. J'ai fait de grands ravages avec les branches, chargées des capsules pas encore mûres, le sac—long et difficile à manier— balançait de l'un coté à l'autre dans une manière pas admissible dans le champ de coton. Après une journée le plus pénible, je suis arrivé à la maison à égrener avec mon fardeau. Quand la balance a déterminé son poids d'être seulement quatre-vingt-cinq livres, pas même la moitié de la quantité exigée du moindre cueilleur, Epps a menacé la flagellation la plus sévère, mais en considération de mon état de «novice» a décidé de me pardonner à cette occasion.[140] Le lendemain, et pour plusieurs jours après, je suis retourné le soir sans meilleurs résultats—évidemment, je n'ai pas été créé pour cette espèce de travail. Je n'avais pas le don—les doigts adroits et la motion rapide de Patsey, qui pouvait voler le long d'une rangée de coton, l'arrachant de sa blancheur pure et moutonneuse d'une vitesse miraculeuse. La répétition et les flagellations étaient également inutiles, et Epps, en satisfait finalement, a juré que j'étais honteux— que je n'étais pas aussi bon d'associer avec un «nègre cueillant»—que je ne pouvais pas en cueillir assez pendant la journée pour payer les frais de le peser, et que je ne devrais plus aller dans le champ de coton. J'étais maintenant employé dans le domaine de couper et de traîner le bois, de transporter le coton à la maison à égrener, et j'ai fait tout autre service qui était nécessaire. Il suffit de dire que je n'étais jamais permis d'être oisif.

C'était un jour rare qui s'est passé sans une flagellation ou plus. Cela avait lieu au moment où l'on pesait le coton. Le délinquant, dont le peseur se mesurait court, a été emmené, déshabillé, demandé de se coucher par terre, y mettant la figure, où il a reçu une punition proportionnée à son offense. C'est la vérité, littérale et simple, que le craquement du fouet et les cris des esclaves s'entendent du crépuscule jusqu'à l'heure de coucher, sur la plantation d'Epps, n'importe quel jour pendant toute la période de la saison de la récolte de coton.[141]

Le nombre de coups est gradué selon la nature de l'affaire. Vingt-cinq sont déterminés d'être un effleurage, infligé, par exemple, quand une feuille sèche ou un morceau de capsule se trouve dans le coton, ou quand on casse une branche dans le champ ; cinquante est la pénalité ordinaire suivante toutes les délinquances de la prochaine rangée plus élevée ; cent est considéré comme sévère : c'est la punition infligée pour l'offense sérieuse de se trouver indolent au champ ; de cent cinquante à deux cents coup se donne à celui qui trouve querelle avec ses camarades de cabine, bien appliqués; hors du calandrage des chiens, peut-être, il est certain de consigner le pauvre fugitif qu'on ne plaint pas aux semaines de peine et d'agonie.

Pendant les deux ans qu'Epps est resté à la plantation au bayou Huff Power, il avait l'habitude, aussi souvent qu'une fois tous les quinze jours, de revenir ivre chez lui d'Holmesville. Les matches à tir se terminaient presqu'invariablement par une débauche. À ces occasions, il était impétueux et à demi fou. Il cassait souvent la vaisselle, les chaises et n'importe quels meubles sur lesquels il pouvait mettre sa main. Satisfait de son amusement dans la maison, il saisissait le fouet, et entrait dans la cour. Puis il incombait aux esclaves d'être vigilent et extrêmement circonspect. Le premier d'être à sa portée a senti l'aiguillon de son fouet. Quelquefois, il les ferait courir dans toutes directions pendant des heures, esquivant les coins des cabines. De temps en temps, il en trouvait un à l'improviste, et s'il avait mis au net un bon coup, c'était une action qui le réjouissait. Les plus jeunes enfants, et les vieux, qui sont devenus inactifs, ont souffert à ces occasions. Au milieu du désordre, il s'établissait sournoisement derrière une cabine, attendant avec le fouet levé, pour le heurter contre la première figure noire qui paraissait imprudemment autour du coin.

Autrefois, il revenait chez lui dans une humeur moins brutale. Puis, on devait avoir une fête. Tous devaient bouger au rythme d'une mélodie. Puis le Maître Epps avait besoin de régaler ses oreilles mélodieuses de la musique du violon. Puis est-il devenu léger, élastique, dansant gaiment autour de la piazza et partout dans la maison.

Tibeats, au moment de ma vente, l'avait informé que je pouvais jouer du violon. Il avait reçu ces renseignements de Ford. A cause des importunités de la Maîtresse Epps, elle a persuadé son mari de m'acheter un violon pendant une visite à la Nouvelle Orléans. Fréquemment, on m'appelait dans la maison pour jouer devant la famille, la maîtresse ayant une passion pour la musique.

Nous étions tous assemblés dans le salon de la grande maison, toutes les fois qu'Epps rentrait dans une de ses humeurs dansantes. N'importe comment nous étions épuisés et fatigués, il y avait lieu une danse générale. Bien posé au plancher, je commencerais à jouer un air.

«Dansez, vous sacrés nègres, dansez!» Epps criait.

En ce moment, on ne doit ni s'arrêter ni tarder, ni montrer des mouvements faibles; tous doivent être vifs, et animés et alertes. «Haut et bas, talon et point de pied, et allons-nous en» a été l'ordre de l'heure. La forme corpulente d'Epps s'est entremêlée avec celles de ses esclaves noirauds, progressant rapidement à travers tous les labyrinthes de la danse.

Généralement, il avait son fouet à la main, prêt à tomber sur les oreilles de l'esclave présomptueux, qui a osé de se reposer pendant un moment, ou même s'arrêter pour rattraper son haleine. Quand il était épuisé, lui-même, il y avait une pause brève, mais bien brève. Avec une taillade et en craquement, et en brandissant le fouet, il criait de nouveau, «Dansez, vous nègres, dansez !» et ils s'en allaient une fois de plus, pêle-mêle, pendant que moi, aiguillonné par une touche aiguë du fouet, me suis assis au coin, tirant de mon violon une merveilleuse cadence. La maîtresse l'a reproché souvent, déclarant qu'elle rentrerait chez son père à Cheneyville; néanmoins, il y avait des moments où elle ne pouvait pas éviter éclater de rire, en témoignant ses exploits tumultueux. Fréquemment, nous étions détenus dans cette manière jusqu'à l'aube, presque. Courbés de labeur excessif—en réalité, souffrant pour un peu de repos rafraichissant, et pensant plutôt que nous pouvions nous jeter par terre et pleurer—c'est pendant maintes nuits chez Epps que ses esclaves malheureux ont été forcés de danser et de rire.

En dépit de ces privations, pour satisfaire les caprices d'un maître irraisonnable, nous avons dû aller au champ aussitôt qu'il faisait jour, et pendant la journée, exécuter la tâche ordinaire et accoutumée. Telles privations ne pouvaient pas être pressées à la balance comme exténuation d'un manque de poids, ou dans le champ de maïs pour ne pas sarcler de la rapidité usuelle. Les flagellations étaient aussi sévères que celles que nous avons reçues si nous nous sommes mis en route au travail le matin, fortifiés et tonifiés par une nuit de repos. Au fait, après de tels ébats, il était toujours plus amer et sauvage que d'avant, nous punissant pour des causes plus légères, et utilisant le fouet avec une énergie plus forte et plus vindicative.

Pendant dix ans j'ai labouré pour cet homme sans récompense. Dix ans de mon travail incessant ont contribué à agrandir la somme de ses possessions. Dix ans j'ai été forcé de l'adresser, les yeux baissés et la tête nue—dans l'attitude et le langage d'un esclave. Je ne dois rien à lui, sauf de l'abus et des cicatrices non-méritées.

Loin de la portée de sa courroie inhumaine, et me tenant sur le sol de l'état libre où je suis né, grâce à Dieu, je peux lever ma tête une fois de plus parmi des hommes. Je peux parler des torts que j'ai soufferts, et de ceux qui les ont infligés, les yeux soulevés. Mais je n'ai aucun désir de parler ni de lui ni de quelqu'un d'autre autrement qu'avec vérité. Mais de parler véridiquement d'Edwin Epps serait de dire—c'est un homme dans le cœur de qui la qualité de bienveillance ou de justice ne se trouve nulle part. Une énergie rude et orageuse, unie avec

une intelligence pas cultivée et un esprit avare, sont ses caractéristiques dominantes. Il est connu comme «dompteur de nègres», distingué pour sa faculté de subjuguer l'esprit de l'esclave, et se fiant de sa réputation dans cet égard, comme un jockey se vante de son adresse à dompter un cheval rétif.

Il a regardé un homme de couleur, pas comme un être humain, responsable à son Créateur pour le petit don chargé à lui, mais comme une «personne meuble», comme la propriété vivante, pas meilleur, sauf en valeur, que son mulet ou son chien. Quand l'évidence, claire et indisputable, était posée devant lui que j'étais un homme libre, et aussi intitulé à ma liberté que lui—quand le jour où je suis parti, étant informé que j'avais une femme et des enfants, aussi chers à moi que les siens à lui, il n'avait eu que le délire, et a juré, dénonçant la loi qui m'a arraché de lui, et déclarant qu'il trouverait l'homme qui avait fait suivre la lettre qui a dévoilé le lieu de ma captivité, s'il y avait quelque vertu ou pouvoir en argent, et lui prendrait sa vie. Il n'a pensé à rien sauf sa perte, et m'a maudit pour ayant été né libre. Il aurait pu rester fixe et regarder les langues de ses pauvres esclaves extirpés—il aurait pu les regarder brûlés aux cendres sur un feu lent, ou rongés à la mort par des chiens, si tout cela lui apportait du profit. Un tel homme dur, cruel et injuste, ça, c'est Edwin Epps.

Il n'y avait qu'un plus grand sauvage sur le bayou Bœuf que lui— la plantation de Jim Burns était cultivée, comme déjà mentionné, exclusivement par des femmes. Cet homme barbare a gardé leurs dos si douloureux et écorchés, qu'elles ne pouvaient guère exécuter les travaux ordinaires exigés quotidiennement de l'esclave. Il s'est vanté de sa cruauté, et à travers tout le pays, on disait que c'était un homme plus résolu et énergique même qu'Epps. Un brute lui-même, il ne possédait aucune particule de miséricorde pour ses sujets, et comme un fou, les a fouettées et a ôté la véritable puissance sur laquelle a dépendu son taux de profit.

Epps est resté sur le bayou Huff Power deux ans, quand, ayant accumulé une somme d'argent considérable, l'a dépensée à l'achat de la plantation sur la rive orientale du bayou Bœuf, où il continue à demeurer.[142] Il en a pris possession en 1845, après avoir célébré les jours de fête. Il y a emmené avec lui neuf esclaves, tous, sauf moi et

Susan, qui est morte depuis, y restent encore. Il n'a pas fait addition à cette force, et pour huit ans, les suivants étaient mes compagnons dans les logements, viz. Abram, Wiley, Phebe, Bob, Henry, Edward, et Patsey. Tous entre eux, sauf Edward, né depuis, ont été achetés d'un troupeau par Epps pendant la période où il était contremaître pour Archy B. Williams, dont la plantation est située sur la rive de la rivière Rouge, pas loin d'Alexandria. [143]

Abram était grand, se tenant une pleine tête au-dessus d'un homme moyen. Il avait soixante ans d'âge, et est né dans l'état de Tennessee. Il y a vingt ans, un traitant l'a acheté, et l'a emporté dans la Caroline du Sud, et l'a vendu à James Buford, du comté de Williamsburg, dans cet état. Pendant sa jeunesse, on l'a connu pour sa grande force, mais l'âge et le travail incessant ont un peu fracassé son corps et ont affaibli ses facultés mentales.

Wiley a quarante-huit ans. Il est né sur le domaine de William Tassle, et pour beaucoup d'ans s'est chargé du bac de cet homme sur la grande rivière Noire, dans la Caroline du Sud.

Phebe était l'esclave de Buford, le voisin de Tassle, et était la femme de Wiley; Buford a acheté celui-ci, à son instigation à elle. Buford était un maître bienveillant, shérif de ce comté, et en ce temps-là, un homme de richesse.

Bob et Henry sont les enfants de Phebe, par un ancien époux, leur père étant abandonné pour donner place à Wiley. Ce jeune homme s'était insinué dans les affections de Phebe, et donc l'épouse infidèle avait poussé son premier mari hors de la porte de sa cabine. Edward leur est né sur le bayou Huff Power.

Patsey a vingt-trois ans—elle aussi vient de la plantation de Buford. Elle n'est liée avec les autres en aucune façon, mais a joui dans le fait qu'elle est produite d'une «nègre de Guinée», amenée au Cuba dans un navire d'esclaves, et dans le cours de commerce, a été transférée à Buford, qui était propriétaire de sa mère.

C'est, comme j'ai appris d'eux, une histoire généalogique des esclaves de mon maître. Ils sont ensemble depuis des années. Ils se sont souvent souvenus des mémoires des autres jours, et ont soupiré pour retracer leurs pas à leur vieux foyer en Caroline. Les peines sont arrivées à leur Maître Buford, qui a provoqué de plus grands ennuis sur eux. Il a amassé quelques dettes, et pas capable de se tenir bon contre ses fortunes défaillantes, a été forcé de vendre ces esclaves et plusieurs autres.[144] Dans une chaîne de galériens, ils ont été conduits au-delà du fleuve Mississippi à la plantation d'Archy B. Williams.[145] Edwin Epps, qui, depuis longtemps, avait été son conducteur et son contremaître, était en train de s'établir dans ses propres affaires, au temps de leur arrivée, et les a acceptés en paiement de son salaire.

Le vieil Abram était un être bienveillant—un sort de patriarche parmi nous, qui aimait amuser ses jeunes frères d'une discours grave et sérieuse. Il était profondément versé dans de telle philosophie comme est enseignée dans la cabine de l'esclave; mais la grande distraction absorbant d'Oncle Abram était le Général Jackson, lequel son ancien maître au Tennessee avait suivi aux guerres. Il aimait divaguer, dans son imagination dans le lieu de sa naissance, et raconter les scènes de sa jeunesse pendant ces jours excitants quand la nation était en guerre. Il avait été athlétique et plus perspicace et puissant que la généralité de sa race, mais maintenant son œil s'est obscurci, et sa force naturelle s'est affaiblie. Bien souvent, en discutant la meilleure méthode de faire cuire la galette à la houe [hoe cake], ou en expiant au large sur la gloire de Jackson, il oubliait où il avait laissé son chapeau, ou son houe, ou son panier; et puis on aurait ri de ce vieil homme, si Epps était absent; il aurait été fouetté en présence de son maître. Donc c'est comme ça qu'il s'est embrouillé continuellement, et il a soupiré de penser qu'il vieillissait, et allait tomber en décadence. La philosophie et Jackson et l'oublie lui avaient joué un mauvais tour, et il était évident que les trois ensembles rabaissaient vite les cheveux gris d'Oncle Abram à la tombe.

Tante Phebe avait été une excellente ouvrière, mais récemment, on l'avait mise dans la cuisine, où elle est restée, sauf occasionnellement, dans une période de hâte rare. C'était une vieille créature rusée, et quand elle n'était pas en présence de sa maîtresse ou de son maître, était loquace jusqu'à l'extrême.

Wiley, au contraire, était taciturne. Il a achevé son tâche sans murmure ou plainte, rarement se permettant le luxe de parler, sauf de murmurer le désir d'être loin d'Epps, et de revenir une fois de plus dans la Caroline du Sud.

Bob et Henry ont atteint les âges de vingt et de vingt-trois ans, et étaient distingués pour rien d'exceptionnel ou irrégulier, tandis qu'Edward, un gars de treize ans, pas capable de maintenir sa rangée ni dans le champ de maïs ni dans le champ de coton, était gardé dans la grande maison, pour servir les petits Epps.

Patsey était mince et étroite. Elle se tenait aussi droit que puisse un être humain. Il y avait un air d'hauteur dans ses mouvements, que ni travail, ni fatigue, ni punition ne pouvait détruire. Au fait, Patsey était un animal splendide, et si c'était seulement que l'esclavage n'avait pas voilé son intellect dans une obscurité totale et perpétuelle, aurait été chef parmi dix mille de ses peuples. Elle pouvait sauter les clôtures les plus hautes, et c'était un chien de chasse bien vite qui pourrait la distancer dans une course. Aucun cheval ne peut la rejeter de son dos. Elle était une charretière habile. Elle avait tourné un sillon aussi droit que les meilleurs, et en fendant les barreaux, il n'y en a pas un qui puisse la surpasser. Quand l'ordre de cesser s'entendait le soir, elle aurait ses mules à la crèche, déharnachées, nourries et étrillées, avant qu'Oncle Abram ait trouvé son chapeau. Ce n'était pas, néanmoins, pour toutes ou quelques-unes de ces raisons, qu'elle était principalement connue. Aussi vite que l'éclair était la motion de ses doigts, comme nul autre doigt ait possédée, et c'était, donc, qu'à l'époque du cueillage, que Patsey était la reine du champ.

Elle était d'un tempérament génial et plaisant, et était fidèle et obéissant. Naturellement, elle était une créature joyeuse, une fille riante et gaie, réjouissant dans le sens simple de l'existence. Tout de même, Patsey a pleuré plus souvent, et a souffert plus que n'importe lequel de ses compagnons. Son dos portait les cicatrices de plus de mille raies ; pas parce que elle était en arrière dans son travail, ni parce qu'elle avait un esprit inattentif et rebelle, mais c'était parce que c'était son sort d'être l'esclave d'un maître licencieux et d'une maîtresse jalouse. Elle a rétréci devant l'œil lascif de l'un, et était en danger, même morte, aux mains de l'autre, et entre les deux, elle était vraiment maudite. Dans la grande maison, pour des journées ensemble, il y avait des mots hauts et courroucés, des bouderies et de la brouille, dont elle en était la cause innocente. Rien n'a enchanté la maîtresse que de la voir souffrir, et plus qu'une fois, quand Epps a refusé de la vendre, Patsey m'avait tenté de bribes de la mettre clandestinement à la mort, d'enterrer son corps dans quelque lieu isolé aux marges du marais. C'est avec plaisir que Patsey aurait apaisé cet esprit implacable, si elle le pouvait, mais pas comme Joseph, n'a-t-elle osé de s'échapper du Maître Epps, laissant son vêtement dans sa main. Patsey se trouvait sous un nuage. Si elle prononçait une parole en opposition à la volonté de son maître, on a tourné immédiatement au fouet, pour la faire soumettre; si elle n'était pas sur ses gardes quand elle était dans sa cabine, ou quand elle se promenait dans la cour, une bûche de bois, ou une bouteille cassée, peut-être, jeté de la main de sa maîtresse, la frapperait à l'inattendu dans la figure. La victime asservie de convoitise et de haine, Patsey n'avait aucun confort de sa vie.

Ces personnes étaient mes compagnons et mes frères-esclaves, avec qui j'étais accoutumé d'être conduit dans le champ, et avec qui c'était mon destin de demeurer pendant dix ans dans les cabines en bois sur le bayou Bœuf, jamais destiné à respirer, comme je le fais maintenant, l'air béni de la liberté, ni de s'affranchir les entraves lourdes qui les captivent, jusqu'à ce jour où ils se reposeront à jamais dans la poussière.

CHAPITRE XIV.

DESTRUCTION DE LA RÉCOLTE DE COTON EN 1845—REQUÊTE
DE LABOUREURS DANS LA PAROISSE DE STE. MARIE—Y ENVOYÉ
EN TROUPE—L'ORDRE DE LA MARCHE—LE GRAND COTEAU—
EMPLOYÉ PAR LE JUGE TURNER DU BAYOU SALLE—NOMMÉ
CONDUCTEUR DANS SA SUCRERIE—LES SERVICES DE
DIMANCHE—MEUBLES DES ESCLAVES, COMMENT OBTENUS—
FÊTE CHEZ YARNEY À CENTREVILLE—BONHEUR—CAPITAINE
DU STEAMER—SON REFUS DE ME CACHER—RETOUR AU BAYOU
BOEUF—VUE DE TIBEATS—DOULEURS DE PATSEY—TUMULTE
ET CONTENTION—CHASSE DU RATON LAVEUR ET DE
L'OPOSSUM—LES RUSES DE CELUI-CI—CONDITION MAIGRE DE
L'ESCLAVE—DESCRIPTION DE LA PIÈGE À POISSON—MEURTRE
DE L'HOMME DE NATCHEZ—EPPS CONTESTÉ PAR MARSHALL—
L'INFLUENCE DE L'ESCLAVAGE—L'AMOUR DE LIBERTÉ

La première année de la résidence d'Epps sur le bayou, 1845, les
chenilles ont presque complètement détruit les champs de coton
partout dans cette région.[146] Il n'y avait que peu à faire, donc les
esclaves étaient forcément las la moitié du temps. Un bruit a couru,
néanmoins, sur le bayou Boeuf que les salaires étaient élevés, et les
laboureurs très recherchés dans les plantations à sucre dans la paroisse
de Ste. Marie.[147] Cette paroisse se trouve sur le Golfe de Mexique, à
une distance de cent-quarante miles d'Alexandria. Le Rio Teche, un
ruisseau considérable, coule à travers cette paroisse au golfe.[148]

C'était déterminé par les planteurs, au reçu de ses nouvelles, de
préparer une troupe d'esclaves à envoyer à Tuckapaw en Ste. Marie,
dans le but de les louer dans les champs de canne à sucre. En
conséquence, au mois de septembre, on en a collectionné cent-quarante-
sept à Holmesville, Abram, Bob et moi-même étant parmi ce nombre. À
peu près la moitié entre nous était femmes. Epps, Alonson Pierce,
Henry Toler et Addison Roberts étaient les hommes blancs choisis à
nous accompagner, et de prendre la troupe en charge.[149] Ils avaient une
voiture tirée par deux chevaux, et deux chevaux à selle à leur
disposition. Une grande charrette, tirée par quatre chevaux et conduit
par John, un garçon appartenant à M. Roberts, portait les couvertures et
les provisions.

Vers deux heures de l'après-midi, ayant être nourris, on a fait des préparations pour partir. On m'a assigné le devoir de me charger des couvertures et des provisions, et de veiller à ce que rien ne se perde en route. La voiture a précédé en avant, suivi de la charrette ; derrière celle-ci étaient rangés les esclaves, tandis que les deux chevaliers fermaient la marche, et dans cet ordre, la procession a quitté Holmesville.

Cette nuit-là, nous sommes arrivés à la plantation d'un M. McCrow, à une distance de dix ou quinze miles, quand on nous a ordonnés de nous arrêter. On a fait construire de grands feux, chacun étalant sa couverture par terre, puis s'y est couché. Les blancs se sont logés dans la grande maison. Une heure avant l'aube, nous étions réveillés par les conducteurs venant parmi nous, craquetant leurs fouets et nous ordonnant de nous lever. Puis, les couvertures ont été roulées, et chacune m'étant séparément livrée et déposée dans le wagon, la procession s'est remise en marche.

Le lendemain soir il a plu violemment. Nous étions tous trempés, nos vêtements saturés de boue et d'eau. Arrivant à un appentis ouvert, anciennement une maison à égrener, nous y avons trouvé un tel asile qu'il puisse offrir. Il n'y avait pas assez de place pour tout le monde à se coucher. Nous y sommes restés, entassés ensemble, pendant la nuit, continuant notre procession, comme d'habitude, le matin. Pendant le trajet, on nous a donné à manger deux fois par jour, faisant bouillir notre lard et faisant cuire notre galette à maïs aux feux dans la même manière qu'aux nos logements. Nous sommes passés par Lafayette, Mountsville, New-Town, à Centreville, où Bob et Oncle Abram ont été engagés.[150] Notre nombre a diminué comme nous avancions—presque chaque plantation à sucre ayant besoin des services d'un de nous ou plus.

En route, nous sommes passés par le Grand Coteau, ou prairie, une vaste espace de paysage plat et monotone, sans arbres, sauf l'un d'occasionnel qui avait été transplanté près de quelque bâtiment délabré.[151] Autrefois, c'était bien peuplé et sous culture, mais pour une raison quelconque, avait été abandonné. L'occupation des habitants écartés qui y résidaient, est principalement l'élevage de bétail. Des troupeaux immenses y paissaient pendant que nous y sommes passés. Au centre du Grand Coteau on se sent être sur l'océan, hors de vue de la terre. Aussi loin que l'œil peut voir, dans toute direction, il n'y a qu'une terre inculte, ruinée et déserte.

J'ai été engagé au Juge Turner,[152] un homme distingué et un planteur des terres étendues, dont le domaine se trouve sur le bayou Bœuf, à quelques miles du Golfe. Le bayou Salle est un petit ruisseau qui coule dans la baie d'Atchafalaya. Pendant quelques jours, j'ai travaillé chez Turner, réparant sa maison à sucre, quand on a mis un couteau à canne dans ma main, et avec trente ou quarante autres hommes, j'ai été envoyé dans le champ. Je n'ai trouvé aucune difficulté en apprenant l'art de couper la canne comme j'en ai éprouvé en cueillant le coton. Cela m'est arrivé naturellement et intuitivement, et bientôt, j'ai pu aller de pair avec le couteau le plus rapide. Avant que la bouture soit terminée, pourtant, le Juge Tanner [Turner] m'a transféré du champ à la sucrerie, pour y servir dans la capacité de conducteur. Du temps du commencement de la fabrication du sucre, jusqu'à sa fin, la mouture et le bouillonnement ne s'arrêtent pas, ni jour ni nuit. On m'a donné le fouet avec les directions de l'utiliser sur celui qui fainéantait. Si j'ai failli de leur obéir à la lettre, il y en avait un autre pour mon propre dos. En plus, c'était mon devoir d'appeler et d'excuser les troupes à l'heure appropriée. Je n'avais pas de périodes de repos régulières, et ne pouvais jamais saisir plus que quelques moments de sommeil de temps en temps.

C'est l'usage dans la Louisiane, comme je suppose qu'il est dans les autres états avec les esclaves, de permettre à l'esclave de retenir n'importe quelle compensation qu'il puisse obtenir pour les services qu'il fait le dimanche.[153] C'est seulement dans cette façon qu'ils peuvent se donner des choses de luxe ou des commodités quelconques. Quand un esclave, acheté ou kidnappé dans le Nord, est transporté dans une cabine sur le bayou Bœuf, il n'est fourni ni de couteau, ni d'assiette, ni de chaudron, ni de toute autre chose dans la forme de vaisselle ou de meubles d'aucune sorte de nature ou description. On lui donne une couverture avant son arrivée, et s'y enveloppant, il peut soit se tenir debout soit se coucher par terre soit sur une planche, si son maître n'en a pas d'emploi. Il se trouve libre pour trouver une gourde dans laquelle garder sa farine, ou il peut y garder son épi de maïs, à son gré. Demander un couteau, une casserole ou n'importe quelque petite commodité du maître lui en gagnerait un coup de pied, ou serait aperçu comme une blague. Tout article nécessaire de cette nature qui se trouve dans une cabine s'était achetée avec l'argent de dimanche. Quelque injurieux qu'il soit aux moraux, il est certainement une bénédiction à la condition physique de l'esclave d'être permis de violer le sabbat. Autrement, il n'y aurait pas de moyens de lui procurer les outils, qui semblent être indispensables à celui qui doit être son propre cuisinier.

Dans les plantations à canne au temps du sucre, il n'y a pas de distinction entre jours de la semaine. Il est bien compris que tous les ouvriers doivent labourer le sabbat, et il est également bien compris que surtout ceux qui sont engagés, comme je l'étais chez le Juge Turner, et aux autres dans les années à venir, en recevront quelque rémunération. C'est l'habitude, aussi, dans la période la plus pressée de la récolte du coton, d'exiger des services additionnels. De cette source, les esclaves profitent d'une occasion de gagner assez d'argent pour acheter un couteau, un chaudron, du tabac et ainsi de suite. Les femmes, mettant de côté celui-ci, sont portées à dépenser leurs petites revenues à l'achat de rubans fastueux, avec lesquels se parer les cheveux pendant la saison gaie des fêtes.

Je suis resté dans la paroisse de Ste. Marie jusqu'au premier janvier, et dans ce temps, mon argent de dimanche a accumulé à dix dollars. J'ai rencontré d'autres bonnes fortunes, pour lesquelles j'étais redevable à mon violon, mon compagnon constant, comme la source de profit et de soulagement de mes douleurs pendant les années de servitude. Il y avait une grande partie de blancs assemblées chez M. Yarney à Centreville, un hameau dans le voisinage de la plantation de Turner.[154] On m'a engagé de jouer pour eux, et ceux qui réjouissaient étaient si contents de mon accomplissement qu'ils ont fait une contribution dans mon intérêt, qui figurait à la somme de dix-sept dollars.

Mes camarades m'ont regardé comme millionnaire, possédant cette somme. Cela m'a accordé beaucoup de plaisir de la regarder— de la compter incessamment, jour après jour. Des visions de meubles pour la cabine, de seaux, de canifs, de nouveaux manteaux et de chaussures et de chapeaux ont flotté dans mon imagination, et à travers tout cela est née la contemplation triomphante que j'étais «de nègre le plus riche» du bayou Bœuf.

Il y a des vaisseaux qui coulent le long du Rio Teche à Centreville. Étant là, j'étais aussi audacieux de me présenter au capitaine d'un bateau à vapeur, et de lui prier la permission de me cacher parmi ses cargaisons. J'étais enhardi de courir le risque de faire une telle mesure, après avoir entendu par hasard une conversation, pendant la course de laquelle j'ai constaté qu'il était résident du Nord.

Je ne lui ai pas raconté les particuliers de mon histoire, mais seulement j'ai exprimé un désir ardent d'échapper de l'esclavage dans un état libre. Il m'a plaint, mais a dit qu'il serait impossible d'éviter les douaniers vigilants à la Nouvelle-Orléans, et que ma détection le subirait à un châtiment, et on confisquerait son vaisseau. Mes supplications sincères ont évidemment excité ses sympathies, et sans doute y aurait-il cédé s'il avait pu le faire avec quelque sécurité n'importe laquelle. J'ai dû étouffer la flamme soudaine qui a allumé dans mon sein l'espoir doux de libération, et tourner mes pas encore une fois vers les ténèbres croissantes de désespoir.

Tout de suite après cet évènement, la troupe s'est assemblée à Centreville, et quelques-uns des propriétaires étant arrivés et ayant collectionné les monnaies dues, on nous a reconduits au bayou Bœuf. C'était à notre retour, en passant par un petit village, que j'ai aperçu Tibeats, assis au seuil d'une épicerie sale, ayant l'air minable et en mauvais état. La passion et du whiskey méchant l'ont déjà mis sur la planche.

Pendant notre absence, j'ai appris de Tante Phebe et de Patsey, que celle-ci s'est attiré une foule d'ennuis. La pauvre fille était vraiment un objet de pitié. «Le Vieux Hogjaw» [joue du cochon], le nom par lequel on a appelé Epps quand les esclaves étaient tous seuls, l'avait battue plus sévèrement et plus fréquemment que jamais. Infailliblement dès son retour de Holmesville, transporté de liqueur—et c'était souvent pendant ces jours-là—il l'avait fouettée, simplement pour faire plaisir à la maîtresse; il l'avait punie jusqu'au-delà de la point d'endurance, pour une offense dont lui-même était la seule et irrésistible cause. Pendant ses moments sobres, il ne s'est pas toujours laissé d'être persuadé de satisfaire la soif insatiable de sa femme pour la vengeance.

La pensée gouvernante et la passion de ma maîtresse semblait être de se débarrasser de Patsey—de la mettre hors de vue ou de portée, soit par la mort ou n'importe toute autre façon, dans ces dernières années. Patsey avait été favorite pendant sa jeunesse, même dans la grande maison. On l'avait choyée et admirée pour sa vivacité et sa bonne disposition. On l'a nourrie maintes fois, a dit Oncle Abram, même des biscuits et du lait, quand la maîtresse, dans ses jours plus jeunes, voudrait l'appeler à la piazza, et de la caresser comme elle le ferait avec un chaton badin. Mais un changement triste est tombé sur l'esprit de cette dame. Maintenant seulement des démons noirs et courroucés administraient le temple de son cœur, jusqu'à ce qu'elle ne puisse regarder Patsey qu'avec du venin concentré.

La Maîtresse Epps n'était pas une dame tellement méchante, après tout. Elle était possédée du diable de jalousie, c'est vrai, mais à part de cela, il y avait beaucoup à admirer chez elle. Son père, M. Roberts, a vécu à Cheneyville, un homme d'influence et honorable, et autant respecté à travers la paroisse que tout autre citoyen.[155] Elle avait été bien instruite à quelque institution entre ici et le Mississippi; elle était belle, accomplie et de bonne humeur. Elle était bienveillante à nous tous sauf Patsey—fréquemment, à l'absence de son mari, nous envoyant quelque petit délice de sa propre table. Dans les autres situations—dans une société différente de celle qui existe sur les rives du bayou Bœuf, on l'aurait prononcée comme une dame élégante et fascinante. C'était un mauvais vent qui l'a soufflée aux bras d'Epps.

Il a respecté et a aimé sa femme autant qu'une nature vulgaire comme la sienne est capable d'aimer, mais l'égoïsme suprême a toujours maîtrisé l'affection conjugale.

> «Il a aimé aussi bien qui puissent les natures viles,
>   Mais un cœur et une âme cruels existaient dans
>   cet homme»

Il était prêt à satisfaire tout caprice—d'accorder toute requête qu'elle ferait, pourvu que cela n'ait pas coûtée trop cher. Patsey était l'égale de n'importe lesquels de deux de ses esclaves dans le champ de coton. Il ne pouvait pas la remplacer avec le même prix qu'elle apporterait. Il ne pouvait pas, donc, accueillir l'idée de se débarrasser d'elle. La maîtresse ne la regardait pas du tout dans cet égard. La fierté de cette femme arrogante a surgi; le sang de cette méridionale ardente a bouilli à la vue de Patsey, et rien moins que l'écrasement de la vie de cette esclave sans ressource ne lui ferait satisfaction.

Quelque fois, le courant de sa colère tournerait sur celui dont elle avait une cause juste à haïr. Mais l'orage de mots fâcheux passerait à la longue, et il y aurait encore une saison de calme. C'était pendant ces temps que Patsey tremblait de peur, et pleurait à crève-cœur, parce qu'elle savait de l'expérience, que si la maîtresse se délivrait au point tout rouge de rage, Epps la calmerait enfin d'une promesse de fouetter Patsey—une promesse qu'il était sûr de tenir. C'était donc que la fierté, la jalousie et la vengeance ont fait la guerre avec l'avarice et la passion sauvage dans la maison de mon maître. C'était ainsi sur la tête de Patsey—l'esclave naïve, dans le cœur de laquelle le Bon Dieu avait planté les graines de vertu—que la force de toutes ces tempêtes domestique s'est enfin épuisée.

Pendant l'été après mon retour de la paroisse de Ste. Marie, j'ai conçu un dessein de me fournir de nourriture, lequel, bien qu'il soit simple, a réussi au-delà des expectations. Beaucoup d'autres dans ma situation l'ont suivi, tout le long de bayou, et de tel bénéfice est-il devenu que je suis presque convaincu de me regarder comme bienfaiteur. Cet été, les vers ont envahi le lard. Rien sauf la faim la plus dévorante ne pouvait nous convaincre à l'avaler. L'allocation hebdomadaire de farine a suffi à peine de nous satisfaire. C'était l'habitude entre nous, comme c'est avec tous dans cette région, où la portion est épuisée avant samedi soir, ou se trouve dans un tel état pour le rendre écœurant et dégoutant, d'aller à la chasse dans le marais pour le raton laveur et l'opossum. On doit faire cela, toutefois, le soir, après avoir achevé le travail du jour. Il y a des planteurs dont les esclaves, pour des mois qui suivent, n'ont aucune viande autre que celle obtenue dans cette manière. Il n'y a pas objections à la chasse, tandis que l'on peut se dépasser des retraites de la maison à fumer, et parce que tout raton laveur maraudeur tué égale tant de maïs aux champs qui est sauvé. On les chasse avec des chiens et des massues, parce que l'on ne permet pas aux esclaves d'utiliser des armes à feu.
156

La chair du raton laveur est comestible, mais il n'y a rien dans tout le royaume des bouchers aussi délicieux qu'un 'possum rôti. C'est un petit animal rond, au corps long, d'un couleur blanc, au nez comme celui d'un cochon, et d'une extrémité caudale comme un rat. Ils se terrent parmi les racines et dans les creuses du gommier, et sont maladroits et lents de motion. Ce sont des créatures rusés et trompeurs. En recevant le moindre coup d'un bâton, ils rouleront sur la terre et feindront leur mort. Si le chasseur le quitte, à la poursuite d'un autre, sans d'abord se donner la peine de lui casser le cou, il est probable que, à son retour, il ne le trouvera pas. Le petit animal a dupé son ennemi—a «joué 'possum»—et s'en est allé. Mais après une journée de travail, longue et difficile, l'esclave fatigué a peu d'envie d'aller dans le marais pour son dîner, et la moitié du temps préfère se jeter par terre sans avoir manger. Il est pour l'intérêt du maître que le serviteur ne souffre pas en santé de la privation, et il est dans son propre intérêt aussi que celui-ci ne grossit pas d'ayant été trop nourri. Dans l'estimation du propriétaire, un esclave est le plus utile quand il est dans une condition assez maigre et grêle, comme est le cheval de course, quand préparé pour le hippodrome, et c'est dans cette condition que l'on les trouve dans les plantations de sucre et de coton tout le long de la rivière Rouge.

Ma cabine se trouvait à quelques perches de la rive du bayou, et la nécessité étant vraiment la mère d'invention, j'ai résolu sur une méthode d'obtenir la quantité requise de nourriture, sans me troubler d'entrer dans les bois chaque nuit. C'était de construire un piège à poissons.[157] Ayant, dans ma tête, conçu la manière de le faire, le prochaine dimanche je me suis mis en marche pour le mettre dans une exécution pratique. Il est peut-être impossible que je puisse communiquer au lecteur une idée totale et juste de sa construction, mais le suivant servira comme description générale:

On prépare un cadre qui mesure entre deux et trois pieds carrés, et d'une hauteur plus ou moins grande, selon la profondeur de l'eau. Des planches ou lames sont clouées aux trois côtés de ce cadre, pas si près, néanmoins, pour empêcher l'eau d'y circuler librement. On met une porte dans la quatrième côté, d'une telle façon qu'elle glisse facilement dans les cannelures coupées dans les deux poteaux. Une base mobile est donc ajustée pour être levée du fond en comble sans difficulté. Au centre de la base mobile on creuse un trou de tarière, et on y attache en bas le bout d'un manche ou d'un bâton rond si librement qu'il tournera. Le manche monte du centre de la base mobile à la cime du cadre, ou aussi haut que l'on désire. Le long de ce manche, dans maints endroits, se trouve des trous de vrille à travers lesquels on fait insérer de petites baguettes, qui s'étendent jusqu'à la côté opposée du cadre. Il y a tant de ces petites baguettes qui sortent du manche dans toutes directions, qu'un poisson d'une taille considérable ne peut pas y passer sans cogner l'une d'elles. Le cadre est donc placé et fixé dans l'eau.

Le piège est «tendu» en glissant ou en tirant la porte en haut, et maintenu dans cette position par un autre bâton, un bout duquel reste dans une coche à l'intérieur, courant du centre de la base. On amorce le piège en roulant une poignée de farine et de coton mouillés, jusqu'à ce qu'ils deviennent durs, et les posant à l'arrière du cadre. Un poisson qui entre en nageant par la porte ouverte vers l'appât, par nécessité frappe l'une des petites baguettes, tournant le manche, qui déplace le bâton qui soutient la porte, celle-ci tombe, enfermant le poisson dans le cadre. Prenant la partie supérieure du manche, on tire la base mobile à la surface de l'eau, et sort le poisson. Il y avait, peut-être, de tels pièges avant que le mien a été construit, mais, s'ils existaient, je n'ai jamais eu l'occasion d'en voir un. Le bayou Bœuf regorge de poissons de grande taille et d'excellente qualité, et après ce temps, je n'en étais pas dans le besoin soit pour moi, soit pour mes camarades. Ainsi s'est ouverte une mine—une nouvelle ressource a été développée, jusqu'ici imprévue des enfants asservis de l'Afrique, qui labourent et meurent de faim le long de ce courant lent mais prolifique.

Vers le temps dont j'écris maintenant, il y a eu un événement dans notre voisinage immédiat, qui m'a impressionné profondément, et qui montre l'état de la société qui y existait, et la manière par laquelle les injures sont souvent vengées. Directement en face de nos logements, à l'autre côté du bayou, se trouvait la plantation de M. Marshall.[158] Il appartenait à une famille parmi les plus riches et aristocratiques du pays. Un monsieur des alentours de Natchez était en train de négocier avec lui pour l'achat du domaine. Un jour, un messager est arrivé en grande hâte à notre plantation, disant qu'une terrible bataille sanglante se passait chez Marshall—qu'on avait versé du sang—et si on ne pouvait pas séparer les combattants sur-le-champ, que le résultat en serait désastreux.

En nous rendant chez Marshall, une scène s'est présentée qui échappe l'explication. Sur le plancher d'une des salles gisait le cadavre affreux de l'homme de Natchez, tandis que Marshall, enragé et couvert de blessures et de sang, se prélassait de long en large, «respirant des menaces et le carnage.»[159] Une difficulté s'est levée au cours de leurs négociations, suivis de mots violents, et, en tirant leurs armes, a commencé la lutte mortelle qui s'est terminée si malheureusement. On n'a jamais mis Marshall en détention. Une sorte de procès ou investigation a eu lieu à Marksville, où il a été acquitté, et Marshall est rentré à sa plantation, plus respecté, comme j'ai pensé, que jamais, parce que le sang d'un frère humain pesait sur son âme.

Epps s'y est intéressé à son égard, l'accompagnant à Marksville, et à toutes occasions, le justifiant à haute voix, mais ses services dans ce respect n'ont pas plus tard dissuadé un parent de ce même

Marshall de chercher sa vie aussi. Un fracas a eu lieu entre les deux au-dessus d'une table de jeu, qui s'est terminé dans une vendetta acharnée. Arrivant à cheval devant la maison un jour, armé de pistolets et d'un couteau-poignard, Marshall l'a défié de se présenter et de faire le règlement final de la querelle, ou il le stigmatiserait de lâcheté, et tirerait sur lui comme un chien à la première occasion. Ce n'était pas à cause de lâcheté, ni des scrupules consciencieux, à mon avis, mais à cause de l'influence de sa femme, qu'il a été empêché d'accepter le défi de son ennemi. Une réconciliation, néanmoins, a été effectuée après, et depuis quelque temps, ils sont aux termes on ne peut pas plus intimes.

De telles occurrences, qui apporteront sur les parties concernées une punition méritée et juste, dans les états du Nord, sont fréquentes sur le bayou, et se passent sans être remarquées, et presque sans commentaire. Chaque homme porte son couteau-poignard, et quand deux entre eux se brouillent, ils se mettent à hacher et à fourrer l'un à l'autre, plus comme des sauvages, que des êtres civilisés et sages.

L'existence de l'Esclavage dans sa forme la plus cruelle entre eux, a tendance de brutaliser les sentiments humanes et plus raffinés de leur nature. Les témoins quotidiens de la souffrance humaine—écoutant les hurlements agonisants de l'esclave—le regardant se tordre sous le fouet impitoyable—mordu et déchiré des chiens—mourant sans attention, et enterré sans linceul ou cercueil—on n'en peut pas attendre qu'autrement, qu'ils deviennent brutaux et insouciants de la vie humaine. Il est vrai qu'il y a beaucoup de bons hommes bienveillants dans la paroisse d'Avoyelles—de tels hommes que William Ford—qui puissent regarder avec pitié les souffrances d'un esclave, juste comme il y a, partout dans le monde, des esprits sensibles et sympathiques, qui ne peuvent pas regarder indifféremment les souffrances de n'importe quelle créature que le Tout-Puissant a dotée avec la vie. Il n'est pas la faute du propriétaire d'esclaves qu'il soit cruel autant qu'il est la faute de système sous lequel il vit. Il ne peut pas résister à l'influence de l'habitude et des associations qui l'entourent. Enseigné de son plus jeune enfance, que par tout ce qu'il voit, par tout ce qu'il entend, que le bâton est pour le dos de l'esclave, il ne sera pas sujet à changer son avis quand il sera plus âgé.

Il peut exister des maîtres humaines, bien qu'il y ait ceux qui sont inhumaines—il peut exister aussi des esclaves qui sont vêtus, et bien nourris, et contents, aussi bien qu'il y a ceux qui sont à moitié vêtus, à moitié affamés, et misérables; néanmoins, l'institution qui tolère de tels torts et l'inhumanité comme j'ai vus, est une de cruelle et barbare. Les hommes peuvent écrire des fictions qui peignent la vie basse comme elle est, ou comme elle n'est pas—ils peuvent s'étendre avec la gravité d'un hibou sur la félicité de l'ignorance—discuter cavalièrement dans le confort de leur fauteuil sur le plaisir de la vie des esclaves; mais qu'ils travaillent avec lui dans le champs—qu'ils dorment avec lui dans la cabine—qu'ils soupent avec lui sur les cosses ; qu'ils le voient fouetté, chassé, piétiné, et ils reviendront avec une autre histoire dans leurs bouches. Qu'ils sachent le *cœur* du pauvre esclave—qu'ils apprennent ses pensées sécrètes, des pensées qu'il n'ose pas exprimer à l'ouïe de l'homme blanc ; qu'ils s'asseyent à côté de lui pendant les veilles silencieuses de la nuit—causent avec lui dans une confidence pleine de confiance de «vie, liberté et la poursuite de bonheur», et ils trouveront que quatre-vingt-dix-neuf sur cent sont assez intelligents pour comprendre leur situation et de chérir dans leur sein l'amour de la liberté avec autant de passion qu'eux-mêmes.

CHAPITRE XV.

TRAVAUX DANS UNE PLANTATION DE SUCRE—LE MODE DE LA
PLANTATION DE LA CANNE—SARCLAGE DE CANNE—MEULES À
CANNE—DESCRIPTION DU COUTEAU À CANNE—METTANT LA
CANNE EN MATELAS—PRÉPARATIONS POUR LES PROCHAINES
RECOLTES—DESCRIPTION DE LA SUCRERIE DE HAWKINS SUR LE
BAYOU BŒUF—FÊTES DE NOËL—SAISON DE CARNAVAL POUR
LES ENFANTS DE L'ESCLAVAGE—LE SOUPER DE NOËL—ROUGE,
LA COULEUR FAVORITE—LE VIOLON ET LA CONSOLATION QU'IL
A OFFERTE—LE BAL DE NOËL—VIVANTE, LA COQUETTE- SAM
ROBERTS ET SES RIVAUX—CHANSONS DES ESCLAVES—LA VIE
MÉRIDIONALE COMME ELLE EST—TROIS JOURS DE L'ANNÉE—
SYSTÈME DE MARIAGE—ONCLE ABRAM ET SON MÉPRIS DE
MARIAGE

Par suite de mon incapacité en cueillant le coton, Epps avait
l'habitude de m'engager dans des plantations à sucre pendant la
récolte de la canne et la fabrication de sucre. Pour mes services, il a
reçu un dollar par jour, l'argent remplaçant mes services dans sa
plantation à coton. J'étais bien adapté à cet emploi de couper la
canne, et pendant trois ans de suite, j'ai tenu la première ligne dans les
champs de Hawkins, menant un groupe de cinquante à cent
travailleurs! [160]

Antérieurement, j'ai discuté le mode de la culture de coton. Il
est maintenant approprié de parler de la culture de la canne. [161]

On prépare la terre en couches, dans la même façon que l'on
prépare pour recevoir la graine de coton, sauf on fait passer la
charrue plus profondément. On fait des vrilles de la même manière.
Le plantage commence au mois de janvier, et continue jusqu'à avril. Il
ne faut planter un champ de sucre qu'une fois tous les trois ans. Trois
récoltes sont prises avant que la graine ou la plante soit épuisée.

Trois groupes d'esclaves sont utilisés dans l'opération. L'un tire
la canne de la meule, ou tas, coupant la tête et les feuilles de la tige,
laissant seulement la partie qui est en bon état et saine. Chaque
jointure de la canne possède un œil, comme la pomme de terre, qui
pousse un germe quand enterré dans le sol. Un autre groupe met la

canne dans la vrille, plaçant deux tiges l'une à côté de l'autre, dans une telle manière que les jointures se présentent une fois toutes les quatre ou six pouces. Un troisième groupe suit, armé de houes, traînant du sol sur les tiges et les couvrant à une profondeur de trois pouces.

Après quatre semaines au maximum, les germes apparaissent au-dessus du sol, et dès lors, croissent avec une grande rapidité. On sarcle un champ à sucre trois fois, juste comme le coton, sauf qu'une plus grande quantité de sol est traînée aux racines. Au premier août, on a fini avec le sarclage. Vers mi-septembre, on coupe ce qui est nécessaire pour les graines, et le met en meule, comme on l'appelle. En octobre, elle est prête pour le moulin ou la sucrerie, puis commence la bouture générale. La lame d'un couteau à canne mesure quinze pouces de long, trois pouces de large au centre, et s'effile vers le point et le manche. La lame est mince, et pour avoir quelque utilité du tout, doit être gardée très aiguë. Chaque troisième ouvrier marche en tête de deux autres, l'un d'eux étant à chaque côté de lui. Le premier, d'un coup de son couteau, tond les feuilles de la tige. Puis il coupe la tête aussi loin qu'elle soit verte. Il doit être prudent de couper tout le vert de la partie mûre, attendu que le jus de celui-là rend aigre la mélasse, et la rend invendable. Puis, il cisèle la tige à la racine, et la met directement derrière lui. Ses compagnons à droite et à gauche mettent leurs tiges, quand coupées dans la même manière, sur les siennes. Pour tous les trois travailleurs, il y a une charrette qui suit, et les plus jeunes esclaves y jettent les tiges, donc elle est tirée à la sucrerie et le chargement est moulu.

Si le planteur craint la gelée, la canne est mise en matelas, «winrowed». C'est-à-dire on coupe les tiges plus tôt dans la saison et les jette en longueur dans le sillon à eau dans une manière que les têtes couvriront les bouts des tiges.[162] Elles resteront dans cette condition pendant trois semaines ou un mois sans aigrir et à l'abri de la gelée. Quand arrive le bon temps, on les ramasse, les taille et les emporte à la sucrerie.

Au mois de janvier, les esclaves entrent encore dans le champ pour le préparer pour une autre culture. La terre est maintenant parsemée des têtes et des feuilles, coupées de la canne de l'année passée. Pendant une journée sèche, on met feu à ces rebuts combustibles, qui répand sur le champ, le laissant dépouillé et net, prêt pour les houes. La terre est détachée autour des racines du vieux chicot, et, avec le temps, une autre culture pousse des graines de l'année passée. C'est le même pour la prochaine année; mais après le troisième an, la graine a épuisé ses forces, et on doit passer la charrue sur le champ et le planter encore une fois. La deuxième année, la canne est plus douce et donne plus que dans la première, et la troisième, même plus que la seconde.

Pendant les trois saisons où j'ai travaillé sur la plantation de Hawkins, on m'a utilisé pour une portion considérable du temps dans la sucrerie. Cet homme est connu comme le producteur de la meilleure variété de sucre blanc. Ce qui suit est une description générale de sa sucrerie et du procès de la manufacture.[163]

Le moulin est un immense bâtiment en brique, situé sur la côté du bayou. Attaché à ce bâtiment est un appentis, ayant au moins cent pieds de longueur et quarante ou cinquante pieds de largeur. La chaudière dans laquelle la vapeur est générée se trouve en dehors du bâtiment principal; le mécanisme et la machine à vapeur restent sur un pied-droit en brique, quinze pieds au-dessus du plancher, dans le cadre du bâtiment. Le mécanisme tourne deux grands rouleaux de fer, entre deux et trois pieds de diamètre, et six ou huit pieds de long. Ils sont élevés au-dessus de ce pied-droit et roulent l'un vers l'autre. Un porteur sans fin, fait de chaîne et de bois, comme les courroies en cuir que l'on utilise dans les petits moulins, s'étend des rouleaux de fer du bâtiment principal et coule tout le long de l'appentis. Les charrettes dans lesquelles la canne est transportée du champ aussi vite qu'on peut la couper, sont déchargées aux côtés de l'appentis. Tout le long de ce courroie sans fin se rangent des enfants esclaves, qui s'occupent d'y placer la canne, puis elle est transportée à travers l'appentis dans le grand bâtiment, ou elle tombe entre les rouleaux, est broyée, et tombe sur une autre courroie qui la transporte hors du bâtiment principal dans une autre direction, la déposant en haut d'une cheminée sur un feu en bas, qui la consomme. Il faut la brûler dans cette manière, car autrement elle remplirait bientôt le bâtiment, et surtout parce qu'elle aigrirait bientôt et ferait naître des maladies. Le jus de la canne tombe dans un conducteur sous les rouleaux de fer, et se transporte à un réservoir. Des tuyaux l'apporte à cinq filtres, qui tiennent plusieurs barriques [240 litres] chacune. Ces filtres se remplissent de «bone-black», une substance semblable au charbon pulvérisé. Cela est fait des os, calcinés dans des vaisseaux fermés, et se sert à blanchir, par filtration, le jus de canne avant d'être bouillie.

Ce jus passe de suite à travers ces cinq filtres, puis coule dans un réservoir d'où il est monté au moyen d'une pompe à vapeur, à une machine à clarifier, où il est chauffé par la vapeur jusqu'à ce qu'il bouille. De la première machine à clarifier, il est transporté dans des tuyaux à une deuxième, puis à une troisième, et de là aux poêlons fermés, à travers lesquels passent des tuyaux, remplis de vapeur. Encore dans cet état bouillant, il passe à travers trois poêlons de suite, et puis coule vers d'autres tuyaux aux réfrigérateurs au rez-de-chaussée. Les réfrigérateurs sont des boîtes en bois aux fonds en tamis, faits de fils le plus fin. Aussi tôt que le sirop passe dans les réfrigérateurs, et retrouve l'air, il grène, et la mélasse échappe immédiatement des tamis dans une citerne en bas. Le sucre est maintenant blanc ou sucre en pain de la meilleure sorte—clair, net, et aussi blanc que la neige. Frais, il est sorti, mis en barriques, et est prêt pour le marché. La mélasse est ensuite transportée de la citerne à l'étage supérieur, et par un autre procès, convertie en sucre brun.

Il y a de plus grandes sucreries, et elles sont construites différemment de celle que je viens de décrire imparfaitement, mais aucune, peut-être, n'est plus connue que celle-ci partout sur le bayou Bœuf. Lambert, de la Nouvelle-Orléans, est partenaire de Hawkins. C'est un homme d'une richesse vaste, tenant, j'ai entendu dire, un intérêt dans plus de quarante plantations à sucre différentes dans la Louisiane. [164]

* * * * *

Le seul répit du travail constant que l'esclave a pendant toute l'année, est pendant les fêtes de Noël. Epps nous a accordé trois jours—les autres en ont permis quatre, cinq, six, selon le mesure de leur générosité. C'est le seul période qu'ils puissent anticiper avec de l'intérêt ou de plaisir quelconque. Ils sont contents quand tombe la nuit, pas simplement parce que cela leur accorde quelques heures de repos, mais parce qu'il les apporte un jour plus proche de Noël. Il est également salué de délice par les vieux et les jeunes; même Oncle Abram cesse de glorifier Andrew Jackson, et Patsey oublie ses nombreuses douleurs, au milieu de cette hilarité générale des fêtes. C'est l'heure du festin, et des gambades et du raclage—la saison du carnaval chez les enfants de l'esclavage. Ce sont les seuls jours où ils sont permis un peu de liberté limité, et ils s'en réjouissent de bon cœur.[165]

C'est l'habitude pour un planteur de donner un «dîner de Noël», invitant les esclaves des plantations voisines à se réunir avec les siens pour l'occasion; par exemple, un an il est donné par Epps, le prochain par Marshall, et ainsi de suite. Généralement il y a de trois à cinq cents assemblés[166], venant ensemble à pied, dans les chars, à cheval, au mulets, montant double et triple, quelque fois un garçon et une fille, aux autres, une fille et deux garçons, et aux autres encore, un garçon, une fille et une vieille femme. Oncle Abram, à califourchon sur une mule, avec Tante Phebe et Patsey derrière lui, trottant vers un dîner de Noël, ne serait pas une vue rare sur le bayou Bœuf.

C'est sur ce jour, «de tous les jours de l'année», ils se parent de leurs meilleurs vêtements. Le manteau en coton a été lavé net, le bout d'une chandelle a été appliqué aux chaussures, et si par bonheur l'on possède un chapeau sans bords, sans fond, on le place avec insouciance sur la tête. Ils sont accueillis, néanmoins, même s'ils arrivent à la fête pieds et têtes nus. Généralement, les femmes portent des mouchoirs autour de la tête, mais si la fortune leur a jeté un ruban d'un rouge éclatant, ou un bonnet usé de la grand-mère de leur maîtresse, on est sûr de le porter pendant de telles occasions. Le rouge—le rouge foncé, couleur de sang—est décidemment la couleur favorite parmi les demoiselles asservies de ma connaissance. Si un ruban rouge ne réussit pas à entourer le cou, vous trouverez certainement tous les cheveux crépus de leurs têtes noués de toutes sortes de ficelle rouge.

On met la table en plein air, et la charge des variétés de viande et des tas de légumes. On se passe de lard et de farine de maïs pendant la fête. Quelquefois, on prépare le repas dans la cuisine de la plantation, mais autrefois, on le fait dans l'ombre d'un arbre poussant de larges branches. Pour cette occasion-ci, on creuse un sillon dans la terre, y met du bois qui est brûlé jusqu'à ce qu'il est rempli de charbon brillant, sur lequel on fait rôtir des poules, des canards, des dindes, des cochons, et pas rarement, un bœuf sauvage en entier. On leur fournit aussi de farine, dont on fait des biscuits, et souvent de pêches et d'autres confitures, de tartes et de toute manière et description de tourtière, sauf la tartelette au mincemeat, cela étant inconnu parmi eux. Seul l'esclave qui a passé tous les ans sur son allocation maigre de farine et de lard puisse apprécier de tels dîners.[167]

Les blancs en grand nombre s'assemblent pour témoigner ces jouissances gastronomiques. Les esclaves s'asseyent à la table rude— les hommes à l'un côté, les femmes à l'autre. Ceux entre lesquels il peut y avoir quelque échange de tendresse, parviennent à s'asseoir l'un en face de l'autre; car le Cupide toujours présent dédaigne de ne pas lancer ses flèches dans les cœurs simples des esclaves. Un bonheur pur et exultant illumine les visages foncés de tous entre eux. Les dents d'ivoire, contrastées avec le noir de leur peau, présentent deux raies longues et blanches, tout le long de la table. Tout autour de la planche abondante une multitude d'yeux roule en ectasie. Les ricanements et les rires et le claquement de la coutellerie et de vaisselle suivent. Le coude de Cuffée cogne la cote de son voisin, poussé par une impulse involontaire de délice; Nelly montre du doigt Sambo et rit, elle ne sait pas pourquoi, et donc l'amusement et la gaieté continuent.

Quand les mets ont disparu, et les caillettes affamées des enfants de labeur sont satisfaites, puis, prochaine dans l'ordre de l'amusement, est la danse de Noël. C'était à moi, toujours, sur ces jours de fête, de jouer du violon. La race africaine est une qui aime la musique, proverbialement; et il y avait maints parmi mes frères-esclaves dont les organes d'harmonie étaient remarquablement développés, et qui pouvaient manier le banjo avec dextérité ; mais au dépens d'apparaître égoïste, je dois, néanmoins, avouer que l'on me considérait le Vieux Taureau du bayou Bœuf. Mon maître a souvent reçu des lettres, quelquefois d'une distance de dix miles, lui demandant de m'envoyer jouer au bal ou à la fête des blancs. Il a reçu sa compensation, et je rentrais, généralement, avec plusieurs picayunes [centimes] qui cliquetaient dans mes poches—les contributions supplémentaires de ceux au délice de qui j'avais géré. C'était dans cette manière que je suis devenu plus renommé que j'en aurais fait autrement, tout le long du bayou. Les jeunes hommes et les demoiselles d'Holmesville savaient toujours qu'il y aurait une partie de plaisir quelque part, si Platt Epps se voit passer par la ville, son violon à la main. «Où vas-tu maintenant, Platt?» et «Qu'est-ce qui se passe ce soir, Platt?» seraient les interrogatoires jaillissant de toute porte et fenêtre, et maintes fois, quand il n'y avait pas de hâte spéciale, cédantes aux importunités pressantes, Platt tirerait son archet, et à califourchon sur son mulet, peut-être, ferait entendre à un foule d'enfants déliés, assemblé autour de lui dans la rue.

Hélas ! Si ce n'était pas pour mon violon bien aimé, je ne peux guère concevoir de comment j'aurais pu endurer les longues années d'esclavage. Il m'a fait présenter dans de grandes maisons—m'a délivré de plusieurs jours de travail au champ—m'a fourni des commodités pour la cabine—de pipes et de tabac, une paire de chaussures de plus, et souvent m'a emmené de la présence d'un maître dur, pour témoigner aux scènes de gaieté et de hilarité. C'était mon compagnon—mon ami de cœur—triomphant bruyamment quand j'étais gai, et murmurant ses consolations douces et sonores quand j'étais triste. Souvent, à minuit, quand le sommeil avait de peur pris sa fuite de ma cabine, et mon âme était dérangée et troublée par la contemplation de mon sort, il me chanterait une chanson de paix. Les saints sabbats, quand on nous a permis une ou deux heures de loisir, il m'accompagnerait dans quelque lieu tranquille au bord du bayou, et, relevant sa voix, se ferait entendre bienveillant et agréable. Il a annoncé mon nom partout dans le pays—m'a procure des amis, qui, autrement ne m'auraient pas remarqué—m'a donné un siège d'honneur aux fêtes annuelles, et m'a assuré l'accueil le plus bruyant et le plus cordial de tous au bal de Noël. Le bal de Noël ! Oh, vous fils et filles de lassitude qui cherchent du plaisir, qui bougent d'un pas mesuré, las et comme les escargots, à travers le méandre lent du cotillon, si vous souhaitez regarder sur la célérité, si pas la «poésie de motion» sur le vrai bonheur—effréné et sans contraintes— descendez dans la Louisiane, et regardez danser les esclaves une nuit étoilée de Noël.

Un certain Noël dont je me souviens, dont une description servira comme description de la journée en général, Mlle Lively et M. Sam, celle-là appartenant à M. Stewart, celui-ci appartenant à Roberts, ont commencé le bal. C'était bien connu que Sam a chéri une passion ardente pour Lively, aussi bien qu'un appartenant à Marshall, et même un autre appartenant à Carey; car Lively était en effet bien animée, et une coquette à crève-cœur de plus. C'était une victoire pour Sam Roberts, quand, en se levant du repas, elle lui a tendu sa main pour la première «figure» de préférence à ses deux rivaux. Ils étaient quelque peu découragés, et secouant la tête avec colère, ont donné à entendre qu'ils voulaient bien attaquer M. Sam et lui faire beaucoup du mal. Mais pas une seule émotion de courroux n'a troublé le sein paisible de Samuel comme ses jambes ont volé comme des baguettes de tambour toute autour de la salle de danse, à côté de son partenaire séduisante. Toute la compagnie les a acclamés à haute voix, et, excités des applaudissements, ils ont continué à descendre précipitamment après que tous les autres étaient devenus épuisés et se sont arrêtés pendant un moment pour avoir un sursaut. Mais les exercions surhumaines de Sam l'ont finalement accablé, laissant Lively seule, mais continuant à tourner comme une toupie. Donc, un des rivaux de Sam, Pete Marshall, s'y est précipité, et, de toutes ses forces, a bondi et a biaisé et s'est jeté dans toutes les formes imaginables, comme s'il était déterminé de montrer à Mlle Lively et à tout le monde que Sam Roberts était un vaurien.

L'affection de Pete, pourtant, était plus grande que sa discrétion. Un tel exercice violent l'a essoufflé directement, et il s'est laissé tomber comme un sac vide. Puis c'était à Harry Carey d'essayer sa main; mais Lively l'a bientôt fait perdre haleine, parmi les hourras et les acclamations, soutenant complètement sa réputation à elle d'être «la fille la plus vivace» du bayou.

Une série finie, une autre prend sa place ; lui ou elle qui peut rester le plus longtemps au plancher recevait la recommandation la plus tumultueuse, et la danse continue jusqu'au plein jour. Elle ne cesse pas au son du violon, mais dans ce cas-là, ils commencent une musique particulière à eux-mêmes. Cela s'appelle «patting,» [tapotant] accompagné d'une de ces chansons sans sens, composée plutôt pour ses adaptions à un certain air ou mesure, que dans le but d'exprimer une idée distincte. Le patting se fait en tapant les mains sur les genoux, puis les battant ensemble, puis tapant l'épaule droite d'une main, celle de gauche avec l'autre—pendant tout ce temps, gardant le mesure des pieds et chantant, peut-être cette chanson : [168]

« La crique d'Harper et la rivière mugissant, là ma chère femme, nous vivrons à jamais, Puis nous irons au pays des Indiens, Tout ce que je veux dans cette création, Est une belle petite femme et une grande plantation.

Refrain : En haut de chêne et en bas sur la rivière, deux contremaîtres et un petit nègre. »

« Harper's creek and roarin' ribber, Thar, my dear, we'll live forebber; Den we'll go to de Ingin Nation,

All I want in dis creation, is pretty little wife and big
plantation.

Chorus. Up dat oak and down dat ribber, two
overseers and one little nigger»

Ou, si ces mots ne s'adaptent pas à la mélodie, il se peut que
"Old Hog Eye" [L'Œil du Vieux Cochon]—un exemple de
versification solennel et frappant, pas, néanmoins, à être apprécié à
moins que l'on l'entende dans le Sud. Le voici:

« Qui est ici depuis mon départ ? Une belle petite fille
en maillot. Œil de Cochon, Vieil Œil de Cochon, Et
Hosey aussi ! Je n'ai pas vu de pareil depuis ma
naissance, Vient une petite fille en maillot. Œil de
Cochon, Vieil Œil de Cochon, Et Hosey aussi !
« Who's been here since I've been gone? Pretty little
gal wid a josey on. Hog eye! Old Hog Eye. And
Hosey too! Never see de like since I was born, Here
comes a little gal wid a josey on. Hog Eye! Old Hog
Eye! And Hosey too! »

Ou, peut-être le suivant, également absurde, mais plein de
mélodie, comme il coule de la bouche de l'esclave noir:

« Ebo Dick et Jo de Jurdan, ces deux nègres ont volé
mon joug. *Refrain* : Saute Jim tout le long du chemin,
marche Jim tout le long du chemin, parle Jim, tout le
long du chemin, etc. Le vieux Dan noir, aussi noir que
goudron, Il n'en fiche pas d'être là. Saute Jim, etc. »

«Ebo Dick and Jurdan's Jo, Them two niggers stole
my yo'.

Chorus. Hop Jim along, Walk Jim along, Talk Jim
along, &c. Old black Dan, as black as tar, He dam
glad he was not dar. Hop Jim along &c»

Pendant le reste des fêtes après Noël, les esclaves sont fournis de laissez-passer, et sont permis d'aller où ils veulent, dans une distance limitée, ou ils peuvent rester à la plantation et y travailler; s'il en est ainsi, ils en sont payés. Il est très rare, du reste, que celui-ci soit accepté. On peut les voir en ces temps, se pressant dans toutes directions, des mortels semblant aussi heureux que l'on peut trouver sur la terre. Ce sont des êtres différents de ce qu'ils sont dans le champ; le repos temporaire, la délivrance brève de peur et du fouet, produisant un métamorphose entier dans leur aspect et leur conduite. On s'amuse à la visite, à la promenade, au renouvellement d'anciennes amitiés, ou, peut-être à la remise en vigueur de quelque vieille affection, ou à la poursuite de n'importe quel plaisir qui se présenterait. Telle est «la vie méridionale comme elle l'est», *trois jours de l'année*, comme je l'ai trouvée, les autres trois-cent-soixante-deux étant des jours de fatigue, et de peur, et de souffrance, et du travail incessant.

Le mariage se contracte souvent pendant les jours de fête, si une telle institution peut être dite d'exister parmi eux.[169] La seule cérémonie requise avant d'entrer dans cet «état sacré» est d'obtenir le consentement des propriétaires respectifs. Ordinairement, les maîtres des esclaves femelles l'encouragent. Soit l'homme soit la femme puisse avoir autant de maris ou de femmes que le propriétaire permettrait, et soit l'un soit l'autre est libre de se débarrasser de l'autre à plaisir. La loi en relation au divorce, ou la bigamie, et ainsi de suite, ne s'applique pas à la propriété, bien sûr. Si la femme n'appartient pas à la même plantation du mari, celui-ci est permis de lui rendre visite le samedi soir, si la distance n'est pas trop loin. La femme d'Oncle Abram a vécu à sept miles de chez Epps, sur le bayou Huff Power. Il avait permission de lui rendre visite tous les quinze jours, mais il vieillit, comme l'on a dit, et, vraiment, l'avait presqu'oubliée récemment. Oncle Abram n'avait pas le temps d'épargner de ses méditations sur le Général Jackson, le badinage conjugale étant assez bonne pour les jeunes et les insouciants, mais malséant à un philosophe grave et solennelle comme lui.

CHAPITRE XVI.

CONTREMAITRES—COMMENT ILS SONT ARMÉS ET
ACCOMPAGNÉS—HOMICIDE—SON EXÉCUTION À MARKSVILLE—
LES CONDUCTEURS D'ESCLAVES—NOMMÉ CONDUCTEUR EN
DÉMÉNAGEANT AU BAYOU BŒUF—C'EST EN FORGEANT QU'ON
DEVIENT FORGERON—ESSAI D'EPPS D'ÉGORGER PLATT—
ÉCHAPPER D'EPPS—PROTÉGÉ PAR LA MAÎTRESSE—DÉFENSE DE
LECTURE ET D'ÉCRITURE—OBTIENT UNE FEUILLE DE PAPIER
APRÈS UN EFFORT DE NEUF ANS—LA LETTRE—ARMSBY, LE
BLANC CRUEL—CONFIER EN LUI, PARTIELLEMENT—SA
TRAHISON—SOUPÇONS D'EPPS—COMMENT LES ÉTOUFFER—
BRULANT LA LETTRE—ARMSBY QUITTE LE BAYOU—DÉCEPTION
ET DÉSESPOIR

A l'exception de mon petit voyage dans la paroisse de Ste. Marie, et
mon absence pendant les saisons où on coupait la canne, j'étais
constamment employé sur la plantation du Maître Epps. On l'a
considéré qu'un planteur modeste, n'ayant pas un nombre d'esclaves
suffisant d'exiger les services d'un contremaître, le faisant lui-même.
Pas capable d'agrandir ses forces, il avait l'habitude d'engager
quelques ouvriers pendant la hâte de la saison de la récolte du coton.

Sur les domaines les plus grandes, employant cinquante ou cent,
ou peut-être deux cents ouvriers, on regarde un contremaître comme
indispensable. Ces gentilshommes vont à cheval dans le champ, sans
exception, à ma connaissance, armés de pistolets, de couteau-
poignard, de fouet et de quelques chiens.[170] Équipés de cette façon, ils
suivent les esclaves dans les champs, les guettant tous d'un œil
attentif. Les qualifications requises pour un contremaître sont la
brutalité, la cruauté et le manque total de pitié. C'est son affaire de
produire de grandes cultures, et si cela est accompli, il importe peu le
taux de souffrance qu'il ait pu coûter.[171] La présence des chiens est
nécessaire pour rattraper un fugitif qui prend ses jambes à son cou,
cela étant quand il est affaibli ou malade, il ne peut pas maintenir sa
rangée, et pas capable, aussi, de souffrir le fouet. Les pistolets sont
réservés pour une urgence dangereuse, y étant des instances où de

telles armes étaient nécessaires. Poussé dans quelque folie indomptable, même l'esclave tournera quelque fois sur son oppresseur. La potence se tenait à Marksville janvier passé, sur laquelle un esclave a été exécuté il y a un an pour avoir tué son contremaître. Cela a eu lieu pas trop de miles de la plantation d'Epps sur la rivière Rouge. L'esclave a été donné sa tâche de fendre les barreaux. Au cours de la journée, le contremaître l'a envoyé faire des courses, qui ont pris autant de temps qu'il n'était pas possible pour lui de finir la tâche .Le lendemain, il a été appelé pour expliquer, mais la perte du temps occasionné par la commission n'était pas d'excuse, et il a été ordonné se s'agenouiller et de mettre à nu le dos pour la réception du fouet. Ils étaient seuls dans les bois—hors de vue et de ouïe. Le garçon a soumis jusqu'à ce qu'il était enragé d'une telle injustice, et fou de couleur, il a sauté à ses pieds, et, saisissant une hache, a littéralement coupé le contremaître en morceaux. Il n'a fait aucun effort de le cacher, mais, se hâtant chez son maître, a raconté tout l'affaire, et s'est déclaré prêt à expier le tort avec le sacrifice de sa vie. On l'a mené à l'échafaud, en pendant que la corde était autour de son cou, a maintenu un aspect sans peur et intrépide et avec ses derniers paroles a justifié l'acte.

Outre que le contremaître, il y a des conducteurs au-dessous de lui, leur nombre étant en proportion au nombre d'ouvriers dans le champ. Les conducteurs sont des noirs, qui, à l'addition à faire leur partie égale du travail, doivent faire le fouettage de leurs quelques groupes. Ils ont des fouets qui pendent autour du cou, et s'ils manquent de les employer tout à fait, sont fouettés eux-mêmes. Ils ont, cependant, peu de privilèges; par exemple, quand ils coupent la canne, les ouvriers ne sont pas permis de s'asseoir, même assez longtemps pour prendre le dîner.[172] Des charrettes, remplies de galettes de maïs et préparées dans la cuisine, sont livrées aux champs à midi. Les conducteurs distribuent les galettes qui doivent être consommées aussi vite que possible.

Quand l'esclave cesse de transpirer, comme il le fait souvent quand poussé au-delà de ses pouvoirs, il tombe par terre et devient entièrement impuissant. Il est donc le devoir du conducteur de le traîner dans l'ombre du coton ou de la canne sur pied, ou d'un arbre voisin, où il verse des seaux d'eau sur lui, et utilise d'autres moyens de faire encore sortir la sueur, quand il est ordonné à sa place et obligé de continuer ses travaux.

À Huff Power, quand je suis d'abord arrivé chez Epps, Tom, l'un des noirs de Roberts, était conducteur. C'était un homme de forte carrure, et sévère à l'extrême. Après le départ d'Epps au bayou Bœuf, cet honneur distingué m'a été conféré. Jusqu'au temps de mon départ, j'ai dû porter un fouet autour du cou dans le champ. Si Epps était présent, je n'osais montrer aucune clémence, n'ayant pas la fortitude chrétienne d'un certain Oncle Tom bien-connu, pour braver sa colère, en refusant de faire l'office. C'était de cette manière, seulement, que j'ai échappé au martyr immédiat qu'il souffrait, et, en même temps, ai sauvé mes compagnons de beaucoup de souffrance, comme il s'est prouvé à la fin. Epps, j'ai bientôt découvert, si vraiment au champ ou non, avait ses yeux plus ou moins généralement sur nous. De la piazza, du derrière quelque arbre avoisinant, ou d'un autre point d'observation bien caché, il guettait perpétuellement. Si l'un de nous avait été en retard ou las pendant la journée,   nous étions sujets d'en entendre parler en rentrant aux logements, et c'était une matière de principe avec lui de censurer tout offense de cette nature qui arrivait à sa connaissance,   l'offenseur étant pas seulement certain de recevoir une punition pour son retard, mais également j'étais puni, moi aussi, pour l'avoir permis.

Si, par contre, il m'avait vu utiliser le fouet librement, l'homme en était satisfait. «C'est en forgeant qu'on devient forgeron,» vraiment; et pendant mes huit ans d'expérience comme conducteur, j'ai appris à manier mon fouet d'une dextérité et d'une précision merveilleuse, jetant le fouet dans l'épaisseur d'un cheveu sur le dos, sur l'oreille, sur le nez, sans, en effet, toucher ni l'un ni l'autre. Si Epps était vu à une distance, ou si nous avions raison de penser qu'il se glissait quelque part dans les environs,   je me mettrais à travailler vigoureusement le fouet, quand, selon notre arrangement, les autres esclaves se tortilleraient et hurleraient comme si en agonie, bien qu'aucun d'entre eux n'avait pas en fait été même effleuré. Patsey prendrait l'occasion, s'il est apparu présentement, de marmotter à son ouïe quelques plaints que Platt les fouettait toujours, et Oncle Abram, d'un air d'honnêteté particulier à lui seul, affirmerait franchement que je venais de les fouetter pire que le Général Jackson avait fouetté l'ennemi à la Nouvelle-Orléans. Si Epps n'était pas ivre, et possédé d'un de ses humeurs bestiales, c'était, en général, satisfaisant. S'il l'était, quelqu'un d'entre nous, ou plus, devraient souffrir, chose qui va sans dire. Quelque fois sa violence prendrait une forme dangereuse, plaçant la vie de son bétail humain en danger. Une fois, le fou ivre a pensé de s'amuser à m'égorger.

Il a été absent à Holmesville, assistant à un match de tir, et aucun entre nous ne savait rien de son retour. En sarclant à côté de Patsey, elle a exclamé, à voix basse, soudain, «Platt, tu vois le vieux Hog-Jaw [mâchoire du cochon] me faisant signe de venir à lui?»

Jetant un coup d'œil à côté, je l'ai découvert au marge du champ, faisant signe et grimaçant, comme était son habitude quand ivre. Sachant ses intentions lascives, Patsey s'est mise à pleurer. Je lui ai chuchoté de ne pas lever le regard et de continuer son travail, comme si elle ne l'avait pas vu. Soupçonnant la vérité de la matière, il a bientôt chancelé vers moi plein de fureur.

«Qu'as-tu dit à Pats» a-t-il demandé d'un juron. Je lui ai fait quelque réponse évasive, qui n'avait que l'effet d'augmenter sa violence.

«Depuis combien de temps possèdes-tu cette plantation, dis, toi, sacré nègre?» a-t-il continué, d'un sourire moquant et malin, au même temps prenant le col de ma chemise d'une main, et enfonçant l'autre dans sa poche. «Maintenant je couperai ta gorge noir, c'est ce que je ferai,» tirant son couteau de sa poche comme il le disait. Mais il ne pouvait pas l'ouvrir d'une main, jusqu'à ce qu'il ait saisi la lame entre ses dents, j'ai vu qu'il était sur le point de réussir, et j'ai senti la nécessité de m'échapper de lui, car dans son présent état insensé, il était évident qu'il ne plaisantait pas, pas du tout. Ma chemise était ouverte au-devant, et comme je me suis tourné vite, et j'ai sauté de lui, pendant qu'il tenait encore son étreinte, elle était déchirée entièrement de mon dos. Il n'y avait pas de difficulté maintenant en l'éludant. Il m'a poursuivi jusqu'à ce qu'il soit tout essoufflé, puis s'est arrêté jusqu'à ce que son haleine soit rétablie ; il a juré, et a renouvelé la chasse. Il m'a ordonné maintenant de venir à lui, maintenant a essayé de me cajoler, mais j'étais prudent de garder une distance respectueuse. Dans cette manière nous avons fait le circuit du champ plusieurs fois, lui faisant des plongeons désespérés, et moi, toujours les esquivant, plus amusé qu'effrayé, sachant bien que quand ses sensibilités sobres seraient de retour, il rirait à sa propre folie d'ivresse. Au loin, j'ai observé la maîtresse se tenant à côté de la clôture de la cour, regardant nos manœuvres mi- sérieux, mi- comiques. Le passant comme un trait, j'ai couru directement à elle. Epps, la découvrant, ne m'a pas suivi. Il est resté dans le champ encore une heure ou plus, durant quel temps, je me suis tenu à côté de la maîtresse, ayant raconté les particuliers de ce qui s'est passé. Maintenant, c'était *elle* qui était provoquée, dénonçant également son mari et Patsey. Finalement, Epps est venu vers la maison, par ce temps presque sobre, se promenant avec une modestie effectuée, les mains derrière le dos, essayant de sembler aussi innocent qu'un enfant.

Comme il approchait, pourtant, la Maîtresse Epps a commencé à le réprimander franchement, l'entassant de plusieurs épithètes irrespectueuses, et exigeant de savoir pour quelle raison il avait essayé de me couper la gorge. Epps a fait une étrangeté merveilleuse de tout cela, et à mon surprise, a juré par tous les saints qui figurent dans le calendrier qu'il ne m'avait pas adressé la parole ce jour-là.

«Platt, toi, un nègre mentant, t'ai-je parlé?» était son appel impudent à moi.

Il n'est pas prudent de contredire un maître, même avec l'assertion d'une vérité. Je me suis tu, donc, et quand il est entré dans la maison, je suis rentré au champ, et on n'a jamais plus mentionné cet affaire.

Peu après ce temps, une circonstance a eu lieu qui a failli révéler le secret de mon vrai nom et de mon histoire, lesquels j'avais cachés si long et si soigneusement, et sur lesquels j'étais convaincu s'est reposée mon évasion final. Bientôt après m'avoir acheté, Epps m'a demandé si je savais lire et écrire, et étant informé que j'avais reçu quelque instruction dans ces branches d'éducation, il m'a assuré, avec emphase, que s'il me trouvait jamais avec un livre, ou avec stylo et encre, il me donnerait cent coups de fouet. Il a dit qu'il voulait que je comprenne qu'il achetait des "nègres" pour travailler et pas pour éduquer. Il ne s'est jamais informé de ma vie antérieure, ou d'où je suis venu. La maîtresse à l'autre côté, m'a souvent interrogé au sujet de Washington, qu'elle imaginait à être ma ville natale, et plus d'une fois a remarqué que je ne parlais, ni agissais comme les autres «nègres», et elle était sûre que j'avais vu plus du monde que j'y ai admis.

Mon grand but était toujours d'inventer quelque moyen de faire envoyer une lettre clandestinement à la poste, adressée à quelques-uns de mes amis ou famille dans le Nord. La difficulté d'une telle entreprise ne peut se comprendre par celui qui ne connaît pas les limites sévères qui m'étaient imposées. D'abord, j'étais privé de stylo, de papier et d'encre. Ensuite, un esclave ne peut pas quitter sa plantation sans laissez-passer, ni est-il possible pour le receveur des postes d'envoyer une lettre pour cet esclave sans consigne écrit de son propriétaire. J'étais esclave pendant neuf ans, guettant toujours et étant sur le qui-vive, avant que j'ai rencontré le bonheur d'obtenir une feuille de papier. Pendant qu'Epps était à la Nouvelle-Orléans un hiver, se disposant de son coton, la maîtresse m'a envoyé à Holmesville, chargé d'une commande pour quelques articles, et entre le reste, une quantité de papier écolier. J'en ai approprié une feuille, la cachant dans la cabine, sous la planche sur laquelle je dormais.[173]

Après plusieurs essais, j'ai réussi à fabriquer de l'encre, en faisant bouillir l'écorce de l'érable blanc, et d'une plume tirée de l'aile d'un canard, j'ai fait un stylo. Quand nous étions tous endormis dans la cabine, par la lumière des charbons, me couchant sur mon divan de planche, j'ai réussi à achever une épître assez longue. Elle était adressée à un vieil ami à Sandy Hill, décrivant ma condition, et le pressant de prendre des mesures de restaurer ma liberté. J'ai gardé cette lettre longtemps, imaginant des mesures par lesquels on pourrait la mettre en toute sécurité à la poste. Enfin, un mauvais type, au nom d'Armsby, jusqu'ici un étranger, est venu dans le voisinage, cherchant un poste comme contremaître. Il a présenté sa candidature à Epps, et se trouvait autour de la plantation pour quelques jours. Il est allé ensuite chez Shaw, dans les environs, et y est resté pendant plusieurs semaines. Shaw s'entourait généralement de ces vauriens, lui aussi étant noté comme un joueur et un homme sans principes. Il avait épousé une de ses esclaves, Charlotte, et il y avait une couvée de jeunes mulâtres qui croisait chez lui. [174] Armsby s'est tant dégradé enfin, qu'il a dû travailler avec les esclaves. Un blanc qui travaille dans les champs est un spectacle rare et insolite sur le bayou Bœuf. J'ai profité de chaque occasion de cultiver sa connaissance en secret, désirant d'obtenir sa confiance aussi loin de vouloir charger la lettre à sa garde. Il a visité Marksville bien des fois, il m'a dit, un village à une distance de vingt miles, et c'était là, je me suis proposé, que la lettre doit être mise à la poste.

Soigneusement délibérant sur la meilleure manière de m'approcher à lui sur le sujet, j'ai conclu finalement de lui demander simplement de mettre une lettre à la poste à Marksville pour moi la prochaine fois qu'il y irait, sans lui révéler que j'avais déjà écrit la lettre, ou sa contenue; je craignais qu'il puisse me trahir, et je savais que je devais lui offrir quelque encouragement d'une nature pécuniaire avant qu'il serait prudent de me confier en lui. Aussi tard qu'une heure du matin une nuit, je suis sorti à la dérobée de ma cabine, et, traversant le champ vers chez Shaw, je l'ai trouvé dormant sur la piazza. Je n'avais que peu de picayunes—ceux que j'avais gagné en jouant du violon, mais je lui ai promis tout ce que j'avais dans le monde s'il me ferait la bonté requise. Il m'a assuré, à son honneur, qu'il la mettrait à la poste de Marksville, et qu'il garderait ce secret comme inviolable à jamais. Bien que j'aie eu la lettre dans ma poche en ce moment-là, je n'ai pas osé la lui donner dans cet instant, mais je lui ai dit que je l'aurai dans un ou deux jours, lui ai dit bonsoir, et suis retourné à ma cabine. Il m'était impossible de renvoyer les soupçons que j'avais, et pendant toute la nuit, j'ai veillé, tournant dans ma tête la course la plus prudent à poursuivre. J'oserais risquer beaucoup pour accomplir ce but, mais si la lettre tombe par n'importe quels moyens dans les mains d'Epps, cela serait un coup mortel à mes aspirations. J'étais «jeté dans la perplexité à l'extrême.»

J'avais bien raison de le soupçonner, comme la suite montrera. Le surlendemain, pendant que je sarclais le coton dans le champ, Epps s'est assis sur la barrière de ligne entre la plantation de Shaw et la sienne, dans une telle position de surveiller la scène de nos labeurs. Présentement, Armsby s'est montré, et, montant sur la barrière, s'est assis à côté de lui. Les deux y sont restés deux ou trois heures, pendant lesquelles, j'étais dans une agonie d'appréhension.

Ce soir-là, en grillant mon lard, Epps est entré dans la cabine, son cuir vert à la main.

«Bien, mon gars» a-t-il dit, «j'entends dire que j'ai un nègre instruit, qui écrit des lettres, et essaie de les faire envoyer par un blanc. Je me demande si tu le connais?»

Les pires de mes craints se sont réalisés, et bien qu'il ne se considère complètement honorable, même dans ces circonstances, le seul asile qui s'est présenté à moi était de réparer à la duplicité et au mensonge direct.

«Je n'en sais rien, Maître Epps,» lui ai-je répondu, assumant l'air d'ignorance et de surprise; «n'en sais rien du tout, monsieur.»

«N'étais-tu pas chez Shaw avant-hier soir?» il a demandé.

«Non, maître,» était la réponse.

«N'as-tu pas demandé à cet homme, Armsby, de mettre une lettre à la poste pour toi à Marksville ?»

«Eh bien, mais, Mon Dieu, maître, je ne lui ai jamais adressé trois paroles de toute ma vie. Je ne sais pas ce que vous voulez dire.»

«Bien,» a-t-il continué, «Armsby m'a dit aujourd'hui que le diable était parmi mes nègres; que j'en avais un qui avait besoin d'être bien guetté ou il s'enfuirait, et quand je lui ai demandé pourquoi, il a dit que tu es venu chez Shaw, et l'avait réveillé pendant la nuit, et a voulu qu'il prenne une lettre à Marksville. Que dis-tu à cela, eh?»

«Tout ce que je peux dire, maître,» je lui ai répondu, «est qu'il n'y a pas de vérité là. Comment puis-je écrire sans encre ou papier? Il n'y a personne à laquelle je veux écrire, parce que je n'ai pas d'amis vivant dont je sais. Cet Armsby est un type menteur et ivre, on dit, et personne ne le croit, non plus. Vous savez que je dis toujours la vérité, et que je ne quitte jamais la plantation sans laissez-passer. Or, maître, je peux voir ce que cherche cet Armsby, clair comme le jour. N'a-t-il pas voulu que vous l'employiez comme contremaître?»

«Oui, il a voulu que je l'engage,» a répondu Epps.

«C'est ça, donc,» ai-je dit, «il veut vous faire croire que nous allons nous enfuir tous, et puis il croit que vous allez engager un contremaître pour nous guetter. Il a fabriqué cette histoire tout à fait, parce qu'il veut se procurer une situation. C'est tout un mensonge, maître, vous pouvez en compter.»

Epps a médité un moment, évidemment impressionné par la plausibilité de ma théorie, et a exclamé, «Sacré bleu, Platt, si je ne crois pas que tu dis la vérité! Il doit me prendre pour quelqu'un de doux, pour penser qu'il peut venir me voir avec ce sort d'histoire, n'est-ce pas? Il pense qu'il peut, peut-être, me duper; peut-être qu'il pense que je ne sais rien—je ne peux pas m'occuper de mes propres nègres, eh! Savon noir, le vieil Epps, eh! Ha, ha, ha! Malédiction sur Armsby. Mets les chiens sur lui, Platt,» et avec plusieurs autres commentaires décrivant le caractère général d'Armsby, et sa capacité d'être à ses affaires, et s'occupant de ses propres «nègres», le Maître Epps a quitté la cabine. Aussitôt qu'il est parti, j'ai lancé la lettre dans la cheminée, et d'un cœur désespéré et découragé, ai regardé l'épître qui m'avait coûté tant d'angoisse et d'inquiétude, et laquelle j'ai bien espéré aurait été mon avant-coureur à la terre de la liberté, se tordre et se recroqueviller sur son lit de charbon, et se dissoudre dans la fumée et les cendres. Armsby, le scélérat perfide, a été poussé de la plantation de Shaw pas long après, à mon grand soulagement, car j'ai craint qu'il puisse renouveler sa conversation, et convaincre Epps, peut-être, de le croire.

Je ne savais pas maintenant où chercher mon délivrance. Mes espoirs ont jailli dans mon cœur, seulement d'être écrasés et frustrés. L'été de ma vie s'écoulait je pensais que je vieillissais prématurément; qu'après peu d'années de plus, et le travail, et la douleur, et les miasmes toxiques des marais accompliraient leur œuvre sur moi—me consigneraient à l'étreinte du tombeau, pour y tomber en poussière et être oublié.[175] Repoussé, trahi, découpé de l'espoir de secours, je ne pouvais que me prosterner par terre et gémir dans une angoisse indicible. L'espoir de délivrance était la seule lumière qui ait versé quelque rayon de confort sur mon cœur. Elle vacillait maintenant, faible et basse, une autre souffle de déception l'éteindrait complètement, me laissant de tâtonner dans l'obscurité de minuit jusqu'à la fin de ma vie.

CHAPITRE XVII.

WILEY NEGLIGE LES CONSEILS DE TANTE PHEBE ET D'ONCLE ABRAM ET EST ATTRAPE PAR LES PATROUILLIERS— ORGANISATION ET DEVOIRS DE CEUX-CI—WILEY S'ECHAPPE— SPECULATION A SON EGARD—UN RETOUR INATTENDU—SA PRISE SUR LA RIVIERE ROUGE, ET EMPRISONNEMENT A ALEXANDRIA—DECOUVERT PAR JOSEPH B. ROBERTS—CALMANT LES CHIENS EN ANTICIPATION D'EVASION—FUGITIFS DANS LA PINEDE—ARRETE PAR ADAM TAYDEM ET LES INDIENS— AUGUSTUS TUE PAR DES CHIENS—NELLY, L'ESCLAVE-FEMME D'ELDRET—HISTOIRE DE CELESTE—MOUVEMENT CONCERTE— LEW CHENEY, TRAITRE—IDEE D'INSURECTION

L'année 1850, où je suis maintenant arrivée, et dont j'ai omis de mentionner beaucoup d'évènements qui ne seraient pas d'intérêt au lecteur, était une année malchanceuse pour mon camarade Wiley, le mari de Phebe, dont la nature taciturne et réservée, l'a gardé jusqu'ici à l'arrière-fond. Bien que Wiley n'ait ouvert la bouche que rarement, et a tourné dans son orbite obscure et modeste sans se plaindre, néanmoins les éléments chaleureux de la société étaient forts au sein de ce «nègre.» Dans l'exubérance de sa confiance en lui-même, négligeant la philosophie d'Oncle Abram, et méprisant les conseils de Tante Phebe, il avait l'audace d'essayer une visite nocturne dans une cabine voisine sans laissez-passer.

Si séduisante était la société dans laquelle il s'est trouvé, que Wiley n'a pris que la moindre note des heures qui coulaient, et la lumière de l'aube a commencé à se révéler avant qu'il s'en ait remarqué. Allant à toute vitesse chez lui, il a espéré arriver aux logements avant que le cor ne sonne; mais, malheureusement, une compagnie de patrouilleurs l'a aperçu.

Comment il est dans les autres lieux obscurs d'esclavage, je n'en sais rien, mais sur le bayou Bœuf, il y a une organisation de patrouilleurs, comme on les appelle, dont le but est de saisir et de fouetter tout esclave qu'ils peuvent trouver qui s'égare de la plantation.[176] Ils montent à cheval, un capitaine en tête, armés, et accompagnés de chiens. Ils ont le droit, soit par la loi, soit par le consentement général, d'infliger un châtiment discrétionnaire sur l'homme noir qui est attrapé au-delà des confines du domaine de son maître sans laissez-passer, et même de tirer sur lui, s'il essaie de s'échapper. Chaque compagnie a une certaine distance de patrouiller sur le bayou. Ce sont les plantiers qui paient leur récompense, et qui contribuent en proportion au nombre d'esclaves qu'ils possèdent. Les claquettements des sabots des chevaux s'entendent à toute heure de la nuit, et fréquemment on peut les voir, conduisant un esclave derrière eux, le traînant par une corde liée autour de son cou, à la plantation de son maître.

Wiley a pris sa fuite devant une de ces compagnies, pensant qu'il pouvait arriver à sa cabine avant qu'ils puissent l'attraper; mais un de leurs chiens, un grand chien de chasse vorace, l'a pris par la jambe, et l'a tenu ferme. Les patrouilleurs l'ont fouetté sévèrement, et l'ont emmené en prisonnier, chez Epps. De celui-ci, Wiley a reçu une flagellation même plus sévère, tant que les coups du fouet et les morsures du chien l'ont rendu si douloureux, raide et misérable, qu'il ne pouvait guère bouger. Il lui était impossible, dans un tel état, de maintenir sa rangée et conséquemment il n'y avait pas une heure pendant la journée où Wiley n'a pas senti l'aiguillon du cuir vert de son maître sur son dos écorché et sanglant. Ses souffrances sont devenues intolérables, et il s'est enfin décidé de s'enfuir. Sans révéler ses intentions, même à sa femme Phebe, il a commencé à faire des arrangements pour mettre à l'exécution son projet. Ayant préparé son allocation de nourriture pour toute la semaine, il a quitté la cabine prudemment un dimanche soir, après que les habitants de ce logement se sont endormis. Quand le cor a sonné le lendemain, Wiley n'a pas paru. On l'a cherché dans la crèche à maïs, dans la maison à coton, et dans tous les coins et recoins des lieux. Chacun d'entre nous a été interrogé, touchant n'importe quelle connaissance que nous ayons qui pouvait jeter de lumière sur sa disparition soudaine, ou où il était en ce moment-là. Epps en a raffolé et s'est emporté, et montant à cheval, a galopé aux plantations voisines, faisant des enquêtes dans toutes les directions. La recherche était futile. On ne pouvait rien éliciter de ce qui s'est arrivé à cet homme absent. On a mené les chiens dans le marais, mais ils n'ont pas pu suivre sa piste. Ils ont cerclé à travers les bois, le nez par terre, mais sont bientôt revenus au lieu d'où ils avaient commencé.

Wiley avait échappé, et si clandestinement et si prudemment pour ainsi dire qu'il a évité et confondu toute poursuite. Des jours, même des semaines ont passé, et l'on n'a rien entendu de lui. Epps n'a rien fait sauf que de jurer et maudire. C'était la seule topique de conversation entre nous quand nous étions seuls. Nous nous sommes livrés à beaucoup de spéculation à son égard, l'un suggérant qu'il ait pu se noyer dans quelque bayou, attendu qu'il était un mauvais nageur; un autre que peut-être les alligators l'avaient dévoré, ou qu'il avait été piqué pas le mocassin, dont la morsure est une morte sûre et certaine. Nos sympathies chaleureuses et sincères étaient, du reste, avec le pauvre Wiley, où qu'il soit. Mainte de prière ardente est sortie des lèvres d'Oncle Abram, implorant de sûreté pour son ami errant.

Après environ trois semaines, quand tout espérance de le revoir était mise à la porte, à notre surprise, il est un jour apparu parmi nous. En quittant la plantation, il nous a informés, c'était son intention de repérer dans la Caroline du Sud—aux vieux logements du Maître Buford. Pendant la journée il est resté caché, quelquefois dans les branches d'un arbre, et la nuit, se pressant à travers le marais. Finalement, un matin, juste à l'aube, il a achevé la rive de la rivière Rouge. En se tenant sur le rivage, considérant comment il pouvait la traverser, un blanc s'est approché de lui et a demandé son laissez-passer. Sans passe, et évidemment un fugitif, on l'a emmené à Alexandria, le siège de la paroisse de Rapides, et l'a emprisonné. Quelques jours après, il s'est passé que Joseph B. Roberts, l'oncle de la Maîtresse Epps, se trouvait à Alexandria, et, en entrant dans cette prison, l'a reconnu. Wiley avait travaillé sur sa plantation, quand Epps a demeuré à Huff Power. Roberts a payé les frais de geôle, lui a écrit un laissez-passer, sous lequel était une note à Epps, le sollicitant de ne pas le fouetter à son retour, et Wiley a été renvoyé au bayou Bœuf. C'était l'espérance qui a pendu sur cette requête, dont Roberts l'avait assuré, qui serait respecté de son maître, qui l'avait soutenu comme il s'est approché de la maison. La requête, comme l'on peut facilement imaginer, a été entièrement négligée. Après être laissé en suspense pendant trois jours, Wiley a été dépouillé de ses vêtements, et forcé de souffrir une de ces flagellations barbares auxquelles le pauvre esclave est si souvent exposé. C'était la première et la dernière fois que Wiley a essayé de s'enfuir. Les longues cicatrices sur son dos, qu'il portera avec lui au tombeau, le rappelle toujours les dangers d'une telle démarche.

Il n'y avait point de jour pendant les dix ans pendant lesquels j'ai appartenu à Epps où je ne me suis pas consulté au sujet de m'enfuir. J'ai considéré beaucoup d'idées, lesquelles en ce temps-là j'ai cru d'être bonnes, mais je les ai toutes abandonnées, l'une après l'autre. Aucun homme qui n'a pas été placé dans une telle situation, ne puisse comprendre les milliers d'obstacles qui sont jetés sur le chemin d'un esclave qui se sauve. La main de tout homme blanc se lève contre lui—les patrouilleurs le guettent—les chiens sont prêts à suivre sa piste, et la nature de ce pays lui rend impossible d'y passer avec quelque sécurité.[177] J'ai pensé, néanmoins, que le temps pourrait arriver, peut-être, quand je devrais encore courir à travers les marais. J'ai conclu que, dans ce cas, je devrais me préparer pour les chiens d'Epps, au cas qu'ils me poursuivent. Il en possédait quelques-uns, l'un entre eux étant un chasseur d'esclaves renommé, le plus féroce et le plus sauvage de sa race. Quand j'étais à la chasse de raton laveur ou de l'opossum avec ces chiens, je n'ai jamais permis d'échapper une occasion, quand j'étais seul, de les fouetter sévèrement. Dans cette façon, j'ai réussis au long, à les subjuguer entièrement. Ils me craignaient, obéissant à ma voix sur-le-champ quand les autres n'avaient aucun contrôle de tout sur eux. S'ils m'avaient suivi et qu'ils m'avaient atteint, je ne doute pas qu'ils auraient reculé de m'attaquer.

En dépit de la certitude d'être pris, les bois et les marais sont, pourtant, continuellement pleins de fugitifs. Beaucoup d'eux, quand malades, ou si épuisés de ne pas pouvoir faire leurs tâches, s'enfuient dans les marais, voulant bien souffrir la punition infligée pour de telles offenses, pour obtenir un ou deux jours de repos.

Pendant que j'ai appartenu à Ford, j'étais inconsciemment le moyen de révéler le cachot de six ou huit esclaves, qui avaient établi leur résidence dans la pinède. Adam Taydem m'a souvent envoyé des moulins à l'éclaircie pour chercher des provisions. Tout le chemin était une épaisse forêt de pin. Vers dix heures d'une nuit, incroyablement belle au clair de la lune, en me promenant dans la route du Texas, en rentrant aux moulins, et portant sur mon épaule un sac qui contenait un cochon apprêté, j'ai entendu des pas derrière moi, et tournant, j'ai vu deux noirs, habillés en esclave, m'approcher à grand train. Quand ils étaient à une courte distance, l'un d'eux a levé un bâton, comme s'il voulait me frapper; l'autre a essayé de saisir le sac. J'ai pu les éviter, tous les deux, et saisissant un nœud de pin, je l'ai jeté d'une telle force contre la tête du premier qu'il a été renversé insensible par terre. Juste en ce moment, il y en avait deux autres qui sont arrivés du côté de la route. Avant qu'ils aient pu me saisir, pourtant, j'ai réussi à les dépasser, prenant mes jambes à mon cou, et je me suis enfui, bien effrayé, vers les moulins. Quand Adam a été informé de l'aventure, il s'est hâté à l'instant au village indien, et réveillant Cascalla et plusieurs de son tribu, s'est mis en route à la poursuite des voleurs de grand chemin. Je les ai accompagnés à la scène de l'attaque, quand nous y avons découvert une flaque de sang dans la route, où l'homme que j'ai frappé avec le nœud de pin est tombé. Après avoir cherché longtemps et soigneusement dans les bois, un des hommes de Cascalla a découvert quelque fumée qui tourbillonnait parmi les branches de plusieurs pins abattus, dont les cimes sont tombées ensemble. On a prudemment entouré le lieu de rendez-vous, et tous ont été emprisonnés. Ils avaient échappé d'une plantation aux environs de Lamourie, et se sont cachés pendant trois semaines. Ils n'avaient aucune intention maline envers moi, sauf ce m'effrayer lors de mon cochon. M'ayant observé en passant vers le domaine de Ford à la nuit tombante, et soupçonnant la nature de ma commission, ils m'ont suivi, m'ont vu égorger et apprêter le cochon, et me remettre en route. Ils ont été à court de nourriture, et ont été conduits à cette extrémité par la nécessité. Adam les a menés dans la prison de la paroisse, et a reçu une récompense libérale.

Pas rarement, l'esclave fugitif perd la vie en essayant d'échapper. Les domaines d'Epps avoisinaient d'un côté ceux de Carey, une plantation à sucre très vaste.[178] Il cultive au moins mille-cinq-cents arpents de canne, fabriquant vingt-deux ou vingt-trois cents barriques de sucre; une et demie barriques égalent le rendement annuel d'un arpent. En addition, il fait cultiver cinq ou six cents arpents de maïs et de coton. L'année passée, il possédait cent-cinquante-trois esclaves, et un nombre comparable de leurs enfants, et chaque année a engagé une foule d'ouvriers à la saison de récolte de ce côté du Mississippi.

Un de ses conducteurs noirs, un garçon agréable et intelligent, s'appelait Augustus. Pendant les fêtes, et de temps en temps au travail dans les champs voisins, j'ai eu l'occasion de le rencontrer, donc un attachement chaleureux et mutuel a muri par la suite. Il y a deux ans, pendant l'été, il était si malheureux d'attirer le courroux du contremaître, un homme brutal, vulgaire et lâche, qui l'a fouetté le plus cruellement. Augustus s'est enfui. Arrivant à une meule de canne, il s'y est caché au sommet. Tous les chiens de Carey ont été mis sur sa piste—une quinzaine d'eux—et bientôt ont flairé des pas à son cachot. Ils ont entouré la meule, aboyant et grattant, mais ne pouvaient pas l'atteindre. Bientôt, guidés par le bruit des chiens, les chasseurs sont arrivés, quand le contremaître, montant sur la meule, l'a fait sortir. Comme il a roulé par terre, toute la meute s'est précipitée sur lui, et avant que l'on puisse les repousser, avaient rongé et mutilé son corps dans une manière la plus choquante, leurs dents ayant pénétré aux os en cent endroits. Il a été ramassé, lié sur une mule, et rapporté chez lui. Mais c'était la dernière peine d'Augustus. Il a traîné jusqu'au lendemain, quand la mort est venue chercher ce garçon misérable, et avec bienveillance, l'a délivré de son agonie.

Il n'était pas rare que les esclaves-femmes, aussi bien que les hommes, ont essayé de s'échapper. Nelly, une fille d'Eldret, avec laquelle j'ai coupé du bois dans la «grande fougère de canne», est restée trois jours dans la crèche de maïs chez Epps. Le soir, quand sa famille dormait, elle avait glissé furtivement dans les logements pour quelque nourriture, et était rentrée dans la crèche. Nous avons conclu qu'il ne serait plus prudent de la permettre d'y rester, donc, elle a retracé ses pas à sa propre cabine.

Mais l'instance la plus remarquable d'une heureuse évasion des chiens et des chasseurs était celle qui suit : Parmi les filles de Carey était une, nommée Céleste. Elle avait dix-neuf ou vingt ans, et était même plus blanche que son maître ou ses enfants. Il a fallu la regarder de plus près pour déterminer la moindre trace de sang africain dans ses traits. Un étranger n'aurait jamais rêvé qu'elle était descendue des esclaves. J'étais assis dans ma cabine très tard un soir, quand la porte s'est ouverte avec circonspection, et Céleste s'est présentée devant moi. Elle était pale et farouche. Je n'aurais pas pu être plus effrayé que si une apparition est sortie de la terre.

«Qui es-tu?» ai-je demandé, après l'avoir regardée fixement pendant un moment.

«J'ai faim; donne-moi du lard,» était sa réponse.

Ma première impression était qu'elle devrait être quelque jeune maîtresse dérangée, qui, ayant échappé de chez elle, s'était égarée, elle ne savait où, et a été attirée à ma cabine par le son du violon. La robe d'esclave en coton grossier qu'elle portait, toutefois, a bientôt chassé une telle supposition.

«Comment t'appelles-tu?» j'ai demandé de nouveau.

«Je m'appelle Céleste,» a-t-elle répondu. «J'appartiens à Carey, et je suis dans les palmettes depuis deux jours. Je suis malade, et je ne peux pas travailler, et je préfère mourir dans le marais au lieu d'être fouettée à mort par le contremaître. Les chiens de Carey ne me suivront pas. On a essayé de les mettre sur moi. Il y a un secret entre eux et Céleste, et ils n'obéiront pas aux ordres maudits du contremaître. Donne-moi de la viande—je meurs de faim.»

J'ai partagé mon allocation chétive avec elle, en en la prenant, elle a raconté comment elle avait effectué son évasion, et a décrit le lieu de sa cachette. Au bord du marais, pas un demi-mile de chez Epps, se trouvait un grand espace, des milliers d'arpents d'étendue, couvert de palmettes. De grands arbres, dont les branches s'entrelaçaient, formaient un dais au-dessus, aussi épais qu'il a exclu les rayons du soleil. Il y faisait le crépuscule toujours, même au milieu de la journée la plus éclatante. Au centre de ce grand espace où rien que les serpents n'explorent—un lieu solitaire et sombre—Céleste a érigé une hutte rude de branches mortes qui étaient tombées par terre et l'a couverte de feuilles de palmette. C'était la demeure qu'elle avait choisie. Elle n'avait aucun peur des chiens d'Epps. C'est un fait, que je n'ai jamais pu expliquer, qu'il y a quelques-uns dont les chiens refuseront absolument de suivre. Céleste en était une.

Pendant plusieurs nuits de suite, elle est venue dans ma cabine pour de la nourriture. Une fois, nos chiens ont aboyé à son approche, lequel a éveillé Epps et l'a poussé à surveiller les lieux. Il ne l'a pas découverte, mais après cela, on a déterminé qu'il n'était pas prudent qu'elle entre dans la cour. Quand tout était silencieux, j'ai porté des provisions à un certain coin convenu, où elle pouvait les trouver.

C'était comme ça que Céleste a passé la plupart de l'été. Elle a retrouvé sa santé, et est devenue forte et vigoureuse. En toutes les saisons de l'année on peut entendre les hurlements des animaux sauvages autour des marges des marais. Plusieurs fois, ils lui ont rendu visite à minuit, la réveillant du sommeil avec un grognement. Effrayée de telles situations déplaisantes, elle s'est décidée enfin d'abandonner sa demeure solitaire, et donc est rentrée à son maître, a été fouettée, a été enfermée par le cou dans les chantiers, et puis envoyée de nouveau au champ.[179]

L'année avant mon arrivée dans le pays, il y avait un mouvement concerté parmi un nombre d'esclaves sur le bayou Bœuf, qui a terminé bien tragiquement. C'était, je suppose, un événement renommé au

journal en ce temps-là, mais tout ce que j'en sais a été dérivé de ce que
ceux qui vivaient dans les environs à ce période ont raconté. Il est
devenu un sujet d'intérêt général et inépuisable dans toutes les cabanes
d'esclaves sur le bayou, et se répèterait à générations futures comme
leur tradition en chef. Lew Cheney, dont j'ai fait la connaissance—un
noir sagace et astucieux, plus intelligent que la généralité de sa race,
mais sans scrupules et plein de perfidie—a conçu le projet d'organiser
une compagnie assez forte pour battre leur chemin contre toute
opposition, au territoire voisin de Mexique. [180]

Un endroit éloigné, très distant au cœur du marais, derrière la
plantation d'Hawkins, a été choisi comme point de ralliement. Lew a
voltigé d'une plantation à l'autre, dans le silence de la nuit, prêchant
une croisade au Mexique, et, comme Pierre l'Ermite, a créé une
fureur d'excitation où qu'il fut allé. Enfin, un grand nombre de
fugitifs s'est assemblé; on a volé des mules, a cueilli du maïs des
champs, a chipé du lard du fumoir, et a fait transporter tout cela dans
les bois. L'expédition était prête à se mettre en route, quand leur
cachette a été découverte. Lew Cheney, convaincu de la faillite
définitive de son projet, pour s'efforcer d'obtenir les bonnes grâces
de son maître, et aussi pour éviter les conséquences prévisibles, a
déterminé à dessin de sacrifier tous ses compagnons. Quittant le
campement en secret, il a proclamé parmi les plantiers le nombre
assemblé dans le marais, et au lieu d'énoncer véritablement l'objectif
qu'ils considèrent, a prétendu que leur intention avait été de surgir de
leur retraite à la première occasion favorable pour assassiner tous les
blancs le long du bayou.

Une telle annonce, exagérée comme elle est passée de vive voix,
a rempli tout le pays de terreur. Les fugitifs ont été entourés et
emprisonnés, menés en chaînes à Alexandria, et pendus par la
populace. Pas seulement ceux-là, mais beaucoup qui en ont été
soupçonnés, mais tout à fait innocents, ont été saisis dans les champs
et les cabines, et sans même l'ombre du procès ou de jugement, ont
été hâtés à l'échafaud. Les plantiers du bayou Bœuf ont finalement
rebellé contre cette destruction de propriété insensé, mais ce n'était
qu'après un régiment de soldats de quelque forteresse sur la frontière
avec le Texas est arrivé, et a démoli l'échafaud et a ouvert les portes
de la prison à Alexandria, que le carnage sans discernement s'est
arrêté. Lew Cheney s'est échappé, et a même reçu une récompense de

sa trahison.[181] Il vit encore, mais on déteste son nom, et toute sa race à travers les paroisses d'Avoyelles et de Rapides le maudit.

Une idée comme l'insurrection, cependant, n'est pas nouvelle parmi la population captive du bayou Bœuf. Plus d'une fois, j'ai participé dans une conversation sérieuse, où nous avons discuté le sujet, et il y a eu des occasions où une parole de ma part aurait placé des centaines de mes frères-esclaves dans une attitude provoquante. Sans armes, sans munitions, ou même avec les mêmes, j'ai estimé qu'une telle action résulterait dans une défaite certain, le désastre et la mort, et j'ai toujours levé ma voix contre cette idée.

Pendant la guerre Mexicaine, je me souviens bien des espoirs extravagants qui étaient excités. Les nouvelles de victoire ont rempli la grande maison de jouissance, mais n'ont produit que de tristesse et déception dans les cabines. A mon avis—et j'ai eu l'occasion de savoir ce dont je parle—il n'existe pas cinquante esclaves sur les bords du bayou Bœuf, qui n'accueilleront pas de délice sans mesure l'arrivée d'une armée envahissante.[182] Ceux qui se flattent que l'esclave ignorant et abaissé n'a aucun concept de la magnitude de ses torts se déçoivent. Ceux qui imaginent que l'esclave qui se lève de ses genoux, le dos lacéré et sanglant, chérissant seulement un esprit d'humilité et pardon, se déçoivent. Il viendra un jour—il viendra si sa prière se fait entendre—un jour terrible de vengeance, ou le maître à son tour se plaindra bruyamment mais vainement pour la miséricorde.

CHAPITRE XVIII.

O'NIEL, LE TANNEUR—CONVERSATION AVEC TANTE PHEBE
ENTENDUE PAR HASARD—EPPS AU COMMERCE DE TANNAGE—
ONCLE ABRAM EST POIGNARDÉ—LA BLESSURE LAIDE—PATSEY
S'ABSENTE—SON RETOUR DE CHEZ SHAW—HARRIET, LA FEMME
NOIR DE SHAW—EPPS S' ENRAGE—PATSEY NIE SES
ACCUSATIONS—ELLE EST LIÉE NUE À QUATRE PIEUX—
FLAGELLATION INHUMAINE—ÉCORCHEMENT DE PATSEY—
BEAUTÉ DE LA JOURNÉE—SEAU D'EAU SALÉE—ROBE RAIDE DE
SANG—PATSEY DEVIENT MÉLANCOLIQUE—SON IDÉE DE DIEU
ET DE L'ÉTERNITÉ—DU CIEL ET DE LA LIBERTÉ—L'EFFET DES
FOUETTEMENTS DES ESCLAVES—FILS AÎNÉ D'EPPS—«TEL PÈRE,
TEL FILS»

Wiley a beaucoup souffert aux mains du Maître Epps, comme j'ai raconté dans le chapitre précédent, mais dans cet égard il ne se trouvait aussi mal que ses compagnons malheureux. «Qui aime bien châtie bien» était une idée suivie de notre maître. Il était sujet par tempérament aux périodes de mauvaise humeur, et pendant ces temps, si peu que ce soit de provocation, une certaine quantité de punition a été infligée. Les circonstances entourant la flagellation pénultième que j'ai reçue, montrera comme un motif insignifiant lui suffisait d'avoir recours au fouet.

Un certain M. O'Niel, qui habitait dans les environs de la pinède, a fait visite à Epps pour m'acheter.[183] Il était tanneur et corroyeur d'occupation, faisant des affaires étendues, et avait l'idée de me placer en service dans quelque département de son établissement, pourvu qu'il puisse m'acheter. Tante Phebe, en préparant la table à dîner à la grande maison, a entendu par hasard leur conversation. Rentrant dans la cour cette nuit-là, la vieille a couru à ma rencontre, proposant de me bouleverser avec les nouvelles. Elle a commencé une répétition minutieuse de tout ce qu'elle avait entendu, et Tante Phebe était celle dont les oreilles n'ont jamais manqué d'absorber chaque parole d'une conversation articulée à la portée de son ouïe. Elle s'est étendue sur le fait que «Massa Epps allait me vendre à un tanneur de la pinède,» si long et si bruyamment qu'elle a attiré l'attention de la Maîtresse, qui restait inaperçue sur la piazza, et qui écoutait notre conversation.

«Bien, Tante Phebe,», j'ai dit, «j'en suis content. Je suis fatigué de râcler le coton, et je préférerais être tanneur. J'espère qu'il m'achètera.»

O'Niel n'a pas effectué un achat, pourtant, les parties n'étant pas d'accord sur le prix, et le lendemain matin de son arrivée, il est parti vers sa maison. Il n'était parti que peu de temps, qu'Epps s'est présenté dans le champ. Rien n'enragera plus violemment un maître que l'intimation qu'un de ses servants voudrait le quitter. La Maîtresse Epps lui avait répété mes expressions à Tante Phebe de l'avant-hier, comme j'ai appris de celle-ci plus tard, la Maîtresse ayant mentionné qu'elle nous avait entendus. En entrant dans le champ, Epps s'est dirigé directement vers moi.

«Donc, Platt, tu t'ennuies de râcler le coton, n'est-ce pas? Tu veux bien changer de maître, eh? Tu aimes bien déménager—un voyageur—n'est-ce pas? Ah oui, tu aimes voyager pour la santé, peut-être? Tu te sens au-dessus de sarcler, je suppose. Donc tu entres dans le commerce de tannage. C'est une bonne affaire, une diablement bonne affaire Tu es un nègre entreprenant. Je crois que j'y irai moi-même. Tanneur! À genoux et ôte ce haillon de ton dos! Je vais essayer ma main à te flanquer une belle rossée.» [jeu de mots de 'tan']

J'ai prié avec empressement, et j'ai essayé de l'adoucir d'excuses, mais en vain. Il n'y avait aucune autre alternative; donc, me mettant à genoux je lui ai présenté mon dos nu pour l'application du fouet.

«Comment aimes-tu le *tannage*?» il a exclamé, comme le cuir vert est descendu sur ma chair. Comment aimes-tu le *tannage*?» il a répété à chaque coup. De cette manière, il m'a donné vingt ou trente coups, prononçant la parole tannage dans une forme d'expression ou une autre. Quand suffisamment *tanné*, il m'a permis de me lever, et d'un rire à demi malicieux, m'a assuré, que si je désirais encore l'affaire, il me renseignerait toutes les fois que je le désirais. Cette fois, il a remarqué qui' ne m'avait donné que la leçon courte en *tannage*—la prochaine fois, il «me corroierait »

Oncle Abram, aussi, a été fréquemment traité d'une grande brutalité, bien qu'il soit un des créatures les plus gentils et les plus fidèles du monde.[18] Il était mon camarade de cabine pour quelques années. Il y avait une expression bienfaisante dans son visage, agréable à voir. Il nous a regardés d'un sentiment paternel, toujours nous conseillant d'une gravité et d'une délibération remarquable.

Rentrant de la plantation de Marshall un après-midi, d'où j'avais été envoyé pour faire quelque commission pour la Maîtresse, je l'ai trouvé couché au plancher de la cabine, les vêtements saturés de sang. Il m'a informé qu'il avait été poignardé. Pendant qu'il étendait le coton sur l'échafaud, Epps est rentré, ivre, d'Holmesville. Il a critiqué toute chose, donnant tant d'ordres contradictoires qu'il était impossible d'en exécuter un seul. Oncle Abram, dont les facultés amoindrissaient, est devenu confus, et a commis quelque erreur sans conséquence particulière. Epps était si enragé, qu'avec une insouciance d'ivresse, il s'est jeté sur le vieil homme, et l'a poignardé au dos. C'était une blessure longue et laide, mais n'a pas pénétré assez profondément pour résulter en fatalité. C'était la Maîtresse qui l'a cousue, qui a censuré son mari d'une sévérité extrême, dénonçant pas seulement son inhumanité, mais déclarant qu'elle n'attendait rien d'autre qu'il mènerait la famille dans la pauvreté—qu'il tuerait tous les esclaves sur la plantation pendant un de ses accès d'ivresse.

Il n'était pas rare avec lui de renverser Tante Phebe avec une chaise ou un bâton en bois; mais la flagellation la plus cruelle que j'ai été condamné à témoigner—l'une que je ne peux jamais me rappeler sans aucune autre émotion que celle de l'horreur—a été infligée sur l'infortunée Patsey.

On a dit que la jalousie et la haine de la Maîtresse Epps a rendu la vie de sa jeune esclave agile complètement misérable. Je suis content dans la croyance que sur de nombreuses occasions, j'étais le moyen d'avertir la punition de cette fille inoffensive. À l'absence d'Epps, la Maîtresse m'a commandé de la fouetter sans provocation la plus faible. Je refusais de le faire, disant que je craignais attirer son courroux, et plusieurs fois j'ai hasardé de faire des remontrances à elle contre le traitement que Patsey recevait. J'ai cherché à l'impressionner avec la vérité que celle-ci n'était pas responsable pour les actes dont elle se plaignait, mais qu'elle, étant esclave, était subjuguée entièrement à la volonté de son maître; c'était lui seul qui était susceptible de répondre.

Enfin, «le monstre aux yeux verts» s'est insinué dans l'âme d'Epps aussi, et c'était à ce point qu'il s'est réuni avec sa femme dans une jubilation infernale dans les misères de la fille.

Un dimanche à l'époque de sarclage, il n'y a pas longtemps, nous étions sur la rive du bayou, faisant la lessive, comme était notre habitude. Bientôt, Patsey a disparu. Epps l'a appelée à haut voix, mais il n'y avait pas de réponse. Personne ne l'avait vue quitter la cour, et nous nous sommes demandés où elle était allée. Dans le cours de deux heures on l'a vue approcher de la direction de chez Shaw. Cet homme, comme on a déjà donné à entendre, était un mauvais sujet, et en outre, pas sur les termes les plus amicales avec Epps. Harriet, sa femme noire, étant au courant des peines de Patsey, et lui était bienveillante, donc, en conséquence Patsey avait la coutume d'aller lui rendre visite aussi souvent que possible.[185] Ses visites s'inspiraient simplement par l'amitié, mais le soupçon peu à peu est entré dans la tête d'Epps, qu'une autre passion plus méprisable l'y a conduite—que ce n'était pas Harriet qu'elle a désiré rencontrer, mais plutôt le libertin éhonté, son voisin. Patsey a trouvé son maître dans une fureur affreuse à son retour. Sa violence l'a effrayée tant que d'abord elle a essayé d'éviter des réponses directes à ses questions, qui n'ont servi qu'agrandir ses soupçons. Enfin, elle s'est rangée fièrement, et d'un esprit d'indignation a nié ses accusations hardiment.

«Missus ne me donne pas de savon pour me laver, comme elle fait avec le reste,» a dit Patsey, «et vous savez pourquoi. Je suis allée chez Harriet pour en trouver un morceau,» et disant cela, elle en a tiré de la poche de sa robe, et le lui a montré. «C'est pourquoi je suis allée chez Shaw, Massa Epps,» elle a continué, «le bon Dieu sait que c'était tout.»

«Tu mens, souillon noire, toi !» Epps a crié.

«Je *ne mens pas*, massa. Si vous me tuez, je resterai fidèle à cette histoire.»

« Oh, je te rabattrai. Je t'apprendrai d'aller chez Shaw. Je te sortirai la raideur,» il a marmotté, à travers ses dents serrées.

Puis, s'adressant à moi, il a commandé que quatre piquets soient enfoncés dans la terre, indiquant du bout de sa botte où il les voulait. Quand on les a plantés, il a commandé qu'elle soit complétement déshabillée. On a apporté ensuite des cordes, et a mis la fille nue sur sa figure, les poignets et les pieds liés fermement chacun à un piquet. Allant à la piazza, il a pris un fouet lourd, et le plaçant dans mes mains, m'a commandé de la fouetter. Aussi désagréable qu'il était, j'ai dû obéir à lui. Ce jour-là, dans nulle part du monde entier, oserai-je le dire, a été témoignée une telle exposition démoniaque que celle qui s'est ensuivie.

La Maîtresse Epps se tenait sur la piazza entourée de ses enfants, regardant fixement la scène d'un air de satisfaction sans pitié. Les esclaves étaient entassés ensemble à une petite distance, leurs visages indiquant la douleur de leur cœur. La pauvre Patsey a prié pitoyablement pour la miséricorde, mais ses supplications étaient en vain. Epps a grincé ses dents, et a frappé ses pieds sur la terre, poussant des hauts cris vers moi, comme un démon fou, de la battre plus péniblement.

«Bats plus fort, ou ça sera ton tour à toi, scélérat,» il a crié.

«Oh, ayez de la pitié, massa—oh, ayez de la pitié, s'il vous plaît. O, mon Dieu, aie de la pitié pour moi,» Patsey a exclamé sans cesse, luttant vainement, et la chair frissonnant à chaque coup.

Quand je l'avais frappée autant que trente fois, je me suis arrêté, et j'ai tourné vers Epps, espérant qu'il serait satisfait; mais avec des jurons acerbes et des menaces, il m'a commandé de continuer. J'ai infligé dix à quinze coups de plus. Son dos était maintenant couvert de longues raies, les unes entrecoupant les autres comme un réseau. Epps était aussi furieux et sauvage que jamais, demandant si elle voudrait aller chez Shaw encore, et jurant qu'il la fouetterait jusqu'à ce qu'elle souhaite être en enfer. Jetant le fouet par terre, j'ai déclaré que je ne pouvais plus la punir. Il m'a commandé de continuer, me menaçant d'une flagellation même plus sévère que celle qu'elle a reçue si j'ai refusé. Mon cœur a révolté à cette scène inhumaine, et risquant les conséquences, j'ai absolument refusé de lever le fouet. Il l'a donc saisi lui-même, et l'a appliqué d'une force dix fois plus lourd que j'avais fait. Les cris pénibles et perçants de la Patsey torturée, se mêlant des jurons bruyants et courroucés d'Epps, ont comblé l'air. Elle était terriblement lacérée, je peux dire, sans exagérer, littéralement dépouillée. Le fouet était mouillé de sang, qui coulait le long de ses côtés et est tombé par terre. Enfin, elle a cessé de lutter. Sa tête s'est baissée mollement sur la terre. Ses cris et ses supplications ont diminué peu à peu et se sont affaiblis dans une plainte basse. Elle ne s'est plus ni tordue ni rétrécie sous le fouet quand il a mordu des petits morceaux de sa chair. Je croyais qu'elle mourait!

C'était le sabbat du Dieu. Les champs ont souri dans la chaude lumière du soleil—les oiseaux ont pépié dans le feuillage des arbres—

la paix et le bonheur semblaient régner partout, sauf au sein d'Epps et de sa victime haletante et les témoins muets autour de lui. Les émotions tempétueuses qui s'y emportaient étaient peu en harmonie avec la beauté calme et tranquille de la journée. Je ne pouvais regarder Epps qu'avec une répugnance indicible et une aversion extrême, et j'ai pensé à moi-même—«Vous, diable, tôt ou tard, quelque part dans la course de la justice éternelle, vous répondrez pour cette offense !»

Il a finalement cessé de la fouetter simplement d'épuisement, et a commandé à Phebe d'apporter un seau de sel et d'eau. Après l'avoir bien lavée avec cela, on m'a dit de l'emmener dans sa cabine. Elle n'a pas pu se tenir debout, et comme sa tête est restée sur mon épaule, elle a répété plusieurs fois, d'une voix à peine perceptible, «Oh, Platt—oh, Platt !», mais rien de plus. On a remplacé sa robe, mais celle-ci a collé à son dos, et était bientôt raide de sang. Nous l'avons mis sur quelques planches dans la cabine, où elle est restée longtemps, les yeux fermés et gémissant d'agonie. La nuit, Phebe a appliqué de suif fondu à ses blessures, et en tant que nous puissions, nous avons tous essayé de l'aider et de la consoler. Jour après jour elle s'est couchée dans la cabine, à plat ventre, les blessures l'empêchant de se reposer dans quelque autre position.

Un événement bien béni aurait-il été pour elle – des jours et des semaines et des mois de misère elle aurait pu éviter—si elle n'avait jamais relevé la tête en vie.[186] À vrai dire, dès lors, elle n'était plus ce qu'elle avait été. Le fardeau d'une mélancolie profonde a pesé lourdement sur son esprit. Elle ne bougeait plus d'un pas vif et élastique—elle n'avait plus aux yeux cet étincèlement gai qui l'avait une fois distinguée.

La vigueur infinie—son jeune esprit lutin et moquant avaient disparus. Elle est descendue dans une disposition triste et désespérée, et souvent faisait-elle un bond quand elle dormait, et de mains levées, elle plaignait pour la pitié. Elle est devenue plus taciturne qu'avant, travaillant toute la journée parmi nous, sans proférer une seule parole. Une expression pitoyable et usée par les chagrins s'est fixée sur son visage, et c'était maintenant son habitude de pleurer, au lieu de se réjouir. S'il existait jamais un cœur crevé—un cœur écrasé et frustré par le l'étreinte grossière de souffrance et de malheur—c'était celui de Patsey.

Elle n'avait pas été élevée comme meilleure que la bête appartenant à son maître—on l'a regardée simplement comme un animal valable et beau—et donc qui n'a possédé qu'une connaissance limitée. Mais une lueur faible avait laissé tomber ses rayons sur son intellect, tandis qu'il n'était pas tout à fait sombre. Elle avait une perception vague du bon Dieu, et une perception encore plus vague d'un Sauveur qui était mort pour les êtres tels qu'elle. Elle n'avait que des perceptions confuses de la suite de la vie—pas comprenant la distinction entre l'existence corporelle et spirituelle. Le bonheur, à son avis, était l'exemption des raies et du travail—de la cruauté des maîtres et des contremaîtres. Son idée de la joie du paradis était simplement le *repos*, et s'exprime bien dans ces verses d'un chanteur mélancolique :

> « Je n'ai pas besoin d'un paradis au ciel, accablé de soucis ici sur la terre, le seul paradis après lequel je soupire, est le repos, le repos éternel. »

Dans certains quartiers, on se trompe de croire que l'esclave ne comprend pas le terme—ne comprend pas l'idée—de la liberté. Même sur le bayou Bœuf, où je crois que l'esclavage existe dans sa forme la plus abjecte et cruelle—où il montre des traits tout à fait inconnus dans les états au nord—les plus ignorants entre eux savent généralement sa signification.[187] Ils en comprennent les privilèges et les exemptions qui y appartiennent—que la liberté leur accorderait les fruits de leurs labeurs, et qu'elle leur vaudrait la plaisir du bonheur domestique. Ils ne manquent pas d'observer la différence entre leur propre condition et celle de l'homme blanc le plus bas, et de se rendre compte de l'injustice des lois qui mettent à sa disposition le pouvoir pas simplement d'approprier les profits de leur industrie mais le les subjuguer à une punition imméritée et non provoquée, sans remède, ou le droit de résister, ou de remontrer.

La vie de Patsey, surtout après sa flagellation, était un long rêve de liberté. Bien loin, à son avis, à une distance immesurable, elle savait qu'il existait une terre de liberté. Mille fois elle avait entendu que quelque part dans le distant Nord il n'y avait pas d'esclaves—pas de maîtres. Dans son imagination, c'était une région enchantée, le Paradis sur terre. [188] Vivre où l'homme noir travaillait pour lui-même—habiter sa propre cabine—travailler sa propre terre, était un rêve bienheureux de Patsey—un rêve, hélas, dont l'accomplissement ne s'achèvera jamais.

L'effet de ses expositions de brutalité sur le ménage du propriétaire d'esclaves, se manifeste. Le fils ainé d'Epps est un garçon intelligent, âgé de dix ou de douze ans. Il est pitoyable, quelque fois, de le voir châtier, par exemple, le vénérable Oncle Abram. Il appellera le vieil homme à expliquer, et si dans son jugement enfantine le trouve nécessaire, prononcera une sentence d'un certain nombre de coups, qu'il commence à infliger avec beaucoup de gravité et de délibération. Assis sur son poney, il court souvent dans le champ avec son fouet, jouant au contremaître, au grand délice de son père. À tort et à travers, il applique le cuir vert, poussant les esclaves de ses cris et d'expressions occasionnelles de langage profane, tandis que le vieil homme rit, et le recommande comme un garçon résolu.

«Tel père, tel fils», et d'une telle instruction, quoi que soit sa disposition naturelle, on ne peut pas être autrement, en arrivant à sa maturité, qu'il ne regardera les souffrances et les misères de l'esclave qu'avec indifférence. L'influence de ce système injuste encourage forcément un esprit cruel et insensible, même au sein de ceux qui, parmi leurs égaux, sont regardés comme humaines et généreux.

Le jeune Maître Epps possédait quelques qualités nobles, mais aucun procès de raisonnement ne pouvait le mener à comprendre, que dans l'œil du Tout Puissant, il n'y a pas de distinction de couleur. Il a regardé l'homme noir simplement comme un animal, n'ayant aucune différence de toutes les autres bêtes, sauf dans le don de la parole et la possession de quelques instincts peut-être un plus élevés, et par conséquent, plus valables. Labourer comme les mules de son père—d'être fouetté et frappé et châtié pendant la vie—d'adresser l'homme blanc, le chapeau dans la main, et les yeux tournés servilement à la terre, à son avis, était la destinée naturelle et exacte de l'esclave. Elevé de telles idées dans la notion que nous nous tenons sans l'enceinte de l'humanité—ce n'est pas étonnant que les oppresseurs de mon peuple sont d'une race inexorable et sans pitié.

On Garnir de pieux la fille Patsey et la flagelle

CHAPITRE XIX.

AVERY, DU BAYOU ROUGE—PARTICULARITÉ DES DEMEURES—
EPPS FAIT CONSTRUIRE UNE NOUVELLE MAISON—SES QUALITÉS
NOBLES—SON APPARENCE PERSONNELLE ET SES
EXCENTRICITÉS—BASS ET EPPS DISCUTENT LA QUESTION
D'ESCLAVAGE—L'OPINION D'EPPS VIS-À-VIS BASS—JE ME
PRESENTE À LUI—NOTRE CONVERSATION—SA SURPRISE—
RÉUNION DE MINUIT SUR LA RIVE DU BAYOU—LES ASSURANCES
DE BASS—IL DÉCLARE LA GUERRE CONTRE L'ESCLAVAGE—
POURQUOI JE N'AI PAS MIS AU JOUR MON HISTOIRE—BASS ÉCRIT
DES LETTRES—UNE COPIE DE SES LETTRES À PARKER ET À
PERRY—FIÈVRE DE SUSPENSE—DÉSAPPOINTEMENTS—BASS
ESSAIE DE ME RANIMER—MA FOI EN LUI

Au mois de juin, 1852, en vertu d'un contrat préalable, M. Avery, un charpentier du bayou Rouge, a commencé la construction d'une maison pour le Maître Epps.[189] Comme déjà mentionné, il n'y a pas de celliers sur le bayou Bœuf; à l'autre côté, telle est la nature basse et marécageuse de la terre que les grandes maisons sont érigées sur des pilotis. Une autre singularité est que les salles ne sont pas plâtrées, mais les murs sont couverts de planches bouvetées de cyprès, peintes en une couleur qui est plaisante au propriétaire. Généralement les planches et les ais sont coupés par les esclaves avec des scies, parce qu'il n'y a pas d'eau courante où on peut construire un moulin à moins de plusieurs miles. Donc, quand le plantier fait ériger une demeure, il y a beaucoup de travail supplémentaire pour ses esclaves. Ayant eu quelque expérience sous Tibeats comme charpentier, on m'a sorti du champ entièrement, à l'arrivée d'Avery et ses ouvriers.

Il y avait parmi eux une personne à qui je dois une dette de gratitude sans mesure. Sans lui, dans toute probabilité, j'aurais dû finir mes jours en esclavage. Il était mon libérateur—un homme dont le cœur fidèle débordait d'émotions nobles et généreuses. Au dernier moment de mon existence je me souviendrai de lui avec reconnaissance. Il s'appelait Bass, et en ce temps-là, il habitait à Marksville.[190] Il sera difficile de communiquer une véritable expression soit de son apparence soit de son caractère. C'était un grand homme, ayant entre quarante et cinquante ans, d'un teint clair et aux cheveux clairs. Il gardait son sang-froid et était maître de lui-même, aimant l'argument, mais toujours parlant d'une délibération extrême. C'était la sorte de personne dont la singularité de manière était que rien qu'il prononçait n'a offusqué jamais personne. Ce qui serait intolérable, venant des lèvres d'un autre, pourrait être prononcé avec impunément. Il n'existait pas d'homme sur la rivière Rouge, peut-être, qui était d'accord avec lui sur le sujet de la politique ou de la religion, et pas un homme, j'ose dire, qui les a discutés tant. Il se croyait permis d'épouser la côté impopulaire de toute question locale, et il a toujours créé de l'amusement, pas de chagrin, parmi ceux qui l'écoutaient, d'écouter la manière ingénieuse et originale dans laquelle il a maintenu la polémique. Il était célibataire, «un vieux garçon», selon la vraie acceptation de ce terme—ayant aucun parent vivant, dont il avait connaissance, dans le monde. Il n'avait aucune habitation permanente, non plus—errant d'un État dans un autre, comme a dicté son imagination. Il avait vécu à Marksville pendant trois ou quatre ans, et dans la poursuite de ses affaires comme charpentier, et en conséquence aussi de ses singularités, était bien connu à travers la paroisse d'Avoyelles. Il était libéral à l'excès, et ses maints actes de bonté et la probité transparente de son cœur l'ont rendu populaire dans la communauté, dont il a combattu le sentiment sans cesse.

Canadien de naissance, où il avait erré pendant sa jeunesse, et après avoir visité toutes les localités principales des états du Nord et de l'Ouest, dans le cours de ses pérégrinations, est arrivé dans la région malsaine de la rivière Rouge.[191] Il a ramassé ses effets, et a quitté Marksville sans éclat, le lendemain de mon départ, les soupçons de son concours en procurant ma libération rendant nécessaire une telle action. Pour la commission d'un acte juste et droit, il aurait souffert la mort, sans doute, était-il resté à la portée de la tribu qui fouettait les esclaves sur le bayou Bœuf.

Un jour, en travaillant sur la nouvelle maison, Bass et Epps sont devenus engagés dans une controverse, que j'ai écoutée d'un intérêt absorbant, comme on peut facilement supposer. Ils discutaient le sujet de l'Esclavage.

«Je vous dirai ce que c'est, Epps,» a dit Bass, «c'est mal—tout mal, monsieur—il n'y en a pas de justice ni de vertu. Je ne posséderai pas d'esclave si j'étais aussi riche que Crésus, lequel je ne suis pas, comme on le comprend parfaitement, plus particulièrement parmi mes créanciers. Voilà un autre blague—le système de crédit—toute ça c'est de la blague, monsieur; pas de crédit, pas de dette. Le crédit mène un homme à la tentation. Payer comptant, c'est la seule chose qui le délivra du mal. Mais cette question d'*Esclavage*, quel *droit* avez-vous à vos nègres quand vous venez au fait ? »

«Quel droit?» a dit Epps, en riant, «tiens, je les ai achetés, et je les ai payés.»

«Bien sûr, vous l'avez fait ; la loi dit que vous avez le droit de tenir un nègre, mais demandant pardon à la loi, ce sont des *mensonges*. Oui, Epps, quand la loi dit qu'elle est menteuse, et la vérité n'y est pas. Est-ce que *tout* est juste parce que la loi le permet ? Imaginez qu'ils rendent une loi qui vous ôterait votre liberté et qui vous rendrait esclave ? »

«Oh, ce n'est pas un cas supposable,» a dit Epps, riant encore, « j'espère que vous ne me comparez pas à un nègre, Bass. »

« Bien,» Bass a répondu gravement, «non, pas exactement. Mais j'en ai vu des nègres avant maintenant aussi bons que moi, et je n'ai pas de connaissance d'aucun homme blanc dans ces environs que je considère comme un atome meilleur que moi. Maintenant, dans la vue de Dieu, quelle est la différence, Epps, entre un blanc et un noir?»

«Toute la différence du monde,» a répondu Epps. «Autant vaudrait dire quelle est la différence entre un homme blanc et un babouin. Actuellement, j'ai vu un de ces animaux à Orléans, qui savait autant que n'importe quel nègre que j'ai. Vous les appellerez des frères-citoyens, je suppose?», et Epps s'est abandonné à un rire bruyant à son propre esprit.

«Regardez, Epps,» a continué son compagnon, «vous ne pouvez pas me tourner en ridicule comme ça. Quelques hommes ont de l'esprit, et quelques-autres n'en possèdent autant qu'ils se croire d'avoir. Permettez-moi de vous poser une question. Est-ce que tous les hommes sont créés libres et égaux comme la Déclaration d'Indépendance le dit ? »

« Oui,» a répondu Epps, «mais tous les hommes—les nègres et les singes ne le sont pas,» et c'était ici qu'il a éclaté de rire plus bruyamment qu'avant.

«Il y a des singes parmi les blancs aussi bien que parmi les noirs, au long, » a remarqué Bass calmement. «Je connais quelques blancs qui utilisent des arguments qu'aucun singe sensible ne ferait. Mais laissez-le tomber. Ces nègres sont des êtres humains. S'ils ne savent pas autant que leurs maîtres, à qui est la faute ? On ne les *permet* pas de rien savoir. Vous avez des livres et des papiers, et pouvez aller où vous voulez, et ramasser des renseignements par mille méthodes. Mais vos esclaves n'ont aucun privilège. Si vous en trouvez un qui lisait un livre, vous le fouettez. Ils sont tenus en esclavage, génération sur génération, privés d'amélioration mentale, et qui peut attendre qu'ils possèdent beaucoup de connaissances? S'ils ne sont pas abattus au même niveau avec la création brute, on n'en blâmera jamais vous maîtres d'esclaves. S'ils sont des babouins, ou ne rangent pas plus haut sur l'échelle de l'intelligence que ces animaux, vous et les autres hommes comme vous en répondront. Il y a une pêché, une pêché mortelle qui repose sur cette nation, qui ne restera pas impunie à jamais. Il y aura encore de règlement—oui, Epps, il viendra un jour qui brûlera comme un four. Ça sera plus tôt ou plus tard, mais il viendra aussi sûrement que le bon Dieu est juste.»

«Si vous viviez parmi les Yankees dans la Nouvelle-Angleterre,» a dit Epps, « je crois que vous seriez un de ces fanatiques maudites qui savent plus que la constitution, et colporteriez des pendules et cajoleriez les nègres à s'enfuir.»

« Si j'étais à la Nouvelle-Angleterre,» a répliqué Bass, «je serais exactement ce que je suis ici. Je dirais que l'Esclavage est une iniquité, et devrait être aboli. Je dirais qu'il n'y avait aucune raison ni aucune justice dans la loi, ou dans la constitution qui permet à un homme de garder un autre en esclavage. Il serait difficile pour vous de perdre votre propriété, bien sûr, mais il ne serait pas à la moitié aussi difficile que de perdre votre liberté. Vous n'avez plus de droit à votre indépendance, en justice exacte, qu'Oncle Abram là-bas. Si l'on discute la peau noire et le sang noir; dites, combien d'esclaves y a-t-il dans ce bayou aussi blanc que vous ou moi ? Et quelle différence y a-t-il dans la couleur de l'âme? Fi donc! Tout le système est aussi absurde qu'il est cruel. Vous pouvez posséder des nègres et aller en enfer, mais je n'en posséderai un pour la meilleure plantation dans toute de la Louisiane.»

«Vous aimez vous entendre parler, Bass, plus qu'aucun homme que je connaisse. Vous diriez que le noir est blanc ou le blanc noir, s'il existait une personne à vous contredire. Rien ne vous fait plaisir au monde, et je ne crois pas que vous en soyez satisfait du prochain, si vous avez votre choix entre les deux. »

Des conversations comparables à la précédente n'étaient pas insolites entre eux après cela; Epps le tirant plus pour le but de créer un rire à son dépense, que d'avec une vue de discuter avec impartialité les mérites de la question. Il a regardé Bass comme un homme prêt à dire n'importe quoi simplement pour la plaisir d'entendre sa propre voix; un peu égoïste, peut-être, contestant sa foi et son jugement, simplement pour exposer sa dextérité en argumentation.

Il est resté chez Epps pendant l'été, allant à Marksville, généralement une fois tous les quinze jours. Plus que je l'ai vu, plus que je suis devenu convaincu qu'il était un homme auquel je pourrais me confier. Néanmoins, mon ancien malheur m'avait enseigné d'être extrêmement prudent. Ce n'était pas ma place de parler à un homme blanc, sauf quand il m'avait adressé, mais je n'ai pas manqué d'occasion de me jeter à travers son chemin, et j'ai essayé constamment dans toute manière possible d'attirer son attention. Tout au début d'août, lui et moi étions au travail seuls dans la maison, les autres charpentiers nous ayant quittés, et Epps étant dans le champ.[192] C'était maintenant le moment, si jamais, d'entamer le sujet, et je me suis décidé de le faire, et de me soumettre aux conséquences qui puissent suivre. Nous étions activement au travail un après-midi, quand je me suis arrêté soudainement et j'ai dit :

«Maître Bass, je veux vous demander de quelle partie du pays venez-vous?»

«Bien, Platt, qu'est-ce qui l'a mis dans ta tête?» il a répondu. Tu ne saurais pas si je te le disais» Après une minute ou deux, il a ajouté—«Je suis né au Canada; maintenant devine où ça se trouve.»

«Je sais où se trouve le Canada,» ai-je dit. «J'y suis allé moi-même.»

«Oui, et je compte que tu es bien connu partout dans ce pays,» il a remarqué, riant avec incrédulité.

«Sûr comme je vis, Maître Bass,» je lui ai répondu, «j'y suis allé. Je suis allé à Montréal et à Kingston, et à Queenstown, et à beaucoup d'endroits au Canada, et je suis allé dans l'état de New York aussi, à Buffalo, à Rochester, et à Albany, et je peux vous dire les noms des villages sur le canal Erie, et le canal Champlain.»

Bass a tourné vers moi et m'a regardé fixement longtemps, sans prononcer aucune parole.

«Comment es-tu venu ici ?», il m'a demandé, au long.

«Maître Bass,» j'ai répondu, «si la justice avait été faite, je n'aurais jamais été ici.»

«Mais comment est-ce que cela s'est passé?» a-t-il dit. «Qui es-tu ? Tu es allé au Canada, bien sûr; je connais tous les endroits que tu as mentionnés. Comment es-tu arrivé ici? Viens, raconte-le-moi.»

« Je n'ai pas d'amis ici, » était ma réponse, «dans lesquels je peux me confier. J'ai peur de vous le dire, bien que je ne crois pas que vous le diriez au Maître Epps si je le ferais.»

Il m'a assuré sérieusement qu'il garderait toute parole que je lui dirais comme secret profonde, et sa curiosité a été fortement excitée évidemment. C'était une longue histoire, je l'ai informé, et j'aurai besoin de quelque temps pour la raconter. Le Maître Epps serait bientôt de retour, mais si Bass pouvait me voir cette nuit-là, après que tous étaient endormis, je la lui répéterais. Il a vite consenti à l'arrangement, et m'a suggéré de venir dans le bâtiment où nous étions en train de travailler, et je l'y trouverais. Vers minuit, quand tout était calme et silencieux, j'ai glissé prudemment de ma cabine, et je suis entré sans bruit dans le bâtiment et je l'ai trouvé en m'attendant.

Après plus d'assurances de sa part qu'il ne me trahirait pas, j'ai commencé à raconter l'histoire de ma vie et de mes malheurs. Il s'y est intéressé profondément, posant de nombreuses questions à l'égard de quelques localités et événements. Ayant terminé mon histoire, je l'ai supplié d'écrire à quelques-uns de mes amis dans le Nord, les informant de ma situation, et les implorant de faire suivre mes papiers d'affranchissement, ou de prendre de tels pas qu'ils considéreraient appropriés pour mettre en sûreté ma délivrance. Il a promis de le faire, mais a insisté sur les dangers d'un tel acte au cas de détection, et maintenant a empressé sur moi la grande nécessité d'un silence stricte et de la discrétion. Avant que nous nous sommes séparés, notre plan d'opération a été arrangé.

Nous avons consenti de nous réunir le lendemain soir à un endroit spécifié parmi les grandes herbes sur la rive du bayou, à quelque distance de la résidence du maître. Là, il écrirait les noms et les adresses de plusieurs personnes, des amis dans le Nord, à qui il dirigerait des lettres pendant sa prochaine visite à Marksville. Nous ne l'avons pas considéré comme prudent d'avoir rendez-vous dans la nouvelle maison, vu que la lumière dont nous aurons besoin serait découverte, peut-être. Pendant la journée, j'ai trouvé le moyen de me procurer quelques allumettes et le bout d'une chandelle, sans être aperçu, de la cuisine, pendant une absence temporaire de Tante Phebe. Bass avait un crayon et du papier dans sa boîte à outils.

A l'heure fixe, nous nous sommes rencontrés sur la rive du bayou, et m'insinuant dans les grandes herbes, j'ai allumé la chandelle, tandis qu'il a tiré un crayon et du papier et s'est préparé pour notre affaire. Je lui ai donné les noms de William Perry, Cephas Parker, et le Juge Marvin, tous de Saratoga Springs, dans le comté de Saratoga, New-York. [193] J'avais été employé par celui-ci dans l'hôtel United States, et avais fait des affaires avec celui-là dans un large mesure, et j'étais confident qu'au moins un d'eux habiterait encore à la même adresse. Il a écrit les noms soigneusement, et puis a remarqué, pensif—«Ça fait tant d'années depuis ton départ de Saratoga, tous ces hommes peuvent être morts, ou ont pu déménager. Tu dis que tu as obtenu des papiers à la douane à New-York. Il y a, peut-être, des archives, et je crois qu'il vaut bien l'effort d'y écrire pour le vérifier.»

J'étais de son avis, et j'ai encore répété les circonstances racontées jadis, reliées à ma visite au douanier avec Brown et Hamilton. Nous avons tardé sur la rive du bayou une heure ou plus, discutant du sujet qui a maintenant occupé nos pensées. Je ne pouvais plus douter sa fidélité, et je lui ai parlé librement des maintes douleurs que j'ai endurées en silence, et pour un si long temps. J'ai parlé de ma femme et de mes enfants, mentionnant leurs noms et leurs âges, et restant sur le bonheur indicible qu'il serait de les serrer à mon cœur encore une fois avant ma mort. Je l'ai attrapé par la main, et avec des larmes et des supplications passionnées, je l'ai imploré de me protéger—de me restaurer à mes parents et à la liberté—lui promettant que j'enruierais le ciel pendant tout le reste de ma vie de prières qu'il le bénirait et le prospèrerait. Dans la plaisir de la liberté—entouré des associations de ma jeunesse et restauré au sein de ma famille—cette promesse ne s'oublie pas encore, ni jamais aussi long que j'ai le pouvoir de lever mes yeux implorants en haut.

> «Oh, bénédiction sur sa voix bienveillante et sur ses cheveux argentés, et grâce pour tout le long de sa vie, jusqu'à ce qu'il m'y rencontre.»

Il m'a accablé d'assurances d'amitié et de fidélité, disant qu'il n'avait jamais pris un intérêt si profond dans le sort de quelqu'un. Il a parlé de lui-même d'un ton un peu lamentable, comme un homme seul, un vagabond dans le monde—qu'il vieillissait, et devrait bientôt arriver à la fin de son voyage sur cette terre, et serait sur son lit de mort sans parents ni amis pour le pleurer ou pour s'en souvenir de lui—que sa vie n'avait que peu de valeur pour lui-même, et donc devrait être dévouée à l'accomplissement de ma liberté, et à une guerre incessant contre la honte maudite de l'Esclavage.

Après ce temps, nous ne nous sommes parlé que rarement, ni ne nous ont reconnus l'un l'autre. Il était, de plus, moins libre dans sa conversation avec Epps au sujet de l'Esclavage. Le moindre soupçon qu'il existait quelque intimité peu habituelle—quelque entente secrète entre nous—n'est jamais une fois entrée dans la tête d'Epps, ou d'aucune autre personne, blanche ou noire, sur la plantation.

On me demande souvent, d'un air incrédule, comment j'ai réussi, pendant tant d'années, à cacher la connaissance de mon vrai nom et identité de mes compagnons journaliers et constants. La leçon terrible que Burch m'a enseigné, a impressionné ineffaçablement dans mon esprit le danger et l'inutilité de prétendre que j'étais un homme libre. Il n'y avait aucune possibilité d'un esclave étant capable de m'aider, tandis que, par contre, il existait la possibilité qu'il m'exposerait, lui. Quand il sera rappelé, tout le courant de mes pensées, pendant ces douze ans, a tourné à la contemplation de mon évasion, on ne se demanderait que j'étais toujours prudent et veillant. Il aurait été un acte de folie d'avoir proclamé mon *droit* à la liberté; il n'aurait servi qu'à me subjugué à être scruté plus sévèrement—et probablement m'aurait consigné à quelque région plus distant et plus inaccessible que même le bayou Bœuf. Edwin Epps était une personne qui était tout à fait sans regard des droits ou des torts d'un noir—totalement destitué de quelque sens naturel de la justice, comme je le savais bien. Il était important, donc, pas seulement comme il était question de mes espérances de délivrance, mais aussi comme il concernait les rares privilèges personnelles que l'on m'a permis de jouir, de le garder loin de l'histoire de ma vie.

Le samedi soir subséquent à notre entrevue au bord de l'eau, Bass est rentré à Marksville. Le lendemain, étant dimanche, il s'est mis à écrire des lettres dans sa propre chambre. L'une il a dirigée au douanier à New-York, une autre au Juge Martin, et une autre aux

MM. Parker et Perry ensemble. C'était cette dernière lettre qui a mené à ma reprise. Il a signé mon vrai nom, mais dans le post-scriptum a indiqué que je n'étais pas celui qui avait écrit la lettre. La lettre elle-même indique qu'il s'est considéré engagé dans une entreprise dangereuse—pas moins que de courir «la risque de sa vie, si découvert» Je n'ai pas vu la lettre avant qu'elle soit mise à la poste, mais depuis ce temps-là, j'ai obtenu une copie, qui est insérée ci-dessous :

«Bayou Bœuf, le 15 août, 1852[194]

«M. William Perry ou M. Cephas Parker

«Messieurs—Parce que ça fait longtemps que je ne vous ai pas vus, ni reçu des nouvelles de vous, et ne sachant si vous êtes encore vivants, c'est avec incertitude que je vous écris, mais la nécessité du cas doit être mon excuse.

« Etant né libre, juste à travers la rivière de vous, je suis certain que vous me connaissez, et je suis ici, maintenant un esclave. Je souhaite que vous obteniez des papiers d'affranchissement pour moi, et les expédient à moi à Marksville, Louisiane, dans la paroisse d'Avoyelles et obligent.

Le vôtre, SOLOMON NORTHUP.

«*Post scriptum:* Comment je suis devenu esclave, je suis tombé malade à Washington City, et étais insensible pendant quelque temps. Quand j'ai retrouvé ma raison, j'ai été dérobé de mes papiers d'affranchissement, et en fers, en route à cet état, et je n'ai pas pu trouver quelqu'un pour écrire pour moi jusqu'à maintenant, et celui qui écrit pour moi court la risque de sa vie si découvert.»

L'allusion à moi dans l'œuvre récemment publié, intitulé «Une Clef à la Cabine de l'Oncle Tom,» contient la première partie de cette lettre, omettant le post-scriptum. Les noms complets des gentilshommes à qui elle est dirigée ne sont pas bien déclarés, à cause, probablement, d'une erreur typographique. C'est au post-scriptum, plus qu'au fond de la communication, que je suis endetté pour ma libération, comme on verra bientôt.

Quand Bass était de retour de Marksville, il m'a informé de ce qu'il avait fait. Nous avons continué nos consultations de minuit, ne jamais nous parlant pendant la journée, sauf quand il était nécessaire au sujet de notre travail. Autant qu'il pouvait déterminer, il faudra deux semaines avant que la lettre n'arrive à Saratoga en temps voulu du courrier, et le même temps pour qu'une réponse puisse arriver. En six semaines, au maximum, nous avons conclu, arriverait une réponse, si elle arrivait. On a fait beaucoup de suggestions maintenant, et nous avons fait beaucoup de conversations au sujet de la voie la plus saine et exacte à poursuivre quand nous aurons reçu les papiers d'affranchissement. Elles resteraient entre lui et des dommages, au cas où nous serions pris et emprisonnés pendant que nous quittions le pays. Il ne sera pas contre la loi, même qu'il provoquera l'hostilité individu, d'aider un homme libre à regagner sa liberté.

Au bout de quatre semaines, il était encore à Marksville, mais aucune réponse n'est arrivée. J'étais fortement déçu, mais je me suis réconcilié de la pensée qu'un temps suffisant ne s'est pas écoulé— qu'il y avait peut-être des délais—et que je ne pouvais pas en attendre une réponse si tôt. Six, huit, dix semaines sont passées, toutefois, et rien n'est arrivé. J'avais la fièvre de suspense chaque fois que Bass a visité Marksville, et ne pouvais guère fermer les yeux avant son retour. Finalement, nous avons fini le travail sur la maison de mon maître, et le temps s'approchait où Bass devait me quitter. La nuit avant son départ, je me suis livré au désespoir. Je me suis serré à lui comme un homme qui se noie se raccroche à l'espar flottant, sachant que si cela glisse de sa poignée, il doit tomber au fond à jamais sous les vagues. Cet espoir tout-glorieux, sur lequel je me suis accroché si ardemment, tombait en poussière dans mes mains. Je me sentais comme si je m'enfonçais à bas dans les eaux amères de l'Esclavage, des profondeurs inimaginables dont je ne me relèverais jamais.

Le cœur généreux de mon ami et bienfaiteur était touché de pitié à la vue de ma détresse. Il a essayé de m'animer, promettant de revenir la veille de Noël, et si l'on n'a pas reçu de l'intelligence avant cette date, il prendrait quelque nouvelle action pour achever notre dessein. Il m'a exhorté à continuer mon esprit—de compter sur ses efforts continues à mon égard, m'assurant, d'un langage le plus sincère et le plus impressionnant, que ma libération doit, dès lors, être l'objet principal de ses pensées.

Pendant son absence le temps a passé bien lentement. J'ai anticipé Noël d'une angoisse intense et impatiente. J'ai presque renoncé à l'attente de recevoir quelque réponse aux lettres. Elles pourraient être perdues, ou mal dirigées. Peut-être que ceux à Saratoga, à qui elles avaient été adressées, étaient tous morts; engagés dans leurs poursuites, peut-être, ils n'ont pas considéré le sort d'un noir, obscur et malheureux, d'être d'une importance suffisante d'être remarqué. J'avais mis toute ma confiance en Bass. La foi que j'avais en lui m'assurait continuellement, et m'a permis de me tenir contre la marée de déception qui m'avait comblé.

Si complètement que j'étais absorbé dans la réflexion sur ma situation et mes prospects, que les ouvriers avec qui je travaillais dans le champ l'ont remarqué. Patsey m'a demandé si j'étais malade, et Oncle Abram, et Bob, et Wiley ont exprimé fréquemment une curiosité de savoir ce à quoi je pensais si fermement. Mais j'ai évité leurs questions de quelque remarque légère, et a gardé mes pensées enfermées étroitement dans mon cœur.

CHAPITRE XX.

BASS TIENT À SA PAROLE—SON ARRIVÉE LA VEILLE DE NOEL—
DIFFICULTÉ D'OBTENIR UNE ENTREVUE—RÉUNION DANS LA
CABINE—NON-ARRIVÉE DE LA LETTRE—BASS ANNONCE SON
INTENTION D'ALLER DANS LE NORD—NOËL—CONVERSATION
ENTRE EPPS ET BASS—LA JEUNE MAÎTRESSE MCCOY, LA BEAUTÉ
DU BAYOU BŒUF—LE «NE PLUS ULTRA» DES DÎNERS—MUSIQUE
ET DANSE—PRÉSENCE DE LA MAÎTRESSE—SA BEAUTÉ
EXTRAORDINAIRE—LA DERNIÈRE DANSE DES ESCLAVES—
WILLIAM PIERCE—DORMIR TROP TARD—DERNIÈRE
FLAGELLATION—DÉCOURAGEMENT—MATIN FROID—MÉNACES
D'EPPS—VOITURE PASSANTE—ÉTRANGERS DANS LE CHAMP DE
COTON—DERNIÈRE HEURE SUR LE BAYOU

Fidèle à sa parole, la veille de Noël, Bass est entré dans la cour, à cheval.

«Comment allez-vous ?» a dit Epps, lui serrant la main, «Je suis content de vous voir.»

Il n'aurait pas été *très* content s'il avait su l'objet de sa course.

«Bien, très bien,» a répondu Bass. «J'avais des affaires sur le bayou, et j'ai décidé de venir vous voir et de passer la nuit ici.»

Epps a commandé un des esclaves de s'occuper de son cheval, et avec beaucoup de conversation et des rires, ils sont entrés dans la maison ensemble; pas, pourtant, jusqu'à ce que Bass m'avait regardé d'une manière significative, comme pour dire «Ne dis rien, nous nous comprenons l'un l'autre.» Il était déjà dix heures du soir avant que nous ayons fini les travaux de la journée, quand je suis rentré dans la cabine. A ce temps, Oncle Abram et Bob l'occupaient avec moi. Je me suis couché sur ma planche et j'ai fait semblant de dormir. Quand mes compagnons dormaient profondément, je suis sorti furtivement par la porte, et j'ai écouté attentivement pour quelque signe ou quelque son de Bass. J'y suis resté jusqu'à long après minuit, mais je n'ai rien vu ni entendu. Comme j'avais cru, il n'a pas osé quitter la maison, à cause de son peur d'exciter les soupçons de quelques-uns de la famille. J'ai jugé, correctement, qu'il se lèverait plus tôt que d'habitude, pour saisir l'occasion de me voir avant le réveil d'Epps.

En conséquence, j'ai réveillé Oncle Abram une heure plus tôt d'ordinaire, et l'ai envoyé dans la maison pour faire du feu, lequel, pendant cette saison de l'année, est une partie de son devoir.

J'ai aussi secoué Bob violemment, et lui ai demandé s'il avait l'intention de dormir jusqu'à midi, disant que le maître se lèverait avant qu'on ait donné à manger aux mulets. Il savait bien les conséquences qui suivraient un tel événement, et, sautant du lit, était dans le pâturage dans un scintillement.

Présentement, quand tous les deux étaient partis, Bass a glissé dans la cabine.

«Pas encore de lettre, Platt,» a-t-il dit. L'annonce est tombée sur mon cœur comme du plomb.

«Oh, écrivez encore une fois, Maître Bass,» j'ai crié ; «je vous donnerai les noms d'un grand nombre de mes connaissances. Certainement ils ne sont pas tous morts. Sûrement quelqu'un aura de la pitié.»

«C'est inutile,» a-t-il répondu, «inutile. Je me suis décidé. J'ai peur que le receveur de postes à Marksville ne se méfie de quelque chose, j'ai demandé si souvent à son bureau.» Il est trop incertain—trop dangereux.»[195]

«Donc, c'est fini,» j'ai exclamé. «Oh mon dieu, comment est-ce que je peux terminer mes jours ici !»

«Tu ne vas pas les finir ici,» il a dit, «à moins que tu meures bientôt. J'ai beaucoup pensé à cette matière, et je suis arrivé à une détermination. Il y a d'autres moyens de ranger cette affaire, et il y a un moyen qui est meilleur et plus sûr que d'écrire des lettres. J'ai une besogne ou deux en train, lesquels je peux finir avant mars ou avril. Dès lors, j'aurai une somme considérable d'argent, et puis, Platt, j'irai à Saratoga moi-même.»

Je ne pouvais guère créditer mes propres sens comme les paroles sont tombées de ses lèvres. Mais il m'a assuré, d'une manière qui n'aurait laissé aucun doute à la sincérité de son intention, que si sa vie était épargnée jusqu'au printemps, il ferait ce voyage.

«J'ai vécu assez longtemps dans cette région ;» il a continué, «je pourrais assez bien être soit dans un lieu, soit dans un autre. Depuis longtemps je pense à retourner dans le lieu où je suis né. L'esclavage me met à bout, toi et moi. Si je peux réussir à vous enlever d'ici, cela sera un bon acte auquel je penserai pendant le reste de ma vie. Et je réussirai, Platt; j'y suis tenu. Maintenant, laisse-moi te dire ce que je

veux. Epps se lèvera bientôt, et il ne sera pas convenable d'être
découvert ici. Souviens-toi d'un grand nombre d'hommes à Saratoga
et à Sandy Hill, et dans les environs, qui te connaissent. Je ferai un
excuse de revenir ici pendant l'hiver, quand j'écrirai leurs noms. Je
saurai donc à qui je rendrai visite quand je serai dans le nord.
Souviens-toi d'autant que possible. Aie de bon espoir ! Ne sois pas
découragé. Je suis avec toi, soit dans la vie soit dans la mort. Au
revoir. Dieu te bénie.» Et en disant cela, il a vite quitté la cabine et est
rentré dans la grande maison.

C'était le matin de Noël—le jour de l'année le plus gai pour
l'esclave. Ce matin, il n'a pas besoin de se hâter dans le champ, avec
sa gourde et son sac à coton. Le bonheur a étincelé dans les yeux et
s'est répandu sur tout visage. L'heure de la fête et de la danse était
arrivée. Les champs de coton et de canne étaient déserts. Ce jour-là,
on s'habillait d'une robe propre—on portait le ruban rouge; il y aurait
des réunions, et de la joie, et des rires, et on se dépêcherait çà et là.
Cela serait un jour de *liberté* parmi les enfants d'Esclavage. Donc, ils
étaient contents et ont réjoui.

Après le petit déjeuner, Epps et Bass ont flâné dans la cour,
discutant du prix de coton, et plusieurs autres sujets.

«Où est-ce que vos nègres célèbrent Noël ?» Bass a demandé.

«Platt va chez Tanner aujourd'hui. Son violon est très demandé.
On le veut chez Marshall lundi, et Mlle Mary McCoy, sur la vieille
plantation à Norwood, m'a écrit une note qu'elle veut qu'il joue pour
ses nègres mardi.»[196]

«C'est un gars assez habile, n'est-ce pas?» a dit Bass. «Viens ici,
Platt,» il a ajouté, me regardant comme je me suis approché d'eux,
comme il n'avait jadis pensé à me remarquer.

«Oui,» a répondu Epps, prenant mon bras, et le tâtant, «il n'a pas
de mauvais jointure dans son corps. Il n'y a pas de gars sur le bayou
qui vaille plus que lui—parfaitement solide et pas de méchanceté—
Sacrebleu ! Il n'est pas comme les autres nègres; il ne ressemble pas à
eux, il ne se comporte pas comme eux. On m'a offert dix-sept cents
dollars pour lui la semaine passée.»

«Et vous ne l'avez pas accepté?», Bass a demandé, d'un air de
surprise.

«L'accepter—non ; je m'en suis tiré de cette affaire diabolique.
C'est un vrai génie; il peut faire un timon [pour une charrue], ou la
langue d'un wagon—n'importe quoi, aussi bien que vous. Marshall a

voulu mettre un de ses nègres contre lui pour en prendre des billets, mais je lui ai dit que le diable l'aura avant.»

«Je ne vois rien de remarquable chez lui,» Bass a observé.

«Ben, touchez-le maintenant,» Epps a répliqué. «On ne voit pas très souvent un garçon fait mieux que lui. C'est un chenapan à peau dure, et ne tolère autant de fouettant que d'autres; mais il a du muscle, sans doute.»

Bass m'a tâtonné, m'a fait tourner, et a fait une inspection complète, tandis qu'Epps a insisté sur mes bons points. Mais son hôte semblait prendre peu d'intérêt enfin au sujet, et conséquemment, on l'a laissé tomber. Bass est bientôt parti, me jetant un autre coup d'œil de recognition et de signification, comme il a quitté la cour en trottant.

Quand il est parti, j'ai obtenu un laissez-passer, et je me suis mis en route chez Tanner—pas Peter Tanner, que j'ai déjà discuté, mais un de ses parents. J'ai joué pendant toute la journée et la plupart de la nuit, et passant le lendemain, dimanche, dans ma cabine. Lundi j'ai traversé le bayou pour aller chez Douglas Marshall, [197] tous les esclaves d'Epps m'accompagnant, et mardi je suis allé chez Norwood, laquelle est la troisième plantation au-delà de celle de Marshall, à la même côté de l'eau.

C'est Mme Mary McCoy qui possède ce domaine, une belle dame, âgée d'une vingtaine d'ans. C'est la beauté et la gloire de bayou Bœuf. Elle est propriétaire d'une centaine d'esclaves, et aussi des servants dans la maison, les garçons qui travaillent dans la cour et de jeunes enfants. Son beau-frère, qui habite dans le domaine voisin, est son représentant général. Elle est la bien-aimée de tous ses esclaves, et avec bonne raison sont-ils reconnaissants d'être tombés dans des telles mains douces. Il n'y a nulle part sur le bayou, des fêtes et de réjouissance comme l'on trouve chez la jeune Mme McCoy. C'est ici, plus que dans aucun autre lieu, que les jeunes et les vieux dans les environs aiment aller pendant les fêtes de Noël; dans nulle part d'autre peuvent-ils trouver de tels repas délicieux ; dans nulle part d'autre peuvent-ils entendre une voix leur adresser la parole si agréablement. Personne n'est si bien-aimé—personne ne remplit une si grande espace dans le cœur de mille esclaves, que la jeune Mme McCoy, la maîtresse orpheline du vieux domaine de Norwood.

Dès mon arrivée chez elle, j'y ai trouvé deux ou trois cents esclaves qui s'y étaient assemblés. La table a été mise dans un très long bâtiment, qu'elle avait fait ériger expressément pour les danses de ses esclaves. La table était couverte de toute variété de nourriture que l'on peut trouver dans le pays, et a été prononcée par l'acclamation générale d'être le plus rare de dîners. La dinde rôtie, du porc, du poulet, du canard et toutes sortes de viande, cuite au four, bouillie, grillé, ont formé une ligne tout le long de la table étendue, pendant que les espaces entre les plats se sont remplis de tartes, de confitures, de gâteaux sucrés, et de pâtisseries de toutes saveurs. La jeune maîtresse s'est promenée autour de la table, riant et prononçant une parole gentille à chacun, et semblait de jouir bien de la scène.

Le dîner fini, on a enlevé les tables pour faire place aux danseurs. J'ai accordé mon violon et j'ai commencé un air vif ; pendant que les uns ont participé dans un branle écossais léger, les autres ont tapoté et ont chanté leurs chansons simples mais mélodieuses, remplissant la grande salle de musique entremêlée du son des voix humaines et la tapage de maints pieds.

Le soir, la maîtresse est rentrée, et s'est tenue longtemps dans la porte, nous regardant. Elle était vêtue magnifiquement. Ses cheveux et ses yeux foncés ont contrasté fortement avec son teint clair et délicat. Sa forme était mince, mais impérieuse, et son mouvement était une combinaison de dignité naturelle et de grâce. Comme elle s'y est tenue, vêtue de son habillement riche, le visage animé de plaisir, je pensais que je n'avais jamais regardé un être humain à moitié si beau. J'insiste avec délice sur la description de cette belle dame, pas seulement parce qu'elle m'a inspiré d'émotions de reconnaissance et d'admiration, mais parce que je voudrais que le lecteur comprenne que tous les propriétaires d'esclaves sur le bayou Bœuf ne sont pas comme Epps, ni Tibeats, ni Jim Burns. De temps en temps, qu'il puisse être rarement, bien sûr, on peut trouver un bon homme comme William Ford ou un ange de bonté comme la jeune Maîtresse McCoy.

Mardi on a fini les trois jours de fête qu'Epps nous a permis chaque année. En route de chez moi, mercredi matin, en passant par la plantation de William Pierce, cet homme m'a appelé, disant qu'il avait reçu une note d'Epps, apportée par William Varnell, lui permettant de me détenir pour jouer pour ses esclaves cette nuit-là.[198] C'était la dernière fois que j'étais destiné de témoigner un bal d'esclaves sur les rives de bayou Bœuf. La fête chez Pierce a continué leur jouissance jusqu'au plein jour, à quel point je suis retourné chez mon maître; quelque peu fatigué de la perte de repos, mais célébrant avec la possession de nombreux pièces et picayunes, que les blancs, étant satisfaits de ma musique, avaient contribués. [199]

Samedi matin, pour la première fois depuis longtemps, j'ai fait la grasse matinée. J'ai eu peur en sortant de la cabine de trouver que les esclaves étaient déjà dans le champ. Ils m'avaient précédé de quinze minutes. Laissant mon dîner et ma gourde à eau, je me suis dépêché après eux aussi vite que possible. Ce n'était pas encore l'aube, mais Epps était sur la piazza comme j'ai quitté la cabine, et m'a crié que c'était une belle heure de me lever. Avec un effort supplémentaire, j'avais rattrapé ma rangée quand il est sorti après le petit déjeuner. Cela n'était, pourtant, une excuse pour l'offense d'avoir dormi trop longtemps. M'ordonnant de me déshabiller et de me coucher, il m'a donné dix ou quinze coups, à la fin desquels il m'a demandé si je pensais que, après cela, je pouvais me lever à quelque heure du *matin*. Je me suis exprimé assez positivement que je le *pouvais*, et le dos cinglant de douleur, ai continué mon travail.

Le lendemain, dimanche, mes pensées étaient sur Bass, et les probabilités et les espoirs qui pendaient sur son action et sa détermination. J'ai considéré l'incertitude de la vie ; qu'il soit la volonté du bon Dieu que Bass meure, donc mes prospects de délivrance, et toute expectation de bonheur dans ce monde, seraient totalement finis et détruits. Mon dos endolori, peut-être, n'avait pas tendance à me rendre plus gai. Je me suis senti découragé et malheureux pendant toute la journée, et quand je me suis couché sur la planche dure, mon cœur a été si accablé de chagrin, qu'il semblait qu'il devait crever.

Lundi matin, le trois janvier,1853, nous étions dans le champ de bonne heure. Il faisait froid et humide ce jour-là, lequel n'est pas ordinaire dans cette région. C'était moi en avance, Oncle Abram à côté de moi, Bob derrière lui, Patsey et Wiley, nos sacs à coton autour du cou. Epps est sorti ce matin (chose rare, bien sûr), sans fouet. Il a juré d'une manière qui ferait honte à un pirate, que nous ne faisions rien. Bob a osé dire qu'il avait un tel froid aux doigts qu'il ne pouvait pas cueillir vite. Epps s'est maudit pour avoir oublié son fouet, et a déclaré que quand il sortira encore, il nous chauffera bien; oui, il nous rendra plus chaud que la région de flamme dans laquelle je suis quelque fois forcé de croire que lui aussi habitera éventuellement.

De ces expressions ardentes, il nous a quittés. Quand hors de l'ouïe, nous avons commencé à parler l'un à l'autre, disant qu'il était difficile d'être obligés de continuer nos tâches avec les doigts engourdis; que le maître n'était pas raisonnable, et parlant de lui aux termes qui n'étaient pas du tout flatteurs. Une voiture passant rapidement vers la maison a interrompu notre conversation.

* * * * *

Ayant maintenant apporté ce récit à la dernière heure que j'allais passer sur le bayou Bœuf—ayant fini ma dernière récolte de coton, et sur le point de dire adieu au Maître Epps—je dois prier le lecteur de retourner avec moi au mois d'août; de suivre la lettre de Bass sur son long voyage à Saratoga; d'apprendre l'effet qu'elle a produit—et que, pendant que j'étais mécontent et désespéré dans la cabine d'esclaves d'Edwin Epps, à cause de l'amitié de Bass, et de la bonté de Providence, toutes choses ont travaillé ensemble pour mon délivrance.

CHAPITRE XXI.

Je suis redevable à M. Henry B. Northup et aux autres pour beaucoup des particuliers contenus dans ce chapitre.

La lettre écrite par Bass, adressée à Parker et à Perry, et qui a été mise à la poste de Marksville le 15 août, 1852, est arrivée à Saratoga assez tôt au mois de septembre. Quelque temps avant cela, Anne avait déménagé à Glens Falls, dans le comté de Warren, où elle était à la charge de la cuisine de l'Hôtel Carpenter. Elle y a demeuré, cependant, avec nos enfants, et ne s'est absentée d'eux que pendant les occasions où l'accomplissement de son devoir à l'hôtel l'a exigée.

Les Messires Parker et Perry, en recevant la lettre, l'a faite suivre à Anne. Après l'avoir lue, les enfants étaient tous excités, et sans délai se sont précipités dans le village voisin de Sandy Hill, pour consulter avec Henry B. Northup et pour obtenir son conseil et aide dans la matière.

Sur inspection, ce gentilhomme a trouvé parmi les statuts de l'État un acte subvenant à la recouverte de citoyens libres de l'esclavage. On l'a voté le 14 mai, 1840, et est appelé «Un acte plus efficace à protéger les citoyens libres de cet État d'être kidnappés ou réduits en esclavage.» Il stipule que c'est le devoir du Gouverneur, en recevant des renseignements satisfaisants qu'un citoyen libre ou habitant de cet État, soit tenu injustement dans un autre État ou Territoire des États-Unis, sur l'allégation ou prétention que cette personne est esclave, ou par couleur de l'usage ou règle de la loi est déterminé ou pris d'être esclave, de prendre de telles mesures de procurer la restauration d'une telle personne à la liberté, comme il le détermine d'être nécessaire. Et pour arriver à ce but, il est autorisé de nommer et engager un agent, et est dirigé de lui fournir de telles lettres de créance et renseignements dont il aura besoin pour accomplir l'objet de sa nomination. Il exige que l'agent ainsi nommé procède de collectionner la preuve juste pour établir le droit de cette personne à sa liberté; de faire de tels voyages, de prendre des mesures, d'instituer des procès légaux, &c. qui puissent être nécessaires pour faire retourner une telle personne à cet État, et de mettre tous les frais contractés pendant l'action de porter cet acte en effet, sur le compte des monnaies pas autrement appropriées de la trésorerie. (Voir l'Appendice A)

Il était nécessaire d'établir deux faits à la satisfaction du Gouverneur: D'abord, que j'étais un citoyen libre de New-York; et deuxième, qu'on me tenait injustement dans l'esclavage. Quant au premier point, il n'y avait aucune difficulté, tous les habitants âgés dans les environs étant prêts à témoigner. Le deuxième point est resté entièrement sur la lettre à Parker et à Perry, écrite d'une main inconnue, et sur la lettre écrite sur le brick *Orléans*, laquelle, malheureusement, avait été égarée ou perdue.

On a préparé une pétition, dirigée à Son Excellence, le Gouverneur Hunt, énonçant mon mariage, mon départ à la ville de Washington, le reçu des lettres; que j'étais un citoyen libre, et tous les autres faits que l'on a considérés comme importants. Anne l'a signée et vérifiée. [200] Plusieurs attestations des citoyens proéminents de Sandy Hill et de Fort Edward, qui ont corroboré entièrement les déclarations qu'elle a contenues, ont accompagné cette pétition, et aussi une requête de plusieurs gentilshommes bien connus au gouverneur, que Henry B. Northup soit nommé agent selon l'acte législatif. [201]

Après avoir lu la pétition et les déclarations, Son Excellence a pris un intérêt vif dans la matière, et le 23 novembre, 1852, sous le sceau de l'État, «a constitué, nommé, et engagé Henry B. Northup, Esq., comme agent, avec tout autorité d'effectuer» ma restauration, et de prendre de telles mesures qui seraient les plus convenables à l'accomplir, et le renseignant d'aller dans la Louisiane avec toute promptitude. (Voir l'Appendice B)

La nature pressante des engagements professionnels et politiques de M. Northup a tardé son départ jusqu'à décembre. [202] Le quatorzième jour de ce mois, il est parti de Sandy Hill, et est allé à Washington. Le Hon. Pierre Soule, Sénateur au Congrès de la Louisiane, le Hon. M. Conrad, Secrétaire de Guerre, et le Juge Nelson, de la Cour Suprême des Etats-Unis, en entendant un énoncé de faits, et examinant sa commission, et des copies certifiés de la pétition et des déclarations, l'ont fourni de lettres ouvertes aux gentilshommes dans la Louisiane, les pressant fortement de l'aider dans l'accomplissement de l'objet de sa nomination.

Le Sénateur Soule surtout s'est intéressé dans la matière, insistant, d'un langage fort, que c'était le devoir et l'intérêt de chaque planteur dans son État d'aider à me restaurer à la liberté, et s'est fié que les sentiments d'honneur et de justice au sein de chaque citoyen du Commonwealth l'engagerait sur-le-champ en mon faveur. Ayant obtenu ces lettres valables, M. Northup est retourné à Baltimore, et de là, a procédé à Pittsburgh. C'était son intention originale, selon le conseil des amis à Washington, d'aller directement à la Nouvelle-Orléans, et de consulter avec les autorités de cette ville.[203] D'une manière providentielle, d'ailleurs, en arrivant à l'embouchure de la rivière Rouge, il a changé d'idée. S'il avait continué, il n'aurait pas rencontré Bass, dans quel cas, la recherche pour moi aurait été inutile.

Prenant passage sur le premier bateau à vapeur à arriver, il a poursuivi son voyage sur la rivière Rouge, un courant lent, lourd et sinueux, coulant à travers une vaste région de forêts primitifs et des marais impénétrables, presque complètement dépourvu d'habitants. Vers neuf heures du matin, le premier janvier, 1853, il a quitté le steamer à Marksville, et a procédé directement au palais de justice de Marksville, un petit village à quatre miles dans l'intérieur.[204]

Du fait que la lettre aux MM. Parker et Perry avait été timbrée à Marksville, il a supposé que j'y étais ou que j'étais dans les environs. En arrivant dans ce village, il a immédiatement mis ses affaires devant le Hon. John P. Waddill, un gentilhomme légal de distinction, et un homme d'un bon génie et d'impulsions les plus nobles. Après avoir lu les lettres et les documents lui présentés, et écoutant une représentation des circonstances sous lesquelles j'avais été emporté dans captivité, M. Waddill a immédiatement offert ses services, et est entré dans l'affaire d'un zèle et d'une sincérité grands. Lui, comme d'autres d'un comparable caractère élevé, ont regardé le kidnappeur d'une aversion extrême. Le titre de ses paroissiens-frères et des clients à la propriété qui constituait la portion la plus grande de leur richesse, ne dépendait pas seulement sur la bonne foi dans laquelle les ventes des esclaves ont été expédiées, mais qu'il était un homme d'un cœur honorable dont les émotions d'indignation ont été provoquées par une telle instance d'injustice. [205]

Marksville, bien qu'il occupe une position proéminente, et se dessinant en italiques impressives sur la carte de la Louisiane, n'est, au fait, qu'un hameau petit et insignifiant. À part de la taverne, géré d'un boniface joyeux et généreux, le palais de justice, habité de vaches déréglées et de pourceaux pendant les saisons de vacances, et un échafaud haut, avec son nœud coulant séparé, il n'y a pas beaucoup à attirer l'attention de l'étranger.

Solomon Northup était un nom dont M. Waddill n'avait jamais entendu parler, mais il était confident que s'il y avait un esclave de cette appellation à Marksville ou dans ses environs, son garçon noir Tom le connaîtrait. On a donc appelé Tom, mais parmi ses connaissances nombreuses, il n'y avait pas de telle personne.

La lettre à Parker et à Perry portait la date du bayou Bœuf. On a conclu, par conséquent, que l'on doit m'y chercher. Mais c'était ici qu'une difficulté d'un caractère très grave s'est présentée. Le bayou Bœuf, à son point le plus proche, se trouvait à une distance de vingt-trois miles, et était le nom donné à cette partie du pays s'étendant entre cinquante et cent miles, sur les deux côtés de ce ruisseau. Il y avait des milliers sur des milliers d'esclaves qui résidaient sur ses rives, la richesse et la fertilité de son sol ayant attiré un grand nombre de plantiers.[205] Les renseignements dans la lettre étaient si vagues et indéfinis qu'ils l'ont rendue difficile de conclure sur quelque course d'action. On a déterminé enfin, du reste, que le seul plan qui a présenté quelque prospect de succès, était que Northup et le cadet de Waddill, un étudiant dans le bureau de son frère, devraient réparer au bayou, et voyager le long des deux côtés, et me demander à chaque plantation. M. Waddill a offert l'emploi de sa voiture, et on a arrangé nettement de se mettre en route très tôt lundi matin.

On verra immédiatement que cette course, dans toute sa probabilité, n'aurait pas réussi. Il aurait été impossible qu'ils aillent dans des champs pour examiner tous les troupes au travail. Ils ne savaient pas qu'on m'a connu seulement comme Platt; et avaient-ils demandé à Epps lui-même, il aurait dit véritablement qu'il ne savait rien de Solomon Northup.

La disposition étant adoptée, cependant, il n'y avait rien plus à faire jusqu'à ce que ce dimanche arrive à sa fin. La conversation entre les MM. Northup et Waddill, au course de l'après-midi, s'est tournée sur la politique de New-York.

«Je ne peux guère comprendre les belles distinctions et les nuances des parties politiques de votre État,» a observé M. Waddill «Je lis des coques molles et des coques dures, des « Hunkers» et des «Barn-Burners» [conservatif v. libéral], des têtes crépus et des gris argentés, et je ne peux pas comprendre les différences précises entre eux. Pouvez-vous me l'expliquer?»

M. Northup, remplissant sa pipe, est entré dans un récit assez élaboré de l'origine des sections variées des parties, et a conclu en disant qu'il existait une autre partie au New-York, connu comme les sols-libres ou des abolitionnistes. «Vous n'en avez vu dans cette partie du pays, je présume ?» M. Northup a remarqué.

« Aucun, sauf un,» a répondu Waddill, riant. «Nous en avons un ici à Marksville, un excentrique, qui prêche l'abolition avec autant de véhémence que n'importe lequel fanatique de New-York. C'est un homme généreux et inoffensif, mais il maintient toujours l'autre côté d'un argument. Il nous accorde beaucoup d'amusement. C'est un mécanicien excellent, et presque indispensable dans la communauté. Il est charpentier. Il s'appelle Bass.»

Les particularités de Bass ont fourni quelque conversation d'un bon naturel, quand Waddill est soudainement tombé dans une humeur méditative, et a encore demandé la lettre mystérieuse.

« Voyons—— v-o-y-o-n-s- !» il s'est répété, pensivement, jetant un coup d'œil sur la lettre une fois de plus. « <Bayou Bœuf, le 15 août.> Le 15 août, timbrée ici. <Celui qui écrit pour moi>—Où est-ce que Bass a travaillé l'été passé?» il a demandé, tournant soudainement vers son frère. Celui-ci ne pouvait pas le lui dire, mais, se levant, a quitté le bureau, et est rentré bientôt avec les renseignements que «Bass a travaillé l'été passé quelque part sur le bayou Bœuf.»

«C'est bien lui,» frappant la table de sa main pour l'emphase, «qui peut nous renseigner tout au sujet de Solomon Northup !» a exclamé Waddill.

On a cherché Bass immédiatement, mais on n'a pas pu le trouver. Après quelques enquêtes, on a déterminé qu'il était au débarcadère sur la rivière Rouge. Procurant un transport, le jeune Waddill n'a pas mis beaucoup de temps à traverser les quelques miles à cet endroit-ci. A leur arrivé, ils ont trouvé Bass, sur le point de partir, pour être absent pour un autre quinze jours ou plus. Après être présenté à lui, Northup a prié le privilège du lui parler à huis clos pendant un moment. Ils se sont promenés ensemble vers la rivière, quand a suivi cette conversation :

«M. Bass,» a dit Northup, «permettez-moi de vous demander si vous étiez sur le bayou Bœuf en août passé?»

«Oui, j'y étais en août,» a-t-il répliqué.

«Est-ce que vous y avez écrit une lettre pour un homme noir adressé aux gentilshommes à Saratoga Springs?»

«Pardonnez-moi, monsieur, si je dis que ce n'est pas votre affaire,» a répondu Bass, s'arrêtant et regardant son interrogateur minutieusement au visage.

«J'ai la tête près du bonnet, peut-être, M. Bass, je vous demande pardon; mais je viens de l'état de New-York pour accomplir le but d'une lettre datée le 15 août, timbrée à Marksville, que l'auteur de cette lettre avait envisagé. Les circonstances m'ont mené à croire que c'est peut-être vous qui l'ayez écrite. Je cherche Solomon Northup. Si vous le connaissez, je vous prie de me renseigner franchement d'où il est, et je vous assure que la source de ces quelques renseignements que vous me donnez ne seront pas révélées, si c'est votre désir.»

Pendant longtemps Bass a regardé sa nouvelle connaissance fixement aux yeux, sans ouvrir ses lèvres. Il semblait douter dans son propre idée si ce n'était pas quelque essai de pratiquer quelque ruse sur lui. Finalement, il a dit, lentement—

«Je n'ai fait rien d'en avoir honte. Je suis celui qui a écrit la lettre. Si vous êtes venu ici pour sauver Solomon Northup, je suis bien content de vous voir.»

«Quand l'avez-vous vu, et où est-il?» Northup a demandé.

«Je l'ai vu pendant Noël, il y a une semaine. C'est l'esclave d'Edwin Epps, un plantier sur le bayou Bœuf, près d'Holmesville. On ne le connaît pas comme Solomon Northup; on l'appelle Platt.»

Le secret a été exposé—le mystère a été dénoué. À travers l'épais nuage noir, parmi les ombres mornes et sombres que j'avais parcourus ces douze années, a éclaté l'étoile qui me révélera la liberté.

Toute méfiance et hésitation étaient bientôt jetées à côté, et les deux hommes ont causé long et librement sur le sujet prédominant de leurs pensées. Bass a exprimé l'intérêt qu'il avait pris de ma part—son intention d'aller dans le nord au printemps, et de déclarer qu'il avait décidé d'accomplir mon émancipation, si c'était dans son pouvoir. Il a décrit le commencement et le progrès de sa connaissance avec moi, et a écouté d'une curiosité avide l'histoire lui donnée de ma famille, et l'histoire de ma vie tout au début. Avant de quitter M. Northup, Bass a dessiné un plan du bayou sur un ruban de papier d'un morceau de craie rouge, montrant la situation de la plantation d'Epps, et la route qui y menait le plus directement.

Northup et son jeune compagnon sont retournés à Marksville, où l'on a déterminé de commencer des procès légaux pour mettre à l'épreuve la question de mon droit à la liberté. On m'a nommé demandeur, M. Northup étant mon gardien, et Edwin Epps le défendeur. Le procès à être lancé était dans la nature d'une mainlevée, dirigée au shérif de la paroisse, le demandant de me prendre en garde, et de me détenir jusqu'à la décision de la cour. Quand les papiers ont été dûment rédigés, il faisait déjà minuit—trop tard pour obtenir la signature requise du juge, qui habitait à quelque distance du village. On a suspendu les autres affaires jusqu'à lundi matin.

Toute chose, apparemment, avançait à merveille, jusqu'à dimanche après-midi, quand Waddill a appelé Northup dans la salle pour lui exprimer son appréhension de difficultés qu'ils n'avaient pas attendu d'abord. Bass est devenu alarmé, et avait placé ses affaires aux mains d'une personne au débarcadère, lui communicant son intention de quitter l'État. Cette personne avait trahi la confiance reposé en lui jusqu'à un certain point et un bruit a commencé à circuler dans le village, que l'étranger à l'hôtel, qui avait été observé dans la compagnie de l'avocat Waddill, cherchait un des esclaves du vieux Epps, là-bas sur le bayou. Epps était connu à Marksville, ayant fréquemment eu l'occasion de visiter cet endroit pendant la saison des courts, et la peur nourrie par le conseiller de M. Northup était que ces intelligences seraient délivrées à Epps pendant la nuit, lui donnant l'occasion de me secréter avant l'arrivée du shérif.

Cette appréhension avait l'effet d'expédier les matières considérablement. On a demandé au shérif, qui demeurait dans une direction du village, de se tenir tout prêt immédiatement après minuit, tandis que l'on a informé le juge que quelqu'un l'appellera au même temps. Il n'est que de la justice de dire que les autorités à Marksville ont rendu toute l'aide possible de bon cœur.

Aussitôt après minuit que la caution ait pu être perfectionnée, et la signature du Juge obtenue, une voiture contenant M. Northup et le shérif, conduit par le fils de l'hôtelier, a roulé rapidement hors du village de Marksville, en route au bayou Bœuf.

On a supposé qu'Epps contesterait l'issu au sujet de mon droit à la liberté, et il a été donc suggéré à M. Northup que le témoignage du shérif, décrivant mon premier rendez-vous avec celui-là, puisse devenir matière du procès. On a arrangé, donc, pendant le voyage, qu'avant que j'aie eu l'occasion de parler avec M. Northup, que le shérif doit me poser certaines questions qui leur ont convenus, telles que le nombre et les noms de mes enfants, le nom de jeune fille de ma femme, des lieux que je connaissais dans le Nord, ainsi de suite. Si mes réponses étaient d'accord avec les témoins qui lui avaient été donnés, cette évidence devrait être considérée comme conclusive.

Enfin, bientôt après qu'Epps a quitté le champ, avec l'assurance consolante qu'il reviendrait pour nous *réchauffer*, comme j'ai déjà expliqué à la fin du chapitre précédent, ils sont arrivés en vue de la plantation, et nous ont découverts au travail. Descendant de la voiture, et chargeant le conducteur d'aller à la grande maison, étant notifié à ne pas mentionner à personne l'objet de leur commission jusqu'à leur prochaine rencontre, Northup et le shérif se sont tournés de la route, et nous ont approchés à travers le champ de coton. Nous les avons observés, en voyant la voiture—l'une à plusieurs perches devant l'autre. C'était singulier et rare de voir des blancs nous approcher dans cette manière, et surtout de très bonne heure du matin, et Oncle Abram et Patsey ont fait quelques remarques, exprimant leur étonnement.

S'approchant de Bob, le shérif a demandé : «Où est le garçon qu'on appelle Platt?»

«Le voilà, massa,» a répondu Bob, m'indiquant du pouce, et enlevant son chapeau.

Je me suis demandé quelles affaires qu'il puisse avoir avec moi, et tournant, l'a regardé jusqu'à ce qu'il fit à un pas de moi. Pendant ma longue résidence sur le bayou, je m'étais familiarisé avec le visage de tout plantier dans les environs, et même plus loin; mais cet homme était tout à fait étranger—certainement je ne l'avais jamais vu.

« Tu t'appelles Platt, n'est-ce pas?» il m'a demandé.

«Oui, maître,» je lui ai répondu.

Indiquant Northup, qui se tenait à une distance de quelques perches, il a demandé—Est-ce que tu connais cet homme ?»

J'ai regardé dans la direction indiquée, et comme mes yeux sont restés sur sa figure, un univers d'images a rempli ma tête; un multitude de figures bien-connues—celle d'Anne, et de nos chers enfants, et de mon cher vieux papa; toutes les scènes et les associations de mon enfance et de ma jeunesse; tous les amis des jours anciens et plus joyeux, ont apparu et disparu, voltigeant et flottant comme des ombres dissolvants devant la vision de mon imagination, jusqu'à enfin, le souvenir parfait de l'homme m'est revenu, et jetant mes mains vers le Ciel, j'ai exclamé d'une voix plus haut que j'aurais pu prononcer dans un moment moins excitant—

«*Henry B. Northup!* Grâce à Dieu—Dieu merci!»

Dans un instant j'ai compris la nature de son affaire, et je me suis senti que l'heure de mon délivrance était sous la main. J'ai commencé à faire un pas vers lui, mais le shérif s'est mis entre nous.

«Attends un moment,» a-t-il dit ; «as-tu un autre nom que Platt?»

«Je m'appelle Solomon Northup, maître,» j'ai répondu.

«Tu as de famille » il a continué.

«J'*avais* une femme et trois enfants.»

«Comment s'appelaient-ils, tes enfants?»

«Elizabeth, Margaret et Alonzo.»

«Et la nom de jeune fille de votre femme?»

«Anne Hampton.»

«Qui vous a marié?»

«Timothy Eddy, de Fort Edward.»

«Où habite-t-il, ce gentilhomme?» encore montrant Northup, qui est resté debout dans le même endroit où je l'avais d'abord reconnu.

«Il habite à Sandy Hill, dans la comté de Washington, New York.»

Il a essayé de me poser plus de questions, mais je me suis poussé au-delà de lui, pas capable de me retenir. J'ai saisi ma vieille connaissance par les deux mains. Je ne pouvais pas parler. Je ne pouvais pas m'abstenir de pleurer.

«Sol,» il a dit enfin, «je suis heureux de vous voir.»

J'ai essayé de faire quelque réponse, mais l'émotion avait étouffé toute parole, et je me suis tu. Les autres esclaves, complètement bouleversés, se sont tenus regardant la scène, la bouche ouverte et les yeux roulants indiquant l'ultime surprise et étonnement. Pendant dix ans j'ai vécu parmi eux, au champ et dans la cabine, j'ai souffert les mêmes peines, j'ai goûté les mêmes mets, j'ai mêlé mes douleurs dans les leurs, j'ai participé dans les mêmes jouissances maigres; néanmoins, pas avant cette heure, la dernière desquelles je passerais entre eux, il n'y avait pas un seul parmi eux qui avait eu le moindre soupçon de mon vrai nom, ou la moindre connaissance de mon vraie histoire.

Aucune parole ne s'est prononcée pendant quelques minutes, pendant lesquels je me suis serré à Northup, craignant de me réveiller et de trouver tout cela comme un rêve.

«Jetez ce sac,» Northup a ajouté, finalement, «vous avez fini de ces jours de cueillage. Venez avec nous à l'homme avec qui vous vivez.»

Je lui ai obéi, et me mettant entre lui et le shérif, nous nous sommes mis en route vers la grande maison. Ce n'était qu'après que nous avons procédé quelque distance que j'ai recouvert ma voix assez pour demander si toute ma famille était encore vivante. Il m'a dit qu'il avait vu Anne, Margaret et Elizabeth récemment, et qu'Alonzo vivait aussi, et tous allaient bien. Ma mère, cependant, je ne pourrais pas la revoir. Comme j'ai commencé à me rétablir dans quelque mesure de cette grande excitation soudaine qui m'avait accablé, je suis devenu faible et infirme, tandis que je ne pouvais marcher qu'avec difficulté. Le shérif m'a pris le bras et m'a aidé, ou je pense que j'aurais dû tomber. Comme nous sommes entrés dans la cour, Epps se tenait à côté de la porte, causant avec le conducteur. Celui-ci, fidèle à sa consigne, ne pouvait point lui donner le moindre renseignement en réponse à ses nombreuses questions à l'égard de ce qui se passait. Quand nous sommes finalement arrivés près de lui, il était presque aussi étonné et intrigué que Bob ou Oncle Abram.

Serrant la main du shérif, et étant présenté au M. Northup, il les a invités d'entrer dans la maison, m'ordonnant, au même temps, d'aller chercher du bois. Il faisait quelque temps avant que j'ai réussi à en couper une brassée, ayant perdu, d'une manière ou d'une autre, et d'une manière inexplicable, le pouvoir de manier une hache avec de la précision. Quand je suis entré enfin, chargé de ce bois, la table était couverte de papiers, et Northup en lisait une. J'ai mis plus de temps que d'habitude à placer les branches sur le feu, étant soigneux à la position de chacune d'elles. J'ai entendu les paroles, «de susdit Solomon Northup» et «de déposant dit au-delà» et «citoyen libre de

New-York» fréquemment répétés, et de ces expressions j'ai compris
que le secret que j'ai caché du Maître et de la Maîtresse Epps, se
développait enfin. J'ai hésité aussi long que la prudence a permis, et
était en train de quitter la salle, quand Epps a demandé,

«Platt, est-ce que tu connais ce gentilhomme?»

«Oui, Maître, » j'ai répondu, «je le connais aussi longtemps que
je peux m'en souvenir.»

«Où habite-t-il?»

«Il habite dans l'état de New-York.»

«Tu y as jamais habité?»

«Oui, Maître, je suis un vrai New-Yorkais.»

«Tu étais libre, en ce temps-là. Maintenant, sacré nègre, toi,» il a
exclamé, «pourquoi ne m'as-tu dit cela quand je t'ai acheté?»

« Maître Epps,» j'ai répondu, d'un ton quelque différent que celui
dans lequel j'avais l'habitude de lui adresser—«Maître Epps, vous ne
vous êtes pas troublé de me le demander; de plus, j'ai dit à un de mes
propriétaires—celui qui m'avait kidnappé—que j'étais libre, et j'en ai
été fouetté au point de mourir.»

«Il semble que quelqu'un a écrit une lettre pour toi. Qui est-ce?»
il a demandé, d'un air autoritaire. Je n'ai fait aucune réponse.

«Je répète, qui a écrit cette lettre?» il a demandé de nouveau.

«Il se peut que je l'aie écrite moi-même,» j'ai dit.

«Tu n'as pas fait l'aller-retour à la poste à Marksville avant l'aube,
je le sais.»

Il a insisté que je l'informe, et j'ai insisté que non. Il a fait
beaucoup de menaces véhéments contre l'homme, quiconque, et a
intimé la vengeance sanglante et sauvage qu'il tirerait contre lui,
quand il saura. Toute sa manière et langage ont exposé un sentiment
de colère contre l'inconnu qui avait écrit pour moi, et d'irritation à
l'idée de perdre tant de propriété. S'adressant à M. Northup, il a juré
que s'il avait eu la notification d'une heure avant son arrivée, il l'aurait
sauvé la peine de me renvoyer au New-York; qu'il m'aurait chassé
dans le marais, ou dans quelque autre endroit retiré, ou tous les
shérifs du monde n'auraient pas pu me trouver.

Je suis sorti dans la cour, et était en train d'entrer dans la cuisine,
quand quelque chose m'a frappé au dos. Tante Phebe, débouchant de
la porte d'arrière de la grande maison, armée d'une poêle de pommes
de terre, en avait jeté une, d'une violence pas trop, m'indiquant

qu'elle voulait me parler confidentiellement. Courant vers moi, elle a chuchoté sincèrement dans mon oreille :

«Par l' Dieu tout puissan', Platt, qu'en penses-tu ? Ces deux hommes sont venus ici après toi. Je les ai entendus dire au Massa, que tu es libre—que t'as une femme et trois enfants là d'où t'es venu. Tu vas avec eux? T'es un fou si non. J'espère aller moi aussi,» et Tante Phebe a continué à parler rapidement et sans cesse dans cette manière.

Présentement la Maîtresse Epps est entrée dans la cuisine. Elle m'a dit beaucoup de choses et s'est demandé pourquoi je ne lui avais pas dit qui j'étais. Elle a exprimé son regret, me faisant compliment en me disant qu'elle préférerait perdre aucun autre servant sur la plantation. Si c'était Patsey qui se tenait à ma place ce jour-là, la mesure de joie au cœur de ma Maîtresse se serait écoulée. Maintenant, il n'y avait personne qui puisse réparer une chaise ou un autre meuble—personne qui était utile autour de la maison—personne qui ne jouait pas de violon pour elle—et la Maîtresse Epps a été émue aux larmes, à vrai dire.

Epps avait appelé Bob d'amener son cheval à selle. Les autres esclaves, aussi, surmontant leur craint de la punition, avaient quitté leur travail et sont venus dans la cour. Ils se tenaient derrière les cabines, et avec tout l'ardeur de la curiosité, excités au diapason le plus haut, m'ont parlé et m'ont posé des questions. Si je pouvais répéter les mêmes paroles qu'ils ont exprimées, avec le même emphase—si je pouvais peindre leurs quelques attitudes, et l'expression de leurs visages—cela serait un tableau bien intéressant. Dans leur estimation, j'étais soudainement monté à une hauteur sans mesure—je suis devenu une personne d'importance immense.

Les papiers légaux étant servis, et quelques préparatifs étant faits avec Epps d'aller à leur rencontre le lendemain à Marksville, Northup et le shérif sont montés dans la voiture pour y retourner. Comme je me suis prêté à monter dans le siège du conducteur, le shérif a dit que je devrais faire mes propres adieux au Maître et à la Maîtresse Epps. J'ai couru à la piazza où ils étaient, et, ôtant mon chapeau, ai dit,

«Adieu, Missus.»

«Adieu, Platt,» a dit Mme Epps, gentiment.

«Adieu, Maître.»

«Oh, sacré nègre» a murmuré, d'un ton maussade et malicieux, «tu ne dois pas te sentir si flatté—tu n'es pas encore parti—je verrai au sujet de ces affaires à Marksville demain.»

Je n'étais qu'un «nègre» et je savais bien ma place, mais je me suis senti si fortement que si j'avais été un blanc, qu'il aurait été un confort intérieur, ai-je osé de lui donner un coup de pied en partant. En route à la voiture, Patsey a couru de derrière une cabine et m'a embrassé au cou.

«Oh ! Platt,» a-t-elle crié, les larmes coulant sur sa figure, «tu vas être libre—tu iras où je ne te verrai encore plus. Tu m'as sauvé de nombreuses flagellations, Platt; je suis bien contente que tu vas être libre—mais, oh, mon cher Dieu, mon Dieu ! Que deviendrai-je?»

Je me suis séparé d'elle et suis monté dans la voiture. Le conducteur a claqué son fouet, et nous nous en sommes allés. J'ai regardé en arrière et j'ai vu Patsey, la tête abattue, à demi s'inclinant par terre; Mme Epps était sur la piazza; Oncle Abram, et Bob, et Wiley, et Tante Phebe se tenaient par la porte, me suivant des yeux. Je leur ai fait signe de main, mais la voiture a fait le tour d'un coude du bayou, les cachant de mes yeux à jamais.

Nous nous sommes arrêtés un moment dans la sucrerie de Carey, où un grand nombre d'esclaves étaient en train de travailler, un tel établissement étant une curiosité à un homme du Nord. [207] Epps nous a dépassés à cheval à pleine vitesse—en route, comme nous avons appris le lendemain, à la pinède, pour voir William Ford, qui m'avait amené dans le pays.

Mardi, le 4 janvier, Epps et son conseiller, le Hon. H. Taylor, [208] Northup, Waddill, le Juge et le shérif d'Avoyelles, et moi, nous sommes réunis dans une salle dans le village de Marksville. M. Northup a déclaré les faits à mon égard, et a présenté sa commission, et les attestations l'accompagnant. Le shérif a décrit la scène dans le champ de coton. On m'a interrogé aussi, au long. Finalement, M. Taylor a assuré son client qu'il en était satisfait, et que le litige ne serait pas seulement très cher, mais complètement inutile. En accordance avec son conseil, on a dressé un papier, qui était signé par les parties, où Epps a avoué que lui aussi était satisfait de mon droit à la liberté, et m'a cédé aux autorités de New-York.[209] On a stipulé aussi que cela soit enregistré au bureau de l'officier judiciaire d'Avoyelles.

M. Northup et moi sommes hâtés immédiatement au débarcadère, et prenant passage sur le premier bateau à vapeur qui soit arrivé, avons bientôt descendu la rivière Rouge, laquelle j'avais monté, il y a douze ans, avec des pensées découragées.

Scène dans le champ de coton—la délivrance de Solomon

CHAPTRE XXII.

ARRIVÉE À LA NOUVELLE-ORLÉANS—FREEMAN ENTREVU—GENOIS, LE GREFFIER—DESCRIPTION DE SOLOMON—ARRIVÉE À CHARLESTON—INTERROMPU PAR LES DOUANIERS—PASSÉ PAR RICHMOND—ARRIVÉE À WASHINGTON—ARRESTATION DE BURCH— SHEKELS ET THORN—LEUR TÉMOIGNAGE—ACQUITTEMENT DE BURCH—ARRESTATION DE SOLOMON—BURCH RETIRE LA PLAINTE— LA COUR DE CASSATION—DÉPART DE WASHINGTON—ARRIVÉE À SANDY HILL—VIEUX AMIS ET SCENES FAMILIÈRES—PROCÉDÉ À GLEN FALLS—RÉUNION AVEC ANNE, MARGARET ET ELIZABETH— SOLOMON NORTHUP STAUNTON—INCIDENTS—CONCLUSION.

Comme le bateau à vapeur a glissé vers la Nouvelle-Orléans, *il se peut* que je n'étais pas content—*il se peut* qu'il n'y avait pas de difficulté en m'empêchant de danser autour pont—peut-être que je ne me sentais pas reconnaissant à cet homme qui est venu tant de centaines de miles pour moi—peut-être que je n'ai pas allumé sa pipe, et attendu, et entendu sa parole, et couru à son moindre commandement. Si je ne l'ai pas fait—bien, tant pis.

Nous sommes restés deux jours à la Nouvelle-Orléans. Pendant ce temps, j'ai indiqué le lieu où se trouvait l'enclos d'esclaves de Freeman, et la salle où Ford m'avait acheté. Il s'est passé que nous avons retrouvé Theophilus dans la rue, mais je ne croyais pas qu'il valait la peine de renouveler notre connaissance. Nous avons constaté qu'il était devenu un gredin bas et misérable—un homme délabré et de mauvaise réputation.

Nous avons rendu visite au greffier, M. Genois à qui le Sénateur Soule avait dirigé la lettre, et l'ont trouvé de mériter sa réputation vaste et honorable. Il était bien généreux avec nous, nous fournissant de quelque sorte de permis légal, portant sa signature et sa sceau de bureau, et puisqu'il contient la description de mon apparence personnel selon le greffier, il ne serait pas, peut-être, mal à propos de l'insérer ici. Ci-dessous se trouve une copie :

« *État de la Louisiane, Ville de la Nouvelle-Orléans :*
Bureau du Greffier, Deuxième Quartier.

« A tous ce qui ces présents viendront :

« Cela est pour certifier que Henry B. Northup, Esq.
du comté de Washington, New York, a produit devant
moi l'évidence due de la liberté de Solomon, un mulâtre,
âgé d'environ quarante-deux ans, cinq pieds, six et demie
pouces d'hauteur, aux cheveux crépus, et yeux marron,
qui est né dans l'état de New-York. Que le susdit
Northup, ramenant le susdit Solomon à son lieu de
naissance, via les routes méridionales, les autorités civiles
sont sollicitées de permettre à cet homme de couleur
susdit de passer sans gêne, il se comportant bien et
proprement.

« Écrit sous ma main et la sceau de la ville de la
Nouvelle-Orléans ce 7 janvier, 1853.

[L.S.]

TH. GENOIS, Greffier»

Le 8 janvier, nous sommes allés au Lac Pontchartrain, en chemin
de fer, et au moment voulu, suivant la route usuelle, sommes arrivés à
Charleston. Étant embarqués sur le paquebot, et payant notre passage
dans cette ville, le douanier a visité M. Northup pour lui demander
pourquoi il n'avait pas fait enregistrer son servant. Il a répondu qu'il
n'avait pas de servant—que, comme l'agent de New-York, il
accompagnait un citoyen libre de cet état-là à la liberté, et ne désirait
ni avait l'intention de faire un enregistrement quelconque. J'ai conçu
de sa conversation et de sa manière, bien que j'ai pue avoir
complètement tort, qu'on ne se donnerait pas de la peine pour éviter
quelque difficulté que les officiels de Charleston pourraient
considérer convenable à créer. Enfin, ils nous ont permis de
continuer, passant par Richmond, où j'ai vu l'enclos de Goodin, et
nous sommes arrivés à Washington le 17 janvier, 1853.

Nous avons déterminé que Burch et Radburn, tous les deux,
résidaient encore dans cette ville. Nous avons porté plainte avec le
juge de la paix à Washington contre James H. Burch, pour m'avoir
kidnappé et m'avoir vendu en esclavage. Il a été arrêté au mandat
lancé par le Justice Goddard, et rendu avant le Justice Mansel, et a été
gardé sous caution à la somme de trois mille dollars. Au moment
d'être arrêté, Burch était très excité, montrant la plus grande peur et

alarme, et avant d'arriver au bureau du justice dans l'avenue Louisiane, et avant de savoir la nature précise de la plainte, a prié la police de lui permettre de consulter Benjamin O. Shekels, un marchand d'esclaves pendant dix-sept ans, et son ancien partenaire. Celui-ci a payé sa caution.

À dix heures, les deux parties sont venues devant le magistrat. Le Sénateur Chase, d'Ohio, le Hon. Orville Clark, de Sandy Hill et M. Northup ont agi comme conseil pour le procès criminel, et Joseph H. Bradley pour la défense.

Le Gen. Orville Clark a été appelé et a prêté serment comme témoin, et a déposé qu'il m'avait connu depuis sa jeunesse, et que j'étais un homme libre, comme l'était mon père avant moi. M. Northup a témoigné aux mêmes faits, et a prouvé les faits liés avec sa commission à Avoyelles.

Puis Ebenezer Radburn a prêté serment comme témoin à charge, et a dit qu'il avait quarante-huit ans; il habitait à Washington, et connaissait Burch depuis quatorze ans; qu'en 1841 il était gardien de l'enclos d'esclaves de Williams et qu'il s'est souvenu du fait de ma détention dans l'enclos cette année. Maintenant le conseil pour le défendant a admis que j'avais été mis dans l'enclos par Burch au printemps de 1841, et c'était ici que le procureur est resté.

Benjamin O. Shekels a été donc offert comme témoin par le prisonnier. Benjamin est un homme grand, aux traits gros, et le lecteur peut avoir une tellement vraie conception de lui, peut-être, en lisant le langage exact qu'il a utilisé pour répondre à la première question de l'avocat de l'accusé. On lui a demandé le lieu de sa naissance, et sa réplique, prononcée d'une manière tellement tapageuse, était dans ces mots—«Je suis né dans le comté d'Ontario, New-York, et *j'ai pesé quatorze livres !*»

Benjamin était un bébé prodige! Il a continué son témoignage en disant qu'il avait été le gérant de l'Hôtel Steamboat en 1841, et m'y a vu au printemps de cette année. Il était en train de raconter ce qu'il avait entendu dire par deux hommes, quand le Sénateur Chase a levé une objection légale, c'est-à-dire, que les mots des troisièmes personnes, étant ouï-dire, étaient de l'évidence malséante. Son objection a été rejetée par le Justice, et Shekels a continué, disant que deux hommes sont venus à son hôtel et ont indiqué qu'ils avaient un homme de couleur à vendre; qu'ils ont eu une entrevue avec Burch; qu'ils ont dit qu'ils étaient venus de Géorgie, mais il ne s'est pas souvenu du comté; qu'ils avaient donné une histoire complète du garçon, disant qu'il était maçon, et jouait du violon; que Burch avait remarqué qu'il l'achèterait, s'il pouvaient trouver quelque accord; puis ils sont sortis, et ont amené le garçon, et que j'étais la même personne. Il a témoigné de plus, avec autant d'insouciance que si c'était la vérité, que j'avais dit que j'avais été né et élevé en Géorgie; que l'un des jeunes hommes avec moi était mon maître; que j'avais montré beaucoup de regret de me séparer de lui, et il croyait qu' «il est fondu en larmes»—néanmoins, que j'ai insisté que mon maître avait le droit de me vendre; qu'il *devrait* me vendre; et que la raison remarquable que j'ai donnée était, selon Shekels, parce que lui, mon maître, «avait joué de l'argent et fait la noce.»

Il a continué, avec ces paroles, copiées du compte-rendu pendant l'audition: Burch a interrogé le garçon dans la manière habituelle, lui a dit que s'il l'achetait, il l'enverrait dans le sud. Le garçon a dit qu'il n'avait pas d'objection, qu'en effet, il voudrait aller dans le sud. Burch a payé $650 pour lui, à ma connaissance. Je ne sais pas quel nom lui était donné, mais je crois que ce n'était pas Solomon. Je ne sais pas le nom des autres deux hommes. Ils étaient dans ma taverne pendant deux ou trois heures, pendant lesquelles le garçon a joué du violon. L'acte de propriété a été signé dans mon bar. C'était *un blanc imprimé, que Burch a rempli.* Avant 1838 Burch était mon partenaire. L'achat et la vente d'esclaves étaient notre affaire. Après ce temps, il était partenaire de Theophilus Freeman, de la Nouvelle-Orléans. Burch a acheté ici—Freeman a vendu là!»

Shekels, avant de faire son témoignage, avait entendu de ma relation des circonstances de la visite à Washington avec Brown et Hamilton, et donc, c'était, sans doute, pourquoi il a parlé de «deux hommes» et que j'ai joué du violon. Telle était son invention, absolument fausse, mais il y avait à Washington quelqu'un qui a essayé de le corroborer.

Benjamin A. Thorn a rendu témoignage que lui aussi était chez Shekels en 1841, et avait vu un garçon de couleur qui jouait du violon. Shekels a dit qu'«il était à vendre. Avait entendu le maître dire à ce garçon qu'il devait le vendre. Le garçon m'a dit qu'il était esclave. Je n'étais pas là quand on a payé la monnaie. Je ne jurerai pas positivement que c'est le garçon. Le maître *a failli lasser tomber des larmes : je crois que le garçon a pleuré!* Je suis engagé dans les affaires d'emmener les esclaves au sud pendant une vingtaine d'années, de temps à autre. Quand je ne peux pas le faire, je fais quelque chose d'autre.»

Puis on m'a offert comme témoin, mais on a fait objection, et le tribunal a décidé que mon évidence était inadmissible. On l'a rejeté simplement parce que je suis noir—le fait de mon état comme citoyen libre de New-York n'était pas en dispute.

Parce que Shekels avait témoigné que l'on avait exécuté un acte de propriété, le poursuivant a demandé à Burch de le produire, car un tel papier corroborera le témoignage de Thorn et de Shekels. Le conseil du prisonnier a vu la nécessité de le produire, ou de donner quelque explication raisonnable pour son absence. Pour accomplir celle-ci, Burch s'est offert comme témoin à sa propre faveur. Le procureur de la république a prétendu que l'on ne doit pas permettre un tel témoignage—que c'était une contravention de toute règle d'évidence, et si permis, annulerait le but de la justice. Le tribunal, néanmoins, a accepté son témoignage! Il a juré qu'on avait fait cet acte, et l'avait signé, *mais qu'il l'avait perdu et ne savait pas ce qu'il en est devenu!* Donc, on a demandé au magistrat d'envoyer un agent chez Burch, étant renseigné de rapporter les livres contenant les actes de propriété de l'année1841. On a accordé cette requête, et avant que quelque mesure soit achevée pour le détourner, l'officier avait obtenu les livres et les avait apportés au tribunal. Les ventes de l'année ont été trouvées, et examiné soigneusement, mais on n'a pas découvert aucune vente de moi, sous n'importe quel nom!

Basé sur ce témoignage, le tribunal a maintenu que le fait avait été établi, que Burch m'avait reçu innocemment et honnêtement, donc on l'a acquitté.

Burch et ses associés ont essayé d'imputer que c'était moi qui avait conspiré avec les deux hommes blancs de lui faire du tort—avec quel succès—apparaît dans un extrait pris d'un article dans le New-York Times, publié un ou deux jours après le procès: Le conseil pour le défendant avait écrit, avant que le défendant a été congédié, une attestation, signé par Burch, et ce même conseiller avait procuré un mandat contre l'homme noir pour avoir conspiré avec les deux hommes blancs, déjà mentionnés, au but de priver Burch de six-cent-vingt-cinq dollars. On a servi le mandat, et l'homme noir a été arrêté et mené devant l'Officier Goddard. Burch et ses témoins sont venus devant le tribunal, et H.B. Northup est venu comme conseil pour le noir, disant qu'il était prêt à continuer comme conseiller pour la partie du défendant, et a demandé aucun délai. Burch, après avoir consulté en privé pour un peu de temps avec Shekels, a affirmé au magistrat qu'il voulait retirer la plainte, que lui, Burch, ne voulait pas le faire continuer. Le conseil pour le défendant a dit au magistrat que si le plainte était retiré, cela devrait être sans ni requête ni consentement du défendant. Burch a donc demandé au magistrat de lui donner et la plainte et le mandat, et il les a pris. Le conseil pour le défendant a fait objection à sa réception d'eux, et a insisté qu'ils doivent rester comme une partie des archives de la cour, et que la cour devrait sanctionner les faits qui avaient été sous le procès. Burch les a rendus, et la cour a rendu un jugement de cessation à la requête du plaignant, et l'a classé dans son bureau.»[210]

Il y a peut-être ceux qui affecteront de croire la déclaration du traitant d'esclaves—ceux, dans les têtes desquels ses allégations pèseront plus lourdes que les miennes. Je suis un homme noir et pauvre—un membre d'une race opprimée et dégradée, dont la voix humble ne peut pas être obéie par l'oppresseur—mais *sachant* la vérité, et chargé d'un plein sens de mon comptabilité, je jure solennellement devant les hommes, et devant le bon Dieu, que toute charge ou assertion, dans laquelle j'ai conspiré directement ou indirectement avec une personne, ou des personnes quiconque, de me vendre; que tout récit de ma visite à Washington, ma prise et mon emprisonnement dans l'enclos d'esclaves de Williams, autre que celui contenu dans ces pages, est positivement et absolument faux. Je n'ai jamais joué du violon à Washington. Je ne suis jamais entré dans l'Hôtel Steamboat, je n'ai jamais vu ni Thorn ni Shekels, à ma connaissance, de ma vie jusqu'au janvier passé. L'histoire de ce trio de trafiqueurs d'esclaves est une fabrication aussi absurde qu'elle est basse et fausse. Si elle était vraie, je ne me serais pas détourné de ma route vers la Liberté pour le but de revendiquer Burch. J'aurais dû l'*éviter* au lieu de le chercher. J'aurais dû savoir qu'un tel pas aurait résulté par me rendant infâme. Dans ces circonstances—désirant comme je l'ai fait de revoir ma famille, et enchanté du prospect de retourner chez moi—c'est un outrage sur la probabilité d'imaginer que j'aurais risqué le hasard, pas seulement d'être exposé, mais d'un procès criminel et d'une conviction, en me plaçant volontiers comme je l'ai fait, si les déclarations de Burch et de ses confrères contenaient une particule de vérité. Je me suis donné de la peine de le chercher, de faire face à lui dans une cour de loi, l'accusant du crime de kidnapper et le seul motif qui m'a poussé à ce pas, était un sens brûlant du tort qu'il m'avait infligé, et un désir de l'amener à la justice. On l'a acquitté, dans la manière et des moyens qui ont été décrits. Un tribunal humain lui a permis d'échapper; mais il y a un autre tribunal, et plus haute, où le témoignage faux ne dominera pas, et où je désire, aussi loin qu'il s'agit de ses attestations, d'être enfin jugé.

Nous sommes partis de Washington le 20 janvier, et allant via Philadelphia, New-York et Albany, sont arrivés à Sandy Hill dans la nuit de 21 janvier. Mon cœur a regorgé de bonheur comme j'ai regardé les vieilles scènes familières, et me suis trouvé parmi les amis d'autres jours. Le lendemain matin, je me suis mis en route, accompagné de plusieurs connaissances, à destination de Glen Falls, la résidence d'Anne et de nos enfants.

Comme je suis entré dans leur petite maison confortable, Margaret était la première à venir à ma rencontre. Elle ne m'a pas reconnu. Quand je l'ai quittée, elle n'avait que sept ans, une jeune fille caquetante, s'amusant de ses jouets. Maintenant elle est devenu femme—elle était mariée à un garçon aux yeux vifs, se tenant à côté d'elle. Ne négligeant la mémoire de son pauvre grand-père captivé, elle avait appelé l'enfant Solomon Northup Staunton. En apprenant mon identité, elle était accablée d'émotion, et ne pouvait pas parler. Présentement, Elizabeth est entrée dans la salle, et Anne est arrivée en courant de l'hôtel. Elles m'ont embrassé, et avec des larmes coulant sur la joue, se sont accrochées à mon cou. Mais je mets un voile sur une scène qui est mieux imaginée que décrite.

Quand la violence de nos émotions s'est apaisée dans une joie sacrée—quand le ménage s'est assemblé autour de la cheminée qui a rayonné son confort chaleureux et craquetant partout dans la salle, nous avons discuté des milliers des événements qui avaient eu lieu— les espérances et les peurs, les joies et les douleurs, les épreuves et les soucis que chacun de nous avait éprouvés pendant la séparation longue. Alonzo était absent dans la partie occidentale de l'état. Il avait écrit récemment à sa mère, de son prospect d'obtenir assez d'argent pour m'acheter la liberté. Dès son plus jeune âge, cela avait été le but principal de ses pensées et de son ambition. Ils savaient que j'étais en esclavage. La lettre écrite sur le brick, et Clem Ray lui-même, leur avaient donné ces renseignements. Mais jusqu'à l'arrivée de la lettre de Bass, c'était une matière de conjecture de savoir où je pouvais être. Elizabeth et Margaret sont rentrées de l'école un jour—comme Anne m'a dit—pleurant à chaudes larmes. En demandant la cause des douleurs des enfants, on a découvert, pendant qu'elles étudiaient la géographie, que leur attention avait été tirée à une photographie d'esclaves au travail dans les champs de coton, où était, peut-être, leur père, et comme il s'est passé, où il vivait vraiment dans le Sud. On a raconté de nombreux incidents, tels comme ceux-ci—des incidents indiquant qu'elles me tenaient dans un souvenir constant, mais pas, peut-être, d'un intérêt suffisant au lecteur d'être racontés.

C'est la fin de mon récit. Je n'ai pas d'observations à faire sur le sujet d'esclavage. Ceux qui lisent ce livre peuvent former leurs propres jugements sur «l'institution particulière.» Ce que c'est dans les autres états, je ne professe pas d'en savoir; ce que c'est dans la région de la rivière Rouge, est vraiment et fidèlement peint dans ces pages. Ce n'est pas de fiction, pas d'exagération. Si j'ai échoué à n'importe quoi, c'est en présentant au lecteur d'une manière trop frappante, la côté rose du tableau. Je ne doute pas qu'il y a des centaines qui ont été aussi malheureux que moi; que des centaines de citoyens libres ont été kidnappés et vendus en esclavage, et qui, dans ce moment, épuisent leur vie dans les plantations du Texas et de la Louisiane. Mais je cesse. Châtié et subjugué en esprit par les souffrances que j'ai subies, et reconnaissant au bon Dieu qui m'a restauré au bonheur et à la liberté à cause de son miséricorde. J'espère dorénavant mener une vie honnête mais humble, et me reposer enfin dans le cimetière de l'église où dort éternellement mon père.

Arrivée chez lui et la première rencontre avec sa famille

Après la Liberté:
Qu'est-ce qui s'est passé?

par Sue Eakin, rédigé par Sara Eakin Kuhn

Après la fin de son récit, ni Solomon Northup, ni David Wilson, à qui Solomon a dicté son histoire, n'a laissé aucun document détaillant le reste de la vie de Solomon. Nous sommes tous curieux, néanmoins; qu'est-ce qui s'est passé chez cet homme qui a souffert douze ans d'esclavage loin de sa famille?   Qu'est-ce qui s'est passé aux auteurs de l'enlèvement? Leur a-t-on permis de retenir leur liberté, peut-être, et de continuer à kidnapper des innocents pour les vendre en esclavage? Comment était la vie pour la famille Northup avant qu'il a été enlevé ? Comment était-elle après cette rupture de douze ans?

Bien qu'il n'y existe quelque record authentique par un des principaux pour répondre à ces questions, on peut en trouver beaucoup de ces réponses par le travail diligent d'examiner les records publics et les journaux de la période. En effet, David Fiske a fait ce travail, et a publié en 2012 *Solomon Northup : Sa vie avant et après l'esclavage*, si le lecteur désire plus de détails après avoir lu ce chapitre.

Ce livre a enflammé les passions des abolitionnistes et a escalé le débat public au sujet de l'esclavage, comme il a reçu une vaste étendue dans les grands journaux du Nord. Il y avait de renseignements fréquents au sujet de Solomon et son histoire aux journaux, aussi. Solomon Northup et sa famille ont laissé des records dans le système judiciaire. Ci-dessous se trouvent des renseignements et des conclusions basés sur ces sources.

La vie avant le kidnapping

D'abord, qui était Solomon Northup? Quelle sorte d'homme est-ce? Il était, apparemment, une personne très sociale qui savait jouer du violon pour des groupes et s'entremêler parmi des gens. Le fait qu'il était plus ou moins un noir moyen à Saratoga Springs rend son histoire même plus significative. Ce kidnapping aurait pu arriver à tout homme noir dans le Nord, comme il s'est passé avec Robert et Arthur, comme dit dans *Twelve Years a Slave*.

À l'égard de sa formation, comme tous les autres habitants de la partie septentrionale de New-York, blancs ou noirs, ce nouveau jeune pays n'avait pas encore eu du temps à y penser, autre que la sorte pratique nécessaire pour créer des gens pour aider à la construction de logements primitifs et pour labourer des fermes. Mintus Northup, le père de Solomon, a envoyé ses fils aux écoles de dimanche, probablement, qui ne duraient pas très longtemps, mais pour les enfants noirs, c'était la meilleure occasion qui ait existé. [211]

Solomon a épousé Anne Hampton en 1828, et ils ont donné naissance à trois enfants.[212] Chez elle, Anne était digne de confiance, et pouvait trouver toujours quelque bon emploi; quant aux enfants, quand leur mère a dû passer quelque temps loin de Saratoga Springs, ils sont allés vivre avec leur tante, la sœur de leur mère, qui les a soignés.

Solomon a cherché des travaux d'une sorte ou autre, mais c'est Anne qui était le soutien financier principal. Sans doute, quelques-uns des autres hommes de couleur libres, dont il y en avait vingt-huit à Saratoga Springs, avaient des arrangements comparables, et ont pris des emplois comme serveurs ou cuisiniers dans les restaurants, comme ont fait la plupart d'hommes noirs, selon Myra B. Young Armstead.[213] Intelligent, curieux et créateur, Solomon ne voulait pas, peut-être, quelque poste comme cuisinier ou serveur, surtout qu'il fallait passer de longues heures tous les sept jours de la semaine pendant la saison touristique. Il n'aurait pas eu beaucoup de temps pour ses explorations et sa musique.

Solomon a vagué entre les emplois. Des indications des genres de travail que Solomon a fait, aussi bien qu'une idée de celui qui ait pu l'occasionner de voyager dans le Sud avec deux étrangers sans ses papiers d'affranchissement toujours à la main apparaissent dans les documents de la cour. Au mois de juin, 1838, Solomon avait un contrat de livrer du bois de charpente par radeau à un M. Washington Allen à Waterford. Allen et Northup se sont querellés de la qualité du travail de Northup, et Allen l'a renvoyé. La raison qu'Allen a porté plainte semble d'être que Northup avait bu jusqu'au point où il n'était pas capable, et Allen avait dû engager un autre pour finir la tâche. Quand Allen n'avait pas payé Northup ce qu'il lui devait sous le contrat, c'était Northup qui a porté plainte. Les déclarations des témoins indiquent que Northup avait bu, en effet; Prindle, l'homme qui plus tard mettra Solomon en garde contre l'idée de quitter Saratoga Springs avec les «promoteurs du cirque,» a dit que Northup buvait beaucoup en travaillant, mais qu'il pouvait faire ses devoirs. Il a continué en indiquant que Northup buvait souvent, mais pas généralement à l'excès. Le jury du procès et un appel subséquent ont tous les deux décidé en faveur de Northup. [214]

Cette occasion reflète, peut-être, le point fait par Solomon dans le premier chapitre de son récit, quand il fait référence à Saratoga Springs dans cette manière :

> «La société et les associations à cette ville d'eaux d'une renommée mondiale, n'étaient pas calculées à préserver les habitudes simples d'industrie et d'économie auxquelles je me suis habituées, mais, au contraire, d'y substituer d'autres, qui menaient à la lassitude et l'extravagance.» (*Twelve Years a Slave, 26*)

De telles habitudes expliqueraient, peut-être, le fait que l'on le trouve trois fois dans l'Indexe de Convictions pour le comté de Saratoga pour des incidents d'assaut. [215] Les occasions de son ivresse et de sa mauvaise conduite peuvent, au moins partiellement, illustrer les caractéristiques qui l'ont mené à accompagner Merrill et Russell à Washington.

Rentrant chez soi

Juste après l'arrivée de Solomon Northup et Henry Northup à Washington, D.C., un reporter pour le *New York Times* a eu la première interview avec Solomon et a généré un intérêt considérable du publique, surtout partout dans l'état de New York. Le *Saratogian* et d'autres journaux régionaux ont copié l'article et ont stimulé bien plus d'intérêt publique dans l'histoire de la délivrance audacieuse d'un homme de couleur libre, citoyen de New York, par un politique prééminent de New York, Henry B. Northup.

L'article à la une du *New York Times* le 20 janvier, 1853, a donné beaucoup de renseignements au sujet de cette histoire puissante. Les informations qu'elle a publiées étaient de Washington, D.C., et le journal a dit que l'article était «un record plus complet et authentique» que l'on avait publié auparavant. C'était un sommaire de la vie de Solomon, affirmant qu'il était un homme de couleur libre, né dans le comté d'Essex aux Etats-Unis en 1808, plus ou moins, et qu'il vivait avec sa femme et ses enfants à Saratoga Springs pendant l'hiver de 1841. La référence aux matières soit citées, soit résumées à la fin de cette section. Voici ce que l'article a dit au sujet du kidnapping:

Le 20 janvier, 1853 :
LE CAS DU KIDNAPPING
Récit de la prise et de la recouverte de
Solomon Northup

Des révélations intéressantes:

… et pendant qu'il y était, il a été employé par deux hommes pour conduire une équipe au Sud, au taux d'un dollar par jour. En exécution de cet emploi, il a procédé à New York, et ayant procuré des papiers d'affranchissement, pour indiquer son état d'être citoyen, il a continué à la ville de Washington… et a logé dans l'hôtel de GADSBY. Très tôt après son arrivée, il s'est senti malade, et s'est couché. Pendant qu'il souffrait de maux sévères, des gens sont entrés et voyant sa condition, ont proposé de lui donner quelques médicaments, et l'ont fait. C'est la dernière chose dont il se souvient jusqu'au moment où il s'est trouvé chaîné au plancher de l'enclos d'esclaves de Williams, et menotté. À la course de quelques heures, JAMES H. BURCH, trafiquant d'esclaves, est entré, et l'homme de couleur lui a demandé d'ôter les chaînes, et voulait savoir pourquoi on les lui avait mises. BURCH lui a dit que ce n'était pas son affaire. L'homme de couleur a dit qu'il était un homme libre, et a dit le lieu de sa naissance. Burch a appelé un homme du nom d'EBENEZER RODBURY [*sic*], et ces deux ont déshabillé l'homme et l'ont mis à travers une planche, RODBURY le retenant par les poignets. Burch l'a fouetté d'une pagaie jusqu'à celle-ci s'est brisée, et puis avec un martinet, lui a donné cent coups, et il a juré qu'il le tuerait s'il disait jamais à quelqu'un qu'il était un homme libre. Dès ce jour-là, l'homme dit qu'il n'a communiqué soit son état de liberté, soit son nom, de la peur, jusqu'au dernier été…

L'article continue avec une description de la remise de Solomon dans l'enclos d'esclaves de Williams à Washington, et de son incarcération là pendant dix jours, puis l'embarcation sur le brick *Orléans* à destination de la Nouvelle Orléans. Solomon a été mis dans un hôpital avec la variole, et ayant retrouvé sa santé, a été vendu à un M. Ford. L'article raconte la lettre qui est finalement arrivée chez Henry Northup, les mesures légales qui étaient nécessaires pour livrer Northup, et le retour de Henry et Solomon Northup à la Nouvelle Orléans, où les deux hommes ont tracé les titres de Solomon à travers la propriétaire de ses maîtres. En un mot, l'article donne un sommaire abrégé de quelques portions de *Twelve Years a Slave* vis-à-vis le kidnapping, la servitude et la délivrance de Solomon Northup.

L'Identification et l'arrestation de Burch[216]

Solomon Northup et Henry B. Northup, comme dit dans le *New York Times,* se trouvaient à Washington, D.C., où habitait le trafiquant Burch. Ils ont trouvé l'homme qui était couramment le gardien de l'enclos (1841) où Burch avait mis Solomon Northup; il a vérifié ces faits. Les deux hommes ont procédé à porter plainte avec la police à Washington contre Burch pour avoir kidnappé Northup et l'avoir vendu en esclavage. On a arrêté Burch, et l'a tenu jusqu'à ce qu'un frère trafiquant a fourni sa caution de $3000.

Le journal renferme ce commentaire intéressant avant de continuer à décrire les machinations légales pour mettre Burch en jugement :

Ce n'est que de la justice de dire que les autorités d'Avoyelles, et aussi à la Nouvelle Orléans ont rendu toute l'aide possible d'assurer la liberté de ce malheureux, qui avait été arraché si vilement du pays de la liberté, et forcé de subir des souffrances presque inconcevables dans cette terre de paganisme, où existe l'esclavage aux traits plus révoltants que ceux comme décrits dans l'œuvre *Uncle Tom's Cabin*.

Le lendemain de l'arrestation de Burch, et Burch et Northup sont venus dans la cour, chacun avec des témoins et du conseil, Henry Northup étant l'avocat de Solomon. Burch était accompagné de deux trafiquants. Henry Northup a essayé de faire approuver Solomon Northup comme témoin à charge, mais on a déclaré son témoignage comme inadmissible, à cause de son état d'être homme de couleur, désavantageant le demandeur. Bien que Solomon ne fût pas permis à rendre témoignage, les autres étaient :

M. Shekels (le trafiquant qui avait payé la caution de Burch et a servi comme témoin pour la défense)… qui a déclaré qu'il a eu une brasserie il y a dix ou douze ans dans cette ville; que BURCH s'y était mis en pension, et y avait fait ses affaires d'acheter et de vendre des esclaves; que dans cette année-là, deux hommes blancs étaient venus dans son salon, et avaient déclaré qu'ils avaient un esclave à vendre…Les blancs avaient dit qu'ils étaient de la Géorgie; avaient amené l'esclave de cet état avec eux; que le nègre avait exprimé un désir d'être vendu pour se rendre en Géorgie; SHEKELS, pourtant, ne pouvait pas nommer les deux blancs, ou le nom de l'homme de couleur; ne connaissait ni l'un ni l'autre avant ce jour-là, et ne les avait pas vus depuis cette transaction; qu'il les avait vus exécuter une lettre de vente à BURCH, qui avait payé $625 et avait pris la lettre de vente…

Un siècle et demi plus tard, ces détails aident à découvrir exactement ce qui s'est passé. Parce que Solomon Northup n'a pas pu rendre témoignage, il était impossible de punir Burch, puisqu'il n'y avait personne qui identifierait Burch comme un des hommes qui avait acheté l'esclave. Burch n'a pas été mis en jugement.

Arrivé à New York

Henry Northup, rentrant chez lui dans l'état de New York après son long voyage pour délivrer Solomon, a pensé peu à se reposer. L'avocat dédié de New York pensait que sa tâche venait de commencer. On devait arrêter les kidnappeurs et les poursuivre en justice pour avoir kidnappé Solomon Northup. Au même temps, Solomon Northup a commencé à faire des discours aux assemblées des abolitionnistes, et de temps en temps on a collectionné des donations pour qu'il s'en serve.

Dans le Recensement de l'État de New York pour l'année 1855, on trouve Solomon et Ann ensemble. Anne Northup, âgée de 48 ans figure comme habitant avec son mari dans le comté de Washington pour huit ans avec son mari Solomon du comté d'Essex, qui habite ici depuis deux ans. On a indiqué que Solomon Northup était propriétaire foncier et charpentier, un métier qui l'aurait permis de voyager aux lieux différents. Les revenus, pourtant, n'auraient pas été constants.

Une indication de la condition financière de Solomon après son retour à Saratoga Springs de l'esclavage se voit dans plusieurs mentions de lui dans les archives du comté de Warren.[217] Le 16 mai, 1853, un document indiquant l'achat d'un terrain à la ville de Queensbury a commencé avec «un contrat» [titre] garanti par un paiement de $140 d'une somme de $275 (Grantee Index, Warren County, State of New York, U297, une vente entre Abraham et Mary Ann Tice et Solomon Northup, 16 mai, 1853.) Dans le comté de Warren, il y avait une plainte de John T.B. Traphagan et Charles R. Bennet contre Solomon Northup. Le 10 juin, 1854, on a rendu jugement contre le défendeur pour $43.84, et les frais de la cour de $1.03, la dette «restant non acquittée» à une somme de $4.87 et encore 25 cents pour les transcriptions. (Voir *John T.B. Traphagan et Charles R. Bennett vs. Solomon Northup*). Au mois de septembre 1854, la Cour Suprême du comté de Warren a donné jugement dans la cause de William Arlin contre Solomon Northup où un jugement a été accordé au demandeur le 23 octobre, 1854, pour $150.64 plus les frais de la cour pour une dette non-payée de $102.64, due le 8 janvier, 1855. En 1854, le 9 octobre, Benjamin Carlle, Jr. a reçu un jugement contre Solomon Northup pour une dette de $102.92, plus les frais de la cour de $53.80 pour une somme de $156.75. Il est clair que bien après le retour de Solomon dans l'état de New York, les problèmes financiers ont commencé et apparemment n'ont jamais trouvé fin.

Bientôt après leur retour au New York, l'avocat a commencé à voyager avec Solomon autour de l'état, cherchant un éditeur pour un livre à raconter l'histoire de Solomon Northup. On a trouvé un accord avec la maison d'édition Derby et Miller, qui allaient payer $3000 à Solomon Northup pour les droits d'auteur de son histoire.[218] Il n'y a pas de confirmation qu'ils ont jamais rendu ce paiement de $3000. Le peuple d'Arkansas, aussi, avait l'intention de lui envoyer $5000, selon *The Salem Press*, mais, si l'on l'avait envoyé, il n'y a pas d'évidence qu'il l'a reçu.[219]

L'écrivain David Wilson habitait à une distance de cinq miles de la maison de Henry Northup.[220] Il est possible que Henry Northup ait déjà discuté de cette histoire avec lui, et ait piqué son intérêt que le livre soit publié aussi vite que possible. Quant aux renseignements dont il avait besoin pour écrire, Wilson avait des entrevues avec Solomon Northup et l'avocat Henry Northup aussi souvent que nécessaire. Il avait aussi l'avantage de l'article du *New York Times* publié dans peu de temps après l'arrivée des Northup à Washington, D.C. de la Louisiane. Henry Northup lui-même a joué un grand rôle d'appui, fournissant des informations de première main à cet écrivain-secrétaire. Avec simplement trois à quatre mois dans lesquels il devait écrire et faire publier ce livre, David Wilson avait besoin de toute l'aide qu'il pouvait en procurer.[221]

Le fait que l'on était en train d'écrire ce livre se discutait dans les journaux de l'époque, y compris cet extrait d'un article dans le comté de Warren, sans date, ni aucun autre renseignement : «Un autre Oncle Tom. Nous apprenons qu'un gentilhomme légal dans ce pays s'engage à écrire la vie de Sol. Northup, l'esclave kidnappé qui a été livré grâce à l'agence de M. Northup. Nous imaginons que cet œuvre aura comme titre < L'Oncle Sol.> »

La prolifération d'articles dans les journaux de New York pendant ces années qui traitaient le cas de Northup sert comme témoin à l'intérêt des citoyens de New York dans les événements qui se développaient. Bien que les journaux aient créé une houle de renseignements publiques au sujet de ce kidnapping, Henry Northup comptait sur le livre de donner plus de détails sur les kidnappeurs pour atteindre les gens qui pourraient identifier les criminels pour qu'ils puissent être amenés à la justice. Pour cette raison, il a déterminé que le livre devrait être publié aussi tôt que possible. Sous une telle pression, l'écrivain-secrétaire, avec Henry Northup donnant un coup de main dans chaque manière possible, a produit le livre en trois mois et demi—un tour de force remarquable ! Bien que la vente du livre n'a pas égalé le niveau extraordinaire d'*Uncle Tom's Cabin*, le récit a été fort bien fait au publique et a été beaucoup lu avant le commencement de la Guerre Civile. Après sa publication vers mi-juillet, 1853, plus d'intérêt à trouver les kidnappeurs a fait éruption que même Henry Northup aurait attendue.

L'Arrestation de Merrill et de Russell

Peu après la publication du livre, les journaux ont poussé des récits des efforts prolongés pour mener les kidnappeurs à la justice. Ci-dessous sont les histoires des arrestations de Merrill et de Russell, comme présentées dans un article titré «L'Arrestation des kidnappeurs allégés de Solomon Northup» par un correspondant de *Washington County Post*, le 14 juillet, 1853 :

> … On a arrêté Merrill ce matin chez sa mère à Wood Hollow, et l'a amené ici (Gloversville) pour interrogation. Henry B. Northup a passé beaucoup de temps et d'argent à dépister ce scélérat, et ils ont sans doute obtenu l'homme. Solomon Northup l'a identifié sans hésitation. Merrill est considéré depuis longtemps comme un type désespéré. On l'a trouvé endormi, armé d'un couteau-poignard et d'une paire de pistolets au plancher à côté de lui. L'arrestation a occasionné une excitation générale.

> …Un officier du comté de Saratoga, accompagné de l'Officier Brazier, a arrêté ce matin un capitaine de bateau à charge nommé J.L. Russell, du bateau *J.F. Crain* de la ligne de la ville de Rochester, et l'ont chargé d'être

l'associé de Merrill dans le kidnapping. On l'a menotté, et l'a emmené à Ballston. En route aux voitures, il a admis qu'il avait été à Washington pour les fêtes d'inauguration de 1841.

Des autres journaux ont reporté les arrestations aussi, et au moins un d'entre eux a déclaré que l'on avait identifié les hommes à cause des descriptions et les incidents notés dans le livre de Northup, (*Trial of the Suspected Kidnappers...*, *New York Times*, 12 juillet 1854.) Un an plus tard, selon le *Saratoga Whig* comme plus tôt reporté dans le *Albany Evening Journal* dans «the Northrup [*sic*] Kidnapping Case», le 13 juillet 1854, Merrill et Russell ont été accusés, fondé sur ce témoignage :

> ... Solomon Northup, ayant prêté serment, dit qu'il avait 47 ans le 10 de ce mois ; a habité à Sarasota Springs au mois de mars, 1841, y avait une famille consistant d'une femme et trois enfants. Connaît le prisonnier maintenant à la cour; l'a vu pour la première fois à Saratoga Springs en 1841, la dernière partie de mars. Il y avait un autre homme avec lui, un associé, qui s'assied maintenant à côté de lui. L'un, connu maintenant comme Merrill, a dit que son vrai nom est Merrill Brown, et l'autre s'appelle Abraham Hamilton. Il les a vus pour la première fois dans la taverne de M. Moon à Saratoga Springs; ils ne semblaient pas y avoir quelques affaires; ils voulaient engager le témoin [Solomon] de les accompagner à New York pour conduire leur voiture et pour jouer du violon dans une compagnie de cirque à laquelle ils ont dit qu'ils appartenaient; ils lui ont offert un dollar par jour et des frais dès le jour où il est parti jusqu'au jour de son retour. Ils avaient une voiture et une paire de chevaux en ce moment-là ; il a conduit leurs chevaux attachés à leur voiture à Albany via Cohoes, et puis à la ville de New York. Après son arrivée à New York, il voulait partir, mais les prisonniers voulaient qu'il y reste, et aille avec eux à Washington; il a enfin décidé de les accompagner, et est allé dûment chez le douanier pour obtenir des papiers d'affranchissement; les prisonniers sont allés avec lui à ce qu'ils ont appelé le Douanier, et ont

procuré ce que le témoin a cru d'être des papiers d'affranchissement...

Merrill, Russell, et Solomon ont procédé à Baltimore en passant par la New Jersey, où ils ont vu Thaddeus St. John. Ils sont allés dans l'Hôtel Gadsby à Washington la veille avant les funérailles du Général Harrison. Solomon, pendant sa déposition, a dit qu'il avait passé la journée avec Merrill et Russell, tout en fumant et buvant. Ils l'ont rappelé fréquemment à se tenir près d'eux, mais il est tombé malade pendant l'après-midi, progressant jusqu'à ce qu'il est devenu insensible pendant le soir. Puis il s'est réveillé menotté et entravé à un anneau dans le plancher de l'enclos d'esclaves de Williams, à Washington, D.C. L'article originellement du *Saratoga Whig* continue:

> Les premiers blancs à entrer étaient James Birch et Ebenezer Radburn ; l'un lui a demandé après sa santé; [Solomon] lui a dit qu'il était malade, ne savait pas ce que c'était, et lui a demandé pourquoi il y était enchaîné et menotté; Birch a dit qu'il avait acheté témoin [Sol.] ;[Sol] lui a dit qu'il était un homme libre, et Birch a dit qu'il était menteur, et qu'il s'était enfui de la Géorgie; lui a dit qu'il n'avait jamais visité la Géorgie, et pouvait procurer de l'évidence qu'il a été né libre, et était depuis toujours un homme libre; Birch a dit qu'il n'écouterait aucun de ses mensonges, et s'il niait d'être fugitif de la Géorgie, qu'il le fouetterait... Birch a dit à Radburn d'aller chercher sa pagaie et son martinet. Radburn l'a tenu contre un banc, ses pieds sur les menottes, et puis Birch a brisé la pagaie sur lui, après lequel il a pris le martinet et l'a fouetté jusqu'au moment où Radburn lui a dit d'arrêter, parce qu'il serait trop endolori pour aller à la Nouvelle Orléans...On l'a détenu en esclavage pour presque douze ans, jusqu'au 3 janvier, 1853. On l'a libéré ce jour-là et l'a remis dans sa famille. Il n'a jamais vu les prisonniers, ni l'un ni l'autre, du jour où il est tombé malade à Washington jusqu'à la semaine passée. Il a vu Merrill premièrement dans le comté de Fulton, à deux miles de Fonda's Bush; l'a vu au lit chez le père du prisonnier... Voir *Albany Evening Journal*].

Pendant la contre-interrogation, Solomon a dit qu'il n'avait pas de souvenirs d'être à Albany avec les prisonniers, ni des lieux où ils sont restés pendant le voyage à New York. Il n'était pas sûr lequel des prisonniers lui a demandé de continuer avec eux au-delà de New York, mais il pensait que c'était Russell. Tous les deux hommes, pourtant, lui ont offert un dollar par jour et ses frais s'il continuerait avec eux à Washington. L'un ou l'autre des deux, lui a versé de la liqueur à boire pendant la dernière journée où il est tombé malade. Il a fait la connaissance de Thaddeus St. John à Washington et croit qu'il a fait partie de la soûlerie.

Le prochain témoin à déposer était Norman Prindle, qui vivait à Saratoga Springs en mars de 1841, où il était conducteur de diligence. Il connaissait Solomon Northup depuis 1826 ou 1827; Solomon avait vécu, lui aussi, à Saratoga Springs en 1841. Selon l'article, Prindle a identifié Merrill, lequel il avait vu à Saratoga Springs dans une voiture, accompagné d'un homme «aux cheveux longs et aux larges favoris.» Prindle a dit qu'il avait vu Solomon partir en voiture avec ces deux hommes. Prindle avait parlé auparavant avec Solomon Northup et l'a pressé de ne pas partir avec ces hommes dans le Sud. Prindle a indiqué que d'autres personnes ont donné le même conseil à Solomon.

On a gardé Merrill et Russell dans la prison, sans caution, bien qu'un procès civil ait été bientôt déposé, et l'on a mis la caution à $5000 chacun. [Voir *Albany Evening Journal*].

Une lettre à l'éditeur du *Washington County People's Journal* par I. M. Van Namee [222] donne des aperçus vivides dans la vie d'Alexander Merrill et de Joseph Washington, des extraits de laquelle suivent. M. Van Namee a assisté aux procès légaux décrit ci-dessus. Nous commençons par sa description des défendeurs :

> Merrill était le premier à entrer. C'est un type laid, (un des gens à la tête comme une boule de Mme Stowe) et malgré des années de pratique de dissimulation, ne pouvait pas cacher que dans ce poste, il s'est senti «assez mal à l'aise.» Immédiatement après, sur la proposition de Northup, Russel [*sic*] a été mis en jugement. Lui aussi semblait être un spécimen endurci d'humanité. Solomon Northup était le premier à prêter serment; quand il a rendu témoignage à tous les faits racontés dans sa vie

publié, qui pouvaient avoir quelque rapport avec le cas en question …

Après que Solomon Northup avait témoigné et avait été contre-examiné, on a appelé Thaddeus St. John. Il a parlé d'être allé aux funérailles du Général Harrison via Baltimore, où Merrill et Russell ont apparu :

> …a exprimé quelque surprise en voyant [Russell], et a demandé quelles affaires l'y ont appelé; sur lequel M. lui a dit de ne pas les appeler par leurs vrais noms. Demandant encore leur but en étant là, Merrill, d'un geste significatif, a indiqué le noir qui était avec eux. C'était Solomon Northup. St. John n'était pas surpris d'y trouver M., qui était un vagabond et qui allait souvent dans le Sud. Les a quittés à Baltimore, puis les a revus à l'Hôtel de Gadsby à Washington… N'a jamais vu le noir jusqu'à Baltimore, et a remarqué qu'ils avaient changé leur apparence pour quelque raison autre qu'un caprice simple. Ils n'ont fait aucune réponse, mais ont ri… R., cependant, m'a trouvé enfin, et s'est assis dans un siège derrière moi… Puis il a ôté son manteau, a tiré sa montre, a enfoncé la main dans sa poche, et a sorti une poignée d'or…Pour le prochain spectacle, il a ouvert sa montre, en a tiré un billet de $1000, et de sa boîte, en a tiré deux de plus… Puis j'ai pris un morceau de papier et ai écrit $3000 pour les billets; ce que j'estime la valeur du montre, l'or, le nègre fait $500, quand M. m'a dit rapidement d'ajouter $150 à cette somme, totalisant $650 pour le nègre…

Norman Prindle était le prochain à prêter serment. Il a témoigné aux faits jurés par Solomon à l'égard de la manière dans laquelle il avait quitté Saratoga Springs. Dit qu'il lui a dit que ces hommes ne le permettraient pas de rentrer; à laquelle Solomon a répondu qu'il risquerait d'être vendu ou abandonné.

> …Des reportages du comté de Fulton ne mettent pas le caractère de ces hommes dans une lumière favorable. On

dit que M. a essayé de séduire un petit nègre dans sa propre voisinage il y a quelques ans, en persuadant celui-ci de le laisser le vendre, puis s'enfuir pour être revendu, chaque fois divisant le profit. On dit aussi qu'il aurait déclaré une fois qu'il suivait ce kidnapping depuis des années; et qu'il s'y sentait aussi sûr que dans quelque autre affaire quiconque. Ces exploits et plusieurs autres viennent des sources bien fondées; mais peut-être ce qui couronne tout est la manière dont Russell a caché un voleur des chevaux il y a quelques ans. Il l'avait dans sa propre maison, et quand les officiers étaient sur le point de la fouiller, il l'a caché dans un lit entre ses deux filles...

Veuillez agréer, etc.
I.M. Van Namee [223]

Les Comptes rendus de la cour

Après quelques délais, on a fixé la date pour le procès pour le 13 février, comme c'était reporté dans *The Temperance Helper,* qui a énuméré les quatre accusations contre Merrill et Russell. Leurs avocats ont fait objection aux trois premières :

La première a chargé les prisonniers d'avoir, d'une intention criminelle, séduit et kidnappé un Solomon Northup, avec l'intention, illégalement sans son consentement et contre son gré, de le faire vendre en esclavage; et qu'ils l'ont, avec une intention criminelle et contre son gré, vendu comme esclave ;...
La deuxième a chargé les prisonniers d'avoir, d'une intention criminelle, séduit ce susdit Northup de les accompagner dans le District of Columbia, avec l'intention criminelle de le faire vendre comme esclave.
La troisième a chargé les prisonniers d'avoir, d'une intention criminelle, séduit ce susdit Northup de cet état dans le District of Columbia ; et qu'ils l'y ont vendu, illégalement et avec une intention criminelle, et ont

effectué le transfert de ses services ou labeur sans son consentement.

La quatrième les a chargés d'avoir, d'une intention criminelle, séduit ce Northup de cet état au District of Columbia, avec l'intention de l'y vendre comme esclave; et qu'ils l'ont, de fait, vendu comme esclave. [*Temperance Helper,* 15 février, 1855; 22 février 1855]

Les avocats de Merrill et de Russell ont demandé l'acquittement de toutes sauf la dernière des accusations parce qu'elles n'ont pas précisé que les prisonniers ont kidnappé Solomon de propos délibéré de le garder emprisonné secrètement dans l'état de New York, ou de le transférer hors de New York contre son gré, ou de le faire vendre ou forcer dans le service contre son gré. En d'autres termes, parce que les accusations n'ont pas spécifié New York comme le lieu où ont commencé ces activités, mais ont visé Washington, D.C. où Solomon a été vraiment vendu, la cour n'avait pas de juridiction.

Après avoir entendu les arguments, la Cour a exigé que l'objection soit présentée formellement comme question préjudicielle, pour qu'elle puisse être revue par la Cour au Terme Général. Cette action a déféré le procès jusqu'à ce que le Terme Général ait pu décider si New York avait juridiction dans ce cas. [Voir *Temperance Helper* 15 février,1855; 22 février, 1855].

On a pris les dépositions requises de Birch et de Radford. Birch a donné la même histoire fabriquée de l'achat de Solomon, répondant ainsi dans les contre-interrogatoires :

J'achète et vends des esclaves depuis plusieurs années, mais pas depuis l'an 1842. J'avais un partenaire en 1841 nommé Theophilus Freeman qui habitait à la Nouvelle-Orléans, La. Cette association a débuté en 1841 et a terminé en 1842. Le lieu d'affaires et la résidence de Freeman, comme j'ai déjà témoigné, était la Nouvelle Orléans, La., 3d. J'ai acheté des esclaves dans la ville de Washington, et les ai envoyés tous dans le Sud pour les vendre. Je ne me souviens pas de combien. J'ignore si j'en ai vendu autre part comme esclaves, mais j'en ai vendu quelques-uns à eux-mêmes à me payer quand ils le pouvaient, et quelques autres à leurs amis dans le même but. Le document est signé par Joseph C. Lewis. [Voir The People vs. Alexandre Merrill et Joseph Russell]

Merrill et Russell ont solicité leur décharge basé sur une caution suffisant de garantir leur assistance au terme suivant de la Cour d'Oyer et de Terminer. Parce que le Procurer du District s'inquiétait de si la Statut de Limitations s'y appliquait, la caution de Russell était nominale. La caution de Merrill était $800. [Voir *Washington County People's Journal*].

Pour comprendre les actions légales, longues et prolongées, qui s'agissaient des kidnappeurs à ce point, le lecteur devrait comprendre que les cas légaux disputés pourraient être appelés de la cour du comté, dans ce cas, Oyer et Terminer du comté de Saratoga, à la Cour Supérieure de l'état de New York. Si l'on continuait à disputer avec une décision, on pourrait faire appel dans la Cour de Cassation pour un jugement final. La décision de la Cour d'Oyer et de Terminer de tarder le cas jusqu'après que la Cour Supérieure ait déterminé juridiction dans les quatre accusations contre Merrill et Russell était le premier pas dans ce processus.

Le *Ballston Democratic Whig Journal* a rapporté sur les résultats le 17 juillet, 1855, disant que la première partie de l'accusation, celle de Merritt et Russell ayant dupé Solomon Northup à quitter le comté Saratoga pour le vendre comme esclave, a été trouvé d'être bon. On a laissé tomber les autres parties parce que les crimes avaient eu lieu dans le District of Columbia, pas dans l'état de New York; par conséquent les cours de New York n'avaient pas de juridiction. On a appelé la décision à la Cour Supérieure de New York, mais ils l'y ont confirmée. Le Procureur du District a donc décidé de faire appel à la Cour de Cassation de New York [Voir *Ballston Democratic Whig Journal*].

Pendant ces années comme le cas s'acheminait à travers le système légal de New York, toute la presse a suivi activement les démarches de la cour. Le contingent peu considérable de journaux africains-américains était, naturellement, particulièrement intéressé. Soupçonneux du processus, ils continuaient à espérer la justice, comme témoigné par ces deux extraits imprimés en 1855, au moins un an avant que la date du procès avait été fixée :

LES KIDNAPPEURS DE NORTHRUP [*sic*]

Que va-t-on faire avec les kidnappeurs de Solomon NORTHRUP [*sic*] ? C'est une question que nous avons souvent posée, et une qui est souvent posée à nous. On pourrait y répondre très facilement, et on aurait déterminé le cas il y a longtemps, si le plaintif avait été un homme blanc. Nous espérons que l'on assignera une justice suffisante aux contrevenants vils, MERRILL et RUSSELL. Nous apprenons du Saratogian, que la Cour Supérieure a soutenu l'exception péremptoire à l'accusation contre eux. L'effet de cette décision sera d'annuler les parties de l'accusation où on dit que le crime a été commis dans le District of Columbia, et de laisser seulement la partie dans laquelle la duperie de MR. NORTHRUP [*sic*] se dit d'être commis dans le comté de Saratoga, avec l'intention de le vendre comme esclave, et qu'il a été, plus tard, vendu d'après cette intention.

Les faits de ce cas n'ont pas été aussi «sommaires» qu'ils pouvaient être ou qu'ils auraient été si SOLOMON avait kidnappé ses kidnappeurs, ou s'il avait été un fugitif repris. C'est une terre étrange que nous occupons, au bas mot, qui aborde de kidnappeurs, de ceux qui fouette les femmes, des 4 juillets, des Stringfellows [certains Américains qui citaient la Bible pour soutenir leur croyance en l'esclavage], des Atchison, parsemée libéralement de prêcheurs pour l'esclavage à ajouter quelque charme à ce tableau expressif et délicieux... [Voir *Frederick Douglass Papers*, 20 juillet, 1855].

Et d'un autre article de la presse abolitionniste noire:

LE CAS DE NORTHRUP [*sic*]. Il semble merveilleusement, maintenant, que les scélérats de kidnappeurs de Solomon Northrup [*sic*], l'homme de couleur libre qui a été dupé de Washington County, NY, à la ville de Washington, et y vendu comme esclave, échapperaient, pas punis par la justice. Trois parties de l'accusation contre eux ont été balayées par la cour, ne laissant qu'une seule dans laquelle ils sont accusés d'avoir dupé leur victime à l'étranger dans le but de le vendre. La décision finale a été rendue sur la quatrième. Les accusés sont seulement sous une caution de $500, une somme plus basse que celle qui serait nécessaire s'ils avaient été accusés d'avoir volé un cheval qui a des éparvins. [Voir *Frederick Douglass Papers*, 24 août, 1855].

Quand le cas est venu finalement dans la Cour de Cassation de New York, elle a renversé les décisions des cours inférieures, parce que l'on ne pouvait pas légalement diviser l'accusation, en ayant une partie acceptée, tandis que les trois autres n'étaient pas acceptées. Par conséquence, le cas a été renvoyé au comté. Ces conclusions s'expliquent dans le « Reportage des Cas » de la Cour de Cassation de New York. [224]

Après cette décision, *The Daily Saratogan* a reporté que le procès de l'accusation de Russell et de Merritt aurait lieu probablement en septembre, 1856. Pourtant, dans une colonne sous le titre de «Processus de la Cour» dans le *Ballston Journal* du 26 mai, 1857, apparaît le suivant : « Le Peuple contre Henry Merrill et Joseph Russell, sous l'accusation d'avoir kidnappé Solmon [sic] Northup. Cas quitté.» Le cas n'a été jamais mis en jugement. [225]

Le Sort de Solomon Northup

Le sort de Solomon Northup après l'annonce net de la cour d'Oyer et de Terminer que le cas avait été annulé a intrigué les lecteurs. Solomon n'était pas présent pour le procès. Pourquoi ? Personne ne savait pas ce qui lui est arrivé.

Malgré toute la publicité dans les journaux de New York et le choc de l'histoire de Solomon, qui a résonné partout dans cette période avant la guerre, il n'y avait pas de clameur du publique quant au sort de Solomon Northup. Un chercheur new-yorkais, étudiant les récits dans les journaux de l'état des années cinquante au sujet de Northup, a remarqué qu'à cause d'un cas qui avait fasciné l'état de New York pour quatre ans, de la délivrance de Solomon par Henry Northup en 1853 à ce procès enregistré pour 1857, qu'il semblait qu'assez d'intérêt avait été visé sur l'histoire de faire venir des questions des abolitionnistes ou des humanitaires ou ceux qui étaient simplement curieux de savoir la résolution finale. Pas un mot d'investigation, pas même une demande pour une investigation a été trouvée par cet éditeur ou d'autres chercheurs essayant de trouver ce qui est arrivé à Solomon Northup. Pas seulement l'éditeur, mais des chercheurs qualifiés dans le New York ont cherché des renseignements sur le sujet pour ajouter à ce volume, mais en vain. Ce qui suit n'est que les morceaux qui restent de l'histoire pour nous aider à conjecturer ce qui aurait eu lieu.

Quant à la raison pour laquelle Solomon a disparu, il y en a beaucoup de théories. Quelques-uns croyaient que Solomon a été tué par ses kidnappeurs, ou qu'il avait été kidnappé encore une fois. Mais, pendant l'été de 1857, il se trouvait au Canada comme orateur, ce qui est apparent dans les notices concernant les dérangements de ses discours par des foules fâchés, donc il y a quelque évidence qu'il était encore en vie après l'annuellement du cas. Il y a de l'évidence que Solomon faisait partie de l'Underground Railroad, aidant les esclaves fugitifs à s'échapper au Canada, et peut-être qu'il a cru que c'était trop dangereux aux gens du *railroad* et à lui-même d'apparaître. Ou c'était parce que le Procureur du District a trouvé que le cas était trop difficile à poursuivre quand Solomon Northup lui-même était toujours loin du voisinage, gagnant des frais pour ses discours, et d'autres personnes se demandant si Solomon lui-même avait été complice de ce kidnapping (Fiske, 43-51).

Il y avait toujours quelque conjecture que Solomon aurait été un complice volontiers à Russell et à Merrill. Pour ainsi dire, Solomon aurait pu arranger, avec les deux hommes, de les accompagner, et de les laisser le vendre en esclavage, avec l'idée qu'ils divisent le profit de la vente avec lui après qu'ils avaient organisé sa libération. Cette théorie se voit dans quelques colonnes des journaux de l'époque, y compris le suivant:

> *The Saratoga Press* [Républicain] en réponse aux demandes de l'*Albany Evening Journal,* à l'égard du *nolle prosequi* inscrit dans le cas de Merrill et de Russell, les kidnappeurs allégués de Sol Northup, au dernier Oyer et Terminer, dit : «Nous répondrions par dire que depuis l'accusation, le Procureur du District a été placé en possession des faits qui, en prouvant leur culpabilité dans une mesure, détourneraient une conviction. Franchement, il est plus que soupçonné que Sol Northup était complice à la

vente, calculant de s'évader et partager dans les profits, mais que l'acheteur était trop intelligent pour lui, et au lieu de recevoir l'argent, il en a reçu quelque chose d'autre. [Voir *Glens Falls Free Press,* 1 mai, 1858]

Ce scénario est celui que Merrill avait essayé plus tôt dans sa carrière de kidnappeur, selon le témoignage de John S. Enos. [226] Il n'y a pas d'évidence, pourtant, de prouver que le kidnapping de Solomon Northup n'était rien que ce qu'il avait représenté dans *Twelve Years a Slave.*[227]

Quant au lieu où se trouve Solomon, il n'y avait jamais de confirmation du bruit qu'il avait décidé de voyager sur sa propre mission et avait été kidnappé de nouveau. Cependant, la pensée la plus provocante sur cette théorie est venue de l'avocat E.R. Mann, qui a résumé le cas de Northup dans *The Bench and Bar of Saratoga County,* 1876 :

> [La question préjudicielle] a limité l'issu à ce charge de kidnapping, mais, avant que l'accusation soit mis en jugement, Northrup [*sic*] a encore disparu. Son sort n'est pas connu au publique, mais les kidnappeurs désespérés en savaient sans doute. Une *nolle pros.* a été inscrit dans leur cas, en mai, 1857, par le Procureur du District, un John O. Mott. [228]

Aucun tombeau de Solomon Northup ne se trouve jamais. Quelques membres de sa famille ont dit que la date de sa mort se dit d'être 1864, qu'il est descendu dans le Mississippi et y est tué. Aucune évidence ne se trouve pour substantiver cette théorie, soit du voyage, soit de sa mort. Il y a quelque évidence qu'il a rendu visite à un collègue dans l'Underground Railroad canadien après l'émancipation le 1 janvier, 1863, et le recensement de New York de 1875 indiquait que sa femme, Anne, était veuve. (Fiske, slideshow, *What happened to Solomon Northup ?*).

John Henry Northup, né à Sandy Hill en 1822, neveu de Henry Northup, connaissait bien et Solomon et Henry Northup. Il a écrit sa propre version de l'histoire en 1909 dans une lettre à sa cousine, Edith Carman Hay, qui l'a racontée :

John Henry Northup a dit, pas longtemps après leur retour, que Henry B. «a engagé un jeune avocat pour écouter l'histoire de Solomon. Bientôt par des questions, il avait assez pour en écrire un livre.» Selon John Henry, *Solomon Northup: 12 Ans en Esclavage* [*Twelve Years a Slave*], écrit rapidement et publié en 1853, «a créé une sensation, parce qu'il a apparu peu de temps après *Uncle Tom's Cabin* [*sic*] par Mme. Stowe. La dernière que j'ai entendu dire de lui,» a dit John Henry en 1909, Sol «donnait des discours à Boston pour aider à vendre son livre... Tout d'un coup,» a dit John Henry, «il a disparu... Nous croyons qu'il a été kidnappé, et enlevé, ou tué, ou tous les deux.»[229]

L'histoire de Solomon Northup empeste de tragédie et de l'injustice, pas simplement dans le Sud à cet époque, mais à travers toute la nation. Notre fierté comme citoyens d'une nation dédiée à la liberté, à l'égalité et à la justice, on doit nous rappeler que ce sont des idéales pour lesquelles nous luttons continuellement. Dans tout le cours de notre histoire, elles ne sont pas devenues réalité pour tous les citoyens, noirs, blancs, rouges ou jaunes. L'esclavage existe depuis des temps messianiques partout dans le monde, avec toutes les races qui ne réduisent pas seulement les autres races, mais aussi des membres de la leur. Aux Etats-Unis avant la Guerre Civile, l'esclavage était une institution, pas simplement dans le Sud, mais partout à travers ce pays. L'esclavage existe même aujourd'hui dans quelques nations, et même aux États-Unis, dans la forme du trafiquant humain. Des traces de l'esclavage existent parmi notre peuple divers à travers les États-Unis. Les faits d'histoire doivent tempérer notre fierté et inspirer une détermination de rapporter la démocratie plus proche à l'idéale des Pères de notre nation.

Appendices originaux
Présentés en anglais

Original Appendix A

NEW YORK ACT.

An act more effectually to protect the free citizens of this State from being kidnapped, or reduced to Slavery.

[Passed May 14, 1840.

The People of the State of New-York, represented in Senate and Assembly, do enact as follows:

1. Whenever the Governor of this State shall receive information satisfactory to him that any free citizen or any inhabitant of this State has been kidnapped or transported away out of this State, into any other State or Territory of the United States, for the purpose of being there held in slavery; or that such free citizen or inhabitant is wrongfully seized, imprisoned or held in slavery in any of the States or Territories of the United States, on the allegation or pretence that such a person is a slave or by color of any usuage [sic] or rule of law prevailing in such State or Territory, is deemed or taken to be a slave, or not entitled of right to the personal liberty belonging to a citizen; it shall be the duty of the said Governor to take such measures as he shall deem necessary to procure such person to be restored to his liberty, and returned to this State. The governor is hereby authorized to appoint and employ such agent or agents as he shall deem necessary to effect the restoration and return of such person; and shall furnish the said agent with such credentials and instructions as will be likely to accomplish the object of his appointment. The Governor may determine the compensation to be allowed to such agent for his services besides his necessary expenses.

2. Such agent shall proceed to collect the proper proof to establish the rights of such person to his freedom, and shall perform such journeys, take such measures, institute and procure to be prosecuted such legal proceedings, under the direction of the Governor, as shall

be necessary to procure such person to be restored to his liberty and returned to this State.

3. The accounts for all services and expenses in carrying this act into effect shall be audited by the Comptroller, and paid by the Treasurer on his warrant, out of any moneys in the Treasury of this State not otherwise appropriated. The Treasurer may advance, on the Warrant of the Comptroller, to such agent, such sum or sums as the Governor shall certify to be reasonable advances to enable him to accomplish the purposes of his appointment, for which advance such agent shall account, on the final audit of his warrant.

4. This act shall take effect immediately.

Original Appendix B

MEMORIAL OF ANNE.

To His Excellency, the Governor of the State of New York:

The memorial of Anne Northup, of the village of Glens Falls, in the county of Warren, State aforesaid, respectfully sets forth—

That your memorialist, whose maiden name was Anne Hampton, was forty-four years old on the 14th day of March last, and was married to Solomon Northup, then of Fort Edward, in the county of Washington and State aforesaid, on the 25th day of December, A. D. 1828, by Timothy Eddy, then a Justice of the Peace. That the said Solomon, after such marriage, lived and kept house with your memorialist in said town until 1830, when he removed with his said family to the town of Kingsbury in said county, and remained there about three years, and then removed to Saratoga Springs in the State aforesaid, and continued to reside in said Saratoga Springs and the adjoining town until about the year 1841, as near as the time can be recollected, when the said Solomon started to go to the city of Washington, in the District of Columbia, since which time your memorialist has never seen her said husband.

And your memorialist further states, that in the year 1841 she received information by a letter directed to Henry B. Northup, Esq., of Sandy Hill, Washington county, New-York, and post-marked at New-Orleans, that said Solomon had been kidnapped in Washington, put on a vessel, and was then in such vessel in New-Orleans, but could not tell how he came in that situation, nor what his destination was.

That your memorialist ever since the last mentioned period has been wholly unable to obtain any information of where the said Solomon was, until the month of September last, when another letter was received from the said Solomon, post-marked at Marksville, in the parish of Avoyelles, in the State of Louisiana, stating that he was held there as a slave, which statement your memorialist believes to be true.

That the said Solomon is about forty-five years of age, and never resided out of the State of New-York, in which State he was born, until the time he went to Washington city, as before stated. That the said Solomon Northup is a free citizen of the State of New-York, and is now wrongfully held in slavery, in or near Marksville, in the parish of Avoyelles, in the State of Louisiana, one of the United States of America, on the allegations or pretence that the said Solomon is a slave.

And your memorialist further states that Mintus Northup was the reputed father of said Solomon, and was a negro, and died at Ford Edward, on the 22nd day of November, 1829; that the mother of said Solomon was a mulatto, or three quarters white, and died in the county Oswego, New-York, some five or six years ago, as your memorialist was informed and believes, and never was a slave.

That your memorialist and her family are poor and wholly unable to pay or sustain any portion of the expenses of restoring the said Solomon to his freedom.

Your excellency is entreated to employ such agent or agents as shall be deemed necessary to effect the restoration and return of said Solomon Northup, in pursuance of an act of the Legislature of the State of New-York, passed May 14th, 1840, entitled "An act more effectually to protect the free citizens of this State from being kidnapped or reduced to slavery." And your memorialist will ever pray.

(Signed), ANNE NORTHUP.
Dated November 19, 1852.

STATE OF NEW-YORK:

Washington county, ss.

Anne Northup, of the village of Glens Falls, in the county of Warren, in said State, being duly sworn, doth depose and say that she signed the above memorial, and that the statements therein contained are true.

(Signed), ANNE NORTHUP.
Subscribed and sworn before me this
19th November, 1852.
CHARLES HUGHES, Justice Peace

We recommend that the Governor appoint Henry B. Northup, of the village of Sandy Hill, Washington county, New-York, as one of the agents to procure the restoration and return of Solomon Northup, named in the foregoing memorial of Anne Northup.

Dated at Sandy Hill, Washington Co., N.Y., November 20, 1852.

(Signed)
PETER HOLBROOK, DANIEL SWEET
B. F. HOAG, ALMON CLARK,
CHARLES HUGHES, BENJAMIN FERRIS,
E.D.BAKER, JOSIAH H. BROWN
ORVILLE CLARK.

STATE OF NEW-YORK:
Washington County, ss:

Josiah Hand, of the village of Sandy Hill, in said county, being duly sworn, says, he is fifty-seven years old, and was born in said village, and has always resided there; that he has known Mintus Northup and his son Solomon, named in the annexed memorial of Anne Northup, since previous to the year 1816; that Mintus Northup then, and until the time of his death, cultivated a farm in the towns of Kingsbury and Fort Edward, from the time deponent first knew him until he died; that said Mintus and his wife, the mother of said Solomon Northup, were reported to be free citizens of New-York, and deponent believes they were so free; that said Solomon Northup was born in said county of Washington, as deponent believes , and was married Dec. 25th, 1828, in Fort Edward aforesaid, and his said wife and three children—two daughters and one son—are now living in Glens Falls, Warren county, New-York, and that the said Solomon Northup always resided in said county of Washington, and its immediate vicinity, until about 1841, since which time deponent has not seen him, but deponent has been credibly informed, and as he verily believes truly, the said Solomon is now wrongfully held as a slave in the State of Louisiana. And deponent further says that Anne Northup, named in the said memorial, is entitled to credit, and deponent believes the statements contained in her said memorial are true.

(Signed), JOSIAH HAND
Subscribed and sworn before me this
19th day of November, 1852,
Charles Hughes, Justice Peace

STATE OF NEW-YORK:
Washington county, ss:

Timothy Eddy, of Fort Edward, in said county, being duly sworn, says he is now over—years old, and has been a resident of said town more than—years last past, and that he was well acquainted with Solomon Northup, named in the annexed memorial of Anne Northup, and with his father, Mintus Northup, who was a negro,— the wife of said Mintus was a mulatto woman; that said Mintus Northup and his said wife and family, two sons, Joseph and Solomon, resided in said town of Fort Edward for several years before the year 1828, and said Mintus died in said town A.D. 1829, as deponent believes. And deponent further says that he was a Justice of the Peace in said town in the year 1828, and as such Justice of the Peace, he, on the 25th day of Dec'r, 1828, joined the said Solomon Northup in marriage with Anne Hampton, who is the same person who has subscribed the annexed memorial. And deponent expressly says, that said Solomon was a free citizen of the State of New-York, and always lived in said State, until about the year A. D. 1840, since which time deponent has not seen him, but has recently been informed, and as deponent believes truly, that said Solomon Northup is wrongfully held in slavery in or near Marksville, in the parish of Avoyelles, in the State of Louisiana. And deponent further says, that said Mintus Northup was nearly sixty years old at the time of his death, and was, for more than thirty years next prior to his death, a free citizen of the State of New-York.

And this deponent further says, that Anne Northup, the wife of said Solomon Northup, is of good character and reputation, and her statements, as contained in the memorial hereto annexed, are entitled to full credit.

(Signed), TIMOTHY EDDY.
Subscribed and sworn before me this
19th day of November, 1852,
TIM'Y STOUGHTON, Justice

STATE OF NEW-YORK:
Washington County, ss:

Henry B. Northup, of the village of Sandy Hill, in said county, being duly sworn, says, that he is forty-seven years old, and has always lived in said county; that he knew Mintus Northup, named in the annexed memorial, from deponent's earliest recollection until the time of his death, which occurred at Fort Edward, in said county, in 1829; that deponent knew the children of said Mintus, viz, Solomon and Joseph; that they were both born in the county of Washington aforesaid, as deponent believes; that deponent was well acquainted with said Solomon, who is the same person named in the annexed memorial of Anne Northup, from his childhood; and that said Solomon always resided in said county of Washington and the adjoining counties until about the year 1841; that said Solomon could read and write; that said Solomon and his mother and father were free citizens of the State of New-York; that sometime about the year 1841 this deponent received a letter from said Solomon, post-marked New-Orleans, stating that while on business at Washington city, he had been kidnapped, and his free papers taken from him, and he was then on board a vessel, in irons, and was claimed as a slave, and that he did not know his destination, which the deponent believes to be true, and he urged this deponent to assist in procuring his restoration to freedom; that deponent has lost or mislaid said letter, and cannot find it; that deponent has since endeavored to find where said Solomon was, but could get no farther trace of him until Sept. last, when this deponent ascertained by a letter purporting to have been written by the direction of said Solomon, that said Solomon was held and claimed as a slave in or near Marksville, in the parish of Avoyelles, Louisiana, and that this deponent verily believes that such information is true, and that said Solomon is now wrongfully held in slavery at Marksville aforesaid.

(Signed), HENRY B. NORTHUP.
Subscribed and sworn to before me
This 20th day of November, 1852,
CHARLES HUGHES, J. P.

STATE OF NEW-YORK:
Washington County, ss

Nicholas C. Northup, of the village of Sandy Hill, in said county, being duly sworn, doth depose and say, that he is now fifty-eight years of age, and has known Solomon Northup, mentioned in the annexed memorial of Ann Northup, ever since he was born. And this deponent saith that said Solomon is now about forty-five years old, and was born in the county of Washington aforesaid, or in the county of Essex, in said State, and always resided in the State of New-York until about the year 1841, since which time deponent has not seen him or known where he was, until a few weeks since, deponent was informed, and believes truly, that said Solomon was held in slavery in the State of Louisiana. Deponent further says, that said Solomon was married in the town of Fort Edward, in said county, about twenty-four years ago, and that his wife and two daughters and one son now reside in the village of Glens Falls, county of Warren, in said State of New-York, and was born free, and from his earliest infancy lived and resided in the counties of Washington, Essex, Warren and Saratoga, in the State of New-York, and that his said wife and children have never resided out of said counties since the time said Solomon was married; that deponent knew the father of said Solomon Northup; that said father was a negro, named Mintus Northup, and died in the town of Fort Edward, in the county of Washington, State of New-York, on the 22nd day of November, A.D. 1829, and was buried in the grave-yard in Sandy Hill aforesaid; that for more than thirty years before his death he lived in the counties of Essex, Washington and Rensselaer and State of New-York, and left a wife and two sons, Joseph and the said Solomon, him surviving; that the mother of said Solomon was a mulatto woman, and is now dead, and died, as deponent believes, in Oswego county, New-York, within five or six years past. And this deponent further states, that the mother of the said Solomon Northup was not a slave at the time of the birth of said

Solomon Northup, and has not been a slave at any time within the last fifty years.

(Signed), N.C. NORTHUP.

Subscribed and sworn before me this 19th day of November, 1852.

CHARLES HUGHES, Justice Peace.

STATE OF NEW-YORK:

Washington County, ss.

Orville Clark, of the village of Sandy Hill, in the county of Washington, State of New-York, being duly sworn, doth depose and say—that he, this deponent, is over fifty years of age; that in the years 1810 and 1811, or most of the time of those years, this deponent resided at Sandy Hill, aforesaid, and at Glens Falls; that this deponent then knew Mintus Northup, a black or colored man; he was then a free man, as this deponent believes and always understood; that the wife of said Mintus Northup, and mother of Solomon, was a free woman; that from the year 1818 until the time of the death of said Mintus Northup, about the year 1829, this deponent was very well acquainted with the said Mintus Northup; that he was a respectable man in the community in which he resided, and was a free man, so taken and esteemed by all his acquaintances; that this deponent has also been and was acquainted with his son Solomon Northup, from the said year 1818 until he left this part of the country, about the year 1840 or 1841; that he married Anne Hampton, daughter of William Hampton, a near neighbor of this deponent; that the said Anne, wife of said Solomon, is now living and resides in this vicinity; that the said Mintus Northup and William Hampton were both reputed and esteemed in this community as respectable men. And this deponent saith that the said Mintus Northup and his family, and the said William Hampton and his family, from the earliest recollection and acquaintance of this deponent with him (as far back as 1810,) were always reputed, esteemed, and taken to be, and this deponent believes, truly so, free citizens of the State of New-York. This deponent knows the said William Hampton, under the laws of this State, was entitled to vote at our elections, and he believes the said Mintus Northup also was entitled as a free citizen with the property qualification. And this deponent further saith, that the said Solomon Northup, son of said Mintus, and husband of said Anne Hampton, when he left his State, was at the time thereof a free citizen of the State of New-York. And this deponent further saith, that said Anne Hampton, wife of Solomon Northup, is a respectable woman, of good character, and I would believe her statements, and do believe the facts set forth in her memorial to his excellency, the Governor, in relation to her said husband, are true.

(Signed), ORVILLE CLARK.
Sworn before me, November 19th, 1852.
U.G. PARIS, Justice of the Peace.

STATE OF NEW-YORK:
Washington County, ss.

Benjamin Ferris, of the village of Sandy Hill, in said county, being duly sworn, doth depose and say—that he is now fifty-seven years old, and has resided in said village forty-five years; that he was well acquainted with Mintus Northup, named in the annexed memorial of Anne Northup, from the year 1816 to the time of his death, which occurred at Fort Edward, in the fall of 1829; that he knew the children of the said Mintus, namely Joseph Northup and Solomon Northup, and that the said Solomon is the same person named in said memorial; that said Mintus resided in the said county of Washington to the time of his death, and was, during all that time, a free citizen of the said State of New-York, as deponent verily believes; that said memorialist, Anne Northup, is a woman of good character, and the statement contained in her memorial is entitled to credit.

(Signed), BENJAMIN FERRIS.
Sworn before me,
November 19th, 1852.
U. G. PARIS, Justice of the Peace.

STATE OF NEW-YORK:
Executive Chamber, Albany, Nov. 30, 1852.

I hereby certify that the foregoing is a correct copy of certain proofs filed in the Executive Department, upon which I have appointed Henry B. Northup as Agent of this State, to take proper proceedings in behalf of Solomon Northup, therein mentioned.

(Signed), WASHINGTON HUNT.

By the Governor.

J. F. R., Private Secretary.

STATE OF NEW-YORK:

Executive Department.

WASHINGTON HUNT, *Governor of the State of New-York, to whom it may concern, greeting:*

Whereas, I have received information on oath, which is satisfactory to me, that Solomon Northup, who is a free citizen of this State, is wrongfully held in slavery, in the State of Louisiana:

And whereas, it is made my duty, by the laws of this State, to take such measures as I shall deem necessary to procure any citizen so wrongfully held in slavery, to be restored to his liberty and returned to this State:

Be it known, that in pursuance of chapter 375 of the laws of this State, passed in 1840, I have constituted, appointed and employed Henry B. Northup, Esquire, of the county of Washington, in this State, an Agent, with full power to effect this restoration of said Solomon Northup, and the said Agent is hereby authorized and empowered to institute such proper and legal proceedings, to procure such evidence, retain such counsel, and finally to take such measures as will be most likely to accomplish the object of his said appointment.

He is also instructed to proceed to the State of Louisiana with all convenient dispatch, to execute the agency hereby created.

In witness whereof, I have hereunto subscribed my name, and affixed the privy seal of the State, at Albany, this 23rd day of November, in the year of our Lord 1852.

(Signed), WASHINGTON HUNT.

James F. Ruggles, Private Secretary.

Original Appendix C

RELEASE DOCUMENT.

STATE OF LOUISIANA:
Parish of Avoyelles.

Before me, Aristide Barbin, Recorder of the parish of Avoyelles, personally came and appeared Henry B. Northup, of the county of Washington, State of New-York, who hath declared that by virtue of a commission to him as agent of the State of New-York, given and granted by his excellency, Washington Hunt, Governor of the said State of New-York, bearing date the 23d day of November, 1852, authorizing and empowering him, the said Northup, to pursue and recover from slavery a free man of color, called Solomon Northup, who is a free citizen of the State of New-York, and who was kidnapped and sold into slavery, in the State of Louisiana, and now in the possession of Edwin Epps, of the State of Louisiana, of the Parish of Avoyelles; he, the said agent, hereto signing, acknowledges that the said Edwin has this day given and surrendered to him as such agent, the said Solomon Northup, free man of color, as aforesaid, in order that he be restored to his freedom, and carried back to the said State of New-York, pursuant to said commission, the said Edwin Epps being satisfied from the proofs produced by said agent, that the said Solomon Northup is entitled to his freedom. The parties consenting that a certified copy of said power of attorney be annexed to this act.

Done and signed at Marksville, parish of Avoyelles, this fourth day of January, one thousand eight hundred and fifty-three, in the presence of the undersigned, legal and competent witnesses, who have also hereto signed.

(Signed), HENRY B. NORTHUP.
EDWIN EPPS.
ADE. BARBIN, Recorder.
Witnesses:
H. TAYLOR,
JOHN P. WADDILL.

STATE OF LOUISIANA:
Parish of Avoyelles.

    I do hereby certify the foregoing to be a true and correct copy of the original on file and of record in my office.
    Given under my hand and seal of office as Recorder [L. S.] in and for the parish of Avoyelles, this 4ᵗʰ day of January, A. D. 1853.
(Signed), ADE. BARBIN, Recorder.

Chanson originale
Présentée en anglais

ROARING RIVER.

A REFRAIN OF THE RED RIVER PLANTATION.

"Harper's creek and roarin' ribber,
Thar, my dear, we'll live forebber;
Den we'll go to de Ingin nation,
All I want in dis creation,
Is pretty little wife and big plantation.

CHORUS.

Up dat oak and down dat ribber,
Two overseers and one little nigger."

Galerie des images et des plans
Présentés en anglais

N
W E
S

HUDSON RIVER

LAKE GEORGE

ROAD TO GLENS FALLS

Glens Falls Feeder

Benjamin Ferris

Peter Holbrook

Daniel Sweet

H.C. Martindale

School House

Dr. Josiah Brown

E.G. Clark

Baptist Ch.

Cath. Ch.

M.E. Ch.

C.P. Pierce

U.G. Parris Office

Eagle Hotel

WHITE HALL TURNPIKE

Henry Northup's Law Office

Henry Northup's Home

J.H. Sherrill

Park Hotel

PARK

Northup & Son

G.R. Sherrill

SANDY HILL & ADAMSVILLE

Presb. Ch.

Gen. Orville Clark

Sherrill Coffee House

PLANK ROAD

C. Rogers

Law office of Orville Clark

Court House

E.D. Baker

DIBBLE ROAD

WATERFORD

Josiah Hand

Charles Hughes

Howlands Paper Mill

ROAD TO BAKER FALLS

A. Clark

Mrs. John Baker

Grave Yard   Site of graves of Mintus Northup and William Hampton

SANDY HILL

The Rescue of Solomon Northup

Based on the map:

from actual Surveys by
MORRIS LEVEY.
Published by
JAMES D. SCOTT & ROBERT PEARSALL SMITH
8 Minor Street
Philadelphia.
1853.

(Collection of Fort Edward Museum)

❶ Nicholas C. Northup
❷ Peter Holbrook's Meat Market
❸ Holbrook Foundry
❹ Orville Clark, later parsonage
❺ Probably Almond Clark

● Relevant points of interest
● Homes of Petitition & affidavit signers

Note: Anne Northup may have stayed at Sherrill's Coffee House while in Sandy Hill

Note: Timothy Eddy lived in Fort Edward

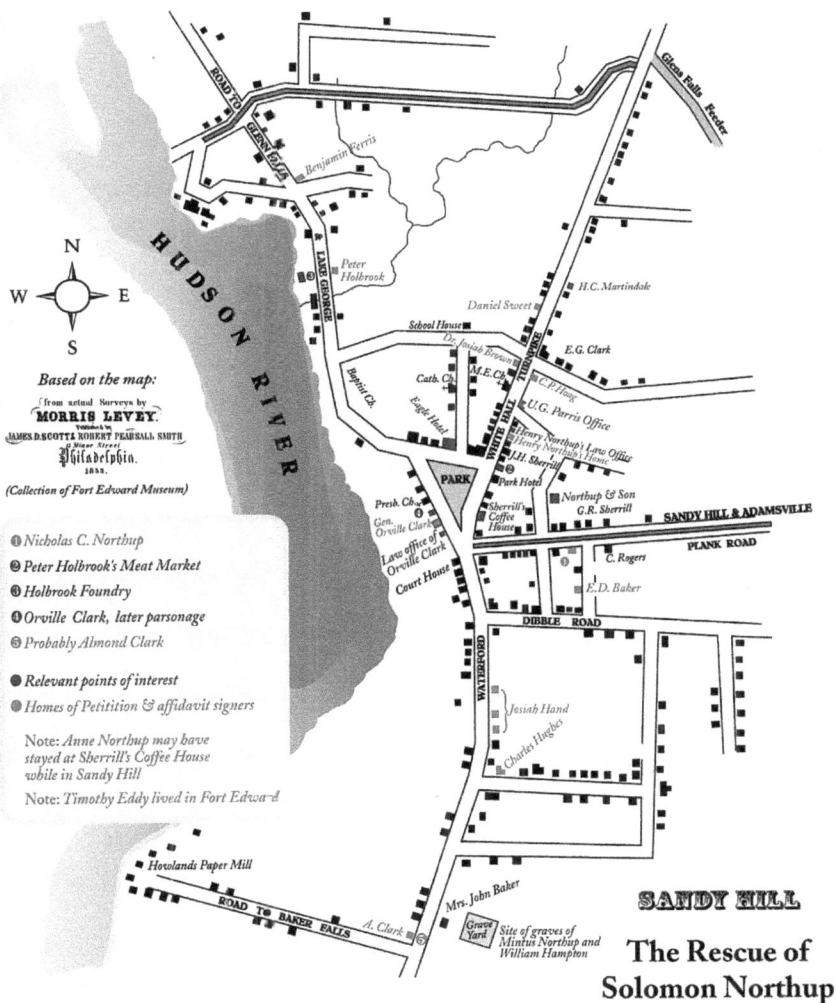

Sandy Hill, New York, on the Hudson River. Home of Solomon Northup prior to his kidnapping in 1841. Includes Henry Northup's law office location and grave site of Solomon's father.

UNITED STATES HOTEL,

Before his kidnapping, Northup worked at the United States Hotel in Saratoga Springs, New York.

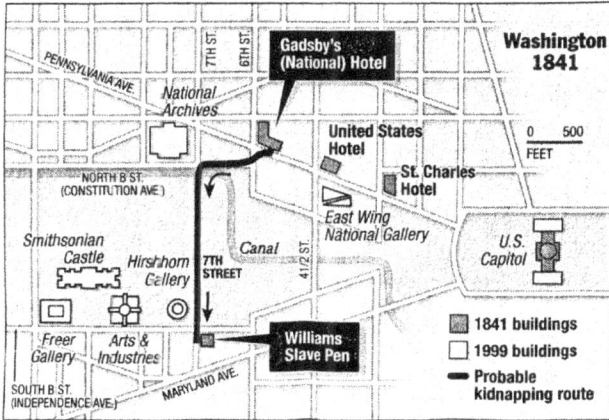

Top: map of Washington, D.C., at the time of Solomon's kidnapping in 1841, showing the location of Williams Slave Pen just blocks from the U.S. Capitol.

Bottom: drawing of Williams Slave Pen based on a narrative by a fugitive slave.

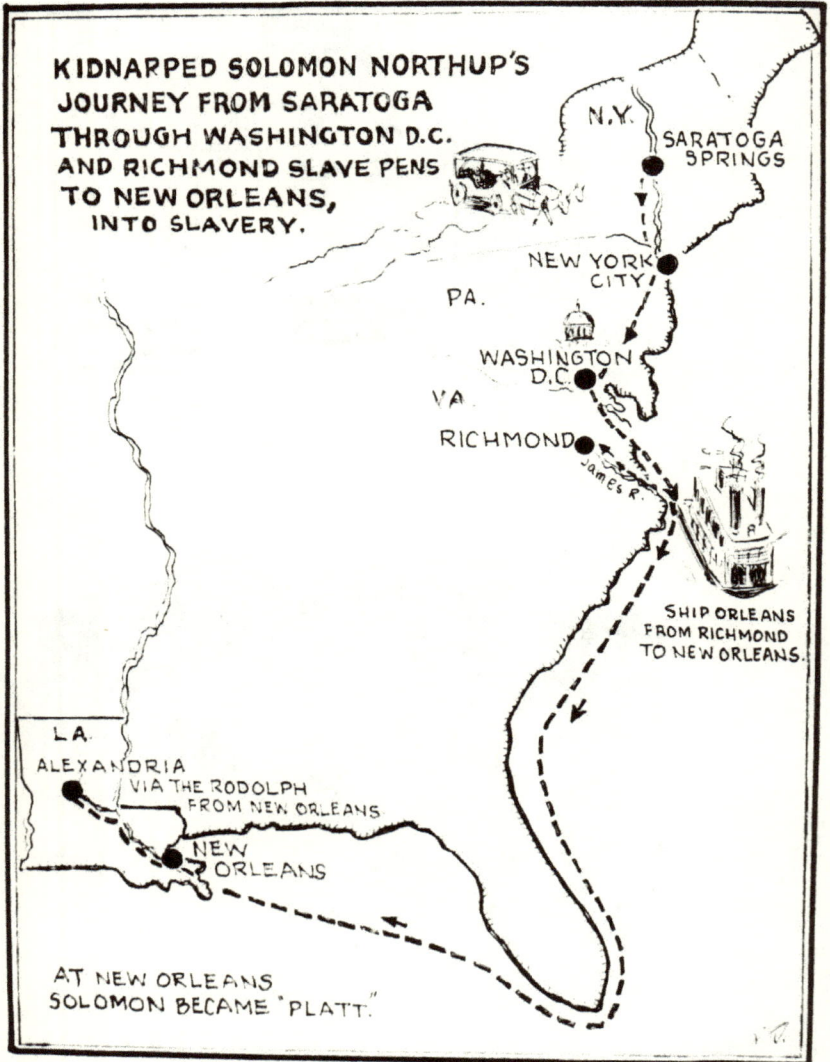

KIDNAPPED SOLOMON NORTHUP'S
JOURNEY FROM SARATOGA
THROUGH WASHINGTON D.C.
AND RICHMOND SLAVE PENS
TO NEW ORLEANS,
INTO SLAVERY.

N.Y.

SARATOGA
SPRINGS

NEW YORK
CITY

PA.

WASHINGTON
D.C.

VA.

RICHMOND

James R.

SHIP ORLEANS
FROM RICHMOND
TO NEW ORLEANS.

L.A.
ALEXANDRIA
VIA THE RODOLPH
FROM NEW ORLEANS

NEW
ORLEANS

AT NEW ORLEANS
SOLOMON BECAME "PLATT."

Map of the route traveled by Northup from freedom in New York to slavery in Louisiana.

Present-day photograph of the docks in New Orleans, where Northup debarked from the brig *Orleans*, adjacent to the French Quarter. The slave pen operated by Theophilus Freeman was located minutes from the docks at the corner of Baronne and Gavier Streets near the St. Charles Hotel. An image of the original manifest of the brig *Orleans* can be viewed in the Extras & More section of our website.

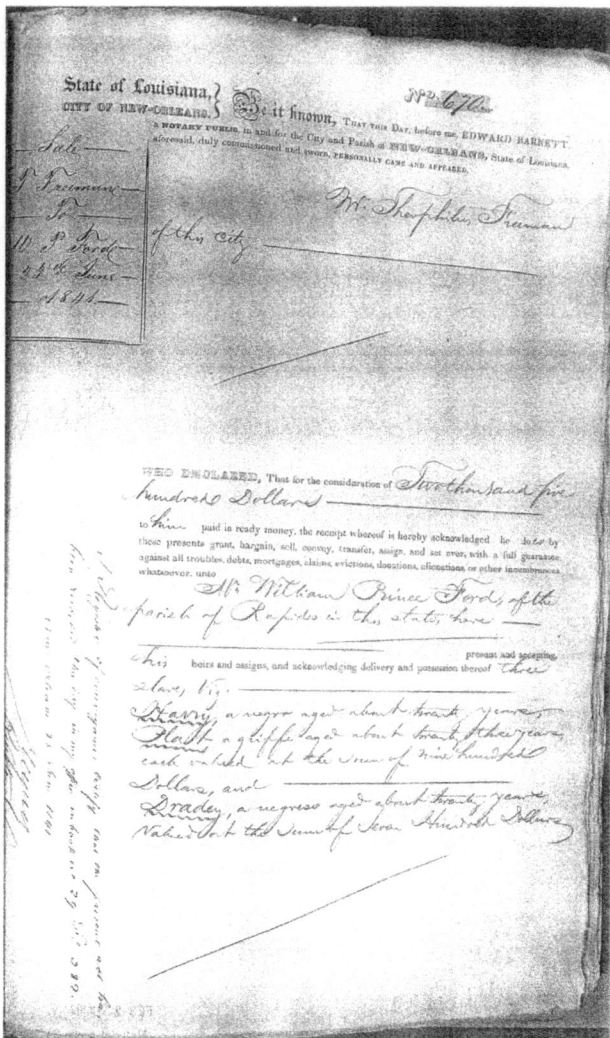

The conveyance record for the sale of Northup, aka "Platt," from Theophilus Freeman to planter William Prince Ford. See an original sketch of a New Orleans slave auction in the Extras & More section of our website.

Present-day Bayou Boeuf at the old William Prince Ford property.

Present-day cane field at the old Jabez Tanner property.

Present-day photograph of Mary McCoy's Big House near Cheneyville, Louisiana. She was described by Northup as "the beauty and the glory of Bayou Boeuf." The home was given to her as a wedding gift. See a present-day photograph of Edwin Epps' house, described by Northup, in the Extras & More section of our website.

CAMPBELLITE CHURCH

Ruins of the Campbellite Church, founded by William Prince Ford and Jabez Tanner in 1843, following a schism with their former church, Beulah Baptist in Cheneyville. The Campbellite religious movement was sweeping the frontier, and such splits caused fractures in the maze of plantation family connections.

Map of Northup's trip to St. Mary's Parish to work in the cane fields.

Diary entries of lawyer John Waddill in January, 1853, regarding Henry Northup's engagement of his services and Solomon's release.

Henry B. Northup, Solomon's rescuer, was a lawyer, powerful politician and abolitionist whose family had emancipated Solomon's father, Mintus, in 1797. See a photograph of Solomon's present-day descendants in the Extras & More section of our website.

Marksville Courthouse: John P. Waddill, the lawyer employed by Henry Northup; Judge Ralph Cushman, who issued the order granting Northup's freedom; Aristide Barbin, recorder of the court documents.

The only known signature of Solomon Northup is included in this contract signed in 1838.

Remerciements

Depuis ma découverte de l'édition originale de 1853 de *Twelve Years a Slave* come jeune fille sur le bayou Bœuf, une multitude de gens ont contribué dans maintes guises pendant les plus de dix décades de travail en munissant son histoire de documents. Je n'aurais pas pu achever cet œuvre sans eux, et sans leur aide. Je voudrais leur exprimer mon appréciation la plus profonde.

C'était mon père, un plantier de la cinquième génération dans la Louisiane, Sam Lyles, qui m'a raconté beaucoup au sujet de l'histoire des plantations, tandis que ma mère, Myrtle Guy Lyles, a encouragé mes efforts à écrire. Sonia Taub, une bibliothécaire de recherche retraitée de Saratoga Springs, New York, est venue dans le pays du bayou Bœuf il y a quelques ans et y est revenue pour rechercher l'histoire de Northup, enrichissant généreusement mes propres recherches.

D'autres individus, comme ma sœur Betty McGowen, m'ont aidée dans beaucoup de petits choses, mais importantes, comme donnant son hospitalité à sa plantation de Walnut Grove par inviter des visiteurs qui voulaient apprendre de Solomon. Kenneth Perry, qui a passé sa vie près d'Indian Creek, m'a donné une bûche du moulin de Ford, et a vérifié l'endroit exact du moulin.

Beaucoup de généalogistes ont enchéri mes connaissances des années que Solomon a passées dans le pays Bœuf. M. et Mme Charles Ford de Redding, California, ont aidé avec les généalogies de William Prince Ford et de la famille Prince, tandis que René Pernoud, descendante de William C.C.C. Martin, a partagé ses renseignements des Martin. Field Horne et le Dr Clinton Brown de Schenectady, New York, m'ont tous les deux envoyé des renseignements sur les familles Northup, noires et blanches. M. et Mme Bob Epps ont conduit du Texas le 4 juillet, 1982, pour m'apporter la généalogie de la famille d'Edwin Epps. Mme Edith Wyckoff, de Long Island, New York, descendante de l'avocat Henry Northup, m'a envoyé, une étrangère, par la poste, une photographie encadrée de son ancêtre, qui figure tant dans l'histoire de Solomon

C'était l'intérêt du Chancelier Robert Cavanaugh qui m'a aidé avec mes efforts de faire transporter la maison d'Edwin Epps au campus de LSU-Alexandria. Un comité de gens de la communauté, noirs et blancs, où j'habite, ont ajouté leurs efforts aux miens pour conserver la maison d'Epps en dépit de le harassement non-mérité de notre communauté, quelques-uns parmi eux qui croyaient toute l'histoire d'être folle. À la longue, c'était M.D. Descant et son fils, Don Pat, des Contractants M.D. Descant, et Cie., qui ont restauré la vieille maison au campus de LSUA à un détail fidèle. Elle est ouverte pour que tous les visiteurs puissent voir une « grande maison » d'une plantation typique—dans ce cas, c'est celle d'où Edwin Epps a géré sa plantation.

Pendant que le Sud se vante de sa réputation pour son hospitalité, ce n'est guère plus que la bienvenue qu'un nombre de New Yorkais m'ont souhaitée, qui ont gracieusement contribué des renseignements qu'ils avaient collectionnés à travers les années. Des membres de la Bibliothèque Gratuite de Whitehall --tous étant des volontaires—ont partagé l'œuvre considérable qu'ils avaient fait. David Fiske de Saratoga Lake, New York, le Dr Edward Knoblauch, d'Albany, et Paul Loding de Hudson Falls étaient tous particulièrement secourables.

Toujours m'aidant dans cet effort en chaque manière imaginable étaient mes collègues : le Dr Patsy Barber à LSU-Alexandria; le Dr John Tarver de la Louisiana Agricultural Extension ; de Dr Rouse Caffey, Chancelier de l'Extension, et Raymond Laborde, le Gouverneur-Lieutenant. Mon appréciation qui vient du cœur s'étend à ces individus, aussi bien qu'au Président W.C. Jenkins de Louisiana State University. Une de mes étudiantes, Elizabeth Brazelton, m'a permis d'utiliser des documents valables de son arrière-grand-père, l'avocat John Waddill, qui étaient essentiels dans ma documentation. Le Dr Edwin Adams Davis, feu l'historien à LSU m'a aidé à obtenir quelque reconnaissance pour mes recherches de Northup. Rufus Smith au Palais de Justice dans la paroisse de Rapides a partagé sa sagesse avec moi pendant les années, tandis que personne n'aurait pu faire plus que le clerc de la cour d'Avoyelles Sammy Couvillion et son père, Gradni, qui était clerc de la cour avant lui. Ils ont tous les deux dépassé mes expectations maintes fois en trouvant des documents essentiels en regardant l'expérience de Solomon Northup dans la paroisse d'Avoyelles.

En 1968 j'ai fait publier la première édition moderne de *Twelve years a Slave* et j'ai continué à agrandir mes archives de Northup pendant ma carrière de professeur. Après avoir pris ma retraite comme professeur d'Histoire à LSU-Alexandria en 1987, mes cinq enfants étant adultes maintenant et suivant leurs propres affaires dans des endroits lointains, j'ai littéralement vécu et respiré l'histoire de Solomon Northup. Après des années de dédicace, et à l'âge de plus de 80 ans, je me suis rendu compte que j'ai atteint mon point de rupture, et ne pouvais pas vérifier et polir le manuscrit final pour publication. J'ai téléphoné à ma fille, le Dr Sara Kuhn, professeur d'Anglais à Chattanooga State Community Technical College, et lui ai dit, «Sara, je ne peux plus rien faire. Si tu ne peux pas finir ce qui doit être fini, puis je crois que cela ne se fera pas.» Je n'oublierai jamais la voix gaie qui m'est revenue. «Ça va, Maman. Je m'en occuperai. Envoie-le-moi et repose-toi bien!»

On ne peut pas compter les heures sans fin, les mails que nous avons échangés et la dédicace complète de Sara Eakin Kuhn en rédigeant le livre et en convertissant mes documentations dans le Chicago Style Manual, essentiel à la publication. J'apprécie aussi, l'aide valable de ma sœur,

Manie Culbertson, professeur d'anglais, qui a achevé la rédaction finale.

Enfin, c'est fait. L'histoire de Solomon, l'une des plus importantes dans l'histoire d'Amérique, a été authentiquée et placé dans le contexte des temps. J'y ai donné mon effort le plus extrême. Maintenant Solomon et moi aussi, nous pouvons nous reposer.

Bibliographie
Présentée en anglais

Albany Evening Journal (NY). "From *The Union Gasette*. Northup's Kidnappers." July 12, 1854.

Albany Evening Journal (NY). "Literary News." June 6, 1856.

Albany Evening Journal (Albany, NY). "The Northrop Kidnapping Case." July 13, 1854.

Albany People's Journal (NY). "The Northup Kidnapping Case" from *Saratoge Whig*. July 13, 1854.

Allen, R. L. "Letters from the South.-No. 12." *American Agriculturist*, November 1847, 336-38.

Armstead, Myra B. Young, Field Horne, and Gretchen Sorin. *A Heritage Uncovered: The Black Experience in Upstate New York, 1800-1825*. Elmira, NY: Chemung Historical Society, 1988.

Bacon, Edward. *Among the Cotton Thieves*. Bossier City, LA: Everett Publishing, 1989.

Ballston Democratic Whig Journal (Ballston, NY). "The Kidnappers of Northup." July 17, 1855.

Ballston Journal (Ballston, NY). "Court Proceedings." May 26, 1857.

Ballston Spa v. Solomon Northup (Oyer and Terminer May 1, 1839).

Bancroft, Frederic. *Slave Trading in the Old South*. New York, NY: Ungar Publishing, 1959, quoted in Harry M Ward, *Richmond: An Illustrated History* (Northridge, CA: Windsor Publishing, 1985), 106.

Bank of Kentucky v. Conner, et al., 4 1849 317 (Louisiana State Supreme Court 1849).

Bascom, Robert O. *The Fort Edward Book Containing Some Historical Sketches with Illustrations and Family Records*. Fort Edwards, NY: n.p., 1903.

Beecher, Harris H. *Record of the 114th Regiment, New York State Volunteers.* Norwich, NY: J.F. Hubbard, Jr., 1866.

Benjamin Carlle, Jr. v. Solomon Northup (Supreme Courts, State of New York, Wayne County Oct. 9, 1854).

Benjamin P. Burham v. Anne Northup (Supreme Court Warren County Judgments Mar. 1 to Apr. 25, 1859).

Bennett, Ezra. "Day Book of Bennett Store." Unpublished raw data, 1838. Sue Eakin Papers, LSU Alexandria Archives, Alexandria, LA.

Bennett, Charles D. Charles D. Bennett to Virginia, 1894. Ezra Bennett Papers. Louisiana State University Alexandria, Alexandria.

Bennett, Ezra. "Bennett Papers." Sue Eakin Papers. Louisiana State University Alexandria, Alexandria, LA.

————. Ezra Bennett to C. Toledano, September 8, 1840. Sue Eakin Papers. Louisiana State University Alexandria, Alexandria, LA.

————. Ezra Bennett to Dear Brother Charles, August 26, 1847. Sue Eakin Papers. Louisiana State University Alexandria, Alexandria, LA.

————. Ezra Bennett to George Turrell and Calhoun, August 1841. Ezra Bennett Papers. Louisiana State University Alexandria, Alexandria.

————. Ezra Bennett to Loflin and Stephens, March 5, 1842. Sue Eakin Papers. Lousiana State University Alexandria, Alexandria, LA.

————. Ezra Bennett to Samuel A. Belden, September 8, 1840. Sue Eakin Papers. Louisiana State University Alexandria, Alexandria, LA.

Bennett, S. P. B. Letter, "to My Dear Son," March 13, 1852.

Biographical and Historical Memoirs of Northwest Louisiana. Nashville, TN: Southern Publishing, 1890.

Boyd, Esther Wright. Interview by James Fleming. Baton Rouge, LA. 1903.

————. Interview by Walter Fleming. Baton Rouge, LA. 1904.

Brooksher, William Riley. *War Along the Bayous: The 1864 Red River Campaign in Louisiana.* Washington, DC: Brassey's, 1998.

Brown, John. *Slave Life in Georgia-A Narrative of the Life, Sufferings and Escape of John Brown, a Fugitive Slave Now in England.* Edited by L. A. Chawerovzow. London: W.M. Watts, 1855.

Bureau of the Census, U.S. Census, 1850, Rep. (1850).

Bureau of the Census, U.S. Census 1850, Rep. (1850).

Bureau of the Census, U.S. Census 1840, Rep. (1840).

"Charity Hospital Admissions Records 1841." Unpublished raw data, New Orleans Public Library, n.d.

Census Committee, U.S. Census of 1840, Doc. (1840).

Champomier, P. A. *Statement of Sugar Made in Louisiana 1849-1850*. New Orleans, LA: Cook, Young, and Co., 1800s.

Cheney, Rosa. "Diary." Unpublished manuscript, Sue Eakin Papers, Louisiana State University Alexandria, Alexandria, LA, n.d.

"Conveyance Record Q." Legal Record, Rapides Parish Courthouse, Alexandria, LA, September 18, 1892.

"Conveyance Record Q." Document 5754, John M. Tibaut to Edwin Epps, Avoyelles Parish Courthouse, Marksville, LA, May 3, 1843.

"Culture of the Sugar-Cane " *American Agriculturist*, August 1847, 241-43.

Daily Saratogian (Saratoga, NY). "The Soloman Northrop Case." July 11, 1856.

Davidson, Marshall B. *Three Centuries of American Antiques: American Heritage*. New York, NY: Bonanza, 1980.

DeBow's Review, 2 - 3 ser., nos. 2 & 3 (1847-48).

DeForest, John William. *A Volunteer's Adventures: A Union Captain's Record of the Civil War*. New Haven, CT: Yale University Press, 1946.

Dickens, Charles. *The Oxford Illustrated Dickens: American Notes*. N.p.: Oxford University Press, 1991.

Dowdy, Clifford. *The Great Plantation: A Profile of Berkley Hundred and Plantation Virginia from Jamestown to Appomattox*. New York, NY: Bonanza Books, 1957.

Dunbar v. Conner et al., No. 2496 (Fifth District Court of New Orleans 1850, 1851).

Durkee, Cornelius E. "Reminiscences of Saratoga." In *The Saratogian*, compiled by Cornelius E. Durkee, 148-48. N.p.: n.p., 1927. Previously published in *The Saratogian*, 1927-28.

Eakin, Sue, ed. *The Centennial Album, Alexandria Daily Town Talk*. Alexandria, LA: McCormick, 1983.

———. "Ezra Bennett and the World He Lived In." Sue Eakin Papers. Louisiana State University Alexandria, Alexandria.

———. "Negro Folk Songs from Bayou Boeuf Plantations." *Louisiana Heritage Magazine*, Summer 1969.

———. "The Plantation System in the Lower Red River Valley." Speech, Louisiana State University- Shreveport, Shreveport, LA, 1983.

———. "The Plantation System in the Lower Red River Valley." *Proceedings of the 1985 Red River Symposium*, 1986.

———. *Rapides Parish: An Illustrated History*. Northridge, CA: Windsor Publications, 1987.

———. *A Source Book: Rapides Parish History*. Alexandria, LA: Central Louisiana Historical Association, 1976.

———. *Washington, Louisiana*. Shreveport, LA: Everett Press, 1988.

Eakin, Sue, and Manie Culbertson. *Louisiana: The Land and Its People*. 3rd ed. Gretna, LA: Pelican Press, 1992.

Edmonds, David C., ed. *The Conduct of Federal Troops in Louisiana During the Invasions of 1863 and 1864*. Lafayette, LA: Acadiana Press, 1988. Originally published as *Official Report Relative to the Conduct of Federal Troops in Western Louisiana During the Invasions of 1863 and 1864* (Shreveport, LA: News Printing Establishment, 1865).

Ellis, David M., James A. Frost, Harold C. Syrett, and Harry J. Carman. *A History of New York State*. Rev. ed. Ithaca, NY: Cornell University Press, 1967.

Fisher, Caldwell. Telephone interview by Sue Eakin. Evergreen and Bunkie, LA. June 2003.

Fiske, David. *Solomon Northup: His Life Before and After Slavery*. N.p.: n.p., 2012.

Fogleman, Fred. Interview by Sue Eakin. Bunkie, LA. September 25, 2003.

Ford, William Prince. William Prince Ford to Elder Jesse D. Wright, December 25, 1844.

———. William Prince Ford to William Tecumseh Sherman, September 10, 1859. David Boyd Collection. Louisiana State University Archives, Baton Rouge.

Forest. "Diary." Walter Prichard, editor. Unpublished manuscript, 1864.

Frederick Douglass Paper (Rochester, NY). "The Northrup Case." August 1855.

Frederick Douglass Paper (Rochester, NY). "The Northrup Case." August 24, 1855.

Gaeinne, Patty. "Aunt Emmie." Unpublished manuscript, 1966.

Gasquet v. Keary, No. 4154 (District Court, Avoyelles Parish Sept. 7, 1865).

Gibb, Carson. "Captain Berry's Will: Debauchery, Miscegenation & Family Strife Among 18th Century Gentry." 2000. Maryland State Archives.

Glens Falls Free Press (Glen Falls, NY), June 13, 1857.

Goins, Charles Robert, and John Michael Caldwell. *Historical Atlas of Louisiana.* Norman, OK: University of Oklahoma Press, n.d.

Goode, James. *Capital Losses* Washington, DC: Smithsonian, 1979.

Gray, Lewis Cecil. *History of Agriculture in the Southern United States to 1860.* Vol. I. Gloucester, MA: Peter Smith, 1958.

Greenaugh, Carol. Carol Greenaugh to Sue Eakin, fax, January 1, 2000. In "Local History Sketches," unpublished manuscript. Sue Eakin Papers. Louisiana State University Alexandria, Alexandria, LA.

Greenaugh, Carol. Carol Greenaugh to Sue Eakin, "fax concerning manuscript," January 1, 2000. "Local History Sketches." Mrs. John T. Morton. Whitehall, NY.

Haskins, James. *One Nation Under a Groove: Rap Music and Its Roots.* New York, NY: Hyperion Books for Children, 2000.

Headrick, Joan D. *Harriet Beecher Stowe: A Life.* New York, NY: Oxford Univeristy Press, 1994.

Hepworth, George W. *Whip, Hoe, and Sword or, the Gulf Department in '63.* Boston, MA: Walker, Wise and Company, 1864.

Historical Sketches of the Old Fort House Museum. N.p.: New York State Division for Youth and Fort Edward Historical Association, 1988.

Holland, Alice. Alice Holland to Sue Eakin, memorandum, March 2003. Sue Eakin Papers. Louisiana State University Alexandria, Alexandria, LA.

Johnson, Jerah. "The 'Picayune:' From Colonial Coin to Current Expression." *Louisiana History* 3 (Summer 1962).

Johnson, Ludwell H. *Red River Campaign: Politics & Cotton in the Civil War.* Kent, OH: Kent State University Press, 1993.

John T. B. Traphagan and Charles R. Bennett v. Solomon Northup (Justice Courts June 10, 1854).

Jordan, Terry G. *Trails to Texas, Southern Roots of Western Cattle Ranches*. Lincoln, NE: University of Nebraska, 1981.

Judy Jacobs v. William O'Neal, No. 4142, Term 1893 (10th Judicial District Court, Rapides Parish, State of Louisiana).

"Keary Papers." Unpublished manuscript, Mississippi Department of Archives, Jackson, MS, n.d.

Knoblauch, Edward. Edward Knoblauch to Sue Eakin, February 26, 2003.

Knoll, J. L. Interview. Bunkie, LA. 1965.

Kollner, Augustus. *Views of American Cities*. New York, NY: Goupsil, Vibert, 1848.

Kramer, Ethel Elizabeth. "Slavery Legislation in Ante-Bellum Louisiana, 1803-1860." Master's thesis, Louisiana State University, 1942.

Lambeth, William. *U.S. Census of Avoyelles Parish*. N.p., 1850.

Lewis, L. R. L. R. Lewis to Librarian Doris Morton, November 8, 1961. Whitehall.

———. L. R. Lewis to Mrs. John T. Morton, March 29, 1962.

Lockett, Samuel H. *Louisiana as It Is: A Geographical and Topological Description of the State*. Edited by Lauren C. Post. Baton Rouge, LA: Louisiana State University Press, 1969.

Loding, Village Historian Paul. Telephone interview by Sue Eakin. Hudson Falls, NY. February 2003.

Lyles, Sam. Interview by Sue Eakin. Cheneyville, LA. 1970?

Mabee, Carleton. *Black Education in New York State from Colonial to Modern Times*. Syracuse, NY: Syracuse University Press, 1979.

———. Carleton Mabee to Sue Eakin, June 1, 2002. Sue Eakin Papers. Louisiana State University Alexandria, Alexandria.

Mann, E. R. *The Bench and Bar of Saratoga County*. Ballston, NY, 1876.

Marksville Weekly News (Marksville, LA), republished February 7, 1991.

Martinez, Raymond J. *The Story of Spanish Moss: What It Is and How It Grows*. New Orleans: Hope Publications, n.d.

Menn, Joseph Karl. *The Large Slaveholders of Louisiana*. Gretna, LA: Pelican Publishing, 1998.

"Minutes." Unpublished manuscript, Avoyelles Parish Police Jury Meeting. December 1842.

Morgan, LaGrande F. LaGrande F. Morgan to Sue Eakin, March 9, 1996. Containing information from Donald J. Hebert, *Southwest Louisiana Records*. Sue Eakin Papers. Louisiana State University Alexandria, Alexandria, LA.

Morrow, Mary H. "Diaries." Unpublished manuscript, Sue Eakin Papers, Louisiana State University Alexandria Archives, Alexandria, LA, n.d.

"The Narrative of Solomon Northup." In *The National Era*. Previously published in *Detroit Tribune* (Detroit, MI), August 25, 1853.

New Orleans Bee (New Orleans). "A Striking Contrast." January 22, 1853.

The New Southwest Devoted to the Great Southwest, March 1904?

New York Daily Times (New York, NY), January 1853.

The New York Daily Times (NY). "The Kidnapping Case." January 20, 1853.

New York Times. "The Kidnapping Case." January 21, 1853.

New York Times (New York, NY). "The Kidnapping Case. Narrative of the Seizure and Recovery of..." January 20, 1853.

New York Times (New York). "Trial of the Suspected Kidnappers of Solomon Northrup." July 12, 1853.

Niles Register, Volume 53, October 28, 1837, 129, as quoted in G.P. Whittington. *Rapides Parish, Louisiana* (Baton Rouge: Franklin Press, reprint from the *Louisiana Historical Quarterly*, 1932, 1933, 1934, 1935), 89-90.

Northup, Solomon. *Twelve Years A Slave*. Lafayette, LA: Center for Louisiana Studies, University of Louisiana at Lafayette, 2007.

————. *Twelve Years a Slave*. Edited by Sue Eakin and Joseph Logsden. Baton Rouge, LA: Louisiana State University Press, 1996.

Olmstead, Franklin Law. *The Cotton Kingdom*. Indianapolis, IN: Bobbs, 1971.

Omans, Donald James, and Nancy West Omans, eds. *Montgomery County Marriages, 1798-1875*. Athens, GA: Iberian Publishing, 1987.

O'Neal, William. *The Life and History of William O'Neal*. Edited by Sue Eakin. Bossier City, LA: Everett Co., 1988. Originally published as *The Man Who Sold His Wife* (St. Louis, MO: A. R. Fleming and Co., 1896).

―――. *William O'Neal, The Man Who Sold His Wife*. Edited by Sue Eakin. Bossier City, LA: Everett Companies, 1988.

Pellet, Elias P. *History of the 114th Regiment, New York State Volunteers*. Norwich, NY: Telegraph and Chronicle Power Press, 1866.

The People v. Alexander Merrill and Joseph Russell, No. #3 (Oyer and Terminer Jan. 6, 1855).

People v. Alexander Merrill and Joseph Russell, XIV New York Reports 75-77 (Court of Appeals of the State of New York 1888).

The People v. Merrill and Russell, No. # 3 (Oyer and Terminer Jan. 6, 1855).

"The People vs. Alexander Merrill and Joseph Russell." In *Reports of Decisions in Criminal Cases Made at Term, in Chambers, and in the Courts of Oyer and Terminer of the State of New York*, compiled by Amasa J. Parker, 590-605. Vol. II. Albany, NY: Banks, Gould, and Co., 1856.

Pernaud, Rene B. Rene B. Pernaud to Sue Eakin, May 22, 1999. Sue Eakin Papers. Louisiana State University Alexandria, Alexandria.

Perrin, William Henry. "Southwest Louisiana: Historical and Biographical 1891." In *Southwest Louisiana: Historical and Biographical*. Baton Rouge, LA: Claitor's Publishing Division, 1971.

Prichard, Walter. "Outline of Louisiana History." Unpublished manuscript, Louisiana State University, Baton Rouge, LA, 1930.

"A Probable Kidnapper." Editorial. *The National Era* III, no. 394 (July 1854).

Robert, Carl. "Cheneyville." Sue Eakin Papers, Louisiana State University Alexandria, Alexandria, LA, 1958.

Robert, Carl. Carl Robert to Sue Eakin, March 1962. Sue Eakin Papers. Louisiana State University Alexandria, Alexandria, LA.

―――. Letter, August 1963. Sue Eakin Papers. Louisiana State University Alexandria, Alexandria, LA.

Robinson, W. Stitt, Jr. *Mother Earth: Land Grants in Virginia, 1607-1699*. Jamestown Booklet No. 5. Charlottesville, VA: University of Virginia, 1980.

Root, Lewis Carroll, and William H. Root. "The Experiences of a Federal Soldier in Louisiana in 1863." *Louisiana Historical Quarterly* 19, no. 3 (July 19, 1936).

Sale Between Abraham and Mary Ann Tice and Solomon Northup. *275 Grantee Index, Warren County, State of New York*. N.p., May 16, 1853.

The Salem Press (Salem, NY). "Recovery of a Free Negro." January 25, 1853.

"Sale of Land, Document 7862, John Parkes to Edwin Epps." Unpublished manuscript, St. Landry Parish, Opelousas, LA, March 10, 1852.

Sandy Hill Herald (Sandy Hill, NY). "Uncle Sol." March 22, 1853.

Saratoga Whig (Saratoga, NY), October 22, 1852.

Schafer, Judith Kelleher. *Slavery, the Civil War, and the Supreme Court of Louisiana.* Baton Rouge, LA: Louisiana State University Press, 1994.

Smith, Pete. Interview by Sue Eakin. LA. October 1964.

Solomon Northup v. Washington Allen (Court of Common Pleas of County of Saratoga, NY 1838).

Stafford, George Mason Graham. *Three Pioneer Families of Rapides Parish: A Geneaology.* Baton Rouge, LA: Claitor's, 1946.

―――. *The Wells Family of Louisiana and Allied Families.* Alexandria, LA: Wells, 1969.

Staples, Brent. "Editorial Observer: Wrestling with the Legacy of Slavery at Yale." *New York Times*, August 14, 2004. Accessed August 14, 2004. http://www.newyorktimes.com.

"Sugar and Slavery in Louisiana. From 'Hill's Monthly Visitor.'" *Southern Cultivator*, October 1847.

"The Sugar Crop of Louisiana. From the 'New Orleans Delta.'" *Southern Cultivator*, December 1847.

Sylvester, Nathaniel Bartlett. *History of Saratoga, New York*. Philadelphia: Evarts and Ensign, 1878.

Tarver, John. Interview. Baton Rouge and Bunkie, LA. 2003-2004.

―――. Telephone interview by Sue Eakin. Baton Rouge and Bunkie, LA. 1992.

Taub, Sonia. Sonia Taub to Sue Eakin, April 23, 1993. Sue Eakin Papers. Louisiana State University Alexandria, Alexandria, LA.

Taylor, Joe Gray. *Negro Slavery in Louisiana*. Baton Rouge, LA: Louisiana Historical Association, 1963.

Temperance Helper (NY). "The Northup Kidnappers." February 15, 1855.

Theophilus Freeman v. His Creditors, 15 Louisiana Annual #397 829 (Louisiana 1860).

Thompson, Edgar T. Plantation Societies, Race Relations, and the South: The Regimentation of Populations to *Selected Papers of Edgar T. Thompson*. Durham, NC: Duke University Press, 1975.

Tyler-McGraw, Marie, and Gregg D. Kimball. *In Bondage and Freedom: Antebellum Black Life in Richmond, Virginia-1790-1860*. Richmond, VA: Valentine Museum, 1988.

" *Uncle Tom's Cabin* --No. 2." In *The Salem Press*. Salem, NY, 1853. Previously published in *Albany Evening Journal* (Albany, NY), July 26, 1853.

Vandereedt, John K. John K. Vandereedt to Sue Eakin, July 17, 1995.

Van Namee, I. M. "Letter to the Editor." *Washington County People's Journal* (Washington County, NY), July 1854.

Van Woert, Nathaniel. "Diary." Unpublished Civil War manuscript, n.d. Private collection of George Windes, Brea, CA.

Waddill, John Pamplin. "Diary." Sue Eakin Papers. Louisiana State University Alexandria, Alexandria, LA.

Ward, Harry M. *Richmond: An Illustrated History*. Northridge, CA: Windsor Publications, 1985.

Washington County People's Journal (Washington County, NY). "How the Sol. Northup Case was Disposed Of." March 8, 1855.

Washington County People's Journal (Ballston Spa, NY). "An Individual Identified by Solomon Northup..." July 13, 1854, 2.

Washington County People's Journal (NY). "Sol. Northup's Kidnappers." July 20, 1854.

Washington County Post (Washington Co., NY). "The Arrest of Solomon Northup's Alleged Kidnappers." July 14, 1853.

Wells, Doris. Doris Wells to Sue Eakin, July 15, 2003. Sue Eakin Papers. Louisiana State University Alexandria, Alexandria.

Wells, Gilbert. Interview by Sue Eakin. Cheneyville, LA. 1970?

Whittington, G. P. *Rapides Parish, Louisiana: A History*. Alexandria, LA: Alexandria Committee of the National Society of the Colonia Dames of Louisiana, n.d.

Wright, Esther Boyd. Interview by Walter Fleming. Sue Eakin Papers, Louisiana State University Alexandria Archives.

Wright, Porter, and Barbara Wright. *The Old Evergreen Burying Ground*. Rayne, LA: Hebert Publishing, 1990.

Writers Program of Works Progress Administration, comp. *Louisiana: A Guide to the State*. NY, NY: Hasting House, 1941.

Wyckoff, Edith. "Autobiography of a Family." Unpublished manuscript, n.d.

————. Letter, n.d. Family documents. Edith Wycliff, Locust Hill.

————. Telephone interview by Sue Eakin. Locust Hill, NY and Bunkie, LA. 1990-2000.

Wyckoff, Edith Hay. *Autobiography of a Family*. Fort Edward, NY: Washington County Historical Society, 2000.

Notes à l'avant-propos
Présentées en anglais

1. "People vs. Alexander Merrill and Joseph Russell," Oyer & Terminer, January 6, 1855, Document 3, Deposition by James H. Birch.

2. Benjamin Owen Sheekell, in an appearance before a magistrate in Washington, D.C., on January 18, 1853, concerning a complaint from Solomon Northup by his attorney, Henry Northup, testified that he and Birch had been partners prior to 1838 and "after that time he was a partner of Theophilus Freeman, of New Orleans. Burch bought here - Freeman sold there!" (Solomon Northup, *Twelve Years a Slave* [1853]), 315.

3. Joan D. Hedrick, *Harriet Beecher Stowe* (New York: Oxford University Press, 1994), 118.

4. Bibliographic assistance provided through personal correspondence from librarian David Fiske, Ballston Spa, NY, to Sue Eakin, Bunkie, LA, June 7, 2003; Solomon Northup, *A Freeman in Bondage or Twelve Years a Slave* (Philadelphia: Columbian Publishing Company, 1890); and Solomon Northup, *Twelve Years a Slave,* eds., Sue Eakin and Joseph Logsdon. (Baton Rouge: Louisiana State University Press, 1968).

5. In addition to *Twelve Years a Slave,* Wilson also penned *The Life of Jane McCrea, with an Account of Burgoyne's Expedition of 1777* (New York, 1853); *Henrietta Robinson: The Veiled Murderess* (Auburn, NY, 1855); *A Narrative of Nelson Lee, a Captive Among the Comanches* (1859); and is reputed to be the author of *Life in Whitehall: a Tale of Ship-Fever Times* (Auburn, 1850).

6. Personal correspondence from Carol Senaca, Historical Society of Whitehall, NY, to Sue Eakin, Bunkie, LA, September 11, 2003; phone conversation of Carol Senaca with Sue Eakin, March 13, 2004.

7. Clarence E. Holden, "Local History Sketches," *Whitehall Democrat,* February n.d., 1852.

8. *Ibid.,* 1870.

Chapter Notes
And
Historical Context

Composed by Sue Eakin

Chapter One

1. Though Solomon Northup was a freeman in New York, one should not assume he enjoyed all of "the blessings of liberty" in his native state. In reality, as a free man of color and citizen of New York, he lacked the rights provided whites. Documentation for this assertion includes the following: "Although the first steps toward equality had been taken more than twenty years earlier [than 1821], the Negro had, and for many decades continued to have, inferior status socially, politically, and economically" [See Ellis et al., 225].

Such policies did not change even amid the intense hostility against slavery in the 1850s or even later. According to these authors:

> [t]he Negro population suffered much inequality both within and outside the law. The Constitution of 1822 discriminated against free Negroes by requiring them to meet a property qualification higher than that required by white voters. Although the property qualification for whites was abolished in 1826, that for the free Negroes was retained. On three occasions, 1846, 1860, and 1867, the public refused to approve a constitutional amendment permitting equal suffrage for Negroes. It required the Fifteenth Amendment to eliminate the property qualification imposed on Negroes. In addition to legal inequities, the Negroes met the usual round of discrimination and lack of opportunity. The Irish immigrants in particular fought desperately for the jobs as manual laborers, waiters, and domestic servants which previously had offered Negroes their best opportunities for employment. [See Ellis et al., 281]

In the Bayou Boeuf plantation area of Louisiana where Solomon Northup lived twelve years as a slave, the population of African Americans in the total population was around eight blacks to ten whites; blacks in the New York population in 1855 comprised 1.3% [See Eakin, "The Plantation System in the Lower Red River Valley," 21]. A booklet, *A Heritage Uncovered: The Black Experience in Upstate New York, 1800-1825*, published by the Chemung County Historical

Society in 1988, provides insights into the lives of three small towns in New York, and specifically something of the lifestyle of Solomon and Anne Northup in Saratoga Springs:

> Solomon Northup, perhaps the best known of Saratoga's antebellum year-round residents, and his wife, Anne, illustrate the employment options available to early nineteenth century black Saratogians. First arriving in Saratoga Springs in 1834, Northup generally worked summers as a hack driver for Washington Hall, a local boarding house, and winters as a violinist. He supplemented his income with a brief stint as a railroad laborer for the Troy and Saratoga line while it was under construction and at various odd jobs at the United States Hotel. Anne found regular employment as a cook. [See Armstead, Horne, & Sorin, 28]

While Solomon's wife regularly left their home at the end of the season for the Saratoga Springs resort business, Solomon faced each "off season" without a job and with the uncertainty of finding work until the new resort season opened. Menial jobs of one kind or another were his only choice. As for the violin or fiddle affording means for regular employment, engagements depended upon dances or other social occasions in which the fiddler was contracted, and this was sporadic, not dependable, sustained income. Regarding the "off season," Solomon states, "Anne, as was her usual custom had gone over to Sandy Hill, a distance of some twenty miles, to take charge of the culinary department at Sherill's Coffee House, during the session of the court" [See Northup, 28]. Anne had a job as a cook, the same kind of job she held at the United States Hotel; her husband did not have that security.

2. The reference, of course, is to *Uncle Tom's Cabin* by Harriet Beecher Stowe, published on March 20, 1852, less than a year before *Twelve Years a Slave*. The contract with the publisher gave Stowe 10-percent of sales, which resulted in about $10,000 in royalties in the first three months of publication—"'the largest sum of money ever received by any author, either American or European, from the sale of a single work in so short a time,' the press noted" [See Hedrick, 223].

On April 10, 1853, about the time Solomon's ghost writer, David Wilson, began work on *Twelve Years a Slave*, Stowe sailed for England and "made her triumphant tour of Great Britain, where sales of *Uncle Tom's Cabin* were more than triple the phenomenal figures of the United States, reaching a million and a half in the first year" [See Headrick, 233].

A contemporary review of *Twelve Years A Slave* from 1853 compares the two books:

> THE NARRATIVE OF SOLOMON NORTHUP. READ WHAT THE REVIEWERS SAY. Next to 'Uncle Tom's Cabin,' the extraordinary Narrative of Solomon Northup is the most remarkable book that was ever issued from the American Press. Indeed, it is a

more extraordinary work than that because it is only a simple unvarnished tale of the experience of an American freeman of the 'blessings' of Slavery, while Ms. Stowe's Uncle Tom is only an ingenious and powerfully wrought novel . . ." [See "Narrative of Solomon . . ."]

3. The declaration by Solomon Northup that this is his truthful story of his slave experience on Bayou Boeuf is meant to establish that Solomon vouches for every observation. However, it is important to note that ghost writer David Wilson interviewed Solomon, and portions of the story may have been embellished with his own views. (There were other contributors too, including that of Attorney Henry Northup.) The basic facts of Solomon's journey to Louisiana and his movement through the Bayou Boeuf plantation country during his twelve years as a slave have been validated and provide the framework on which the story is based. Names of people and places are unquestionable. While some of the events said to have transpired are open to question, some errors noted may have resulted from the speed with which this book was written and published, and incorrect names may have been supplied to David Wilson, or he may have simply improvised.

Wilson accomplished the impossible: completing the book and seeing it published within a little over three-months' time. Attorney Henry Northup spurred him on and gave all the assistance he could. Attorney Northup's goal was to see the book published as quickly as possible while newspapers were giving wide coverage to the ordeal of Solomon and his rescue. The attorney correctly figured that information from the forthcoming book would reach readers who could and would identify the kidnappers [See all Wyckoff documents. Edith Wyckoff was a direct descendant of Henry Northup.].

4. With the indirect reference to *Uncle Tom's Cabin* by noting *"works of fiction,"* ghost writer David Wilson emphasizes his attempt to establish Northup's book as a firsthand account of slavery and to differentiate it from the famous novel.
That Northup and Wilson were successful in persuading many news editors that Northup was providing an accurate firsthand account is shown in such articles as this one:

> From the *Union Gasette*.
> Northup's Kidnappers.
>
> Solomon Northup has suffered twelve years of Slavery through the agency of these men. He was born free as they, and with a better heart. He resided in Washington county at the time he was stolen, and were it not that he left warm and influential friends behind him, his subjugation to the Slave-whip would have been lifelong.
>
> As it was he spent twelve years under the hands of Southern task-masters. How he was finally released is a familiar story and need not be repeated. And now that the men who robbed him of twelve years of a freeman's life are caught, what punishment can any one, who will for a moment imagine himself the wronged, deem too

great! Kidnapping, like Murder, 'hath miraculous organs.' So many years have elapsed since Northup was sold into Slavery that difficulty was apprehended in proving the guilt of Merrill and Russell—but these apprehensions are dispelled. Testimony of the most unimpeachable character is at hand.

In 1841, when Northup says, in his narrative, that he was beguiled to Washington by Merrill and Russell, Thaddeus St. John, Esq. of Fulton county saw them with a colored man at Baltimore and in Washington. Mr. St. John not only suspected their design, but intimated his suspicions to Russell.

On his return from Washington Mr. St. John met these men again in the car without the colored man. Mr. St. John is a gentleman of the highest intelligence and character. [See *Albany Evening Journal*, Feb. 15, 1855; Feb 22, 1855]

With the support and contribution of Henry Northup, a passionate abolitionist who had gone on a risky 5,000 mile journey to Louisiana and met with Avoyelles Parish officials, Wilson had all of the ingredients for a successful telling of a remarkable story. The time was right for *Twelve Years a Slave*, with abolitionists kindling passions in people hungry for such a book, as the North-South controversy continued to intensify.

The success of both books owed a great deal to the hostile debate over the Fugitive Slave Law of 1850 and the later increasingly furious controversy over the status of Kansas: free or slave. Stowe's biographer, Joan D. Hedrick, explains:

Passed by Congress and signed by President Fillmore in September 1850, the Fugitive Slave Law had, as Henry Ward Beecher observed, provisions odious enough 'to render an infamous thing consistently infamous throughout.' Section Five commanded citizens 'to aid and assist in the prompt and efficient execution of the law, whenever their services may be required.' Under Section Seven, persons who gave shelter, food, or assistance to an escaping slave were liable for a fine of $1000 and six months in prison. The Fugitive Slave Law effectively abrogated individual rights such as habeas corpus and the right of trial by jury and provided what abolitionists called bribes to commissioners by awarding them $10 for every alleged fugitive they remanded to slavery, but only $5 for everyone they determined to be free. [See Hedrick, 203]

The debate over Kansas worsened the dispute. In the heat of the North-South arguments, *Twelve Years a Slave* appearing as a firsthand account served in part to confirm Stowe's narrative and added fuel to the flames between the sections.

The close association of *Twelve Years a Slave* with *Uncle Tom's Cabin* was quickly and often noted in New York newspaper accounts. In *The New York Daily Times*: "[Northup's] nine years that he was in the hands of Epps, was of a character nearly approaching that described by Mrs. Stowe, as the condition of 'Uncle Tom' while in that region" [See *New York Daily Times*, January 20, 1853]. In the *Albany Evening*

Journal: "Literary News, The success of 'Uncle Tom' was the incitement to a great many trashy novels on the same subject.

But none have equaled it in pathos and interest. The true narrative of 'Sol. Northup' came nearest to the fiction of 'Uncle Tom.' . . . [See "Literary News," June 6, 1856]. In the *Salem Press*:

> 'Uncle Tom's Cabin'—*No.2*: The rescue of Solomon Northup, a Free Man who was Kidnapped and sold into Slavery, of which he had TWELVE YEARS experience, has given the public another view of the practical workings of that peculiar Institution. NORTHUP'S NARRATIVE is 'UNCLE TOM'S CABIN' without its Romance . . . The book, though less exciting than that of Mrs. Stowe, is deeply interesting, and will be extensively read . . . [See "*Uncle Tom's Cabin*—No. 2," July 26, 1853]

5. Mintus Northup, father of Solomon, was emancipated not once but twice. The first came in 1797 with the will of Captain Henry Northup. Mintus Northup is the subject of an interesting paragraph dealing with his second emancipation in a book published by the Vermont Historical Society:

> On the 25th of April [1822] in the same year, Mintus Northup of the town of Fort Edward, being duly sworn, said that he had always understood and verily believed that he was born in the town of North Kingston, in the State of Rhode Island, and that he 'was borned free,' and at that time he was of the age of forty-five years and eight months, and that since he had arrived at the age of twenty years he had acted and continued as a free man. The affidavit was sworn to before Timothy N. Allen, a justice of the peace; and Timothy Eddy made oath that he had been acquainted with Mintus Northup for twenty years and upwards, and verily believes that during all that time the said Mintus was always considered a free man; and John Baker, one of the judges of the court, certifies that this proof is satisfactory to him, and that he is of the opinion that Mintus Northup is free according to the laws of the State of New York . . . [See Bascom, 162]

Mintus Northup (1791-1826) worked for various people in New York including Henry B. Northup's half-brother, Clark Northup, who lived in Granville, New York. Family genealogist Edith Wyckoff, a great-granddaughter of Henry B. Northup, who rescued Solomon from slavery, wrote:

> In 1909 John Henry wrote a letter to my grandmother [Edith Carman Hay] about Solomon and his father. 'Mintus' said John Henry 'lived a mile or two east of Fort Edward.' John Henry said that when he was a boy 'Mintus used to come to Sandy Hill and make little beds in the garden for each of us children . . .' Mintus and his son were well known to the Northups of New York, especially

Henry B. (the attorney who rescued Solomon). [See Wyckoff, *Autobiography of a Family,* 121]

6. Henry B. Northup (1805-1877), one in a long line of Henry Northups, was the seventh child of John Holmes Northup of Hebron, New York. At sixteen Henry left the farm to sail to New England where he hoped "to seek a berth on a whaling boat." After a rather tempestuous adolescence, young Henry B. Northup, supported by his father, prepared himself to become a lawyer. He graduated from Middlebury College in 1829 and studied law in the office of Henry C. Martindale. As the protégé of Martindale, he became district attorney. Later he was named as a judge in the court of common pleas. He became a congressman and a leader among Whig politicians in the state. His law office stands on Center Street, Hudson Falls, New York. Wyckoff states the history of Henry B. from that time:

> For six years from 1837-1843, Henry B. was clerk of the board of supervisors of Washington County, New York. In 1838 he received a master of arts degree from Middlebury and in 1839 became counselor of the New York State Supreme Court. Five years later, in 1844, he was made counselor of the New York Court of Chancery and in 1853 attorney and counselor of the United States Supreme Court. From 1847 to 1851 he was a district attorney and in 1856 was elected to the New York State Assembly. Henry B. and Electa had seven children. The oldest, Julia, was born in 1832 . . . the youngest, Edward, born in 1844. [See Wyckoff, *Autobiography . . .,* 57]

Whether or not Mintus was the son of a white Northup cannot be ascertained, but the relationship among the black and white Northups lasted for generations. Wyckoff said that she did not know who his father was. Solomon is described as a "griffe," defined by *Webster's 3rd New International Dictionary* (1964) as "the offspring of a negro and a mulatto: a person of 3/4 Negro and 1/4 white blood." Wyckoff used extensive family records of her family to write a book about the Northups and provide a genealogical chart. Her *Autobiography of an American Family* states that the first Northup, Stephen (ca. 1620), came to America with Roger Williams when he was returning from England where he had gone to get the first charter for the Providence plantations. Wyckoff continues:

> After Stephen had been in Rhode Island for 11 years, he was granted 25 acres at a town meeting. This probably was not his first grant, for the record says that in 1654 he had already sold 60 acres, but it is the first time his name appears in a record as a land owner . . . He built a house close by the Moshassuck River. With all the other houses in the town, it was destroyed during King Philip's War . . . In time he sold his land near Providence and moved to Kingstown, Rhode Island . . . The colony of Connecticut claimed jurisdiction over Narragansett country in which Stephen lived, ordered him to appear in court in Connecticut. Stephen said that if the government of Rhode Island ordered him to go to Connecticut

he would, but he refused to accept any orders from Connecticut. [See Wyckoff, *Autobiography*, xvii]

7. There has been some question raised about where Solomon was born. Mabel Jones, Town Historian, Minerva, New York, wrote a letter to the Editor of the *Washington Post-Star* on May 23, 1984, p. 5:

> From reading the original book, and the comments on the second edition, I gathered these facts: Solomon Northup later in life reported that he was born in Minerva in 1808. There was no town by that name until 1817 when it was separated from Schroon, but a settlement was begun here in 1800 which was called Dominick Settlement because it was in Dominick Patent. Thanks to Louise Schroon, I have the 1810 Census of Schroon and from later records am able to pick out the people who lived in Dominick Settlement in that year, as they are all listed together. There is no Northup family on the list nor any Negro family. The population at the time was 137. It may be that the Northup family had by that time moved on to Granville. [See Wells to Eakin]

8. Clark Northup was the half-brother of attorney Henry Northup, as shown in the genealogical chart in Wyckoff's *Autobiography of an American Family* [See Wyckoff, *Autobiography* . . . chart].

9. The name of the town Sandy Hill, a small port on Lake Erie, was changed to Hudson Falls in 1910. Originally the town was named Baker's Falls [See Loding interview].

10. Pulitzer-winning New York historian Carleton Mabee, an authority on black education in New York and author of *Black Education in New York State*, states:

> In Northup's *Twelve Years a Slave*, he appears to be literate but perhaps only on a moderate level. Your introduction [to 1968 edition] calls him 'educated' (p. x) and 'literate' (p. xvi). Northup at various times, as I understand it, was a carpenter, fiddler, rafter, canal or railroad or farm laborer, or hack driver, none of which would necessarily require significant literacy. But this work might have been facilitated if he was significantly literate. Northup 'entered into contracts' for rafting [p. 8, 1968 edition]. To do this effectively might well require the ability to read and understand the contracts. (See image of contract signed by Solomon Northup in photo gallery). [See Mabee to Eakin]

11. The lowlands of the Bayou Boeuf area were unhealthy in the subtropical summer climate when rains caught in pools became stagnant water where mosquitoes bred. It wasn't until 1907 when it was discovered that malaria was caused by anopheles mosquitoes, and effective treatment was developed. The 2,000

additional breeds of mosquitoes caused other fevers, sometimes deadly. Because of this, all who could afford to do so spent the warm months in shacks along the creeks running through nearby piney woods. In Cheneyville, Dr. Jesse Wright from Connecticut became a very important medical doctor for the area [See Stafford, *Three Pioneer Families*].

In the early settlement era in New York, health conditions under frontier conditions were no better:

> Life expectancy in this period [1775-1825] was a fraction of its present figures. Disease ravaged the population almost unchecked and little understood. Disorders almost unknown today were commonplace. Smallpox left its scars upon thousands, while tuberculosis filled 20 times as many graves in proportion to the population as it did in 1967. Malaria, sometimes called 'the shakes' or 'Genesee fever,' riddled the frontier population. Typhoid and many other contagious diseases struck every community, and cholera hit the seaports. Only one-half the number of children born reached their fifth birthday—a sobering statistic in the light of modern advances. Medical attention, if available, was practically worthless. [See Ellis et al., 207]

12. Solomon Northup would have been unusual among people, black or white, in upstate New York during this settlement period. The Bible and the *Farmer's Almanac* were usually the only two books, if there were any, in homes in the newly settled country with a scattered population. There were no public libraries or schools. Upper New York State was at such a stage in its development during Solomon Northup's early years. A graphic description from Cornell historians regarding New York applies equally to Louisiana, certainly to Bayou Boeuf, settled mostly after 1812:

> The amount of improved farmland rose from about 1,000,000 acres in 1784 to 5,500,000 acres in 1821. These rough and impersonal figures cannot begin to describe the backbreaking task of hewing farms from the wilderness, an accomplishment which wore out at least one generation. The pioneer's cabin, built from logs selected during the clearing process, was a temporary structure until the farmer could afford to erect a house made from boards, nails, and glass. [See Ellis et al., 163,165]

13. Fiddling, for those born talented, black or white, was a very special gift in the days before invention of radio and television; fiddling added much to everyday lives and was a valuable asset to the performer. Entertainments like dancing required music by the musically gifted, and fiddling or skill on other portable musical instruments brought distinction and, sometimes, a little money. Solomon was undoubtedly one of those who was in demand, often unpaid, but contributing grandly to enhancing the lives of himself and his peers.

Notwithstanding Northup's description of his fellow slaves as "simple beings among whom his lot was cast," many were skilled and extraordinary people, like William O'Neal and Old Hawk:

> Old Hawk, the negro slave, was generalissimo around the stables and on the training track. He was said to have been one of the most astute trainers in the country at that period. [See Stafford, *The Wells Family of Louisiana and Allied Families...*, 93]

The most famous horse he trained was Lecomte, who beat his half brother, Lexington, at the Metairie race track in New Orleans on April 8, 1854; thus, "the race crowned Lecomte champion of the American turf" [See Stafford, *Wells Family ...*, 93]. Mallard, a slave in New Orleans, became one of the most famous cabinetmakers in the South. Outstanding cabinetmakers, seamstresses, cooks, inventors of farm equipment, and those with many other specialized skills were among Bayou Boeuf slaves [Davidson, *Three Centuries of American Antiques*, 263].

14. A room at the Fort Edward House is furnished as nearly as possible to replicate one of the rooms of Solomon Northup when he and his family lived there [See *Historical Sketches of the Old Forthouse Museum,* 15-16].

15. The money Solomon used for the new business came from payment after a lawsuit against his earlier employer, Washington Allen. A suit filed July 13, 1838, *Solomon Northrop [sic] vs. Washington Allen*, was sent to the Court of Appeals. Northup signed a contract with Allen "to deliver 6 lockings containing each 2 cribs of Dock Sticks from White Hall to Gleason [?] lockes in Waterford on the Champlain Canal for the sum of $7.50 each crib." Upon arrival at the designated destination, Allen discharged him "on account of intemperance and did the work himself, was compelled to hire other hands & sustained damage and paid expenses . . ." A trial was held in Saratoga County courthouse on June 25 and "a verdict rendered for the plaintiff of 50 dollars and judgment was rendered thereon for that sum and costs amounting to 55 Dollars in the whole." Interestingly enough, James L. Prindle, who would testify for him after his rescue and return to New York, testified at this time. Prindle stated:

> that the deft [defendant] said he had discharged Plff. [Plantiff] from the work when he had first undertaken it, because he the Plff, was intoxicated and had torn or would tear the cribs; that the witness saw him that day about that time he thot. [thought] Plff. had been drinking considerable, but not so much as to disqualify him for business: that Plff general character was that he was industrious and not in the habit of being intoxicated, tho [though] in the habit of drinking some. [See Solomon Northup vs. Washington Allen]

Other witnesses commented with varying perspectives on how much Solomon had been drinking:

> The defendant introduced David Morehouse as a witness who
> testified that he saw Allen discharge Northup, and that Northup had
> been drinking & thought he was not competent to take charge of the
> rafts on account of his intemperance . . . Allen said he did not want
> him, but took charge of the raft at White hall . . . [See Solomon
> Northup vs. Washington Allen]

The verdict was rendered in Solomon Northup's favor, probably because he
had delivered the lumber, and the problems causing Northup's suit against Allen
occurred at the destination. The contract between Solomon Northup and
Washington Allen involving rafting is filed at the Saratoga County Clerk's Office,
Box A33. Ms. Sonia Taub, retired librarian, Saratoga Springs, provided copies of
these documents and other information.

16. The Louisiana lumbermen were likely not formally educated, but they were
professionals in their work, skilled and knowledgeable not only about the trees, but
also the wildlife that lived there. Rafting was, and had been for many years prior to
Solomon's arrival, a daily part of their lives. Of course, Solomon Northup may
have been the first to raft the circuitous route over the shallow streams which took
him to Lamourie.

Even before the Europeans' arrival, Indians lived in the Louisiana forests
covering an estimated one-third of the state. They moved logs in a country laced
with bayous, creeks, and big rivers. The forests allowed the colony what little
commerce developed. Lumber, tar, and pine resin were manufactured [See Tarver
interviews].

17. Saratoga Springs was a most extraordinary resort city:

> For most of the nineteenth century and well into the twentieth,
> Saratoga Springs, New York, enjoyed a national reputation as a
> leading summer resort. The waters of its myriad springs, reputed for
> their medicinal value, attracted outsiders as early as 1783 when
> Phillip   Schuyler,   Revolutionary   War   general,   established
> Schuylerville as his country estate and began inviting his friends to
> partake of High Rock Springs in what is today called Saratoga
> Springs. The nation's young aristocracy, eager to mimic the habits of
> its European counterparts, for whom regular visits to established
> spas were part of the regular social circuit, responded
> enthusiastically. [See Armstead et al., 27]

18. The United States Hotel has an interesting history. In *Views of American Cities*,
Augustus Kollner writes:

> By the 1840s the United States Hotel had become the most popular
> of the major hotels. Many distinguished people had been guests
> there: Joseph Bonaparte, former king of Spain and Naples, the
> Marquis de Lafayette, J. Fennimore Cooper, President Martin Van

Buren, Henry Clay, Daniel Webster, and Washington Irving. [See Kollner, 178]

A newspaper article in the *New York Herald* for August 21, 1847, reported:

> The elite of Saratoga—the northern millionaires, the southern planters, and the fashionables, who comprise probably about a fifth of the five or six thousand visitors at the springs,—quarter at the magnificent United States Hotel . . . These people are many of them exceedingly profuse in their expenditures. Many of the ladies lavish a mine of wealth, and tax the ingenuity of all the modistes, on the costly splendor and variety of their dresses . . . The proprietors of this hotel realize a net profit of $20,000 to $40,000 during the season of three months, the sum varying according to the general prosperity of business in the country. This United States Hotel burned on June 18th, 1865. A new United States Hotel opened on the same place in June of 1874. [See Kollner, 178]

19. According to Ellis et al.:

> Apprenticeship, indentured servitude, and slavery lost ground because New Yorkers found free [meaning freemen] labor more efficient, reliable and flexible . . . Slavery, however, was losing ground during the last half of the 18th century. People found it generally cheaper to hire free labor than to maintain slaves during periods of idleness as well as usefulness. [See Ellis et al., 86-87]

Perhaps because of these conclusions, New York provided a method for slaves to become free, as Solomon Northup was:

> In New York State, the gradual Manumission Act of 1799 stated that the children of slaves born after July 4th of that year were to be freed at the ages of twenty-eight and twenty-five, respectively, depending on whether they were male or female. The Act of 1817 freed all slaves as of July 4, 1827. [See Armstead, et al., 5]

20. Solomon Northup was twice convicted of assault and battery, once in February 1834 and on May 1, 1834. He was again convicted of assault and battery on May 1, 1839, as shown in the Court of Oyer & Terminer, Ballston Spa, New York [See Ballston Spa vs. Northup].

While Solomon was a slave on Bayou Boeuf in Louisiana, his family was growing up. Alonzo, his son, served honorably as a Union soldier:

> Private Alonzo D. Northrup [*sic*] enlisted #1028 as laborer, page 27, on February 15, 1864; Company F, U.S. Colored Infantry; described as black and 5'8" tall; saw action at Beaufort, South Carolina as a teamster on July 7, 1864, transferred to the 20th U.S. troops as per

instructions from the War Department, mustered out on August 28, 1865, at Hilton Head, South Carolina. [National Archives and Records Administration, Washington, D. C.]

21. Neighbors seemed not to have been surprised about his sudden absence because he was known to leave home without explanation and return when he chose [See Lewis to Morton, March 29, 1962].

Chapter Two

22. Northup, in testimony given at the hearing of the case, described his meeting with the strangers in Moon's Tavern, who later turned out to be his kidnappers:

> 'Northup testified that he first saw Merrill and Russell at Mr. Moon's Tavern at Saratoga Springs; they did not appear to have any particular business; they wished to hire witness to go to New York with them to drive their carriage and play the fiddle in a circus company to which they said they belonged.' This testimony was given by Solomon Northup at an examination held before Abel Meeker and David W. Maxwell, Esquires, Justices of the Peace, at Ballston Spa, on Tuesday, July 11, 1854. [See "The Northup Kidnapping Case"]

A man named Prindle, a friend of Solomon since 1826 or 1827, added significant details regarding the kidnappers. His testimony was at the same hearing held at Ballston Spa on Tuesday, July 11, 1854, and reported in the *Saratoga Whig*:

> Identifies Merrill, and says he saw him on Montgomery Hall stoop at Saratoga Springs, and a day or two after saw him in a carriage there; another man in carriage who had long hair and large whiskers. Saw Solomon Northup drive away; the carriage containing the two men. Had some conversation with Solomon before he started, told him that he had not better go off with those men as they would not know him when they got away south; others told Solomon the same story.
> On cross examination, Prindle says, he remembers having prisoners pointed out to him as [being] from the south and about to buy Mr. Seaman's horse. Solomon told witness that he would risk the prisoners selling him; told him again he had better not go south with them, meant to the slave states. [See "The Northup Kidnapping Case"]

23. Merrill Brown was the alias of Alexander Merrill, and Abram Hamilton was the alias of Joseph Russell [See "Sol. Northup's Kidnappers," 2].

24. The fact that the neighbors did not consider Solomon's disappearance in 1841 unusual may have related to the circumstances in which he lived, with irregular employment at different jobs over the years:

> The brevity of this summer season left year-round black workers/residents of Saratoga scrambling to make ends meet during the long months of winter unemployment. Several strategies helped them survive these lean times, but chief among them were reliance on summer savings and the use of credit... Very few Afro-Americans escaped the economic marginality and financial insecurity brought on by their seasonal and/or low-paying positions at work [See Armstead et al., 29-30].

25. As recorded by James Goode:

> Charles Dickens, who visited Washington in 1842, a year after Northup was abducted, describes his stay at a Washington hotel which almost certainly was Gadsby's. Created in 1826 out of a row of houses, the hotel was sold and remodeled extensively in 1844 after Gadsby's death. At that time it was renamed the National Hotel. Dickens describes it as "a long row of small houses fronting on the street and opening at the back upon a common yard ..." It would therefore have been easy to conduct Northup unseen out into the yard and thence into an alley alongside of the hotel. Dickens also describes buildings across the street from the hotel. One of these may have been the source of the light seen by Northup as he emerged from the alley onto Pennsylvania Avenue [See Goode, 168-169]. (Editor's note: There are inaccuracies in the Goode piece cited, including an error in the hotel's location and the year Dickens stayed there.) [See Dickens, 115-116]

26. The drug slipped into Solomon's drinks could have been belladonna or laudanum, or a combination of both drugs [Northup, 1968 edition, 19].

Chapter Three

27. Both names, Burch and Birch, are listed in the U.S. Census 1840 as living in Washington, D.C. Wilson spelled the name as Burch, but the spelling given by the commander of the Auxiliary Guard to Joseph C. Lewis during the trial of the kidnappers was Birch. Thus, the editor is spelling the name with an "i," believing this to be the spelling used by the trader, James H. Birch. The thirty-nine-year old resident of Washington, D. C., was a major slave trader at the head of what the editor calls a Reverse Underground Railroad. The full extent of the criminal operation is not known, but it involved a number of professional criminals in the business of kidnapping people of dark complexion and selling them in the southern slave market, where there was a need for labor on the plantations. Slave traders at Richmond, Virginia, and New Orleans, with close ties with Birch, are cited in the

Northup story, and there may have been others. There is still the question of the connection of the brig, *Orleans*, with the ring. Other men kidnapped en route to New Orleans and placed on the *Orleans* experienced captures closely resembling that of Solomon Northup. Birch owned considerable property in the capital and evidently enjoyed important contacts with powerful political figures. In 1852 he was appointed commander of the Auxiliary Guard, a volunteer group working with the police force in the City of Washington and the District of Columbia [See People vs. Merrill and Russell]. When a deposition from Birch was taken by Joseph C. Lewis in Washington, D.C., during the trial of The People vs. Alexander Merrill and Joseph Russell, the document read:

> By virtue of the annexed commission I proceeded to open the Same in the City of Washington and District of Columbia on the 6th day of January, 1855, when James H. Birch, one of the witnesses named in the Said Commission, personally appeared and, after being duly Sworn made the following answer to interrogatories in Said Commission:

> I state that my name is James H. Birch—that I was fifty years old in October last—that I was appointed by the Mayor of Washington, D.C. to the Command of the Auxiliary Guard in June, 1853, which said Guard is part of the Police force of the City and District aforesaid and which office I still hold—that I reside in the City of Washington, D.C. [See People vs. Merrill and Russell]

28. Theophilus Freeman, former partner of James H. Birch, managed Freeman's Slave Pen in New Orleans and continued a business relationship with Birch. This is clear with the nine slaves belonging to Birch being shipped on the brig *Orleans*, documented by the ship manifest, to Theophilus Freeman at New Orleans. An advantage to selling kidnapped slaves in New Orleans, the way Solomon Northup was sold, was less risk of exposure of the crime, since slaves were sold into remote west central Louisiana. Rural Louisiana was at the edge of the western frontier with sparse population and difficult communication with the urban North. Historian Judith Kelleher Schafer describes Freeman:

> A series of cases involving New Orleans slave dealer Theophilus Freeman dealt with simulated sales and donations intended to defraud creditors. Freeman was an unscrupulous businessman who falsified slave ages, sold young children away from their parents, and whipped and kicked bondsmen in the slave pen ... Freeman lived with his ex-slave and mistress, a mulatto laundress named Sarah Conner, who had purchased her freedom from him in 1841 for $700. Just after her emancipation Freeman's finances became shaky, and he transferred most of his assets to her to avoid having them seized by creditors. He was arrested several times in 1845 because authorities feared he would flee the state. Litigation concerning Freeman's fraudulent sales, secret donations, and transactions to

Conner's name continued until 1861, when it was interrupted by the Civil War, during which time Freeman left New Orleans. [See Schafer, 175]

The civil cases against the property of Theophilus Freeman include one, at least, for the value of his mistress, Sarah Conner, which found that Sarah Conner was entitled to her freedom on May 6, 1846 [See Dunbar vs. Conner et al.].

However, the Bank of Kentucky and its president and directors, as creditors of Theophilus Freeman, sued both Sarah Conner and Theophilus Freeman on November 9, 1846. The suit was to cancel the ruling allowing Sarah Conner her freedom and return her to status as property of Theophilus Freeman; her value then could be used to offset his debt. The judgment was made by default and then confirmed. Sarah Conner appealed to the Louisiana Supreme Court, but the judgment was sustained [See Bank of Kentucky vs. Conner et al.].

In another civil suit against Freeman in 1860, John Valentine, executor for the estate of Whiting Valentine, filed to be paid from assets held by the sheriff as the result of other creditors' suits [See Theophilus Freeman vs. His Creditors].

Court cases against Theophilus Freeman include: Civil Code, Art. 190, p. 29; Union Bank of Maryland vs. Freeman, #4938, 3 Rob. 485 (1843); Mielkie vs. Freeman, #5238, 5 Rob 524 (1843); Lambeth and Thompson vs. Freeman (Unreported) Commercial Court of New Orleans #6492 (1845); Freeman vs Profilet, (Unreported) Parish Court of New Orleans (1845); Romer vs. Woods #1846, 6 Louisiana Annual 29 (1851), 25; Freeman vs. his creditors, #948, 3 Louisiana Annual 669 (1848); Bank of Kentucky vs. Conner, #1315, 4 Louisiana Annual 365 (1849); Dunbar vs. Conner, Ann. 669 (1848); Dunbar vs. Conner, Unreported Louisiana Supreme Court Case #1700 (1850, 1851); Freeman vs. His Creditors, #6473, 15 Louisiana Annual 397 (1860).

29. Ebenezer Radburn testified on January 18, 1854, before the magistrate after the arrest in Washington, D.C., of James H. Birch, Benjamin O. Shekels, Benjamin A. Thorn, and Ebenezer Radburn. Radburn testified that he was forty-eight years old and the keeper of Williams Slave Pen. He said that he had known Birch for fourteen years. [See a sketch of Williams Slave Pen and a photo of Birch's slave trading business in the Extras & More section of our website at www.TwelveYearsASlave.org].

30. A description of Freeman's slave pen was left by Georgia slave John Brown in his memoirs. The layout of the slave pen suggests something of what a slave's life might have been like in such a place. In a chapter of his book entitled "The Slave-Pen in New Orleans," Brown recalled:

I have stated that the slave-pen to which I was taken, stood facing the St. Charles Hotel. It had formerly been an old Bank. It consisted of a block of houses forming a square, and covering perhaps an acre of ground. The centre of this square had been filled up with rubbish and stones, as high as the back of the first floor of the houses, so as to form a solid foundation for the yard of the pen, which, it will be understood, was level with the first floor, and nicely graveled for the slaves to take exercise in. The houses themselves were built upon brick pillars or piers, the spaces between which had been converted into stores. Of these there were a great number, one of them being used as the negro auction-room. The accommodation for the negroes consisted of three tiers of rooms, one above the other, the yard I have spoken of being common to all. There were two entrances to the pen, one for the 'niggers,' the other for visiters [*sic*] and buyers. The windows in front, which overlooked the street, were heavily barred, as were those which overlooked the yard. It was an awfully gloomy place, notwithstanding the bustle that was always going on in it.

I may as well describe here the order of the daily proceedings, as during the whole time I remained in the pen, they were, one day with the other, pretty much the same. A mulatto named Bob Freeman, and who was called the Steward, had charge of the arrangements that concerned the slaves. He had a great deal of power of a particular kind, and did very nearly what he liked in the way of making them comfortable or otherwise; shutting them up if he disliked them, or they displeased him: according as they favourites [*sic*] with him or not. The pen would contain about five hundred, and was usually full. The men were separated from the women, and the children from both; but the youngest and handsomest females were set apart as the concubines of the masters, who generally changed mistresses every week. I could relate, in connection with this part of my subject, some terrible things I know of, that happened. [See Brown, 110-111]

31. In the case of Radburn, his cruelty was apparently not tempered by the financial interests of the slave trading enterprise. Ward states in his book on Richmond that "scars upon a slave's back were considered evidence of rebelliousness or unruly spirit and hurt his sale" [See Ward, 55].

32. Clemens Ray may be the man listed as Clem Woodard, #36, a nineteen year-old male, 5'7" tall, and of black complexion, one of the slaves of James H. Burch [*sic*] listed as sailing on the *Orleans*, March, 1841 [See *Orleans* manifest available in our Extras $ More section of our website www.TwelveYearsASlave.org].

33. John Williams is not listed among slaves in the *Orleans* manifest.

34. Randall appears to be listed on the manifest as #35, Rudal Ames, 4'7" tall. The size is consistent with a child [See *Orleans* manifest].

35. Emily Cooper #39, female, age 7, 3'7" tall, black complexion, is listed on the *Orleans* ship manifest as one of the slaves of James H. Burch [*sic*] [See *Orleans* manifest].

36. Eliza Cooper, renamed "Dradey" as a slave, is listed as #38 in the *Orleans* ship manifest, as a female twenty-seven years old, 5'5" tall, black complexion, on May 24, 1841 [See *Orleans* manifest].

37. In 1850 Elisha Berry, sixty-three, lived in Prince Edward County, Maryland, in a household headed by Deborah Burgess, owner of five slaves. Deborah Burgess's real property is listed as $3,500. According to the U.S. Census of 1850, Elisha Berry had no occupation. Three other males lived in the household: Richard Berry, thirty, whose occupation is listed as farmer; Dorsey Berry, twenty-seven, carpenter; and Walter Berry, twenty-five, millwright. A woman, Sarah R., is also listed as a member of the household [See Bureau of Census, 1850].

38. In 1850 Jacob Brooks, a sixty-seven year old mulatto and free man of color, lived in the household with Jane, whom Wilson identifies as the daughter of Elisha Berry. Jane is described as black in color, along with Jane Ridgly, ten years old, and Sarah Ridgly, twelve years old, both black. All were free. No occupation is listed for Jacob Brooks [See Bureau of the Census, 1840; 1850].

39. A pioneer Louisiana geographer, Samuel H. Lockett, a professor at Louisiana State Seminary at Pineville (later to become Louisiana State University and moved to Baton Rouge) wrote:

> Red River: the next most important river in Louisiana [to the Mississippi] is Red River, the only tributary of the Mississippi flowing in from the west within the limits of the state. Red River flows diagonally across Louisiana, from northwest to southeast, and thus occupies a position of the utmost possible importance. In many respects it is very similar to the Mississippi. Its waters are excessively turbid, and of a deep red color; its current is swift; its banks are constantly washing away at one point and building up at another; cut-offs are frequent; islands, old rivers, and abandoned channels are numerous; bayous are sent off from the parent stream; overflows and crevasses occur; in fact, all the phenomena of the greater stream may be observed in the lesser. [See Lockett, 122]

In 1869 Lockett surveyed Louisiana traveling across the state on horse or mule, by buggy, sulky, train, and even boat. His work was not published by the impoverished state until 1969 [See Lockett, 122].

Chapter Four

40. Jacob Brooks, a mulatto and free man of color, according to the U.S. Census, 1840, is described in endnote 38 [See Bureau of the Census, 1840].

41. According to the U.S. Census, Elisha Berry lived in a household with individuals, one of whom may have been his wife. He is listed as having no

business. There is no evidence that he had a plantation [See Bureau of the Census, 1840]. For more information, see note 37.

42. Goodin at the Richmond slave pen, like Theophilus Freeman, is described as being greeted as a friend of Birch, the circumstances appearing to connect him with Birch as a business associate or, perhaps, a partner. Richmond had a significant slave market:

> Richmond was the center of the Southern slave trade and in the late antebellum era thousands of slaves were sold yearly from Virginia to feed the cotton boom in the lower South. Most of these slaves left Virginia through Richmond. The purchase and resale of slaves was a highly profitable and highly visible business as public slave auctions became increasingly common in Richmond . . . The auctions linked the city with the countryside and with the larger regional economy. Slaves were vital in Richmond, not only for their labor but for their marketability. [See Tyler-McGraw and Kimball, 2]

In the Richmond directory for 1840 there were fifteen slave traders listed [See Tyler-McGraw and Kimball, 27-28]. Research in Richmond was performed by attorney Jonathan Blank.

43. Robert is likely Robert Jones, the last slave listed of those slaves traveling on the *Orleans*. He is described as being thirty-five years old, 5'7" tall, yellow complexion, from Dayton, Ohio [See the *Orleans* manifest in the Extras & More section of our website at www.TwelveYearsASlave.org]. He was captured through exactly the same technique as that used in Solomon Northup's kidnapping. The editor is indebted to David Fiske, Saratoga Springs, New York, who provided the manifest of the *Orleans*, which he located at the National Archives. According to the manifest the Master of the brig *Orleans* was William Wickham, who sailed with crew and passengers from Richmond, Virginia, on April 27, 1841, and from Norfolk, Virginia, on May 1, 1841, for the Port of New Orleans [See *Orleans* manifest].

44. David (listed is a "Davy Singleton, 22, 5'3" tall) and Caroline Parnell, age 20, 5'2" tall, are listed on the manifest of the *Orleans* as being shipped by George M. Barnes to Theo. Freeman.

45. A slave named Mary McCoy, 16, 5'1" from Norfolk, was shipped by Barnes to Freeman in New Orleans, according to the manifest of the *Orleans*. Mary McCoy was also the name of a plantation owner referenced by Northup in Chapter 20.

46. Lethe Shelton, 25, 5' tall, listed as brown, was one of the forty-one slaves on the *Orleans*.

47. William Wickham was master of the brig, sailing with forty slaves from Richmond to New Orleans on May 21, 1841. A group of nine of the slaves were

shipped by James H. Burch [*sic*] to New Orleans, arriving May 24, 1841. F. Jacobs signed the information written on the manifest as inspector.

Chapter Five

48. "Platt Hamilton" is #33 on the manifest of the brig *Orleans* (note the surname is that of Abram Hamilton, the pseudonym of one of the kidnappers), twenty-six, 5'7" tall, yellow complexion. [See the *Orleans* manifest in the Extras & More section of our website at www.TwelveYearsASlave.org].

49. No Frederick is listed. Henry Wallace, fifty, 5'7" tall, with brown complexion, is listed as #4 on the *Orleans* manifest. Another Henry, Henry Williams, twenty-five, is listed as #29, 5'5" tall and having a black complexion, but there is a seventeen-year-old boy, Joe Singleton, 5'3" tall, black, who is #8.

50. Maria, #31 on the *Orleans* manifest, might have been Birch's slave, Mehala Irvin, 23, 5'6" tall and black. The names of slaves were often changed by masters, and the age is about right.

51. Arthur Curtis, unnumbered on the manifest, kidnapped in Norfolk, Virginia, is the second slave listed on page 2 of the manifest with his description as a twenty-two year-old male, 5'10" tall and black. The fact that the man was kidnapped and then held in a Norfolk slave pen until the *Orleans* arrived may also link him as a victim of the Reverse Underground Railroad based in Washington, D.C. He is listed as one of Birch's slaves [See *Orleans* manifest].

52. Number 1 on the *Orleans* manifest was Cuff Singleton, 40, a male 5'6" tall with black complexion; #28 was Jim Whiteus, 27, 6' tall, black. There were eight young women in their twenties on the *Orleans* manifest list of slaves, one of whom may have answered to the name "Jenny" [See *Orleans* manifest].

53. A note regarding Robert Jones, who was one of Birch's nine slaves shipped on the brig *Orleans* to Freeman's slave pen in New Orleans, was included in the report of Master Wickam inscribed across page 2: "Examined and found correct with the exception of Robert Jones, who Captain Wickham states, died on the voyage. New Orleans, 24 May 1841. Signed by T. Jacobs, Imp rt" [See *Orleans* manifest].

54. Manning did as he had promised in mailing the letter, but a copy was never found. Confirmation that it was mailed came from Henry B. Northup. He acknowledged in an affidavit that he had received the letter, but since Solomon was in chains aboard a ship and did not know his destination, he could do nothing more than guess Solomon's destination.

55. Eliza is listed by her slave name as #38 Dradey Cooper. Her children are #39 Emily Cooper, age 7, 3'7" tall, and #35 Rudal Ames, age 11, 4'7" tall, who is the boy Randall mentioned in the narrative [See *Orleans* manifest].

56. Henry Hyman, who is #3 on the manifest, was 40, 5'8" and black complexion, and #30 is Lethe Shelton, 25, 5' tall with brown complexion; they are listed among the forty-one slaves aboard the *Orleans*. Henry and Harry could be the same person [See *Orleans* manifest].

Chapter Six

57. Theophilus Freeman and James H. Birch had been partners at an earlier date and maintained "a relationship"; Birch shipped slaves to Freeman's slave pen.

58. During the early nineteenth century, life on the western frontier with Louisiana at its fringe revolved around land. Bayou Boeuf planters of central Louisiana, all with small plantations, had their investments mostly in their slaves, and many of the slaves were mortgaged. To complete the essential work to support a plantation on Bayou Boeuf, the planter and slaves were interdependent, and the planter's goal was to maintain the plantation in order to earn a profit. Thus, while there were cruel slave owners who whipped their slaves regardless of the economic consequences, there were others who did not inflict damage on their property out of self-interest or who were genuinely non-violent.

59. The U.S. Census for Louisiana, 1810-1890, lists thirteen males named Carr as living in New Orleans [See Bureau of U.S. Census, 1810-1890].

60. The Hospital of St. John, or the Charity Hospital, was established in 1740 during the French colonial period. The poor were taken care of there. Ursuline nuns cared for patients after 1770. The hospital was destroyed by a hurricane and rebuilt in 1779 by Andres Almonester y Rojas during the Spanish period. Under Almonester the name of the hospital was changed to St. Carlos. It was destroyed, this time by fire, but was again rebuilt by Almonester [See Prichard. LSUA now has the editor's copy, given to her by the widow of Dr. Prichard].

61. Microfilm of the Charity Hospital admissions records for this period is on file at the New Orleans Public Library and confirms Northup's statement regarding his stay there [See Charity Hospital Admission Records].

62. [See Charity Hospital Admission Records].

63. The sale of Solomon Northup (as Platt), Eliza (as Dradey), and Harry to William Prince Ford can be viewed in the sale papers recorded in Notarial Acts of New Orleans. Platt, then thirty-three years of age, was listed as twenty-three years old, and Dradey was probably older than twenty. Since youthful age with years of service ahead brought higher prices, the ages of slaves were routinely lowered at a sale. For the men, $900 each and $700 for Dradey were prices in keeping with slave prices of 1841.

The signatures of Freeman and William Prince Ford appear on the front and back of the sale papers. Included also are witnesses F.N. Newton and Alphonse Barnett with Schraw Barnett, officer of the court [Notarial Acts of New Orleans, June

23, 1841, XVII, 670. See image of actual conveyance record of Solomon/Platt to Ford in the Extras & More section of our website at www.TwelveYearsASlave.org].

64. Emily is listed as a seven-year-old black female. Freeman may not have known the rules for inclusion in the famous quadroon balls; qualifications included skin of light color, as implied by the word "quadroon," and years of preparation. It is unlikely Emily would have qualified as one of the elite, although Freeman may have had in mind a sale to an individual not among the privileged group for whom the quadroon balls were staged.

65. "Her infant voice grew faint and still more faint"—describing seven-year-old Emily—is an example of Wilson's dramatic writing style.

Chapter Seven

66. The *Rodoph* was a regular carrier in the commerce between New Orleans and the inland port of Alexandria [See Bennett to Turrell and Calhoun].

67. Voluminous documents of George W. Kelso [spelled Kelsow in text] are located in the archives at Louisiana State University, Alexandria, Louisiana. Judge John Clement, who presided over a lengthy case related to Kelso's estate, wrote September 19, 1892, that George W. Kelso was seventy-two years old and resided at his plantation on Bayou Robert on the northwest side of the road along the bayou, about ten miles south of Alexandria. He had been at this location since 1840. In the U.S. Census report of slaves in 1850, George W. Kelso owned 330 slaves, 162 of which were employed in agriculture. He died in 1854 and left a will that brought strong dissent from descendants from the time of his death until this court case years later [See Conveyance Record Q, 379-380].

68. William Prince Ford (1804-1861) was one of the first pioneers to establish a plantation in the picturesque country bordering Hurricane Creek, near present-day Forest Hill. A native of Tennessee, he was brought to Louisiana as a boy of thirteen by his parents, who settled near Cheneyville. He married Martha Tanner (1808-1849), eleventh child of Robert Tanner, founder of Cheneyville. Although he operated a 200-acre plantation south of Cheneyville that Martha inherited, he and Martha made their home at the place on Hurricane Creek. There he operated a variety of small businesses, including a mattress manufacturing shop, a brick manufacturing facility, and a "pony" sawmill in partnership with William Ramsay. The sawmill was built January 3, 1840, in "the Great Pinewoods" about ten miles north of Ford's home on Hurricane Creek. His partnership purchased 79.87 acres at $99.84 per acre. Copies of the sale documents are in the United States Land Office, District of Opelousas, Rapides Courthouse.

Ford was a minister at Spring Hill Baptist Church, which he and a small group of Cheneyville summer residents established on Hurricane Creek. He was also headmaster at Spring Creek Planters Private Academy. Children of Cheneyville planters comprised the largest number of the students, but a few students from Bayou Rapides planters also attended [See Stafford, 280].

A letter from W.P. Ford from "Wallfield," apparently the name he gave his place on Hurricane Creek, was written on September 10,1859, to President William T. Sherman at the Louisiana State Seminary, scheduled to open in 1860. The letter provides an insight to Ford's variety of small business enterprises:

> Dear Sir:
> I was in Alexandria several days ago for the purpose of seeing the Committee appointed to have the State Institution of learning prepared for the reception of students. I saw only Mr. Henarie, who told me you were absent from the Parish. He recommended that I should see you on your return, or write to you. I wish to furnish the Institution with mattresses; and my object is to get you to recommend that the person who makes the purchases in that line for you, come and see my factory before he makes engagements elsewhere. I know that I can make it the permanent interest of the Institution to buy from me. If necessary, I will meet you in Alexandria any day that you will name. [signed] W.P. Ford [See Ford to Sherman]

Ford was a highly respected leader among the white planters in this area of Bayou Boeuf. His strategy regarding the treatment of slaves was not unusual; it was the modus operandi of many slave owners in the area. Later in Northup's narrative, Ford is quoted in an admonition to Tibeats, who mistreated Solomon:

> This is no way of dealing with them, when first brought into the country. It will have a pernicious influence and set them all running away. The swamps will be full of them. A little kindness would be far more effectual in restraining them, and rendering them obedient, than the use of such deadly weapons. Every planter on the bayou should frown upon such inhumanity. It is for the interest of all to do so [Northup, 150].

Since plantations formed the base of the Southern economy, policies related to master-slave relationships had been developed over the centuries of plantation operations from the time the first plantations were settled by the Virginia Company in 1616-1617. Plantations were originally considered "small colonies." To expand the population of the Virginia colony, Sir Edwin Sandys proposed societies of adventurers to send at their own expense with tenants, servants, and supplies; the associates were given certain governmental powers over the settlement that allowed them to effectively create an independent colony. These were "the hundreds of particular plantations" which saved the colony [See Robinson, 17-18, and Dowdy, 3-10].

69. "The Great Piney Woods" was a sixty-mile stretch of virgin long leaf pine forest extending west from the end of the alluvial soil from Indian Creek to the Sabine River, forming the borderline between Louisiana and Texas.

70. Alexandria, established in 1805, was named for its founder (or his daughter), Alexander Fulton. Fulton, migrating from Pennsylvania in the early 1790s, became an Indian trader with a monopoly ceded to him and his partner, William Miller. Both acquired huge tracts of land. Their trading post was located at the present site of Alexandria on Red River. Miller married Mary Henrietta Wells, daughter of Samuel Levi Wells, whom the traders employed as surveyor of their lands. Alexandria grew slowly, having fewer than 2,500 residents in 1860. In 1812, when Louisiana became the eighteenth state in the Union, Major Amos Stoddard wrote that "Most of the settlers have planted themselves some miles back, and the whole population may be computed at about 640 whites and 200 slaves" [See Eakin, *A Source Book: Rapides Parish History*, 11, 13].

71. A small settlement called Lamourie developed on a small bayou of the same name that flowed into Bayou Boeuf. This settlement of pioneers included a large mill that produced shingles from logs supplied from the nearby woods to send to the Oklahoma Territory. A boarding house, a small general store, and a few primitive dwellings were located at the settlement. The entrepreneur, Ralph Smith, worked to secure construction of a gate which would help control the water flow. In the 1850s, after years of lobbying the state legislature, funds were made available to provide a brick gate in Bayou Lamourie with the purpose of regulating the water level of Bayou Boeuf into which the smaller bayou flows. The locks can still be seen about twelve miles south of Alexandria, Louisiana, from LA Highway 71 [See Eakin, *Washington, Louisiana*, 50-52; Eakin, *Rapides Parish: An Illustrated History*, 25; and Eakin, *The Centennial Album, Alexandria Daily Town Talk*, 158-160].

72. The first railroad built west of the Mississippi River was the Red River Railroad (later renamed for its founder, Ralph Smith Smith) in 1837. Smith had been employed in the Baltimore and Ohio Railroad project, one of the early railroads built in the United States. The Connecticut engineer, who had laid a mile of railroad in New Orleans, apparently was contacted by planters on the remote northern end of Bayou Boeuf with serious problems getting their produce to the New Orleans market. Smith, envisioning a transportation empire, purchased one of the first newspapers published in Alexandria, *The Planter Intelligencer*, and the *Rapides, Avoyelles, and Catahoula Advertiser*, to promote shares of stock to build the first railroad. With the first sale he built twelve miles of railroad from Alexandria to Lamourie [See Eakin, *Ezra Bennett and the World He Lived In*].

    A planter's daughter living before the Civil War near Cheneyville left memoirs providing some insight into the situation of the little railroad; her recollections referred to the railroad after six more miles were added in 1842 to provide a terminal in Lecompte:

> When I was a child in the 1850's there was one (possibly more than one) railroad in Louisiana running into New Orleans and another one about 15 miles long between Alexandria and Lecompte. Lecompte was about 8 miles from Cheneyville, and we went there by carriage and took the car for Alexandria. We had coffee and a light breakfast very early, and left Lecompte at 8 or 9 A. M. and got

back before dark. The "train" consisted of a locomotive, baggage car, and passenger car. When the Yankees destroyed the road they "laughed until they cried" over the "loco" which was so antique that they had never seen the like. But the road was built and operated by a Yankee—Mr. Ralph Smith of the Northeast, who lived and died in Alexandria and whose descendants are still living there and in the parish. The stage was running all through my childhood and youth, and the war probably ended its day. [Boyd interview. A transcript of the interview is available in the Jesse Wright Collection, LSU Archives. Esther Wright Boyd was the wife of LSU president David French Boyd.]

73. "The Texas Road" actually referred to a number of trails beat out across the forests leading to and from Texas, both coming through Louisiana, one in the south and another in the northern part of the state. There were added trails alongside each of them, probably cut in the wilderness when heavy rains or obstacles in the trail caused travelers to go around the beaten path. These trails at some points were called the El Camino Real. Trails running from the little inland port of Washington to the Sabine River also were called the Texas Road, chiefly referring to a ridge of slightly higher ground than the surrounding woodlands, reaching through virgin pines to the Sabine River separating Louisiana and Texas. These trails were followed by Texas cowboys driving herds of cattle to the inland port of Washington for shipment by steamboat to the New Orleans market. Blacksmith shops available for shoeing horses and boarding places grew up along the Texas Road [See Eakin, *Washington, Louisiana*, 6-22; Eakin, *Rapides Parish . . .*,19-20; and Eakin, *Centennial Album . . .*,149].

74. Reuben Carnal and Timothy Flint owned plantations which Ford and his slaves walked across after leaving the Red River Railroad car. The turning rows through the Carnal and Flint plantations led to the Boeuf where a crude bridge was crossed to get into the Great Pine Woods.

Reuben Carnal in 1819 migrated from Martin County, North Carolina, to the Bayou Boeuf area and became one of the first planters in his section of the bayou. His home was in the pine woods, as were several planter homes, and he was buried there. He developed two large plantations—Quantico and Sugar Bend. One of his plantations became the settlement which developed into Lecompte. A native of Massachusetts, Timothy Flint was born in 1770 and studied for the ministry; he was ordained after graduating from Harvard College. He became pastor of a church in Massachusetts at Lunenburg, a name he bestowed on a Bayou Boeuf plantation given to his son. He became a Presbyterian missionary, traveling with his family through New York, Pennsylvania, Ohio, Indiana, Kentucky, and Illinois. He moved to Missouri, remained there briefly, and left for Arkansas before taking a church in New Orleans. A committee from Rapides Parish searching for a headmaster of a proposed new school to be founded contacted Reverend Flint, who with his wife and five children moved to Alexandria in 1823. The Rapides Academy opened that same year, with Reverend Flint and William Gunning in charge. The minister left the Academy in 1826 and moved to Cincinnati, where he opened a book business.

He returned to his birthplace in Salem, Massachussetts, where he died in 1840. All of his children are buried in Alexandria [See Whittington, 92-95; and Gaeinne].

75. Concerning the characteristics of the land around Red River:

> Red River runs through the [Rapides] Parish, from the northwest to the southwest corner... Although I [Lockett] have classed it [Rapides Parish] among the Pine Hill parishes because the larger part of its surface is covered with the longleaf pine, it has a great deal of fertile land within its borders and is a wealthy, populous parish... On the northern side the base of the hills is not very far from the river. At Pineville, opposite Alexandria, the hills strike the river bank. From this point northward they bear off from the river... South of Pineville the hills are never more than a mile from the river's banks and form bluffs at numerous points down to Grimes' Bluff in Avoyelles just beyond the limits of Rapides. On the south side of Red River, there is a bluff just south of Colfax, called DeRoches' Bluff, then another above the mouth of Bayou Jean de Jean, and from this point, the base of the hills follows the course of Bayou Rapides and Bayou Boeuf to Cocodrie Lake... The space included between the lines thus traced is all Alluvial Land. It is between ten and fifteen miles wide and nearly forty miles long. The banks of Red River are generally arable land, settled and under cultivation... [See Lockett, 77-78]

76. Wild cattle, small, dark animals thought to be of Spanish origin, roamed the woods. They were of no use for milk or meat, but first settlers killed and skinned them for their hides, which they sold, and their horns, which sold on the New Orleans market for manufacturers of buttons. Tallow made from the hides was also a valuable commodity for the first settlers to market. Under the topic, "Wild Stock in the Woods," Lewis Cecil Gray writes, "There were numerous wild cattle, horses, and swine in Florida, and during the early years of British occupation hunting wild stock was an important source of food" [See Gray, 139]. The wild cattle mentioned as roaming Louisiana woods during the early colonial period, usually attributed to Spanish herds, were more like those Gray notes existed in Maryland in 1661: "... the governor was authorized to appoint a number of persons in each precinct to hunt wild cattle, allowing two shares to the chief hunter, and one share to each of the others, but reserving the tallow and hides to the Lord Proprietor" [See Gray, 139]. Perry G. Jordan focused on cattle in Texas, but the same situation with wild cattle existed in Louisiana. Jordan notes that "wild cattle ... sought refuge" and that "sale impregnations appear in most part of the country, and are of benefit to the large herds of wild and tame cattle which roam over the immense prairies and woods" [See Jordan, 86].

77. William "3 C's" Martin was named for William Charles Cole Claiborne, the governor of the Mississippi Territory, where Martin was born in 1802. By 1850 he owned 25,000 acres of land and eighty-two slaves, making him one of the largest

slaveholders in the state; also, he was a member of the Rapides Parish Police Jury. Like other planters, he maintained a home in the pine woods, where he lived much of the year while operating his plantations in the lowlands. The site of the Martin home where Reverend Ford and the three slaves stopped is still marked by a country road titled "Martin Springs Road." Martin Springs still gushes ice cold water that pours into the crystal clear creek that flowed at the rear of the Martin home. The Martins' private cemetery contains the graves of William C.C.C. Martin and members of his family. His wife was the former Sophia LaMothe, daughter of Polycarpe LaMothe, one of the early settlers of the area. LaMothe was married to Editha Wells, sister of Samuel Levi Wells, the surveyor who owned thousands of acres along Bayou Boeuf [See Pernaud; Stafford, 194; and U.S. Census, 1850].

78. During these years Ford was not wealthy. The lumber mill on forty acres of land in the pine woods was the smallest of lumber mills—called a "grasshopper mill" because of its small size and the fact that it was so light it could be moved. The mill was jointly owned with William Ramsay. With the creeks running through the Great Pine Woods no more than five or six feet deep, there was no way to generate power for any but the small mills such as Ford's, along with grist, syrup, and sugar mills, as well as small cotton gins. A cypress log preserved in Indian Creek for over a century was a part of Ford's sawmill and is now displayed at the library of Louisiana State University at Alexandria. It contains the imprint and incision of the water wheel. The 200-acre plantation on Bayou Boeuf was inherited by his wife. Ford owned eighteen slaves, according to the U.S. Slave Census, 1850. This number of slaves included men, women, and children. The hill farm he patented was not valuable at that time.

79. Sam is not on the list of slaves belonging to Beulah Baptist Church in Cheneyville, but he was very likely a member of the church. It was said that there were more black members of the church than whites, which would have been likely, since in plantation country, as in Cheneyville on Bayou Boeuf, there were seven or eight blacks to one white. Walton, Ford's slave, was one of a number of slaves listed as members of Beulah Baptist Church in Cheneyville [Beulah Baptist Church Membership List].

80. The name Taydem was not found in the 1850 United States Census for Louisiana. As scattered as settlers were during the settlement period, there were likely many missed by the census taker.

81. Rafting was nothing new to Louisiana, with nearly a third of its surface covered with trees, according to Dr. John Tarver, retired professor of history, Louisiana State University Agricultural Center [Tarver, 1992]. Northup may have been the first to raft logs over this particular route, which necessitated the narrow cribs and required rafting down Indian Creek to Bayou Clair and then to Bayou Lamourie. However, Louisiana forests are laced with streams, and the Indians would have developed rafting skills centuries before the Europeans came. Pioneers then settled these flat lands, learning from the Indians how to traverse and use the bayous and then adding their own improvements.

82. An unknown author described the Indians of the time:

> The tribe of Indians that was spoken of as living on Indian Creek were Choctaw Indians and there were few Indians of any other tribe. Banks, his wife, Maria, and Maria's mother, Aunt Betsy, were Biloxi Indians and of a much higher type than the Choctaws. Aunt Betsy was very old when I remember her living at Lecompte (in about 1887) and she made the most beautiful baskets. The Indians congregated at Lecompte, La., on a given date to be taken to the Indian Territory. Through miscarriage of plans, they were not sent for but for the kindness and generosity of James P. Moore, they would have suffered greatly. They were given camping grounds at the back of Mr. Moore's farm at Lecompte and they picked cotton and made baskets to pay for a few provisions to add to the wild game which they killed.
>
> Mr. Moore gave them potatoes and corn. They pounded the corn and made a thick mush of it. The women hung their papooses up in the trees when they went to work, and the babies never cried. Mr. Moore knew Mr. Cascalla and his son-in-law, John Baltise. Ole Blue Eyes, son of the last chief of the Choctaw tribe, gave Mr. Moore his father's silver crown and some ornaments in the shape of crescents and a beaded belt that belonged to his father, the chief. [Author unknown, document dated 1827, sent to Sue Eakin by Agatha Brewer]

83. The Indians lived in the "Great Pine Woods" in Avoyelles Parish, neighboring parish to Rapides.

84. John M. Tibaut, an itinerant living in Rapides Parish, gave his occupation as manufacturing and trade in U.S. Census 1840. He owned one slave. He lists no one in his household but himself (Tibaut is referred to as Tibeats or Tibbets in *Twelve Years a Slave* as well as some other documents).

Chapter Eight

85. Franklin Ford was the sixth son of Jesse and Dully Barry Prince Ford of Kentucky. While William Prince Ford, his brother, was a Baptist minister, Franklin became a distinguished Presbyterian minister in Shreveport, Louisiana. He opened a private boarding school for girls in Minden, Louisiana. William Prince Ford co-signed a note with him to finance the school. When Franklin could no longer pay an increasing indebtedness on the school, William Prince Ford had to make the payment, for which he had no funds. This forced him to sell some slaves, including Solomon Northup, to meet his obligation [See Stafford, *Three Rapides Families*, 279].

The three major yellow fever epidemics during the decade of the 1850s and the increasing conflict between the South and North with threat of war undoubtedly affected the enrollment at the Minden Female Boarding School. The school did not close during those years, however. A Cheneyville native, Esther G.

Wright Boyd, attended Franklin Ford's boarding school until shortly after the war began. She related in an interview:

> Went in fall to Minden, La. [after graduating from Mansfield Boarding School] because Miss Brainard was teaching there. I was there three years, going home every vacation and graduating in July, 1861. Minden Female College was undenominational & our Pres. was the Rev. Jesse Franklin Ford [Presbyterian]. Miss Brainard's health failed & she returned to Brooklyn before I left Minden. I always roomed in the building called "Miss Brainard's house" and roomed next door to her.
>
> She was a fine woman, yet I did not become especially attached to her. As I look back on the five years I was off at school I understand perfectly why Mr. Boyd was so sure boarding schools were bad places for girls. I had a fine time, but with a mob of girls whose rudeness was hardly neutralized by the refinement of the teachers. It must have been during the John Brown episode that for several nights we were much alarmed by talk of negro insurrections. A dozen or more girls were gathered in my room one night with the door locked talking over the reports of such insurrections when there was a knock at the door & the voice of a mulatto woman who waited in the dining room was asking for me. We thought the tragedy was at hand! My recollection is that it was only an ordinary message.
>
> My sisters and brother at school in New Haven [*sic*] [CT] heard of some of the agitation over 'bleeding Kansas,' and Miss Dutton, the Principal at Grove Hall, presented a flag to someone & made the presentation remarks. I do not remember that there was any sectional feeling aroused among the Southern pupils.
>
> On my graduation day there were few young men in the audience for they had gone to the war. Their drills before leaving were of great interest to us but we had no idea of the seriousness of the situation. After examinations were over, my roommate, Annie Conway, and I were notified one day that we were wanted in Mr. Ford's study. We went down & he informed us that I had received the Valedictory address & she the salutatory. The other girls of the class came over to congratulate us. We wrote our compos—every word, & therefore they were honest at least. And so my school days ended. I was anxious to go to school, but was prevented. Sally Stafford went back to Minden the following session, but as the war grew more serious she was sent for & returned before the close of the session. Before we came home in 1861 her father (my bro.-in-law) and brother (17-years-old) had joined the Army of Virginia. From Minden we went by carriage to Mr. McFarland's plantation, which was on Red River. The river was very low and we stayed there several days waiting for a boat. Mrs. McFarland was Bro. Leroy's half sister & was a handsome woman with black eyes & black hair.

She had been married before & had two pretty brunette children—
Ruffie (Ruffin, I suppose) & Nina. On the Sunday we spent there,
July 21, the Battle of Bull Run was fought, but we knew nothing of
it then. [Boyd interview. Esther Wright Boyd was the wife of LSU
President David French Boyd. A transcript of the interview is
available in the Jesse Wright Collection, LSU Archives.]

86. Peter Baillio Compton was born April 17, 1818, the son of John Compton and
Amelia Baillio. He married Esther Eliza Tanner, daughter of Lodowick and Ann
Martha Tanner, who owned Tiger Bend Plantation in the same area where Edwin
Epps would buy land later. Although Peter Baillio Compton was born on his
father's estate at Meeker, three miles south of Lecompte, his own plantation was
located on Red River thirty miles away. Unless the property was a part of his
father's vast estate of 6,200 unimproved acres and 2,300 improved acres, no slaves
are listed for Peter Baillio. He could not have operated a plantation without slaves.
The John Compton Estate (his father's property) included 377 slaves, so probably
there were some living on his son's plantation [See Stafford, *Three Rapides Families*
. . ., 153; and Menn, 377].

87. Tibeats owed William Prince Ford $400, and Northup himself was the collateral
for that money. Later in the narrative, as Northup implies, the existence of the
mortgage of $400 literally saved Northup's life as Tibeats became enraged and
planned to hang him.

88. Bayou Boeuf and the land surrounding it are accurately described here:

> Bayou Boeuf rises in a cypress lake near McNutt's Hill, and, after
> receiving several clear streams from the pine woods, becomes a
> bold, broad bayou some six or eight miles below Alexandria, and so
> continues throughout its course. Its total length to the junction with
> Bayou Cocodrie is not much less than eighty miles. It receives, as a
> distributary from Red River, Bayou Robert, which debouches from
> the river . . . and enters Bayou Boeuf twelve miles from that place.
> Three miles farther it sends off Bayou Lamourir [*sic*] through an
> extensive swamp back to Red River . . . The Boeuf has at all seasons
> a steady current of pure water and is one of the prettiest bayous of
> Louisiana. On either side of the Boeuf and Bayou Robert
> throughout their length are, or rather were [before the four years of
> the Civil War] some of the finest plantations in the state. The front
> lands of Bayou Boeuf are fertile in the highest degree—light, sandy,
> reddish colored, and easily worked . . . The Boeuf and the Cocodrie
> by their junction form Courtableau, . . . [See Lockett, 78] and,

> The northern section of the Bayou Boeuf to which Northup
> was brought as a slave was not settled until around 1812 because of
> its remoteness to New Orleans when Louisiana became a state.
> Supplies had to be obtained and farm products shipped on the

Boeuf. After the inland port of Washington developed on Courtableau Bayou, large warehouses were constructed in which cotton, sugar cane, molasses, and other products from the Boeuf plantations were stored to wait for a steamboat coming from New Orleans to transport crops to market and secure farm and family supplies. The Bayou Boeuf region developed a busy commerce, serving as the lifeline of the pioneer families migrating to establish plantations there. [See Eakin, *Washington* . . .,3-9. See a present-day photo of Bayou Boeuf taken at the old William Prince Ford property in the Extras & More section of our website at www.TwelveYearsASlave.org]

89. Peter Tanner, who was the son of Robert Tanner, one of the founders of Cheneyville, with his wife Providence, became an influential planter, first owning a plantation south of Cheneyville adjoining that of his brother, Jabez. The Ford children crossed a small bridge across the bayou to attend private school at the Peter Tanner plantation "Big House" [See Bennett, S.P.B.; see a present-day photo of the Big House owned by Jabez Tanner and a sugar cane field on the property in the Extras & More section of our website at www.TwelveYearsASlave.org].

Porter and Barbra Wright's detailed account of people buried in the cemetery of Bayou Rouge Baptist Church, Evergreen, Louisiana, in their *The Old Burying Ground*, provides insights into the person who was Peter Tanner:

Wheeler dealer Tanner was a big man even among the Grandees on the Rio Boeuf. 3,400 acres it is said, his home and all, he sold because he and his next door neighbor, brother Jabez, in 1859 had this violent disagreement over who was the rightful owner of a $5 gin pole. That was the cause, as handed down to Great Grandson Dan Brunson, for the sale and the move to Tanner Hill in Evergreen. The Tanners were known to have these outbursts among themselves. But for an outside intruder, caveat! We have no reason to believe the two brothers were not reconciled. Both were extremely religious. Jabez was the founding father of the Christian Church in Cheneyville and Peter was a deacon at Beulah Baptist Church there. They often preached at their respective meeting houses. The church book at Bayou Rouge Baptist does make mention of an 1846 resolution requesting Peter Tanner 'to preach here as often as convenient . . .' Peter Tanner served in the Louisiana Legislature from Rapides Parish. [See Wright, 74-75]

90. Anderson Leonard Chafin [spelled "Chapin" in text] married Sarah Ann Providence Rutledge and lived at the edge of the Great Pine Woods about a dozen miles from the settlement later called Lecompte. He was in the tanning business [See Stafford, *Three Rapides Families* . . ., 33).

91. The term "Great House" reflects a misunderstanding of what was meant by "the Big House" originally and then elaborated upon by people without knowledge

of plantation country. The "Big House" was probably first applied by slaves on plantations, and it was adopted by people mostly outside the South in its literal meaning. In reality, the expression meant to slave workers the designation of the site of the home of the planter, or master. Some of these houses were modest log buildings when Northup arrived on Bayou Boeuf. The inference of wealth comes from use of the term by outsiders, but planters often had little or no wealth. Thousands of acres of land were awarded to some men by the Spanish government for surveying land, but it took years of work to convert the land into cultivation. Land appreciated from a nominal value of fifty cents to several dollars in the first decade, beginning in 1812 when Louisiana became a state, to $40 or $50 an acre by the 1850s. When unsettled lands lay from the Mississippi River to the Pacific Ocean, land was either there for the taking or bought for a pittance [See Eakin and Culbertson, 194].

A plantation was a place employing a kind of farming involving a relatively large work force on a relatively large area of land. It was also a lifestyle. There were many plantations of 200-1,000 acres of land in the Lower Red River Valley. When Solomon Northup was in the area, land was still being cleared of woodlands and made ready for cultivation, which meant that even large landholdings ordinarily did not indicate the size of the area cultivated.

For the pioneers among whom Northup lived, land was of relatively little value at a time when thousands and thousands of acres to the Pacific were open for settlers. Land on the Boeuf sold by speculators to settlers ranged from about $1.25 an acre to $5.00. As late as the early 1900s, the railroad companies issued large numbers of booklets to promote settlement along their lines. The available land not yet settled included some in the Bayou Boeuf area. One of the monthly brochures, *The New Southwest Devoted to the Great Southwest*—actually a tabloid-sized, slick-paper publication of about twenty-eight pages—was published by the Missouri Pacific-Iron Mountain System in Saint Louis, Missouri, and advertised such things as "Special One-Way Colonist Excursions" and "Winter Tourist Rates for Colorado, Texas, Louisiana, and Mexico," emphasizing the vast amount of unsettled land that was available. In the March brochure, the Missouri Pacific Railway and Iron Mountain Route also advertised "Homeseeker's Excursions" through Arkansas, Texas, Louisiana, Kansas, Missouri, Indian and Oklahoma Territory." [See *The New Southwest Devoted to the Great Southwest*, published by Missouri Pacific Immigration Bureau]

92. "Piazza" is not a word used by people in Bayou Boeuf country. "Porch" or "gallery" would have been the words used by people in this area. Wilson may have substituted "piazza" for one of the local words.

93. The editor has found no account of the details of this incident.

94. Cook and Ramsay, as overseers, probably were overstepping their authority to make a decision to hang the rebellious Solomon, but they were acting under the mandate that a slave must not be allowed to strike a white man. There was the belief that this could incite more violence between blacks and whites within the tightly controlled plantation society. Since plantations formed the base of all

Southern society, this control was critical. In such an encounter of a slave with a white man, the danger to the black slave was overwhelming. A Louisiana law passed in 1806 provided the death penalty for striking a master, mistress, or one of their children so as to cause contusion or effusion of blood. A similar act in 1814 included striking an overseer with similar effect [See Gray, 517].

Dr. Edgar Thompson, premiere plantation scholar of Duke University, called the unwritten code that ruled plantation country, "The Plantation Survival Code." This code was required in the caste society where maintaining the status quo had much to do with securing the base of the economy: the plantation and slavery. The code included rules developed to maintain plantations with a dependable slave work force, and breaking them was not permitted—whether by a white or black dissenter.

Gray confirms the role of neighbors and the community regarding the control of slaves:

> The actual well-being of slaves, however, was dependent not so much on laws as to the humane instincts and economic interest of the master, and the power of neighborhood opinion. The latter was undoubtedly an important source of protection.
>
> Sir Charles Lyell declared, "The condition of negroes is the least enviable in such out-of-the-way and half-civilized adventurers and uneducated settlers, who have little control of their passions, and, who, when they oppress their slaves, are not checked by public opinion as in more advanced communities." [See Gray, 517]

James Cook, one of the overseers mentioned in this chapter, was married to Mary Eliza Robert, daughter of Alonzo and Tuzette Eliza Pearce Robert. He managed his father-in-law's plantation south of Cheneyville [See O'Neal, 95-97]. Ramsey, the other overseer mentioned, was a partner in Ford's sawmill venture, as previously noted.

95. Tibeats, an itinerant carpenter, would have had low status in the plantation community partly because he had not learned to live by the rules such as the one enunciated by William Prince Ford and overheard by Solomon Northup. Such a person was almost as unwelcome as an abolitionist in planter society.

Chapter Nine

96. John David Cheney married twice: Elizabeth Martha Fendon, by whom he had two children, and Henrietta Polhill Audebert, by whom he had two other children. His progenitor, according to Stafford, was John Cheney, who was a resident of Newton, Massachusetts in 1637 [Stafford, *Three Pioneer Families . . .*, 406].

97. "John Gilpin" is a reference to William Cowper's popular comic ballad, "The Diverting History of John Gilpin," published first in 1792 in England. It is reflective of the period in which David Wilson, the ghost writer, lived.

98. Louisiana was not alone in denying a black man the right to testify in court Solomon Northup was not allowed to testify in the case filed by him and attorney Henry Northup in the court in Washington, D.C., against the men associated with the slave pen; he was offered as a witness but rejected "solely on the ground that I was a colored man" [*Twelve Years a Slave*, 216]. Though Northup celebrated the arraignment of his kidnappers in New York on July 11, 1854, the trial never materialized, so we don't know whether his testimony would have figured in the trial or not ["An Individual Identified by Solomon Northup ...", 2].

99. Francis Myers was among the migrants to Cheneyville from South Carolina. He was married to Alma Coe "about 1840." He is listed in the U.S. Census, 1840. He was a frequent customer at the Ezra Bennett store and evidently had a plantation in the same area as that of William Prince Ford's place. Francis Myers went with Thaddeus Sobieski Robert to pursue the 1849 Gold Rush and never returned to Louisiana [Stafford, *Three Rapides Families*, 74, 95, 121. See photo of Bennett's store in the Extras & More section of our website at www.TwelveYearsASlave.org].

100. Peter Tanner, age thirty-eight in 1850, and his brother, Jabez, forty, probably represented the best and worst of traits associated with leading planters along the Boeuf [U.S. Census, 1850. This is especially true of Peter. He saw himself as the cocksure leader of the area, and he was certainly highly influential. He was on the board of the Planters Private Academy about fifteen miles from Bayou Boeuf at Cheneyville. The goal of the leading planters, which was passionately pursued, was not only preventing slaves from learning how to read and write, but also did not support the education of the white masses. Private academies were set up for exclusive use by the planters, using state funds for the construction of buildings under a policy of "beneficiarism." A select few "indigents" could attend these private academies, which existed across the state.

Peter Tanner, owning a large acreage of land, which appreciated in value decade after decade, is listed in the U.S. Census as having real property valued at $17,000 in 1850, [U.S. Census, 1850] with his brother Jabez listed as having a value of $30,000 in real property. Peter owned nineteen slaves, eight of these being between the ages of four to eight years. In this period when families, black or white, included a dozen or more children, nineteen slaves may have meant there were only two families on his plantation, and therefore a small farming operation despite the large acreage of land. However, Peter did operate a sugar plantation in Cuba and owned slaves there; other planters of the area also operated sugar plantations in Cuba, as evidenced by correspondence in the Ezra Bennett Collection.

Peter became a representative to the state legislature and was appointed to various positions of importance in Rapides Parish. He was known for being "hot-headed" and for his frequent outbursts in hearty laughs [Stafford, *Three Pioneer Families* . . ., 306].

Neither Peter nor Jabez were listed among large slaveowners (those with over fifty slaves). It was Jabez who was known among their neighbors for reading the Bible to his slaves on Sundays. Whether David Wilson transferred the story to Peter or whether Peter adopted the habit is not known.

101. The editor found no surviving stocks left on Bayou Boeuf, but did locate a set at Magnolia Plantation, Cane River, now included in a national park.

102. Providence Tanner, wife of one of Cheneyville's founders, Robert, was instrumental in the founding of Beulah Baptist Church at Cheneyville in 1816. Both Tanner sons, Peter and Jabez, considered themselves religious, but it was Jabez who headed the historic break of many members of Beulah Baptist Church. More slaves, who sat in a balcony of the church, belonged to Beulah Baptist than white people. In the early 1840s a division developed from an intense argument over predestination, a concept rejected by Jabez. The split impacted the Boeuf community so much that a saying repeated by residents from that decade was: "The Up the Bayou Tanners didn't speak to the Down the Bayou Tanners." Peter did not leave Beulah Baptist, but Jabez led the dissidents and published a booklet, *A Concise History of the Rise and Fall of the State of Affairs in the Religious World at this Place*. Jabez led in the founding of the Campbellite Church in 1842.

Reverend William Prince Ford presided at the installation of the board of the Campbellite Church. Because of this act and the act of serving communion to a Methodist at Spring Hills Baptist Church near his home on Hurricane Creek in the pine woods, William Prince Ford was expelled as a member of Beulah Baptist and from his position as pastor of the Hurricane Creek Baptist Church. The founder of the Campbellite Movement, Alexander Campbell from Kentucky, spoke at the new Campbellite Church in Cheneyville [See Ford letter to Wright; Eakin, *A Source Book: Rapides Parish History*, 33].

Charles David Bennett, brother of Ezra, in 1894 wrote from Cayuga, New York, to his niece: "From a region almost destitute of religious meetings, it has become used to many of them—the whites and the blacks. Besides preaching and social meetings in Cheneyville, meetings were commonly held in the Ford and Eldred neighborhood or in the Tanner and Roberts on the other . . ." [See Bennett to Virginia].

103. Peter Tanner became one of the deacons at Big Cane Baptist Church in St. Landry Parish after he moved to Evergreen in Avoyelles Parish [See Fisher].

Chapter Ten

104. The plantation "Big Houses" were usually built several decades after the plantations were in operation. They were usually built of lumber from woodlands in the back of the plantations—ordinarily with high ceilings to offer better circulation during the hot semi-tropical summers, usually one story but sometimes more. They were often made from cypress and were mostly "dog trot" houses with a central opening, later closed in to become a hall, with rooms on either side.

105. There was no law against slaves swimming in the waters of many bayous, creeks, lakes, and rivers, though some slave owners may have forbidden it.

106. Cocodrie (Pacoudrie in *Twelve Years a Slave*) Bayou marks the boundary of the alluvial soil in the area where Solomon Northup lived as a slave in the pine woods.

On Bayou Boeuf, the term "across Cocodrie" became an epithet conveying the idea of a mysterious and fearsome place. There were areas of swamp in the forests "across Cocodrie," but there were larger stretches of pine trees growing on low hills. There were tales of how folks protected the area from outsiders and made their own rules by which they lived, no matter what the outside world with its laws tried to force upon them. In the twentieth century, Prohibition bootlegging was said to be flourishing "across Cocodrie," and the inhabitants did not allow blacks to go there.

107. There were bears, wildcats, and reptiles, but the presence of tigers may have been a local rumor or myth.

108. The Ford plantation faced a ridge known as the Texas Road that wound through the pine woods from Washington, Louisiana, to the northwest. The road was called "Texas Road" because it reached the Sabine River, the boundary between Louisiana and Texas. [For more information, see endnote 73].

Chapter Eleven

109. Oranges do not grow along the Boeuf, so it's possible that Solomon was referring to tangerines.

110. John David Cheney, descendent of one of the founders of Cheneyville, William Fendon Cheney, owned eighteen slaves in 1855 [See *Biographical and Historical Memoirs of Northwest Louisiana,* 607; see endnote 96].

111. John Dunwoody ("Dunwoodie" in *Twelve Years a Slave*) (1782-1862) owned a plantation in the pine woods southwest of Lecompte. He married Delia Pearce in 1807, and they had three children, including Mary L. Dunwoody, the mother of Mary Dunwoody McCoy mentioned later in the narrative. John Dunwoody was born in Georgia. The Dunwoody cemetery, restored by the town of Lecompte, lies at the site of his plantation in the pine woods near Lecompte [See Stafford, *Three Pioneer Families . . .*, 403].

112. The strategy of William Prince Ford relating to the treatment of slaves by owners was not unique to the Reverend Ford. An unwritten Plantation Survival Code included rules that planters respected even above the law. Planters were the final authority in "the small colonies," as the first plantations laid in Virginia in the seventeenth century were called. They were macho individualists accustomed to obedience from everybody residing on the plantation, including their wives and children. As patriarchs concerned with every aspect of the lives of the people on their plantations, they simultaneously bore the responsibility for all residents— food, shelter, health and medical care, and burials.

Planters sometimes risked action against themselves by fellow planters in cases of extraordinary violence or cruelty against a slave or slaves. The Plantation Survival Code included combined planter action against a planter whose behavior toward his slaves threatened the working relationship between planters and their slaves. The reason for the Plantation Survival Code was practical. Without slaves working under the direction of a planter, no crops could be raised, which meant no income to pay off the borrowed money the planter owed. To protect their interests, planters attempted to tightly control every aspect of plantation life possible, especially since they worked under the sure knowledge that nothing could be done to protect the crops they were cultivating against other substantial risks, such as acts of nature—too much rain in the tropical climate, too much drought, winds, early freezes that made the sugar cane worthless—or the devastation caused by pests such as caterpillars and boll weevils. Crop failures happened often. In addition to the unwritten code, a Louisiana law passed in 1830 allowed courts to take control of slaves abused by a planter, sell them, and reimburse the owner from the proceeds of the sale [See Robert to Eakin].

113. The Big Cane Brake consisted of a thick grove of what must have been exceptionally large, tall switch canes through which ran Little Bayou Rouge. Pioneer settlers reported that thick forests of switch canes grew densely along the bayous of the area. In these lowlands with a network of rivers and bayous switch canes seemed to cover the land. Reportedly, an early settler on horseback riding through the canes found them taller than his height on horseback [See Goins and Caldwell].

114. Randal Eldred, Jr.("Eldret" in the narrative) was born June 1, 1780, in Beaufort District, Carolina. He married Esther Susannah Robert in February, 1801. Shortly after their marriage, they moved to Woodville, Mississippi, and a few years later moved to a bend on Bayou Boeuf about six miles south of Cheneyville. This spot at the bend of the bayou became known as Eldred's Bend. After the first wife of Randal Eldred, Jr. died in 1847, he married her sister, Mary. He died January 10, 1850 [See Stafford, *Three Pioneer Families . . .*, 208].

115. Hugh M. Keary, William V. Keary, and Patrick F. Keary (referred to as Carey in the narrative) were three brothers migrating into the Cheneyville area around 1858 from Wilkinson County, Mississippi. Because of overwhelming indebtedness, they left Mississippi to establish themselves as planters of cotton and cane in Louisiana. The Keary brothers were sued in 1865 for $14,625 plus interest and court costs by William A. Gasquet of New Orleans in relation to the purchase of a plantation south of Cheneyville in November, 1858. The property is described in the legal papers:

> A certain tract of land belonging to the said Hugh M. Keary and known by the name of the North Bend Plantation in the Parish of Rapides . . . bordered above by lands of P. Tanner and below by those of John Dunwoody and containing 1600 acres more or less together with the buildings thereon, horses, mules, cattle, and implements of husbandry belonging to the said Keary brothers and attached to said plantation. [Gasquet vs. Keary]

Hugh Keary was forty-nine years old and William V. Keary, forty-one. Patrick F. Keary was the youngest brother. They owned 140 slaves living in thirty-five dwellings. The value of their property is listed as $450,000. One thousand acres of their land was listed as improved and 3,375 as unimproved. The cash value of the farm was listed as $180,000 in 1860 [Menn, 134-135].

Mostly young men and few white women lived in this frontier country. Both older Keary brothers lived with black women in lifelong relationships. On file in Avoyelles Parish courthouse is a document placed there by Hugh M. Keary declaring his first four of fourteen children by Mary Thompson, a mulatto, as his legitimate children. He sent his children to Philadelphia to obtain an education. He left all of his property to his children [See Keary Papers; Menn, 134; Conveyance records and other documents filed at the Office of the Clerk of Court, Avoyelles Parish]. Patrick Keary, the youngest brother, married the niece of Jefferson Davis, who Davis had taken as his own when her father died.

116. There were no tigers in the Big Cane Brake, so this could have been a local rumor or myth. There were bears and alligators, however.

117. Jim Burns was not an example of a planter who used only women in his labor force. According to the list provided by the 1850 United States Census, James Burns owned two mulatto females, ages fifteen and forty-five; two black females, ages fifty and seventeen; three black males, ages forty-five, twenty-seven, and two years, and one mulatto male, age sixteen. The planter was an early settler with his small plantation located at Holmesville, a small port on Bayou Boeuf about twenty miles south of Cheneyville. The name Holmesville changed over the century to Eola, named for a local merchant. Burns' plantation lay across the Boeuf from that of Edwin Epps and is still standing and occupied by a descendant [See Morgan to Eakin].

118. John Fogleman (Fogaman in the narrative), born in 1795, was the son of George and Sarah Hoozers Fogleman. He married Polly Sandefur, daughter of another pioneer family from Holmesville, on January 1, 1819, in the Opelousas courthouse. All of the plantations around Holmesville were small plantations of 200 or 300 acres [See Morgan to Eakin].

119. Peter Baillio Compton was the son of John Compton and Amelia Baillio. His father was a pioneer planter with a big plantation located about three miles south of Lecompte. His mother was the daughter of a large planter whose plantation was located near Alexandria [See endnote 86; Stafford, *Three Pioneer Families . . .*, 153].

120. Madam Tanner was Ann Martha Tanner, widow of Lodowick Tanner. Peter Baillio Compton was her son-in-law. Ann Martha Tanner was an extraordinary woman who took over the Tiger Bend plantation that had originally been owned by her husband, Lodowick, and his two brothers. The three brothers went bankrupt and would have lost the property but for Peter Baillio Compton, who had married Esther Eliza Tanner and redeemed the property of the Tanners. Ezra Bennett, a New York migrant who married Ann Martha Eldred's sister, kept books for Ann Martha when she first operated the plantation. Information about the Tanners can

be found in the Bennett Papers and the Sue Eakin Papers, both housed at the LSU Alexandria Library Archives [See Stafford, *Three Pioneer Families* . . ., 153].

121. Bayou Huffpower ("Huff Power" in the narrative) is a small bayou that flows east about nine miles south of Cheneyville. The bayou flows through the town of Bunkie today.

122. Edwin Epps was an overseer from Oakland Plantation, patented by Archibald P. Williams and located about ten miles south of Alexandria. Epps received eight slaves (1850 census) as settlement from Williams after his default on payment of salary to his overseer. Epps moved south to Avoyelles Parish and after a few years bought 300 acres at Holmesville.

    Thus, the slaves who were fellow workers with Solomon Northup also lived on Oakland Plantation. The sale of Northup (Platt) to Epps occurred on April 9, 1843, for $1,500. Epps paid cash for the slave ["Conveyance Record Q." Document 5754, John M. Tibaut to Edwin Epps, Avoyelles Parish Courthouse, Marksville, Louisiana, May 3, 1843, 261-262].

Chapter Twelve

123. Joseph B. Robert was the son of Joseph Robert, one in a group of Hugenot descendants migrating to the Boeuf area around 1817. Joseph B. Robert started a small store on a bend of the Bayou Boeuf called Eldred's Bend, which belonged to his uncle and aunt, Randal and Susannah Robert Eldred. Young Joseph B. chose a highly desirable place where keelboats and flatboats in the Bayou Boeuf commerce could anchor alongside the store. At that time a lively commerce on Bayou Boeuf was critical to the settlement of the rich land alongside the bayou. Communication with New Orleans was essential to bring necessary farm and home supplies from New Orleans and to ship crops to "the city's" markets. Funds to produce crops had to be borrowed through financial agents called factors in New Orleans, usually representing financiers in New York and Boston [See Eakin, *Centennial Album* . . .,154].

    The bayou was too narrow and not consistently deep enough for even small steamboats. Each boat in the Boeuf commerce rang a bell distinctive from all others so that the crews of other boats became aware of its location [See Lyles interview; Wells interview]. So narrow and shallow was Bayou Boeuf that often derricks were built over the flatboats so that teams of heavy oxen or horses could be harnessed on both sides to pull the boat along the bayou. Olmstead noted that, instead of slaves, Irishmen navigated the bayou under an experienced captain [See Olmstead, 273]. This bayou commerce operated between the northernmost port at Cheneyville and the destination about seventy miles southeast at the small inland port of Washington on Bayou Courtableau. Small landings along the numerous plantations on both sides of the bayou were stops for the boats. Bayou Boeuf and Cocodrie Bayou, which ran roughly parallel the same distance and direction as the Boeuf, flowed together a mile and a half below Washington to form a deep enough bayou to bring steamboats through a hazardous maze of streams from New Orleans.

Joseph B. Robert moved to the Bayou Clear/Huffpower location after selling his store to Ezra Bennett, son-in-law of the Eldreds, in 1832. Robert's small cottage on Bayou Huffpower where he moved after leaving Eldred Bend is preserved today as a core within the handsome frame house belonging to Mrs. Catherine Luke near Bunkie [Abstract of the Luke Place courtesy of J.B. Luke, Jr. and Mrs. Catherine Luke, Bunkie, LA].

124. Solomon Northup/Platt was an intelligent observer of farming on Bayou Boeuf, and the ghost writer may have also used other sources of information about farming.

The journal *American Agriculturist* "absorbed more than thirty agricultural journals, including *Genesee Farmer, Alabama Farmer, American Farmer's Magazine, Connecticut Homestead, Farm Journal and Progressive Farmer* and others" [WorldCat database, August 13, 2004]. Regular contributions from R.L. Allen, of New Orleans, to *American Agriculturist,* shed some light on the status of agriculture and farm migrants in the newly settled country:

No country of equal extent on the face of the globe seems to possess such a prodigal affluence, such an unstinted measure of agricultural wealth as the alluvial portions of Louisiana . . . every acre of this State seems teeming with the elements of vegetation, the foundation of future wealth, and the sustenance of future millions. And every section of it is accessible within a convenient distance, by navigable waters, or admits of the easy construction of roads. Even the waters which pervade and border the State, would furnish sufficient food for a population larger than the population than now inhabits it . . . Actual want or suffering under such circumstances cannot exist, but that absence of individual prosperity is often to be found, that creates a morbid restlessness under present exigencies, and induces efforts for its alleviation in the removal to some fancied El Dorado in the yet unexplored wilderness . . . (Editor's comment: This statement was probably registering dismay at the record number of migrants from the eastern states who traveled through Louisiana, perhaps stayed a year or two, and moved on to Texas. "GTT" was a popular slogan of those days: GONE TO TEXAS! Land to the west was offered free of charge).

Cotton may be ranked next [to sugar cane] in the order of the staples of this state. But a few years since this was the leading product; but while it has been reclaiming new territory and advancing in quantity, in much of the old, the profit afforded by the cane has enabled the latter to usurp many of the plantations hitherto exclusively devoted to the former. In the cultivation of this leading export of America, much improvement has been witnessed within the few past years; and although excessive rain or drought, the army worm or caterpillar, blight, mildew, or rust, occasionally disappoints the hopes of the planter, yet a closer study of the habits and diseases of the plant, a careful selection of seed, the introduction of new and improved varieties, and a nicer and more careful cultivation, are all aiding to swell the aggregate of the cotton-fields. [See Allen, 336-338]

Allen's comments at the close of the article carry additional insight into cultivation in the Bayou Boeuf region:

The false ambition for large plantations, and operations and achievements beyond the legitimate means of the owner, has been and still continues to be, the bane of citizens of our new States. This policy may result in giving to the few, large landed estates, yet really less pecuniary income, than would result to the shrewd manager where a denser population existed, and more aggregate and active wealth circulated among the mass, the necessary result of a greater and more intense production. In looking over some of the plantations of this region, where large bodies of land are either wholly or partially unsubdued, and the remainder admits of much higher cultivation, one cannot but be forcibly impressed with the consideration, that the old maxim, divide and conquer, if applied to southern plantations generally, would have a much more pregnant and salutary bearing on the welfare of the human race, than was ever assigned to it by the ambitious Roman. A little land well tilled, while vastly more beneficial to the State and the middle property-classes, is, perhaps, of equal or even greater advantage to the opulent, than the present system of over-grown and over-cultivated estates . . . [See Allen, 338]

125. Wilson writes of the whipping of slaves from morning until night; this reported continual whipping raises questions about how such violence against the bodies of slaves might have affected their work and value. While there may have been countless acts of individual cruelty and even a single whipping would be abhorrent, Wilson's claim of around-the-clock whippings may have been a dramatic embellishment to appeal to the book's audience. This continuous violence would have run counter to the unwritten Plantation Survival Code designed to restrain the slaves and maintain the status quo under the strategy described by William Prince Ford in the narrative [See endnote 112]. The slave owner's investment in slaves represented the extent of his negotiable property [See endnote 58].

Available are written records for five people who lived on these same Boeuf plantations, and they provide no description of daily atrocities in Boeuf plantation country. One of the five people, William O'Neal, was a slave himself during the same period as Northup who dealt with the same people; he also employed a ghost writer for his own book. O'Neal made enough money on his free time to buy his freedom. In dealing with his white master and son in his purchase, O'Neal told of their dishonesty, causing him to pay twice the price for himself, much higher than the price upon which the slave had agreed [See O'Neal, chapter 6].

126. While there is a lack of evidence in Bayou Boeuf antebellum records suggesting a general, frequent use of extraordinary violence against slaves, there was at least one instance of an extrajudicial execution of nine slaves, who were hanged for an aborted insurrection headed by another slave named Lew Cheney, as described in a later chapter of *Twelve Years a Slave,* Chapter 17 [See Eakin, *Rapides Parish: An Illustrated History*, 26]. There were also cases of violence against abolitionists. A letter from Ralph Smith Smith of Waverly Plantation alludes to the murder of an abolitionist who came into the area to encourage slaves to organize against the planters.

127. Cotton picking did not change very much from Northup's years on Bayou Boeuf to the editor's years growing up on Compromise Plantation on the same bayou in the 1920s and 30s. Skill and speed at cotton picking were highly admired during both periods. Patsey's skill at cotton picking evoked the deepest admiration, for rare cotton pickers in her day achieved local stardom for what seemed to them the magic number of pounds: 300. However, it is doubtful that she possessed the skill to pick 500 pounds. In the editor's day, she watched the high respect shown to the best cotton pickers when the cotton was weighed at the end of the day. However, those numbers caused anxious looks on some faces of pickers if they might not have picked as much that day as they had hoped and therefore might lose status among their peers. There were looks of triumph and looks of disappointment, but everybody admired the picker who could pull the soft, fluffy cotton from the burr that held it tightly. Residents of the Boeuf region always looked forward to cotton season. The white sea of cotton was beautiful, the hottest weather was over, and the competition among people laughing while their fingers were flying to pick the largest quantity lifted everyone's spirit.

128. The work hours in the field were long. According to Gray:

> In the south as a whole hours of labor were about the same as for farm work in other parts of the United States; that is, from 15 to 16 hours a day in the busy season, including meal time and intervals allowed for rest . . . Breakfast was sent to the field, and a half hour allowed for eating. Two hours of rest were given at noon. Work stopped at sundown, but in rush seasons might be prolonged until dark . . . In the winter season and in 'lay-by' periods labor requirements were likely to be lighter. . . . It was the usual custom to allow Sundays to be free except in rush periods. [See Gray, 557]

Planters did work their slaves on Sundays; by Louisiana law, slaves were to be paid for Sunday work. Cotton pickers did not work in the moonlight in the fields of this area because the unwritten code by which planters operated would not allow it, if for no other reason. An effort was made by a large planter on Red River named Levi Wilson to work his seventy-five slaves at night, at least twenty miles from Cheneyville. His slaves were to pick at night by building large bonfires on the turning rows to provide light. Area planters called on him and had his slaves picked up and sold, returning the money to him. [See Robert to Eakin, August 1963].

Planters in these situations operated to protect their livelihood and lifestyle, and joined forces with other planters to enforce the unwritten rules for slave owners. The deviating planter had no choice but to comply with demands [See Gray, 511].

129. What the slave had for food was largely decided by the effort made by the slave and his family members. People helped themselves to the plentiful resources of fields, streams, and woodlands of this frontier period. As one black woman explained, "We took what we had and made it into what we needed." Some slaves raised hogs in their back yards to kill for winter meat and had chickens as well. Nobody lived on small portions of corn and pork. The fatty meat needed for cooking vegetables was probably issued to the slaves. A few planters had food cooked to serve all slaves during times when work required every hand available to complete jobs such as picking cotton "before bad weather set in." One common food, "cush-cush," no doubt introduced by the Louisiana French, is made of cornmeal dampened and fried in a small amount of grease. This is still a favorite for many Louisianians. Small animals were also popular with slaves. As Solomon Northup recounts: "The flesh of the coon is palatable, but there is nothing in all butcherdom so delicious as roasted possum." In the rich soil ditch banks along the fields grew pumpkins and cushaw, and ordinarily planters reserved many rows in the fields for vegetables, ready for the picking to everybody on the plantation. Wild turkey, deer, squirrels, quail, doves, and rabbits populated the woodlands in the back of the plantations in the frontier days. Wild pecans and walnuts, berries and mayhaws came with the spring. The many waterways held a plentiful supply of fish for catching or seining even as late as the 1950s.

130. The claim that slaves were expected to sleep on foot-wide boards and use pieces of wood for pillows seems to stretch credulity, so it's possible that the ghost writer was extending Solomon's comments regarding a type of punishment to his daily experience. One would expect the slave to sleep on the ground rather than on a board too narrow for his body. Slave owners generally wanted their workers to receive a reasonable amount of rest simply because their livelihood depended on the slave's productivity.

After the cotton crop was picked, there was always "scrap cotton" in the fields to be used to fill mattresses, pillows, and quilts. In the settlement period, moss hung in great swabs from limbs of the trees, and winds left some of it on the ground. Even shucks were washed and dried, then used for some mattresses. Everything needed for building a simple bed was readily available at little or no cost.

Moss was picked and sold to gins in Louisiana until the modern era, when the industry disappeared due to the development of synthetic material. Martinez writes of the benefits of moss as a stuffing:

> No known insect will attack moss fibre, eat, destroy or live within it.
> Moss ranks next to curled hair in resiliency. That is why it is
> desirable for use in upholstery. Owing to the large amount of waste
> matter and the resultant loss of weight with each handling, moss is,
> contrary to current opinion, not a cheap filler for furniture. It is used

only in the finest and most expensive furniture or cushions. [See Martinez, 7]

131. Log houses were built when the settler had chosen a site where he and his family expected to live. Trees had to be cleared from the land for a house site as well as to begin to farm, a process that took considerable time, from the cutting down of the trees to picking up debris to plowing. Dirt floors were commonplace and became surprisingly hard and usable. In the antebellum period most chimneys were made of mud mixed with moss, and the fireplaces served both for warmth and for cooking. Some houses and cabins for slaves were built of brick made from clay in the area. These adobe bricks were sun-dried and sun-baked; they were soft but durable, since many slave quarters with brick cabins survived until mid-twentieth century [See Pete Smith interview].

132. Sweet potatoes were a staple along the Boeuf in the antebellum period.

133. There were no cellars due to Louisiana's low land. Louisiana's elevation ranges from five feet below sea level in parts of New Orleans to 535 feet above sea level at the top of Mt. Driskill, the highest point in Louisiana, located in Bienville Parish.

134. Meat with maggots in it would probably not have intentionally been distributed to valuable slaves whose productivity was a primary concern of the planter.

135. In 1699, when the first European settlers were sent by France's King Louis XIV to Louisiana to occupy the land before England or Holland did, they found a small animal which was good for neither milk nor their meat. "Boeuf," meaning ox or bull animal in French, was thus associated with the streams where wild cattle clustered along the banks at a watering hole. There are several Bayou Boeufs and a River Boeuf in the state. The French called the streams "the Boeuf" because of the many wild cattle watering at the streams [See Prichard, 35].

136. Vegetables are grown in spring, summer, and fall. Flowers bloom throughout the year.

Chapter Thirteen

137. Solomon Northup would have heard of "thinning cotton" on Bayou Boeuf, the name applied to this procedure. It had probably been passed down by generations of planters. After the planting when seeds were sown in a row, the plants were thinned by scraping clear a prescribed distance between each plant.

138. Edwin Epps owned a 300-acre plantation.

139. Dr. Robert Dumville Windes [referred to as Wines; see Bennett, Daybook, December 12, 1838] owned twenty-nine slaves in 1855. His grave is marked and visible in the Ferguson graveyard, only a few miles from Epps's plantation. George

Windes of Brea, California, descendant of Dr. Windes, shared the small Civil War diary of 1863 kept by Nathaniel Van Woert, Windes' ancestor and a member of Boone's Battery, which was comprised of residents of Avoyelles and Rapides parishes. The excerpt relates to the experience of Van Woert at Port Hudson in 1863. Port Hudson is located on the east bank of the Mississippi River about thirty miles south of Baton Rouge, Louisiana:

> January 23, 1863 - There were [?] rows of white cotton tucking tents facing toward each other with the officer tents facing the avenue formed by the company's tents ... Was then assigned to Sergeant Griffin's Gun Squad and became a member of mess number one, thanks to the courtesy of Mr. Robert Dumville Windes of Avoyelles Parish, who was already a member of it. He was my wife's cousin and only son of Dr. Windes, a planter and practicing physician living near Holmesville in Bayou Boeuf. Young Windes was a typical southerner, a graduate of a Kentucky college, was thoroughly educated especially in the classics and also took a post-graduate course in law. He had his own body-servant with him, a faithful negroman named Rice ... [See Van Woert, January 23, 1863 to July 13, 1863]

140. In Chapter 12, "When a new hand ... is sent for the first time into the field, he is whipped up smartly" [See *Twelve Years a Slave*, 165]. In this chapter, "Epps threatened the severest flogging, but in consideration of my being a 'raw hand,' concluded to pardon me on that occasion." It is therefore difficult to determine the circumstances under which this custom applied.

141. See endnote 125.

142. It took Edwin Epps six years, beginning in 1845, to pay $2,500 for "that certain tract or parcel of land, situated lying and being the Parish of Avoyelles, on the East side of Bayou-Boeuf, & bounded above by lands of John A. Glaze and below by lands of Fuselier and in the rear by those of Carey (Keary) & brother, containing the quantity of three hundred acres, more or less ..." Witnesses included neighbors Mathew Vernon, James Burns, and Francis Collum [See Sale of Land, 90].

143. The U.S. Slave Census for 1850 confirms the list of Epps slaves: Abram— male, forty years old, black (actual age: sixty); Wiley—male, thirty-four years old, black (actual age: forty-eight); Phebe—female, thirty-seven years old, black; Bob— male, twenty years old, black; Henry—male, seventeen years old, black; Edward— male, eleven years old, black; Patsey—female, nineteen years old, black (actual age: twenty-three); Susan—female, died; Platt—male, thirty-four years old, black (actual age: forty-two).

144. Both William Tassle and James Burford ("Buford" in the narrative) are listed in the 1840 U.S. Census for Williamsburg County, South Carolina. The financial

situation of Burford reflects the circumstances of many planters whose yearly profits were as undependable as the weather. Substantial wealth existed mostly among landowners with political clout who were recipients of huge acreages of lands across the South, land that appreciated considerably in value with every passing decade.

145. Chain gangs were not a common method of transporting slaves. More often slaves walked, rode in wagons, or rode on mules or occasionally horses, as described in manuscripts from that period, such as the Rosa Cheney diary of her family's long trek to Texas to avoid the Union troops invading the Lower Red River Valley [See Cheney].

Chapter Fourteen

146. Caterpillars ate large portions of the cotton crops on Bayou Boeuf plantations in the Cheneyville area during the 1840s and 1850s [See Bennett to Belden]: "My business has been as good as I could expect for this season of the year, better than it will be for the remainder of the year. The Cotton Crop of this Parish will fall short more than one half from last year's crop. The catapillars [sic] are literally eating up the cotton through this section of the country . . ." [See Bennett to Belden]. On the same day, Ezra Bennett wrote to Mr. C. Toledano: "The caterpillars are doing immense damage to the present crop of cotton. [T]hey have eaten the laves [sic] clean from the stalk and are now eating the green bowls...[See Bennett to C. Toledano]. On March 5, 1842, Bennett wrote to his factor: "Times are cruel tight in the country & can't be got on any terms . . ." [See Bennett to Loflin and Stephens]. DeBow's Review, which began publication in New Orleans in 1846, ran articles about the increased numbers of caterpillars infesting the fields during the period [See DeBow's Review, 2: 277, 354; 3: 535-43]. Ezra Bennett wrote to his brother in 1847: "My cotton is about as good as my neighbors which is generally poor. I do not think there will be over half or two thirds crop provided the worms do not come to eat it up" [See Bennett to Dear Brother Charles].

The plight of cotton planters had reached a critical low during the prior decade, with the Andrew Jackson-Biddle Bank War bringing depression and hitting the bayou country hard in the mid-1830s.

147. Sending slaves to work in St. Mary's Parish cane fields often took place, and there was a similar sending of slaves when help was needed by cotton planters of Cheneyville during cotton picking in the fall. Some area cotton planters also operated sugar cane plantations in St. Mary's Parish. There were kinship ties between the populations of the two parishes. Mrs. Esther Wright stated that Baynard Robert, an uncle of Edwin Epps' wife, owned a sugar plantation there. When as a young man Ezra Bennett arrived around 1830 from Nunda, New York, he came to visit his uncle, Joel Coe, in St. Mary's Parish. From there he went to Cheneyville to visit relatives of Joel Coe [See Wright interview with Walter Fleming].

148. Bayou Teche is one of the most beautiful of Louisiana bayous. It flows into the Atchafalaya River in South Louisiana, made famous by Henry Wadsworth Longfellow in his epic poem "Evangeline."

149. Alanson Green Pearce ("Alonson Pierce" in the narrative), son of William, Sr. (1816-1863) and Frances Tanner Pearce, owned a plantation, Lone Pine, only a few miles from Oakwold, the home of his parents in Evergreen, Louisiana. Both plantation houses, built before the Civil War, still stand. Patrick Henry Toler was a neighbor of Alanson Pearce on his plantation in Evergreen. Grimball Addison Robert, a half-brother of Mrs. Epps' father, was born near Cheneyville in 1812 [Stafford, *Three Pioneer Families . . .*, 76, 345].

150. Lafayette, established as Vermilionville in 1823, has become over the years an unofficial capital of French Louisiana in the lower southern part of the state [See Writers Program of Works Progress Administration, 273].

151. At Grand Coteau, St. Landry Parish, the Sisters of the Sacred Heart established a Sacred Heart Academy for Girls in 1821. A Jesuit St. Charles College was established at Grand Coteau in 1838 [See Writers Program, 120-122].

152. Judge William Turner and Mrs. C. Ferguson are among those listed in Champomier's book stating the sugar production of Louisiana cane planters for 1849-1850: "Mrs. C. Ferguson, thirty-nine, William Turner, nineteen, 58 hhds of sugar, Bayou Salle, St. Mary Parish." Turner is similarly listed with Mrs. Ferguson in Champomier's publications of 1850-1851 and 1851-1852 [See Champomier]. These statements were issued annually.

153. These unwritten expected customs related to Sunday prevailed on all plantations in Louisiana and probably throughout the South. Planters who did not abide by this code of behavior would have been dealt with by their fellow planters. The pay undoubtedly varied from plantation to plantation.

154. The name Yarney is not listed in the 1840 U.S. Census.

155. Joseph Jedediah Robert, father of Mrs. Edwin Epps, was an exception among those who taught private lessons in Louisiana before the Civil War. Most teachers came from the North where formal education, both public and private, was available. To control plantation country, an elite group of influential planters throughout the South used private education as the major tool to establish and maintain a caste society.

156. Many trusted slaves were allowed to use firearms. Some hunted game not only for themselves but for their owners: "Despite strict laws regarding the possession of firearms by slaves, many Negroes had guns and many did hunt . . . The black man added squirrel, turkey, duck, rabbit, and perhaps venison to his diet and also contributed to the master's table . . . Some animals were caught with simple snares, and the raccoon and opossum were hunted at night with dogs" [See Taylor, 126].

157. There is documentation that Indians used fish traps of various kinds as well as cane poles cut from the banks of the streams with a cord holding a baited hook, seines, and other means to secure fish. With "water, water everywhere," Indians in Louisiana found streams a primary source of food. The French, Spanish, and English settlers also lived off what the land and the streams offered. They adopted the ways of the Indians and added new ideas about securing food.

158. Douglas Marshall, an aristocrat in the caste society of antebellum Louisiana who seemed to perpetuate the stratification of the Old World, was a descendant of the brother of Supreme Court Justice John Marshall of Virginia. The elite had the money and power to obtain a formal education, which was inaccessible to the vast majority of the population. However, there were small numbers of whites and blacks who individually managed to educate themselves surprisingly well, and some of the moneyed elite did not choose to seek a formal education.

159. The home of Dr. Jewel, the murdered victim, was in Opelousas, Louisiana, according to Dr. W.D. Haas' note in 1930 in the flyleaves of his copy of the first edition of *Twelve Years a Slave*. Dr. Haas (1867-1940), a grandson of Douglas Marshall, was a descendant of an immigrant named Sam Haas, who came from Alsace Lorraine before the Civil War. Sam Haas became a captain in the Civil War, returning to open a country store in central Louisiana at Chicot. He was an astute businessman and loaned money from his own resources that he stored in a safe inside his home, thus beginning a sort of banking operation on the Louisiana frontier. Dr. Haas' mother was Maccie Marshall, descendant of William Marshall of Virginia, a brother of United States Chief Justice John Marshall [See Holland. Alice Holland is a descendant of Dr. Haas.]

Chapter Fifteen

160. Cutting cane on the lead row required the highest skill; all of the cane cutters competed for the honor. Not only was a lead cane cutter setting the pace as the one who could strip the stalk of flags, cut the stalk with one swift strike, and stack the stalk across the rows faster than anybody else, he was recognized as a leader in encouraging the team. Often songs or chants lifted spirits in what was typically forbidding weather.

161. In addition to Solomon's recollections of sugarcane production, ghost writer David Wilson also had access to numerous agricultural publications of the period. There were many articles about the sugar industry, growing sugar cane and making sugar. One example of facts about sugar is included in "Culture of the Sugar-Cane," an article in *American Agriculturist*:

> There are three varieties of the sugar-cane cultivated in the U.S. The Creole was first raised in Louisiana by the immigrants from the West India Islands. It is the smallest, but yields the richest and most valuable juice. The Otaheite was introduced into Georgia early during the present century, from the Sandwich Islands, and within a

few years after, was carried from that state into Louisiana. It produces a large, luxuriant stalk, yielding profusely in juice, which is, however, much inferior in quality to that from the Creole. The blue-ribbon, brought to this country from Jamaica, subsequent to both others, is beautifully variegated with regular longitudinal stripes of blue and yellow, alternating in direction between each joint. It yields a juice of medium quantity and quality; but being by far the hardiest, it has usurped almost the entire sugar plantations of this State. Each of these varieties has undoubtedly originated in the East Indies, where the cane has been cultivated from time immemorial.

It was formerly the practice to plant the cane in rows, from 2 1/2 to 4 feet apart, and it is perhaps owing to this, and the careless system of culture, that the Creole may have degenerated and become the pigmy plant we now see it. A more rational system has been adopted for many years, by the most intelligent planters, and by them the rows are seldom permitted to be nearer than 8 feet. This is attended with many advantages. The rows contain three, and in some instances four parallel lines of plants, which furnish a greater number of stalks per acre than the more closely planted. They afford room for burying the trash (the worthless tops cut from the cane in the fall and destitute of saccharine matter), and the bagasse (the residuum of the cane after expressing the juice), between the rows, where it can lie undisturbed in the soil till decomposed. The sun and air have free access through the field, both of which are of vital importance in giving the fullest development to the plants; and finally, they allow of the use of the two-horse plow, by which a deeper furrow is made, the grass and weeds are more effectually turned under and destroyed, and a more thorough pulverization of the soil is effected, all of which is accomplished with the same expenditure of the animal, and with half that of the human labor employed with the single horse. Where deep plowing is not required to be repeated, but the destruction of weeds and grass is the only object sought, the greater width of the rows permits the use of the three-share plow, or a large steel-tooth or other cultivator,* by which one laborer will get over six acres in a day instead of two only with the plow. In fields suited to it, this practice has been adopted, the present season, with some of the New York implements, and has been attended with the most satisfactory results.

In preparing the land for cultivation, after providing a sufficient number of deep ditches as before described the surface is deeply turned over with four-horse plows. Sometimes this is done by a huge plow, called the giraffe, requiring six good animals to move it. The intended bed for the cane is then excavated to a depth of 4 to 6 inches, with a wide fluke, or a double-mould-board plow, leaving a furrow eight to twelve inches wide. The more careful planters clean out this by hand, and place three or four rows of the best plant in parallel lines four inches apart, lapping each and arranging them so that the eyes which occupy opposite sides may germinate horizontally, and shoot upward at the same time, thus giving evenness of growth to each stalk.

The planting may be commenced in December, and should be completed early in March. If done during the winter, protection from frosts requires that they be covered to a depth of four or five inches. On the approach of warm weather, this earth is removed within an inch or two of the cane, at which depth it is covered if the planting is deferred till this time. This is done to promote early germination, which is of great importance to secure a satisfactory maturity of the cane in this climate.

After the young shoots appear, the fine earth is gradually brought around and over it, and the plow is used for turning the furrow towards the rows. This operation is repeated as often as is necessary to keep the land sufficiently light and clear of weeds, and gradually lead the soil to the roots. When the cane has acquired sufficient growth to shade the ground, the final operation of ridging up, or laying by the crop, is performed with the plow and the hoe. The cane ought to be so forward as to admit of this by the middle of June.

*The steel-tooth cultivator is a new and very superior article, admirably adapted for cane as well as all other kinds of culture. It can be had at our agricultural warehouse, (187 Water Street. Price-- $7.50 . . . [See "Culture of the Sugar-Cane," 241-243]

Another such article providing information about sugarcane cultivation is "Sugar and Slavery in Louisiana" in 1847:

The report of the Commissioner of Patents contains a list of all the sugar planters in the State of Louisiana with the product of each plantation for the year 1844. The corrected aggregate of the sugar raised in that year is put at 215,000,000 pounds. . . At the beginning of the year there were in operation seven hundred and sixty-two sugar mills, of which four hundred and eight were worked by steam power and three hundred and fifty-four by horse power—the number of planters being about nine hundred. At the end of the year the number of mills had increased to eleven hundred and four, and the number of planters to one thousand eight hundred and fifty . . .

The sugar plantations of Louisiana lie along the shores of the rivers and bayous . . .

The way that much of the new States of Louisiana, Alabama, Mississippi, & c., have grown into their great production and prosperity has been by the removal of planters with their slave families from the old to the new States . . . [See "Sugar and Slavery in Louisiana," 55]

Still another article on sugar is "The Sugar Crop of Louisiana":

> It is estimated by competent judges that the crop of sugar in this State will exceed the crop of last year by at least one hundred thousand hogsheads . . . Two hundred and forty thousand hogsheads is an estimate which no one regards as extravagant. At the rate of $50 per hhd., (lower, we believe than a fair average,) this will give the splendid sum of twelve millions of dollars as the value of one single agricultural product of twenty-three parishes of the State . . . there are but fourteen in which sugar is the leading or principal product. In St. Landry, Calcasieu, Lafayette, Vermillion, Avoyelles, Rapides, West Feliciana, and Pointe Coupee, sugar is cultivated to a limited extent, cotton and corn being the chief products, and grazing an extensive employment of the people. [See "The Sugar Crop of Louisiana," 179]

162. Winrowing was a familiar scene on Bayou Boeuf during cane cutting time.

163. Hawkins Mill, located about three miles south of Cheneyville on Waverly Plantation, was the largest sugar mill for many miles. Remains of the mill survived for years, and were said to have come from a terrible explosion. Another Cheneyville slave, William O'Neal, born in 1827, worked building a sugar-house at the same mill in 1848. O'Neal's description of the work at the sugar mill has a different tone than in David Wilson's writing:

> By October the tenth the sugar-house is ready for grinding; the fires blaze in the great furnaces, the wheels began to revolve, and it has become a thing of life. William has been inducted into the mysteries of engineering, and as we glance into the sugar-house we see him managing the great engine with deliberation characteristic of his nature.
>
> The grinding season is a merry time on the sugar plantation, every-thing grows sleek and fat. All are full of life, buoyant and happy. In the fields may be heard many voices blending softly those sweet old plantation songs, once heard never to be forgotten.
>
> Ah! There is romance indeed lingering about the old sugar plantation, distinctively characteristic of Louisiana. The broad acres of waving cane, where the keen knives glisten in the morning sunlight, wielded by a hundred sturdy hands.
>
> The heavy two-wheeled carts roll by, laden with juicy cane, its purple stalks like the bloom on the ripened grapes of Italy. Long trains of these immense vehicles are coming and going, in the vain attempt to satiate the maw of that great colossus which is continually belching forth smoke and flame.

No time for idling now; for day and night all through the grinding season, which lasts until the last stalk of cane has passed through the crushers and emerged from the immense evaporators in the form of commercial sugar, all hands are kept busy. Thus ended the first season at the new sugar-house of Dr. Hawkins. [See O'Neal, *The Man Who Sold His Wife*, 90-91]

164. Before the Civil War there were sugar mills, which varied in size, an estimated every mile and a half apart along the bayou from Washington to Cheneyville. Almost all were destroyed during the invasion of Bayou Boeuf in 1863 and 1864.

P.A. Champomier does not list a Hawkins Mill in his publication, known as the authority on Louisiana sugar mills, 1849-1850. A large Rapides sugar mill is listed as Lambeth and Maddox. In Avoyelles, Lambeth is listed with sugar production at Leinster Plantation (Lambeth and Wells); on Bayou Huffpower at Meredith Plantation (Lambeth and H.P. Robert) and with another on Bayou Clair, and Lambeth and Cullum on Lucky Hit Plantation [See Champomier; and William Lambeth, U.S. Census of Avoyelles Parish, 1850]. Champomier also published such statements for 1840-49; 1850-51; and 1851-1852].

165. The amount of free time available to slaves varied from plantation to plantation according to the owner. The regulation on a given plantation had a great deal to do with how much of their food the slave or the master was expected to furnish. Gray writes:

> Slaves were never expected, however, to provide all of their food from their gardens, as in some of the West India Islands. Probably the nearest approach to this in the South was in Louisiana, under the French regime, where masters sometimes gave slaves all of Saturday and Sunday to work on slave crops, but suspended their rations in those days. [See Gray, 564]

Louisiana has many rainy days, and these would have had some effect on free time as well. Field work was not possible, and the limited amount of work that could be accomplished under shelters would have given some free time to the slave. Still, of course, as Gray states: "The actual wellbeing of slaves, however, was dependent not so much on laws as on the humane instincts and economic interest of the master, and the power of neighborhood opinion. The latter was undoubtedly an important source of protection" [See Gray, 517].

166. Christmas celebrations were not the only entertainment slaves enjoyed. Most forms of entertainment depended upon the slave himself or herself and their ability to make the most of any time afforded them from work. The African tradition of oral expression and movement in interpreting emotions proved a priceless legacy in surviving the restraints imposed by slavery.

According to other sources, Christmas was by no means the only time for celebrating. The diary of a soldier of the Seventy-Fifth New York Regiment of Infantry, edited by historian Walter Prichard, had this entry:

—Tuesday 19th (1864)—

Staid in camp all day. We are in the district that formed the theatre of Solomon Northup's bondage. Old Epps' plantation is a few miles down the Bayou and Epps himself is on his plantation, a noted man made famous by the circumstances of his owning Solomon Northup. Plenty of Negroes are found about here who say that they knew Platt well and have danced to the music of his fiddle often. [See Prichard, "Forest Diary of the 75th New York Regiment"]

The houses of the slaves formed villages. Blacks congregated on their front galleries during the evenings to relax and talk among themselves.

167. There was a wealth of food available in the streams and in the woods. "No objections are made to hunting," [See *Twelve Years a Slave*, 200] and fishing in the Boeuf and other streams nearby was a part of life.

168. Solomon/Platt's remembrance of the Christmas music provides a record of the rap music of that day. Modern rap traces its roots back through such early African-American music and then further to Africa:

> The beginnings of rap music are to be found hundreds of years ago and an ocean away from the black urban neighborhoods of the United States. In many West African countries, music-making was the province of the griots, male and female professional singers and storytellers who performed using a variety of techniques against a background of drums and other musical instruments. Among the techniques used by a griot was call and response, in which a solo verse line is alternated [answered] by a choral response of a short phrase or word.
>
> Griots were entertainers, keepers of history, and commentators on events of the present. "A griot is required to sing on demand the history of a tribe or family for seven generations," Paul Oliver writes, "and, in particular areas, to be totally familiar with the songs of ritual necessary to summon spirits and gain the sympathy of ancestors. . . He also must have the ability to extemporize on current events, chance incidents, and the passing scene. [Griots'] wit can be devastating and their knowledge of local history formidable." The griot's position in society was that of keeper of records and more. Griots were highly esteemed, and as Wolfgang Bender observes, "The Griots are highly referred to as the archives and libraries of this part of Africa. Thus the famous proverb, 'whenever a griot dies, a library dies.'" They were interpreters of current politics, transmitting messages and orders from the governing power to the people. As musicians with contacts with other musicians outside the court, they were able to learn the opinion of common people and could convey sentiments of the populace to the ruler.

In an oral culture, a culture without written records, a griot held a place of great importance. [See Haskins, 13-15]

Evidently Solomon Northup did not describe the singing and dancing among the black people that was omnipresent. Perhaps its very omnipresence is why he didn't bring that to the ghost writer's attention. Those gifts of oral expression came as a priceless part of their cultural inheritance from generations of ancestors. It was spontaneous. It was universal among them. I wrote about it in the 1930s on Bayou Boeuf:

> ... the sound of those Negro voices singing still echoes over the years. Many a summer night when the windows were flung open everywhere to catch what breezes might stray through the bayou country, I have sat, enthralled, and heard the clear sweet voices ring out from St. Philip Baptist Church at Loyd Bridge in what to me is unrivaled beauty. They sang for me too, and I knew the tragedy and beauty and joy and misery of plantation life. So I felt with the surge and flow of life's ecstasy and pain, so exquisitely blended, the music they poured into the warm air of the old country church. The words didn't matter so much; you got the whole story from the sound of it! One memorable day my grandmother walked with me across the bayou to the home of a mother and daughters acting out a little drama on their own gallery.
>
> The vivid portrayals of Bible stories, told in the bayou lingo, were superb. If there were names to those songs, nobody knew them; but I remember especially the brilliant spectacle drawn by five women singing in a manner so convincing that you walked right through the pearly gates with them.
>
> The five—if you are under the spell of the old folk song— have just been admitted through the gates of heaven. Gabriel has blown his horn, and St. Peter has checked them off his list. They are standing, dazzled at the splendor and beauty that surrounds them.
>
> The youngest of the five is the first to speak. "Sit down," she suggests to the other four. Perhaps she is tired from the journey all the way from earth to heaven.
>
> "No, Chile ... No, Chile ... No, Chile ... No. Can't sit down," the four answer musically.
>
> The younger cannot understand. "Sit down," she urges.
>
> "No, Chile, No, I can't sit down—Just got to heaven; Want to walk around ..."
>
> It is the oldest of the five who sings the response, all the time swinging her arms rhythmically and clicking her fingers until you can fairly see her beginning her eager inspection of heaven's wonders.
>
> Poignantly beautiful is the moving Negro chant which must undoubtedly have been revived by slaves in the cotton fields from memories of African life and passed down through the ages. No one can easily imitate this strange chant—though it is not really a chant

at all, for there are no words. Neither is it mere humming, for the crescendo in its loudest cry is an intense lament which always ends in the same note of abysmal despair and utter futility. Perhaps the Negro first wordlessly expressed in this strange new land his unhappiness, but in those plaintive tones lie the expression of the elemental grief and misery of us all . . .

Life as represented in the folk songs and sermons I remember, was almost always depicted as a long travel ending in the sky. Perhaps these were but bayou adaptations of written songs someone had heard and brought back to the bayou country, but it always sounded to me like one group of songs was composed when the railroad first went through the bayou side in the 1880s.

Negroes sang at work or at play, in kitchens, in the fields, walking along bayou roads, frolicking under the moonlight on warm evenings. Whatever the song and wherever the singer, the songs contained the enduring charm of being vibrant with the attitude, the life philosophy, and passions of an expression of hungry people . . .

Although there were, perhaps, folk songs identifiable with all the plantation-south, it seems much more likely that each pocket of plantation culture, varying widely from one to another, held within it its own unique repertoire of Negro folk songs. These from the Bayou Boeuf country probably had their counterparts wherever there were plantation communities, and undoubtedly some songs took hold and spread over wider areas to other communities. But wherever they are sung, they are a priceless part of our great American heritage, and the contribution of the plantation Negroes, which, we hope, is being preserved. [See Eakin, 24]

169. Recognition of marriages by slave masters often took place. In the Avoyelles Parish records (those in Rapides Parish were burned during the burning of Alexandria by Union forces in 1864) there are many records of slave marriages that lasted a lifetime. The law forbade blacks and whites to legally marry, but that did not preclude alliances that also produced stable marriages.

An example of a plantation wedding is given in records that include the testimony of William O'Neal in a civil suit over inheritance among members of his family:

> My brother and Lucinda were married in 1851. I was at the marriage and witnessed the ceremony. Mr. Charles Johnson performed the marriage ceremony on his plantation where Mr. Peter Butler now lives in Rapides Parish, La. Mr. Johnson was the master of Lucinda and Mr. Alonzo Roberts the master of my brother. Charles was also present and witnessed the ceremony. He was then overseeing for Mr. Johnson. These owners gave Charles and Lucinda a big wedding and supper, as stated in William O'Neal's testimony. [See Jacobs vs. O'Neal]

During the same trial, Lucinda Anderson testified:

> Charles Smith, the son of Laura Smith and the father of Lauretta, and myself were married in the parlor of my mistress Mrs. Martha Johnson wife of Mr. Charles Johnson in 1851 in Rapides Parish. We had a big wedding and supper. At the same time my sister-in-law Harriet Brooks married Martin Williams. Mr. Charles Johnson married us. He was my master. My master always performed the marriage ceremony when his servants got married. There was a big crowd present and my master and mistress gave us a fine supper. [Lucinda Anderson testimony, Judy Jacobs versus William O'Neal, Judicial Case Number 4142, Term 1893, 10th Judicial District Court, State of Louisiana, Rapides Parish]

Chapter Sixteen

170. William Ford, Edwin Epps, and Eldred had plantations of 200-300 acres.

171. There were laws to protect slaves from cruelty and there is evidence they were enforced in Louisiana. For instance, in 1854 Attorney John Waddill in Marksville was employed by a man to defend him against the charge of being cruel to a slave: "March 26 Today Jean Baptiste Ducote, employed me to defend him in the case of the *State vs. Jean Bapt. Ducote*, for cruel treatment to a slave. Paul St. Romain acted as his interpreter. my fee at $50" [See Waddill, 145].

172. Healthy cane cutters were vital to the harvesting of the crop, which was always threatened with a freeze that might render it an entire loss, and the planters generally would have made certain that their slaves were fed and rested enough to maintain productivity.

173. It is likely there was precious little note paper in most Bayou Boeuf homes except the amount used to write infrequent letters. The exception would have been the homes of large planters, doctors, lawyers and other professionals.

174. Though Solomon refers to Shaw's slave wife as Charlotte here, in Chapter 18 her name is given as Harriet.

175. Miasma is a thick vapor that was thought to be poisonous, "harmful to health or morals," according to the *American Heritage Dictionary of the English Language*.

Chapter Seventeen

176. From the Avoyelles Parish Police Jury Meeting, 1842:

> Sec. 2. . . . the same [captain of the patrol] shall and is hereby authorized to keep a strict Police order over the slaves apprehended in his district, and therefore shall and is hereby authorized to

examine Negro huts if they shall deem necessary, take up and punish Slaves that they may find away from their Master's premises without a permit, provided however that slaves driving wagons, carts, etc. having about them evidence to justify a belief that they are on their Masters' Service with their owner's permission, shall not come under the provision. Edwin Epps was appointed a road overseer—a patroller—in 1843. [See Minutes]

177. Dogs were plentiful on Bayou Boeuf, mostly used for hunting.

178. Solomon is referring to the property of three prominent brothers named Keary [See endnote 115].

179. Stocks [See endnote 101] stood on the ground. Some of the panels were made with holes for the individuals to place their legs, while others included holes spaced for both arms and legs.

180. There were stories among slaves that if one could escape into Texas, considered to be Mexican territory long after it belonged to the United States, the Mexican government would emancipate them. As a fifteen year-old slave, William O'Neal decided to try to escape on a pony. He found an older man named Russ, a slave of Hadley Roberts, who might be interested in going with him. O'Neal describes this scene in his book:

> Sunday, May 31st might have been seen a boy and Man sitting under a large live-oak tree situated on the Keary plantation, engaged in earnest conversation. The boy seems to be doing most of the talking, and as he talks he is drawing or sketching something like a map on the ground. As we draw near to them we discover the boy to be William O'Neal and the man his friend Russ.
> William is saying: "Do you see this ring? Well, that is Cheneyville; now right up this line running northwest is Lecompte. Here we will make another little ring. Now follow this line and it takes us a little to the west. Thirty miles from Lecompte we cross the bayou on this line and then following this road, which runs directly west, we come to Leesville in Vernon Parish. We will then be forty-five miles from Sabine river. A road runs from Leesville to Devil's Ferry; here we can cross the Sabine in Mexico, where we are no longer slaves but free men," and his eyes kindled at the sound of those magic words. [See O'Neal, *Life and History of William O'Neal*, 80-81]

181. Lew Cheney, belonging to David Cheney, reported plans for an uprising in the area. Fellow slaves later claimed that Cheney was one of the leaders in these plans and became frightened at the consequences and reported it to save himself. A story appeared in the *Niles Register*, October 28, 1837:

On the 18th instant intelligence was received at New Orleans that the negroes in a portion of the Parish of Rapides near Alexandria, had projected an insurrection.

One account says it was divulged and frustrated as follows:

A slave of a planter, Mr. Compton, informed his master that the negroes were forming plans to kill all the white males and spare the females and children, and that if he would go to a certain meeting house, where his negroes assembled for the purpose of preaching, he would discover all their plans. Mr. Compton did go in company with four others but learned very little more of the matter. His informer then told him that the ringleader of the gang was one of his own slaves and that he had sworn revenge against his master for taking him out of the house and sending him to the field. The plan of this fellow, it appears, was to raise an insurrection at Alexandria, next at Natchitoches, and then to turn steps to New Orleans and kill all the whites. The negroes, however, could not agree, which frustrated all their plans. One party was for sparing the women and children; the other for an indiscriminate massacre. Mr. Compton, upon learning these facts, arrested his house servant, the chief, and he confessed on the gallows that it had been his intention to kill his master.

On the 10th and 12th [August] instant, nine were hung and thirty others were taken and imprisoned. It is hoped that all their plans will be discovered. A strong patrol and guard is constantly kept up by day and night and confidence is continued.

Besides the slaves, three free negroes have been hung, and it was intended to drive away all free persons of color. Two companies of United States troops had been stationed throughout the disaffected district. Everything was quiet and the negroes completely subdued. [See *Niles Register*]

Because there were slaves executed, the planters who owned them were given recompense, and also money was paid for the freedom of Lew Cheney as well as money for the slave to leave the state:

According to the acts of the Legislature that authorized paying for the slaves legally executed, Samuel Cakford owned two, John Pettway owned one, Carter Beaman owned two, John Compton owned one and Vincent Page one. The same act authorized "that the sum of $1,500.00 be paid David Cheney on his warrant as the value of the man Lewis, who discovered the conspiracy among the slaves in the parish of Rapides in the year 1837, on his emancipating the said slave. That on the emancipating of said negro Lewis that shall be paid him out of the money in the treasury the sum of $500.00 to enable him to leave the state and provide for his security." [See *Niles Register*]

182. Two incursions into the Boeuf country occurred during the Civil War, both led by General Banks. The first, in 1863, resulted in massive numbers of freed slaves following the Union army. For many slaves the joy of freedom soon turned to horror, as tragedy awaited them due to a lack of preparations.

Nathaniel P. Banks was appointed as general early in the war by President Abraham Lincoln, not because he had any military experience but because of his political connections. Banks was an elegant and even charismatic character who, himself, had presidential ambitions, though Lincoln may not have known that. Banks wanted military victories to improve his own political opportunities. However, Banks did not find military victory easy to achieve, suffering several defeats [See Brooksher, 1-3], and he therefore was assigned to Louisiana as commander of the Department of the Gulf in late 1862, arriving in New Orleans in December of 1862 [See Brooksher, 3].

When Banks took command in Louisiana, Union leaders needed to bring the remainder of Louisiana under control and create an opening to Texas. The object was to reach the Texas Unionists and to provide cotton to mills in New England, England, and France. Also, the hope was this action would dissuade the European countries from either recognizing the Confederacy or joining the war against the Union [See Brooksher, 3].

In March and April of 1863, Banks and his army made the first incursion into the Boeuf country. Banks moved from Brashear City, now called Morgan City, and took Opelousas and Alexandria. During this time, General in Chief of the Army Halleck wrote to Banks several times, urging him to help Grant lay siege to Vicksburg. Grant's success would split the Confederacy and give the Union complete control of the Mississippi River, just as General Winnfield Scott had suggested in his "Anaconda Plan." Halleck was annoyed that Banks, rather than help with this overall plan, was marching up into the Bayou Bouef country. Dr. Harris Beecher, a Union soldier, described the regiment's march:

> May 10, 1863.
> The road they traveled that day followed the windings of Bayou Boeuf, which is the most singular stream in the state. For over sixty miles it pursues its winding course, without any considerable tributary . . . It is derived from Red River, and flows with a still and rapid current. It is a narrow stream, but a few rods wide, yet it is navigable by a species of canal boat, propelled by horses upon the bank. [See Beecher, 175-176]

After a tiresome march of 30,000 troops, heavy artillery, and supplies for the troops—all pulled by numerous mules and horses—starting at Brashear City, the troops moved up the Bayou Teche and finally to the inland port of Washington where Banks established his headquarters. From there the massive columns moved northward along roads that were actually narrow lanes beaten out on both sides of the narrow Bayou Boeuf. When the troops heading the march reached Cheneyville about thirty miles south of Alexandria, Banks hurried into the Red River port town in a frantic effort to reach there before naval troops sailing up Red River could claim that distinction.

Halleck called these operations of Banks "eccentric," and told him to stop. Instead, he wanted Banks to unite with Grant as quickly as possible and assured him that he would watch his movements with the "greatest Anxiety . . . I assure you the government is exceedingly disappointed" [See Brooksher, 10-11]. This response from Halleck must have bitterly disappointed Banks. Halleck ordered Banks to command his troops, still arriving in Alexandria, to turn around and retrace their steps to the coast. With some of the soldiers already as far north as Alexandria, Banks sent out an order for them to turn back towards the coast. To the Union soldiers strung out from Bayou Boeuf where it mingles its waters with the Courtableau Bayou, these latest orders to reverse their march made no sense at all. Brevet-Major Elias P. Pellet tells of the ensuing events:

> Here we were met by an officer of General Banks' Staff, with orders to turn back and collect all able-bodied Negroes and take them to Brashear. Swearing availed nothing, and we were soon measuring back the road over which we had passed.
> As one looks at the Map of Louisiana, and places one finger at Brashear City and another on Cheneyville, it seems but a step from the one place to the other; he can hardly comprehend the dusty roads, the burning sun, the scarcity of water." [See Pellet, 78]

Beecher, also of the 114th, wrote:

> A weary road of one hundred and fifty miles had again to be traversed. No wonder that our men were discouraged, when it was known that they were short of rations, that their shoes were nearly worn, and that rebel bands were concentrating in their rear. With sad hearts the Regiment countermarched, and passed again through Cheneyville. [See Beecher, 178]

Banks gave orders to his troops to send emissaries into every plantation quarters along the way to the coast and tell them they were to follow the army in the march south. Banks himself, with some of his men, would march west to Port Hudson on the Mississippi River. A letter written July 29, 1863, and signed by General Banks, in combination with text from the Official Report, confirms the reason for his orders to have the slaves from all of the plantations en route ordered to go with the army to the Gulf Coast:

> Upon moving our small column across the Mississippi, for the reduction of Port Hudson, he [Colonel Chickering] was charged with the safe conduct of the train—of nearly a thousand wagons, embracing our whole transportation—which it was impossible to move across the river to New Orleans. I regarded the safety of our train as the guage [sic] of our success in the campaign. [Edmonds, 126]

The Official Report continues after the copy of the letter to say:

> There is a material discrepancy, it will be perceived, between the statement of General Banks that the train consisted "of a thousand wagons," and that of Colonel Chickering in his diary, who fixed his transportation at fifty army wagons. The former doubtless intended to include what the latter denominated "emigrant wagons," and which formed the largest part of this transportation for the "caravan."
>
> It was therefore not the battles he had fought, and the armies he had conquered, that Gen. Banks regarded as "the guage [*sic*] of his success," but the safe arrival of the vehicles laden with the Negroes and the rich plunder "collected" in Opelousas and Attakapas. [See Edmonds, 126]

Most of the soldiers wearily began returning south. At the plantation quarters, following Banks' orders, they told the slaves that they were free now, and they were going to be given the plantations and all that went with them:

> The social condition was to be inverted; the slave was to be served by his master, and to occupy his place and condition; he was to enjoy an uninterrupted exemption from labor; fine equipages were to await his bidding, and he was to enjoy his case in the quiet mansion of the planter, or in the confiscated dwellings of the City, with their rich furniture and their splendid decoration. [See Edmonds, 100]

The report then gives details of how these slaves joined the wagon train of Chickering:

> Vehicles of every description were hastily packed with household goods and human beings. With the aged, the infirm, and the children thus provided for, the more robust mounted in the greatest disorder on horses and mules and precipitately joined the Federal ranks. [See Edmonds, 106]

Comments from the diaries of various soldiers estimate the parade as ranging from about five to nine miles. Similarly, estimates of the number of soldiers ran from 8,000 to 12,000. The actual number was evidently around 4,000. This migration of all able-bodied freed slaves from the Beouf country occurred in late May of 1863. By the hundreds they left with the Union Army, filling the narrow, winding bayou road, going towards the coast.

A correspondent writing from the scene recorded:

> At New Iberia I halted and let the train pass. It consisted of four hundred and six carts, each cart averaging not less than six negroes. Every day added to our number. In addition to these, the able-

bodied male portion either marched or rode captured horses as we proceeded down. It was a sight perhaps never witnessed before, and may never be again. The carts were those used to transport cane and cotton from the field, and would hold as much as a small canal boat. They were covered with awnings made of all kinds of material. Carpetings, clothing, reed mattings, dried cow hides, boards and everything else which would serve to protect from the sun were used ... Some of the carts were drawn by oxen, some by horses, some by mules, an ox and a mule drawing at the same cart were not infrequent, and in one case a cow and a mule were harnessed together. The cooking utensils, clothing, bedding, and in fact all the traps of a negro cabin were loaded on, and the aged and the young were piled in promiscuously together ...

The train was over five miles in length, and when we reached Brashear our crop of negroes was not less than twelve thousand heads. [See Pellet, 82-83]

At the end of the march, the freed slaves, never having known what lay at the end of this journey, found no plans had been made for them. There is no evidence that Banks' orders to bring the former slaves to the Gulf was proceeded by any planning for their welfare once they reached the coast. George W. Hepworth wrote:

Six thousand came from the plantations between the bay and Alexandria; and are living in such a way, that the mortality during the summer will be most terrible. The able-bodied men have enlisted. The old, the young, and the women are living in little huts, with nothing to do, with no comforts when they are ill, and with more than a fair prospect for a speedy death before them. They are free; but alas! freedom only means the power to die. [See Hepworth, 30]

A large sugar house was taken over for a shelter by a number of the slaves traveling to the coast while others found space at any vacant outbuildings they could or camped at the batture to wait for help. Able-bodied men were sent to join the Union Army, and a number of strong men and women were sent to confiscated plantations to work in the production of sugar cane for the Union Army. A free labor system devised by Banks was used [See Edmonds, 119-144].

Some of the preceding as well as other testimony of the long trip of the former slaves following the Union army is found in *The Conduct of Federal Troops in Louisiana During the Invasions of 1863 and 1864*, the official report prepared by a commission in 1865 as requested by Louisiana Gov. Henry W. Allen. The material presented in the report, though prepared by a commission under the direction of a Confederate general and written by others in service to the state of Louisiana under the Confederacy, is, according to the edition edited by David C. Edmonds, "nonetheless a credible addition to the literature of the period," as it was compiled from sworn testimony as well as supported by countless other legal documents and papers of Louisianians of the time. Moreover, the diaries and letters of Northern soldiers support these accounts [See Edmonds, vii-viii]. In his charge to the commission, Governor Allen insisted that the publication that resulted should contain "intrinsic evidence of its own credibility." Governor Allen also particularly asked that any "special acts of kindness that may have been done to our citizens by Federal officers or soldiers" be reported. [See Edmonds, xi-xii]

One of those interviewed by Governor Allen's Commission was Dr. George Hill. Dr. Hill had been in medical and surgical practice in Opelousas for forty years at the time, and therefore had his professional background to guide him in his official statement, given under oath. The portions that became part of the Commission's report follow:

> In the summer of 1863, Berwick's Bay and a portion of the Lafourche country were taken possession of by the Confederate army. I, with many others who had lost property by the raid which the Federal army made between the 20th of April and the 20th of May of this year, visited the Bay for the purpose of recovering our property. I was among the first to cross the bay; and having been informed on the night of my arrival by a gentleman named March that several of my lost Negroes were at the sugar house of Dr. Sanders, and that others were there in a dying condition, I, in the morning as soon as sugar house of Dr. S [sic] and entered it by a door in the west end.
>
> The scene which then and there presented itself can never be effaced from my memory. On the right hand female corpses in a state of nudity, and also in a far advanced stage of decomposition. Many others were lying all over the floor; many speechless and in a dying condition.
>
> All appeared to have died of the same disease: bloody flux. The floor was slippery with blood, mucus, and feces. The dying, and all those unable to help themselves, were lying with their scanty garments rolled around their heads and breasts—the lower part of the body naked—and every time an involuntary discharge of blood and feces, combined with air, would pass, making a slight noise, clouds of flies, such as I never saw before, would immediately rise and settle down again on all the exposed parts of the dying. In passing through the house a cold chill shook my frame, from which I did not recover for several months, and, indeed, it came near causing my life. [See Edmonds, 117-118]

During this period of time, while this exodus south was in progress, Banks looked for other options for his own troops. The Red River was low, making naval support impossible for any further movement into Louisiana north of Alexandria. In May through July of 1863, Banks laid siege to Port Hudson, south of Vicksburg, where Grant was laying siege. Halleck was annoyed with this move, chastising Banks and suggesting he should give up the attack, but Banks would not. Shortly after Vicksburg fell, so did Port Hudson, and Banks was recognized for making his contribution [See Brooksher, 10-11].

Pressure to make inroads into Texas increased after this, especially from Halleck. Banks would have preferred to attack Mobile, but Halleck insisted that army and navy movements through the Red River up to Shreveport would provide an opening to northern Texas. Banks agreed to go to Texas, but his plan was to attack Galveston from the sea. The sea invasion of Texas in early September of 1863 failed [See Brooksher, 15-20].

Banks tried again in October and established a presence in Texas. However, Halleck had not been informed of Banks' plans for hitting Texas; Banks responded to Halleck's inquiries that he felt this choice was better than Halleck's preferred method of going up the Red River to invade Texas, because water levels were too low to do that. The gains in Texas did not grow and activities in Louisiana were halted [Brooksher, 23-24].

In January of 1864, Halleck again pushed an excursion up the Red River on Banks [See Brooksher, 29]. In March of 1864, the second incursion into the Boeuf country began, continuing through May, when Banks retreated to New Orleans [See Edmonds; Pellet; DeForest; Bacon; Johnson; Root and Root].

Chapter Eighteen

183. Warren O'Niel, a widower, married Emma, the daughter of Leonard Anderson and Sarah Ann Providence Chafin. Chafin was the overseer for William Prince Ford [See Stafford, *Three Rapides Families*, 31].

184. There has been speculation that "Uncle Abram" was selected by David Wilson to be analogous to Uncle Tom in *Uncle Tom's Cabin*. There was indeed a slave named Abram on the Epps plantation, and he was about 60 [See Endnote 143]. As to whether his portrait as presented by Wilson was designed to recall Uncle Tom, no one can know.

185. As noted in Endnote 174, Chapter 16, Solomon Northup and/or David Wilson confused the first name of this slave wife, calling her Charlotte in one chapter and Harriet in this one.

186. Solomon Northup gave an interview after his return home recounting this story. According to the story on page one of the *New York Times*, January 20, 1853, the reporter wrote the following: "Blood flowed from her neck to her feet, and in this condition she was compelled the next day to go into the field to work as a field hand" [See *New York Times* "The Kidnapping Case . . ."].

187. Many Southern whites at the time believed that slaves were a different species of humanity, without intelligence or normal reaction to injustice.

188. Plantations notoriously operated on credit, and in Louisiana that money was borrowed from factors whose funds came from the Wall Street and Boston firms they ordinarily represented. Money was loaned to Louisiana planters with liens taken on the crops, the crops being shipped to the factor, who then sold the crop and settled with the planter. The factor shipped supplies to the planters throughout

the year and loaned the money with interest, sometimes compounded, to be paid back when the crop was gathered and sold. Most planters made an annual visit to settle business with his or her factor and to make arrangements for the upcoming year.

New York was a major port for shipment of cotton to Europe, and the South bought most manufactured goods from the North. It was, of course, Boston that launched the Triangular Trade with three-way journeys to Africa to secure slaves to sell, then to the planters in the Caribbean where the slaves were exchanged for sugar to be made into rum, then back to the United States. There were other arrangements for the Triangular Trade that included England.

According to Brent Staples of the *New York Times*, Americans tend to believe that slavery was peculiar to the South and that the North, particularly the New England region, had always been "free." This erroneous belief stems in part from mistaken ideas about the Civil War—the central metaphor of American popular history—and partly from the sterling reputations left by Northeastern abolitionists like Horace Greeley, William Lloyd Garrison and Harriet Beecher Stowe. The truth is that slavery existed to some degree across the early United States. It lingered in Greeley's New York until 1827, and in Stowe's Connecticut until the late date of 1848 [See Staples].

Following the abolition of slavery in New York in 1827, being a free person of color did not provide the freedom of choice of education, earning a livelihood, and status in the general society.

Chapter Nineteen

189. The carpenter, Henry Avery, is listed in the U.S. Census of 1850 as a twenty-seven year-old farmer born in Louisiana. He was married to Mary, twenty-one, and they had two children, Amos, five, and Sidna, a three-month-old baby. The Epps' house he built in 1852 survived minus only the detached kitchen, which was connected to the main house by a short covered walk. Such kitchens were a customary feature of houses in that period as protection against fire. The Epps kitchen-dining room burned in the 1880s. [See a photo of Epps' house in the Extras & More section of our website at www.TwelveYearsASlave.org.]

Dr. J.L. Knoll, born in 1888 in Bunkie, Louisiana, lived from birth through childhood in the old house and described it as follows:

> This house was an old house when I was born in 1888, wasn't fancy on the colonial style. It was a simple built house with wooden shutters, a story and a half facing west on Bayou Boeuf. There was a long gallery along the front of it with white rectangular columns. It didn't have a hall running through it although there was a breezeway between the kitchen and the rest of the house. It was built out of such lumber as they had at the time, cyprus, and built in the days before the steam sawmill of handsawed lumber. [See Knoll]

Due to its historic significance, the house was preserved and moved to Louisiana State University at Alexandria in 2001, where it stands today.

190. Information about the identity of Samuel Bass was discovered by the editor in the diary of the Marksville lawyer, John Pamplin Waddill, who would figure later in the trial in which Northup was freed. The diary was furnished to the editor by her former student, the great-granddaughter of Waddill, Elizabeth Brazelton. Waddill recorded these entries:

> July 29, 1853 – Today I wrote the last will and testament of Samuel Bass, about 11 o'clock at night.

> August 11, 1853—Today I wrote out a form of an olographic will for Samuel Bass to copy as his own. My fee $10.

> August 12, 1853 - Today I called to see S. Bass to learn whether he had copied said will He informed me that he had not, & that he was so ill he would sick up.

> August 30, 1853 - Today about twelve o'clock Samuel Bass died in Marksville, at the home of Justine Tounier, f.w.c. His disease was pneumonia. He was 48 years of age and was born in upper Canada where he has a wife and four children. He had been separated from his wife for 12 or 13 years. His only complaint against her was that she had such a temper as to preclude any man from living with her. Her name was Lydia Catlin Lane before she married him. She is living near Prescott upper Canada or Ogsdenburg. His two daughters Catherine and Martha Bass are in Manchester, New Hampshire at work in a cotton factory. He had a brother-in-law residing in Ogle County, Illinois near Daysville. Annis Martin in that vicinity has his land titles & many other valuable papers in her possession. He says that his above mentioned Brother-in-law Freeman Woodcock knows where Annis Martin resides. He appointed William Sloat of this Parish as his executor. [See Waddill, 99]

191. Settlement along the river in Louisiana began around 1715 with Spain and France claiming much of the same land along its borders. Bayou Boeuf is not connected with Red River. The Bayou flows about thirty miles south of the Red River. Thousands of years before, the Boeuf may have been a tributary of the Red River. A fast-growing population, despite the stringent business of settling new country, suggests early settlers did not find the Red River country any less healthy than other frontier regions. Like other frontiers, there was a dearth of doctors. According to Cornell professors Ellis, Frost, Syrett, and Carman, describing the years 1775-1825 during a comparable period of increased settlement, New York also had its problems, as did the entire nation:

> Life expectancy in this period was a fraction of its present figure. Disease ravaged the population almost unchecked and little understood. Disorders almost unknown were commonplace.

Smallpox left its scars upon thousands, while tuberculosis filled 20 times as many graves in proportion to the population as it did in 1967. Malaria, sometimes called "the shakes," or "Genesee fever," riddled the frontier population. Typhoid and many other contagious diseases struck every community, and cholera hit the seaports. Only one half the number of children reached their fifth birthday—a sobering statistic in the light of modern advances. Medical attention, if available, was practically worthless. [Ellis et al., 207]

192. Northup/Platt was assigned by Edwin Epps to assist the carpenter; Samuel Bass was a carpenter, perhaps an assistant to Avery.

193. William Perry, fifty-two, a young merchant in Saratoga Springs, had in his household: Elizabeth Perry, forty-nine; Sally Perry, forty; Harriet Perry, thirty-eight; a laborer from Vermont named George, age fifty; another laborer, age fifteen, from New York. They lived in Saratoga Springs, New York [See U.S. Census of 1840, Schedule 2, page 25]. Cephas Parker was also a merchant in Saratoga Springs [See Durkee, 148]. Judge James Madison Marvin was born in the Town of Ballston, Saratoga County, New York, February 27, 1809. An Englishman, he moved to this country in 1835 [See Sylvester].

194. James Guillot was the Marksville postmaster in 1849 [See Marksville, LA list, U.S. Post Office Records, National Archives].

Chapter Twenty

195. Although an outsider from the North and a recent immigrant to Avoyelles Parish, Bass understood very well the fine line that existed between order and chaos in the plantation community—indeed, across Louisiana and the rest of the South. Any hint of an interference that broke the unwritten code of labor relations between slaves and their owners could cause an instant crisis. Bass correctly reasoned that the Marksville postmaster, James Guillot, might become suspicious of some plot that would cause serious trouble in the community [See *Marksville Weekly News*].

196. Mary Dunwoody McCoy (1834-1913), an orphan, was reared by her uncle and aunt, Mr. and Mrs. Silas Talbert, a justice of the peace and large landowner. Young Mary was the daughter of Mary L. Dunwoody, member of a prominent plantation family whose plantation was located south of Lecompte, and James Dickson McCoy, who was apparently some kind of salesman. Nineteenth century records, including personal letters from antebellum residents of the Cheneyville area, frequently mention the winsome Mary McCoy. She was not only known by a wide circle of people who invariably mentioned her affectionately, but she also became a person of considerable influence. She married Dr. Dewitt Clinton Rhodes (1853); Austin Willis Burgess (1860); and minister Silas H. Cooper (1876). Her son by husband Austin Willis Burgess became a doctor and practiced in Cheneyville until he died in 1896 [See Stafford, *Three Pioneer Families . . .*, 403-407].

197. Lodowick and Ann Martha Eldred Tanner owned Tiger Bend Plantation. It lay in the same vicinity as Douglas Marshall's plantation, across the Bayou Boeuf from the Epps plantation. A leading Rapides Parish planter, Ezra Bennett, living on Bayou Boeuf, left an extensive collection of documents and copies of letters that provide much information regarding Tiger Bend plantation, which was owned by his sister-in-law, widowed Ann Martha Eldred Tanner [See Bennett Papers]. Douglas Marshall was the son of Roger Banks Marshall, an immigrant to Holmesville from Virginia and brother of United States Attorney General John Marshall. Roger Banks Marshall owned the plantation across Bayou Boeuf from the Epps' plantation, where his son lived. Douglas Marshall is not mentioned in any Avoyelles Parish conveyance records. He is buried in the now abandoned Marshall cemetery, Evergreen, Louisiana.

198. An H.A. Varnell is listed in the U.S. Census for 1850, but no William Varnell. Nor is William Pierce listed. "Pierce" is probably the wrong spelling of the name Pearce, the surname of a large Pearce family living in the Evergreen area, where Alanson Pearce's home still stands. There is no William Pearce or William Pierce listed in the 1850 U.S. Census of Avoyelles or Rapides parishes. However, other male Pearce members of the family lived in the area.

199. "Bits and picayunes" were a part of the Spanish monetary system widely used in Louisiana; the names are sometimes used in Louisiana to this day. A "bit" is half of a quarter in U.S. money, and the term "picayune" is frequently used as a derogatory term, a holdover from the time a picayune represented 1/16 of a dollar [See Johnson, 245-58].

Chapter Twenty-One

200. There is no mention of a letter mailed to Anne Northup, but to William Perry, Cephas Parker, and Judge Marvin. Attorney Henry Northup, abolitionist and political figure that he was, wrote the letter signed by the wife of Solomon to appeal for the designation of an agent to rescue the free citizen of New York. [See a photo of Henry Northup in the Extras & More section of our website at www.TwelveYearsASlave.org].

Anne Northup was not literate, as shown by the fact that in a judgment from the Supreme Court, Warren County, rendered against Anne Northup on March 25, 1859, Anne Northup's acknowledgement of her indebtedness is signified by a mark. In part the document reads:

> I, Ann Northup, defendant hereby confess myself indebted to the Glens Falls Bank in the Sum of forty-nine dollars and seventy-five cents with interest from the 26th of September 1857 and authorize said Bank or its attorney or assigns to enter judgment against me for that amount . . . And I hereby state that above sum by one [word unclear] is justly due to the said Bank.
>
> Dated March 21, 1859
> Ann Northup X [her mark]

[See Benjamin P. Burham vs. Ann Northup]

201. Henry Northup, an attorney and leading Whig political figure in New York, was a passionate abolitionist who had championed another beleaguered black in a hard-fought lawsuit. In another book also published in 1853, Wilson wrote about that event. L.R. Lewis, respected attorney and also a leading New York Methodist, wrote concerning the other case:

> Henry B. Northup represented Joseph S. Brown, a negro preacher and missionary to Liberia in a New York civil case demanding that Brown's superior official in the African church admit the inaccuracy of slanderous remarks made by the official against Brown. I think he had to do with "Brown's Journal" which is the story of the negro preacher's experiences leading up to his efforts in Liberia and concluding with the conclusion of the civil action. [See Lewis to Morton]

202. The letter Samuel Bass wrote for Solomon Northup arrived at a most opportune time. Henry Northup was able to secure the appointment to rescue Solomon while a fellow Whig, Washington Hunt, was still governor of New York. That same fall, Hunt had lost his bid for reelection to a Democrat, Horatio Seymour, who might not have been receptive to a Whig request to be named the agent to rescue the f.m.c. (free man of color) who was a citizen of New York. Henry Northup's timely appointment while he could secure it from a Whig governor was only one of a series of events critical to Solomon Northup's rescue. Without Henry Northup's gaining free time to pursue the project, there would probably have been no rescue attempt at that time [See *New York Times*, January 20, 1853].

203. The Northup rescue was taking place in an atmosphere of growing acrimony between North and South. By the 1850s the conflict had become more and more bitter. The Compromise of 1850 with the Fugitive Slave Act did nothing to allay the anger of either section. In Avoyelles Parish, Louisiana, as all through the South, hostility over what citizens considered an invasion of their states' rights rose to fever pitch. At stake was the plantation system, the base of the economy on which the entire population, including that of New Orleans, depended. Tempers flared quickly on what to Southerners seemed the destruction of their only means of a livelihood. Had politically powerful figures, including Soulé, attempted to dictate a course of action to Avoyelles Parish officials, Solomon Northup would likely have lived out his life as a slave on a Bayou Boeuf plantation.

204. Had attorney Northup gone on to New Orleans rather than take passage up Red River to Marksville 3.5 miles away, he would have missed Bass, and finding Northup among the thousands of slaves on Bayou Boeuf would have been like looking for a needle in a haystack. His timing—later than he had originally planned for the trip—happened to be equally fortunate. Northup had pressing business of his own in his bid to become a New York Congressman representing the Whig

party in Washington. With his own party selecting him to run for the office, he was in the midst of a campaign for the election, which he lost to a Democrat who had once belonged to the Free Soilers. The election was so close Whigs challenged the outcome, and the final decision in favor of the Democrat was not made until November [See *Saratoga Whig*, October 22; November 12, 26, 1852, as cited in footnotes 1 and 2, *Twelve Years a Slave* (1968), 227].

205. The most critical action marking the success of the venture came with the meeting between New York attorney Henry Northup and the Marksville attorney Waddill, himself a planter and owner of over 200 slaves. The backlash in Marksville against the fervor of the North to free the slaves involved more than profound respect for the law by Waddill and that of other Avoyelles Parish officials. The dignity and respect with which Henry Northup stated his mission to Waddill and the instantly positive response of the Avoyelles attorney contributed the *sine qua non* to the success of Northup's rescue effort. With the business-like approach of these men, they were able to get the job done. Waddill followed the law and Henry Northup obtained the freedom of a New York citizen.

Waddill, although an Avoyelles courthouse authority, could not have prevailed without the New Yorker's mannerly request for help in freeing the free man of color. Clearly, this was no simple situation with a slave to be located bearing a name unheard of in Bayou Boeuf country.

As it happened, the two men enjoyed moments of conversation about politics in their respective states during the interval in which Waddill developed his plan. Waddill searched for answers as to how to locate Platt, lost among the thousands of slaves on plantations along both sides of Bayou Boeuf about twenty-three miles south of Marksville. After the puzzle of Northup's identity was solved when Waddill determined that Bass had written the letter, Waddill knew that speed was of the essence in reaching Bayou Boeuf. The rescuers reached the Epps place in a buggy or carriage traveling over new land where there were no roads; some areas may well have been covered with water from sub-tropical rains.

206. Louisiana was one of the five "Cotton States" bordering the Gulf of Mexico. Settled by the French beginning in 1699 and owned by the Spanish for most of the last half of the eighteenth century, it was after Louisiana became a state in 1812 that English-speaking pioneers migrated into the state by the thousands, often bringing slaves. The rich lands along the Mississippi River were settled, and New Orleans was becoming a city, but much of inland Louisiana remained unsettled. After a short staple cotton crop was developed that would grow on almost any soil, farmers from the mostly North Louisiana hills and would-be planters alike migrated to the rich lands along the rivers, bayous, and some creeks to develop cotton plantations. The boom had come after 1793 when Eli Whitney developed a small cotton gin that separated cottonseed from the lint. Bayou Boeuf had a five-mile stretch of some of the richest land in the world. The "Great Pine Woods" stretched from its fringe to the Sabine River, which forms the border between Louisiana and Texas.

Cheap, unsettled land that had to be cleared of trees before being developed into plantations sold for as little as $1.25 an acre. A few wealthy entrepreneurs with political clout received grants of thousands of acres, most of which was slowly developed into plantations.

With all of the work converting the frontier into livable, workable plantations, slaves became nearly one-half the plantation country population, while few lived in the hill country.

207. Sugar mills such as the Northup party viewed that day were located on many plantations along Bayou Boeuf all the way to the port of Washington. They consisted of a small machine near the mill to which was attached a long pole. To the pole was harnessed a mule, horse, or probably, in some cases, an ox, that walked endlessly in circles to grind several stalks of cane stoked by the man running this operation. Cane juice, dark in color, poured into a large barrel placed under the machine. When the barrel was full, workmen carried the juice to the small mill. The mill consisted of a series of at least three iron kettles over a brick furnace fueled with wood, often pine knots. Into the largest kettle, located toward the opening to the mill, the juice from the barrel was poured. A skilled workman watched the progress of the juice until it became thicker and was poured into the second largest kettle. The quantity from first to second and then from the second kettle to the third was smaller. The boiling continued until a raw brown sugar was produced. Barrels were filled with moist brown sugar to be shipped to market in New Orleans as quickly as possible.

Before the Civil War these mills were located about a mile and a half apart on the lines of plantations on either side of Bayou Boeuf. These were almost all destroyed during the Union invasions of Red River in 1863 and 1864. The sugar industry in this region was destroyed during the war, including its small sugar mills that were built on almost all of the sugar plantations which lined the bayou. It was decades before the industry was restored.

208. Henderson Taylor, the lawyer for Epps, is noted as the syndic [civil magistrate] for the District on June 9, 1853 [See Waddill, 86]. Henderson Taylor, forty-five, a lawyer, is listed in the United States Census of 1850 as having been born in South Carolina and owning real estate valued at $19,000. He had a wife, Louisa, a male slave named Josh Lewis, and four children: Clara, seventeen; John, fourteen; Simon, eleven; and Ellen, twelve. Aristide Barbin was the recorder for Avoyelles Parish court documents.

209. Waddill, with an economy of words, noted on January 1, 1853:

> To-day I was employed by Henry B. Northup Esqr. of Sandy Hill, Washington County, State of New York, to bring suit against Edwin Epps, to reclaim from slavery a free Negro named Solomon Northup, who had been kidnapped in the City of Washington in 1841.

On January 4, 1853, he noted:

> Today the slave Solomon was released & I received fifty dollars for
> my services. [See Waddill, 47; see an image of Waddill's note in the
> Extras & More section of our website www.TwelveYearsASlave.org]

The Villager, the weekly newspaper in Marksville, commented on the treatment of
attorney Henry Northup in the village to obtain the freedom of Solomon Northup,
as preserved in the *New Orleans Bee* on January 22, 1853:

> *The Villager*, published in Marksville, Avoyelles parish, in this State,
> in its edition of the 13th inst., notices the arrival in that parish of
> H.B. Northup, Esq., of New York, and gives the following account
> of the occasion of his visit and his reception by the citizens of
> Avoyelles parish. The striking contrast between the treatment he
> received, and that accorded to Southern gentlemen who visit the
> North for the purpose of recovering their property, is well set forth
> in the concluding paragraph:
>
> A free negro of New York having some twelve years ago, gone to
> Washington, D.C., in pursuance of his calling as a musician, was,
> while there, kidnapped by some villains, sent South and sold as a
> slave. After passing through the hands of several masters, he
> eventually came into the possession of a planter of our parish. As he
> knew how to read and write, he either personally or by others made
> his friends at the North acquainted with his condition and his
> residence. His friends at once communicated the intelligence of Mr.
> N., to whose ancestors the negro's ancestors formerly belonged,
> who had himself appointed as agent of the State of New York and
> came South in that capacity.
>
> Mr. Northup, on his arrival here, after taking legal advice,
> commenced suit by having the negro sequestered. Mr. Epps, in
> whose possession the negro was, as being served with the writ,
> declared that he would offer no opposition, although he loses the
> amount he paid for him. On the next day Mr. Northup,
> accompanied by the negro, left for his home, Sandy Hill, New York.
> This gentleman remained in the midst of a slaveholding
> population for four days, without being, although his object was
> known, subjected to the slightest affronts and inconvenience; on the
> contrary received every facility and attention that he required. What
> a contrast this presents to the treatment the Southerners receive at
> the hands of the people of the North, when in pursuit of their
> fugitive slaves. How different it is from the Gorauch, Kennedy,
> Lensnob, and other cases, which are so common in Pennsylvania,
> New York, Massachusetts, and other free states. Well may the south
> boast of its justice and loyalty. [See *New Orleans Bee*, January 22,
> 1853]

Chapter Twenty-Two

210. The two Northups, Henry and Solomon, arrived in Washington, D.C., before January 18, 1853, the day an arrest was made of James H. Birch. The Northups participated in the trial of Birch and left for New York shortly after the trial was over [See *New York Daily Times*, January 19, 1853]. No records have been found and none probably exists of the Washington, D.C. trial of James H. Birch. From the National Archives, Washington, D.C. to Sue Eakin, July 17, 1995:

> This is in response to your May 3, 1995, letter, referral from our military record section, regarding the lawsuit against James H. Burch [*sic*].
>
> We have searched dockets of the U.S. Circuit Court as well as the criminal dockets of the U.S. Criminal Court for the District of Columbia Records of the U.S. District Court for the District of Columbia (Record Group 21), but did not locate a reference to the above lawsuit.
>
> Signed by John K. Vandereedt, Archives 1 Reference Branch, Textual Reverence Division.[See Vandereedt to Eakin]

After Freedom Notes

211. Mabee records from contemporary records: "Blacks are 'growing up in ignorance of . . . everything that belongs to civilization,' said the *Long Island Farmer* of December 5, 1822. They 'have nowhere to look for instruction but to the Sabbath schools'." Mabee continues, ". . . beginning about 1815, Sunday Schools sprang up in New York State." While some whites helped found and teach in Sunday Schools for blacks, others organizing Sunday Schools for blacks "ran into continuous difficulty in finding adequate places for their Sunday school to meet . . . The reason for the difficulty, reported the Albany Sunday School society, which sponsored the school, was 'the prejudice excited against the enlightening of these people.'" Mabee further continues, "In New York City in the 1860s Quakers discovered that when they tried to run a Sunday School for blacks, they often had to shift location, for 'teaching them niggers' was . . . very unpopular. Hoodlums sometimes pelted the teachers with stones" [See Mabee, 35-42].

212. Fiske, David. *Solomon Northup: His Life Before and After Slavery*, 11.

213. Most colored men in Saratoga Springs did domestic work. The United States and Grand Union hotels, for instance, employed all-black kitchen and waiting staffs. Joseph Smith wrote in 1897, "The waiters employed at the Spa are usually colored men, the States never having had any other." Similarly Joseph Jackson, chief steward at the Help's Dining Room of the Grand Union Hotel, recalled his boyhood years in early twentieth century Saratoga, "Most of the colored men in Saratoga did hotel work. They were waiters and cooks" [See Armstead et al., *A Heritage* . . ., 219]. Solomon was one of twenty-eight free men of color living in Saratoga Springs in 1840

[See Federal Census of Saratoga County, 1840, 495-537. See a map of 1840s Saratoga (with story points) and a sketch of the United States Hotel in the Extras & More section of our website at www.TwelveYearsASlave.org].

214. *Ibid.*, 11-12.

215. *Ibid.*, 12-13.

216. The story of the legal proceedings following the arrest and identification of the kidnappers is told through testimony given in the hearing and through coverage by many New York newspapers.

217. Documents for these three court cases are in the files of the Warren County Justice Court records; the Supreme Court of Warren County records; and the Wayne County Clerk's office. [See Sale Between Abraham and Mary Ann Tice and Solomon Northup; John T.B. Traphagan and Charles R. Bennett vs. Solomon Northup; and Benjamin Carlle, Jr vs. Solomon Northup.]

218. *The Sandy Hill Herald*, March 22, 1853, in its note beginning with "Uncle Sol," had this statement: "We are informed that an extensive publishing house in this state has offered Northup, the kidnapped slave, recently returned to this village, $3000 for the copyright of his book."

219. Under the title "Recovery of a Free Negro," a writer in the *The Salem Press* of January 25, 1853, gave this information:

> We congratulate Mr. NORTHUP on the successful termination of his benevolent mission; and full of confidence in the comity of our sister States, hope, at an early day, to lay before our readers the intelligence that the merchants, shipowners, stock-jobbers and other influential citizens of Arkansas have contributed a generous purse of—say $5200—to "indemnify" this colored man in part for his twelve years of unpaid servitude, and to enable him to retire comfortably to a farm in Washington county or Texas, if he should prefer.

220. See a map of Sandy Hill in the Extras & More section of our website at www.TwelveYearsASlave.org. The map includes the locations of Henry Northup's home and residence, and the grave site of Solomon's father, Mintus Northup. The website also includes a present-day photo of Solomon's descendants.

221. It is difficult to figure exactly how much time was spent in writing the book. Evidently the book was published prior to the summer of 1854, as the *Washington County Post* of July 14, 1852, published an account of the arrests and stated in the final paragraph that, "(t)he accused were discovered from the descriptions and incidents given in Northrup [*sic*] book."

The two Northups, Henry and Solomon, arrived in Washington, D.C., before January 18, 1853, the day an arrest was made of James H. Birch. The Northups participated in the trial of Birch and left for New York shortly after the trial was over [See *New York Daily Times*, January 19, 1853].

The Salem Press carried this note on August 16, 1853:

> We purchased a few days since, of the veritable "Uncle Sol," a volume of his work entitled *Solomon Northup Twelve Years a Slave*; and perused its pages with great Interest—gathering from them much valuable information relative to the Institution of Slavery at the South, interwoven with a thrilling account of "Uncle Sol's" hardships and privations during his twelve years of servitude. The work is chastely and elegantly written, reflecting great credit upon the editor, Hon. D. WILSON, and affords another evidence of his superior talent as a popular writer. For the sake of humanity and truth, we bespeak for the work an extensive sale. We hope Mr. Wilson may continue his labors as an author.

222. New York historian Edward Knoblauch wrote: "In the Ballston Spa Village Cemetery there is the grave of an Isaac M. Van Namee, died 22 January 1900 at the age of 67 years, which would have made him about 21 years old in July of 1854" [See Knoblauch].

223. *Washington County People's Journal*, July 20, 1854.

224. "The People vs. Alexander Merrill and Joseph Russell." In *Reports of Decisions in Criminal Cases Made at Term, in Chambers, and in the Courts of Oyer and Terminer of the State of New York*, compiled by Amasa J. Parker, 590-605. Vol. II. Albany, NY: Banks, Gould, and Co., 1856.

225. Sonia Taub letter to Sue Eakin, April 23, 1993.

226. Enos is recorded as saying "It is said that M[errill] some years ago endeavored to entice away a negro boy in his neighborhood, by persuading him to let him sell him, then run away and be again sold, each time dividing the booty . . . He is also said to have declared at one time that he followed kidnapping for years; and that he felt as safe in that business as that in any other business." [See "Sol Northup's Kidnappers," *Washington County People's Journal*]

227. Fiske, 17-18.

228. Mann,153.

229. See Wyckoff, 136.